负藤花

徐悲鸿精神的现代性阐释

王文娟 著

人民美術出版社
北京

图书在版编目(CIP)数据

吾负藤花:徐悲鸿精神的现代性阐释 / 王文娟著
. -- 北京:人民美术出版社, 2017.2
ISBN 978-7-102-07646-1

Ⅰ. ①吾… Ⅱ. ①王… Ⅲ. ①徐悲鸿(1895-1953)
—人物研究 Ⅳ. ①K825.72

中国版本图书馆CIP数据核字(2016)第314259号

吾负藤花 :徐悲鸿精神的现代性阐释

WU FU TENGHUA: XU BEIHONG JINGSHEN DE XIANDAIXING CHANSHI

编辑出版 人民美術出版社
(北京北总布胡同32号 邮编:100735)
http://www.renmei.com.cn
发行部:(010)67517601 (010)67517602
邮购部:(010)67517797

责任编辑 吕 寰
特邀编辑 王佳碧
封面设计 鲁明静
版式设计 王 巍
责任校对 马晓婷
责任印制 赵 丹
制版印刷 鸿博昊天科技有限公司
经 销 全国新华书店

版 次:2017年2月 第1版 第1次印刷
开 本:710mm×1000mm 1/16
印 张:30
印 数:0001—2000册
ISBN 978-7-102-07646-1
定 价:68.00元

谨以此书献给我的父母和关心我的亲人们!

目　录

第一章 徐悲鸿精神与现代性启蒙

近乎一个世纪，徐悲鸿研究取得了很大的成绩，说汗牛充栋当不为过。但当徐悲鸿被一再高调歌颂，又被各种质疑包围裹挟的时候，他却又像是被层层遮蔽而隐匿了。如果想透过这些遮蔽，看到问题本身，也许需要回到现代性的问题。这是绕不过去的话题，也是笔者认为的徐悲鸿研究的逻辑起点和要努力穿过的艰难瓶颈。当然，这个视界的研究也只是徐悲鸿研究之一种。

一、现代性

无论东西方，对全世界的人们来说，现代性都是一个举足轻重，攸关国家民族的前途，尤其关乎文化、人性建设的大话题。可以说，现代性进程是西方文明得以发展的关键历程，而东方世界反帝反封建以追求民族独立的解放运动，以及后起国家要走自己特色的现代化建设之路，同样都是在现代性的进程中。[1]如果说遍及全球的“后现代主义”是先锋派的一个亚范畴，即是先锋派的当代形式，[2]或者说“后现代主义并不是现代主义的末期，而是现代主义的初始状态”[3]的话，哈贝马斯（Juergen Habermas）把现代性当作一项“未完成的设计”[4]就有相当的道理。这是我们遭遇而不可选择的全球化语境。

但对现代性的认识，学界却复杂纷繁。马泰·卡林内斯库（Matei Calinescu）认为："过去的一个世纪里，'现代'、'现代性'和'现代主义'（后者是指对现代性的一种有意识服膺，其标准特性因而是得到公开承认的）这些词汇的使用有着如此巨大的增长……要追踪现代观念之术语历史的每一个细节，就要做出规模令人生畏的研究。"[5]

的确，关于"现代性"这一概念从什么时候开始出现和使用就众说纷纭。譬如，詹姆逊（F.R.Jameson）认为现代性"这个词早已在公元5世纪就已经存在"[6]。他是指基拉西厄斯教皇一世对该词的使用，指对先前教皇的时代与当代做出的区分，作为年代划分，不含有现在优越于过去的意思。列奥·斯特劳斯（Leo Strauss）则把"现代性"溯源到15世纪的马基雅维利（Machiavelli）时代，认为"现代性乃是世俗化了的圣经信仰"。[7]哈贝马斯则认为，自18世纪后期开始，现代性就已经成为"哲学讨论的主题"[8]。卡林内斯库则通过对"现代性"词源使用的考察，认为这个19世纪中期在法国出现的新词，[9]至少从17世纪起就在英国流行了。《牛津英语词典》记录了"现代性"（Modernity）在1672年的首次出现。这本词典还援引了霍斯勒·沃波尔的提法。1872年沃波尔在一封信中谈论查特的诗歌时，说到了"任何人（只要有耳朵）都不能原谅的他们语调的现代性"。[10]卡林内斯库认为，沃波尔是把"现代性"作为一个论据来使用，这意味着对审美现代性的某种微妙感觉，按这种理解，"现代性"似乎既接近个人"风格"的概念，也接近沃波尔所说的"观念与措辞的晚近倾向"[11]……

现代性问题的复杂迷离，说明人们对自己的时代、世界、对自己命运和前途的一种关注、反思和期待，这是人们阐释的权利。基于学界对现代性概念的讨论界说，也根据笔者对此的粗浅理解，本书对现代性问题简要梳理如下。

现代性或许可以从两个角度来把握：一是把现代性看作是现代社会

和“工业化世界”的代名词；二是从哲学（包括美学、艺术）层面来理解现代性。

关于第一个角度，安东尼·吉登斯（Anthony Giddens）就特别强调了“工业化世界”是与传统“断裂”后建立起来的“一种后传统的秩序”，[12]它首先是指在后封建的欧洲建立的而在20世纪日益成为具有世界历史性影响的行为制度、组织模式与生活方式；其次是指资本主义的经济制度，包括其竞争性的产品市场和劳动力的商品化过程中的商品生产体系和跨越全球的社会联系方式。[13]

吉登斯意义的“现代性”或许用“现代化”这一称谓更为恰当。现代性与现代化是两个不同层面的范畴，或者可以这样说：现代化的问题可归入“是”（事实性）的范畴，属于可用量化指标来衡量的问题；而现代性则属于“应当”（价值）的问题，即它的终极目的取向、内在原则等的合理性如何（即何以可能）的问题。[14]如此说来，阿历克斯·英格尔斯（Alex Inkeles）给出的量化的社会现代化指标，[15]金耀基（Yeo-Chi King, Ambrose）以“工业化、都市化、普遍参与、世俗化、高度的结构分殊性、高度的普遍的成就取向化”等六大特征来界说“现代”与“现代性”，[16]1960年在日本箱根举行的“现代日本”国际研讨会上所讨论确定的八项标准，[17]我国学者罗荣渠所讨论的相关现代性的12个问题，[18]以及我国政府在20世纪80年代提出的20世纪末要实现农业、工业、国防、科学“四个现代化”，都是在确凿说着“现代化”的问题。

也就是说，现代化主要是经济学、社会学方面谈论的范畴，是关乎国富民强、保障国民生活质量的大问题，而现代性则主要是一个哲学范畴，是对文明变迁之现代成果的审视与批判阐释，是现代化得以实现的逻辑前提、价值牵引（目的阐释）、理论定位和心理导向（即康德实践理性意义的本体论导引现象界而何以可能的问题[19]）。

这就导向了现代性理解的第二个角度，即哲学（包括美学、艺术）

层面的现代性意义。这个角度的现代性理解又可以分为两条路线：一条是波德莱尔（Charles Pierre Baudelaire）路线，一条是马克斯·韦伯（Max Weber）路线。[20]

波德莱尔认为："现代性就是过渡、短暂、偶然，就是艺术的一半，另一半是永恒和不变。"[21]波德莱尔的时代正是工业化大踏步前进的时代，工业化代替了手工操作，改变了人们的古典劳作经验和时空体验。显然，波德莱尔不是卫道士，而是为时代新风尚鸣锣开道的诗人以及思想者。他对与这个时代相吻合的风尚、情欲、包括浪荡子以及女人的服饰与化妆肯定有加，认为他们都是标新立异、与众不同且有着动人独特性的表现。波德莱尔的理论打破了"艺术世界对于真实世界有点像上帝之城对于世俗之城的关系"，[22]他在过渡、短暂、偶然与相对性中看到了新奇与反叛（诸如我们在风格更迭快如朝露的现代艺术的达达主义、立体主义、野兽派、抽象主义、超现实主义绘画以及纪德、乔伊斯、马拉美、艾略特这些现代诗人、作家等作品中所看到的那样），但他也看到了现代艺术还有另一半是永恒不变和绝对，这就意味着"浪荡作风是英雄主义在颓废之中的最后一次闪光"。[23]因此，现代艺术终究又是精英艺术，它以形式自律的样式，圈起来了自己而拒绝农民的草根的欣赏。[24]波德莱尔直面了现代性的时间悖论，但他不是一个人，他带动的是一条路线，就像大卫·弗里斯比（David Frisby）所说，齐美尔（Georg Simmel）、克拉考尔（Siegfried Kracauer）、本雅明（Walter Benjamin）等都是波德莱尔意义上的现代性社会理论家。[25]

关于现代性的波德莱尔路线和马克斯·韦伯路线不是不相干或者对立的路线，他们的交点也许是在对世俗性的肯定上。

西方的世俗化过程发端于宗教改革与文艺复兴时期。基督教以创世说、原罪说、救赎说等信条形成了特有的"宗教世界图景"，它以否定人的现世生活、肯定上帝的意志和神启思想为最高宗旨。宗教改革与文艺复兴从内外两方面冲毁了政教合一的中世纪格局。宗教改革运动旨在通过政教分离使宗教摆脱黑暗腐败、重振宗教信仰，其重建信仰的一个基点是信仰的真实性，如马丁·路德（Martin Luther）普遍依赖的个体信仰体验的真实性与自主性。[26]文艺复兴的确以世俗幸福为最高意义而“否弃”着宗教，但当文艺复兴的人文主义者们坚持的信念和宗教改革重建信仰的信条有着异曲同工之妙的时候，其世俗化就具有了理性（本体）超越的意味。这也是以后启蒙主义所坚持的信条。他们革除的是教皇，却没有革除信仰。人性觉醒的文艺复兴思想、新教伦理精神及启蒙时代的自由民主思想经法国大革命的摧枯拉朽深远地影响了西方近现代发展历程，使西方社会的现代性建设得到了长足的发展。

马克斯·韦伯将这个世俗化的过程称为世界的“祛魅”过程。韦伯是现代性研究的重镇。他对新教伦理与资本主义精神的研究，对现代性的理性化特征研究，对工具理性与价值理性对立冲突之研究，以及现代性导致“诸神不和”、自由丧失的悖论研究，都使他成为吉登斯所说的书写“现代性的现象学的大纲”之人，[27]他的学说成为现代社会的经典学说。[28]

韦伯意义的现代性研究者集众良多，笔者以列奥·斯特劳斯的《现代性的三次浪潮》为梳理线索。[29]斯特劳斯在这篇著名文献中说，现代性乃是世俗化了的圣经信仰：彼岸的圣经信仰已经从根本上此岸化了。最简单的表述就是：不再希冀天国的生活，而是要通过属人的手段，在尘世上建立天国。他所说的现代性的第一次浪潮从马基雅维利开始，霍布斯（Thomas Hobbes）继之，“从根本上质疑了传统政治哲学的价值”。第二次浪潮从卢梭（Jean-Jacques Rousseau）开始，“卢梭激发了康德（Immanuel Kant）和德国古典主义哲学”。第三次浪潮与尼采（Friedrich Wilhelm Nietzsche）相关，“上帝死了”，价值重估！

第一次浪潮中的马基雅维利，这位中世纪末期文艺复兴初期的意大利历史学家和政治思想家，继承了亚里士多德却又比亚氏前进一步，认为建立最好的政体的障碍是质料的败坏（即人民的败坏），但质料是可以改变的，也就是人性是可以启蒙的，理想的国家政体是可以建立的。马基雅维利的变革与其后发生的两大革命即科学（自然科学革命）与正义（人权革命）的精神一致。霍布斯则强调经济、社会契约和个人权利，它向其后的以主张生命、自由、财产是"天赋人权"的洛克教导的中枢无限趋进。

第二次现代性浪潮的开启者卢梭是法国启蒙运动的杰出代表，他和伏尔泰（Voltaire）、孟德斯鸠（Montesquieu）等都是百科全书派的思想家、哲学家、文学家。卢梭认为人生而平等，主张社会契约、人民民主及公意法律。[30]所谓"公意"是"一种内在于或为构造适宜（properly constituted）社会所固有的意志"，公意是好的，不会出错，是因为"它是合理性的因为它是普遍的"（斯特劳斯语）。卢梭以及其他启蒙运动的思想家们为法国大革命奠定了基础，据说大革命的领袖之一罗伯斯庇尔就是卢梭的忠实信徒，被称为"行走中的卢梭"。大革命中通过的《人权宣言》确立了人权、法制、公民自由、财产权神圣不可侵犯，并建立了法兰西共和国。这是人类史上划时代的事件，也是现代性进程中的里程碑！法国大革命废除了统治欧洲长达数百年之久由教皇、僧侣、贵族把持的封建制度，"从而代之以一个愈加统一而简单的社会与政治组织，并以各个阶层的平等为基础"[31]。然而斯特劳斯认为，卢梭的公意学说、政治学说在历史过程中的实现与其说是卢梭本人，毋宁说是卢梭的后继者们即康德和黑格尔（Georg Wilhelm Friedrich Hegel）们来进行的工作。

康德更进一步强调了启蒙的含义，执着于人的自由、尊严与解放。他指出："启蒙运动就是人类脱离自己所加之于自己的不成熟状态，不成熟状态就是不经别人的引导，就对运用自己的理智无能为力……Sapereaude！要有勇气运用你自己的理智！这就是启蒙运动的口号。"[32]

当康德划分现象与本体，把目的与价值判断划给了本体界时，价值理性就不再是知性真理，而凸显为人性理想，他的“绝对命令”不是外在命令（恶无限），而是人的内在诉求（自由而不是被奴役），这种属人的“内在目的”即是终极目的（终极价值）。[33]黑格尔也用“自由”来讨论家庭、市民社会和国家，并把康德深具先验性的自由落实为伦理的现实。[34]马克思深受黑格尔思想的影响，又做了前所未有的发展变革，成为改变世界历史思维发展方向的重要哲学家之一…… 启蒙运动轰轰烈烈，自由民主思想深入人心，西方文明高度繁荣发达。

第三次现代性浪潮中的尼采在笔者的理解里，是用“超人”（生命哲学）继续着启蒙的主题，也用“强力意志”荡涤着他人该享有的自由的权力。因此，斯特劳斯特别指出：现代性的第三次浪潮可被描述为是一种对存在之情操的新的理解所构成：那种情操是对恐惧和痛苦，而非和谐与和平的经验，它是必然悲剧的历史存在的情操（这也是基尔凯戈尔、叔本华、萨特、加缪们一再渲染讨论的话题）。这就是尼采及其后继者们直面所向披靡的现代性进程中的负面性的批判性思考。

即现代性是双刃剑。曾经被文艺复兴人士高扬的作为“万物的灵长、宇宙的精华”的人[35]终落入“人类中心主义”的狂妄，尽管康德曾警觉地想遏制人的狂妄僭越导致独断论而让理性给知性划界，但康德自己又终被淹没在他“人为自然立法”的骄傲中，[36]终究没能阻挡住人们在科学的旗号下、在工具理性的高歌猛进下向自然的进军和对人性的盘剥。韦伯颂扬的新教伦理精神终也没能挡住私利汹涌的“专家没有灵魂，纵欲者没有心肝”[37]的不堪浊流，而当尼采式的“强力意志”将阻碍自己自由的障碍强力清除而不惜暴力、战争、集权以及对他人施行奴役的时候，以赛亚 · 柏林（Isaiah Berlin）对这种“积极自由”和在特定领域内保有自己的空间不受干预的“消极自由”的区分无异于警钟长鸣。[38]斯特劳斯也因此说到：尼采对法西斯主义应负的责任，与卢梭对雅各宾主义应付的责任一样多。[39]

或许，无需再详细罗列现代哲学家及其更激烈的后现代哲学家对现代性进行的猛烈批判了，无论是斯宾格勒（Oswald Spengler）写出了以高达九万册数量发行的《西方的没落》，还是西方马克思主义诸如法兰克福学派的马尔库塞（Herbert Marcuse）对资本主义"单面人"的批判，也无论是胡塞尔（E. Edmund Husserl）的现象学以括号悬隔，使西方文化传统和通行惯例都失去了理所当然的前提地位而悬置待审，也无论是海德格尔（Martin Heidegger）所言他的时代是"存在被遗忘"的西方贫困之时代，也无论是巴塔耶（Georges Bataille）、阿多诺（Theodor Wiesengrund Adorno）、德里达（Jacques Derrida）对同一性哲学的批判，对异质性、否定性、差异性的推崇……都表明怀疑启蒙理性的合法性和权威性的现代、后现代时代即是"现代性"遭受悖论丛生的时代。正如哈贝马斯所说"到韦伯为止，现代性与合理性之间的内在联系一直都是不言而喻的，今天却成了问题"[40]。

但现代性的话题并非就此沉遭谷底，启蒙带人们走出蒙昧、走出中世纪神权专制及封建王权专制，带来人类的解放而给世界文明带来巨大进步这一重积极意义又怎么能够轻易忘却或者解构掉？因此，不仅福柯（Michel Foucault）还有哈贝马斯，都提出启蒙的弊病还得启蒙来克服。福柯所说的"哲学的质疑""批判性质询"，即怀疑批判精神的"态度"，[41]即也同样应该是现代性思想的题中应有之意。于是我们可以在这个维度来理解利奥塔（Jean Francois Lyotard）所说：后现代主义并不是现代主义的末期，而是现代主义的初始状态，[42]即后现代主义是对现代性的重新启蒙，也因此我们有理由把这一批判性质询的精神归入斯特劳斯所说的现代性的第三次浪潮。

启蒙的精神财富需要继承，理性的偏离航向需要反省审视与救治。[43]"启蒙只有依靠彻底的启蒙来弥补自身的不足。"[44]因此，虽然康德努力一生，煌煌巨著于“三大批判”，拳拳执着于人的自由，但他不承认自己的时代是业已“启蒙”了的时代。而两百年后的福柯则断言，启蒙将是一个永远进行的过程。[45]

这应该是东西方共同的使命。

人类文明已共同见证：西方现代性的开启与成果早已不仅仅只属于西方，自由民主等人性启蒙与国家民族独立富强的现代性追求早已属于无论东西方的全世界人民共同的财富。因此，说现代性并不就是简单地西方化，东方世界可以在吸纳借鉴西方成功经验和失败教训的基础上走出自己的现代性道路；西方世界也可以在反思自己以往经历并吸纳东方文明养料的同时超越自己的弊端从而健康发展。东西方的对话交流才是全球化时代现代性出路之所在。这样的论断包含的话题就是，东方文化和西方文化有所不同，东方文化之一种的中国现代性的路数就会和西方有所差异而有着自己的特点。

如前述，西方现代性先驱首先针对的是宗教专制，于是世俗化了的圣经信仰是他们现代性的篇章伊始。他们革除的是教皇，却没有革除信仰，国王不再由教皇加冕，人不再是神的奴婢。因此，西方人文主义（现代性的开篇）即是对政教合一专制下对神吞并人的抗议，在政教分离的世俗化过程中争取人权自身即人性启蒙。而古代中国却没有严格意义上的宗教，[46]中国古代文化本就是世俗化特征极强的文化，却绝不少专制性。

可以从中西方思维方式特征的源头说起。当古希腊先哲进行世界起源与始基的追问起（即世界起源于“水”“种子”“火”“数”“原子”等），西方哲学由此发展出了两条思路：当他们把这些元素当作实体研究的时候，发展出了形下科学；当他们认为这些是上帝所造的时候，则发展了形上神学——思辨哲学（亚里士多德称之为“第一哲学”）。但中国人对始基的追问却没有在这两个向度上深究发展，而是追问、弥纶、玄虚在形上形下之间。这两种思路各有优长，亦各有弊端。西哲的分裂式思路带来的成果有目共睹，弊病也已被现代西方哲学家们所正视批判。而中国哲学也有无尚可资继承的宝贵意义，[47]譬如儒家的仁本思想、道家禅宗的虚灵思想都具有现代转换的宝贵因子，是中国文化给世界贡献的极富家园意识的美学生态活力。但中哲本体同一或内化于现象的思路终因其世俗化倾向，无一例外地要么陷入儒学“人伦礼仪”，即以氏族血亲等级为原型的伦理纲常的现象界枷锁，[48]要么沦于眼下当前的流俗：高蹈智慧而“逍遥游”的庄子一落入人间世便“任人指马为马，指牛为牛”[49]；精致幽深而美丽空灵的禅宗也有“呵佛骂祖”“随波逐浪”“酒肉穿肠过”的放浪[50]…… 中国古代文化遂有“百姓日用即道”[51]的非超越性的百姓不觉的沉沦表达。

尤其儒学是古代中国王道政治、宗法伦理、礼乐制度的根基所系。儒学的最高理想是为“王者师”，“政统”与“道统”的关系就格外微妙。“政统”需要“道统”的支持以服人心，“道统”则需要“政统”的支持来达到自己的治世理想。士虽有“三军可夺帅也，匹夫不可以夺志”[52]的人格尊严傲然于世，但“以孤独而微不足道的个人面对巨大而有组织的权势，孟子所担心的‘枉道以从势’的情况是很容易发生的，而且事实上也常常发生”[53]。知识分子的软弱性也就时常可见。尤其道家老子那充满玄机的“人君南面术”的机巧用心和愚民政策一方面为统治者提供阴谋权术，另一方面也使一些文士把出隐作为入世的砝码和阶梯。至于禅的超验状态与法西斯主义服从（日本式的）关系也早已有人明确指出并作了全面分析。[54]科举制度更是培养古代知识分子人格软骨的温床。如果说科举制度在唐宋时期使庶族寒门子弟进身进阶从而使政权吸收了不少阳刚如许、“兼善天下”之“士”成为一股新兴势力具积极意义的话，明清实行的八股取士则江河日下地培植着一股腐朽落后的势力了。

如此的文化交融加强的是皇权统治对民众的专制。一千多年的“大一统”皇权专制（统辖军事、地主、士大夫集团）[55]是窒息民众的枷锁，但一次次农民起义都宣告失败而以一个皇帝代替另一个皇帝的结局而告终。“大一统”的皇权专制是封建中国由盛到衰的总根源。直到晚清1898年“戊戌变法”六君子的改革要求；1911年孙中山领导的辛亥革命推翻清廷帝制、建立共和；民国1919年五四革命的口号之一是“打倒孔家店”[56]……或许才可以说是中国现代性的启蒙滥觞和开篇实践。

如果说西方现代性先驱首先针对的是宗教专制，那么中国的现代性先驱则是从反对由家族制放大开来的皇权专制始。不一样的是，在反封建皇权专制的同时，中国的现代性开篇直面的更有反对帝国主义、求得民族独立与解放的任务。“反抗的历史就是东方现代化的历史。”[57]

二、中国五四运动与现代性关联

众所公认，1919年的五四运动是中国现代性启蒙的真正开篇和时代强音。五四运动的直接导火线即是青年学生不甘帝国主义列强对国家主权的肆意侮辱侵略而进行的强力反抗和斗争。[58]（图1-1，图1-2）但五四学生运动不是一次突发事件，而是长期的中国国情与世界格局动荡积累使然。

关涉国情，首先关乎的是经济、社会和政治情况。中国几千年皇权专制下的经济主要是自给自足的小农经济，“君子谋道不谋食……君子忧道不忧贫”，[59]“不患寡而患不均，不患贫而患不安”，[60]是儒家孔子的“经济思想”，给中国人带来不小的惰性影响。半商业半家庭式的作坊学徒制维持的各种手工业店铺是中国仅有的工业（手工业），这一经济生活和经济习惯阻碍了国内市场的扩充和大规模工业的发展，这种农业经济制度要到19世纪被西方强行打开国门才得以改变。[61]1840年、1856年两次鸦片战争失败的创痛激发了洋务运动，洋务派大臣和地方开明官员

图1-1　五四运动大爆发（上）
图1-2　五四运动周会创办的五四运动大会（下）

除了积极创办新式军队、筹建近代海军，还兴办了轮船、铁路、采矿、纺织等各种民用工业，中国民族资本主义应运而生，但却在帝国主义列强的侵略高压下举步维艰。

欧洲各国却在完成了他们的地理大发现、科技发展、工业革命后，野心勃勃地进行殖民扩张。近旁的日本也于1868年进行的"明治维新"获得成功后，迅速成为工业强国，跻身于世界强国之列。中国则在与日的甲午海战中惨遭失败，在明治维新30年后的1898年进行的资产阶级改良性质的"戊戌变法"也惨遭失败。西洋及东洋列强靠船坚炮利打开了封闭腐朽多时的农业中国，签署了一系列丧权辱国、割地赔款的不平等条约，使中国沦于殖民地半殖民地国家，这些条约从巴黎和会上中国代表提出的废除与日本签署的"二十一条"即可见一斑。[62]

面对落后就要挨打的残酷现实，面对列强侵略再不奋起抗争就要亡国灭种的沉痛悲哀，中国知识分子有这样几个阶段的觉悟和行动：[63] 1.1840至1842年的鸦片战争后，知识分子觉悟到中国实有学习西方科学技术、军事、机械之必要，但认为中国的传统制度和传统思想比西方高明。可以魏源"师夷长技以制夷"[64]和冯桂芬的"以中国之伦常名教为原本，辅以诸国富强之术"[65]的观点为代表。2.1894至1895年的甲午战争后，认为除了要学习科学技术，中国还应当学习西方的法律和政治制度，但认为中国哲学、伦理观念不应当变，以张之洞提出的"中学为体，西学为用"[66]为代表。可是，"百日维新"无法把倡议的法律和政治制度改革付诸实现，辛亥革命也只是完成了一部分。民国建立以后，军阀割据和两次复辟帝制都证明了只改革法律和政治制度，而不做其他方面的变革，一定不会有什么成果。3."五四"时代，新兴知识分子主张不仅需要介绍西方科学技术、法律及政治制度，而且中国的哲学、伦理、自然科学、社会学说和制度，都应该价值重估，参照西方，重新建立新的体系。这不同于以前的局部改革，而是企图推翻停滞不前的旧传统，建设新文化。倡导“德先生”与“赛先生”，即民主与科学是五四新文化运动的口号。诸如五四之子罗家伦在《答张溥泉来信》中说到：先生引证法国实证哲学家孔德的话，说“要想政治改良，非先把思想变了风俗变了不行”，是我们极力赞同的。我们认中国现在政治社会的不良，就是人民思想不曾变化……中国人的思想有三种毒素：(1)奴性的私爱思想；(2)专制的思想。4.昏乱的思想。我们的思想革命，不消说，大概就是(1)变奴性的思想为独立的思想；(2)变专制的思想为平民的思想。(3)变昏乱的思想为逻辑的思想。[67]

因此，五四运动不是突发事件，新文化运动在1919年前就已如火如荼开展起来了，譬如：[68]

1915年1月18日黄远庸仿欧洲文艺复兴，提出发展白话文文学。9月15日陈独秀在上海创办《青年杂志》(即后来的《新青年》)，11月15日陈独秀在《新青年》上建议发展基于现实主义和自然主义的新文学。

1916年2月15日《新青年》开始激烈攻击孔教，这年夏胡适和他的朋友在纽约讨论白话文问题，10月1日《新青年》刊登胡适的信，提出开展一场中国文学革命。

1917年1月1日《新青年》刊登胡适的《文学改良刍议》，2月1日《新青年》刊登陈独秀的《文学革命论》。

1918年1月15日《新青年》全部文章开始以白话文发表，4月18日毛泽东在长沙创立新民学会，5月15日《新青年》刊登鲁迅短篇小说《狂人日记》，6月30日曾琦、王光祈、李璜、李大钊等在北京成立少年中国学会。10月13日北京大学成立新潮社，12月22日陈独秀在北京创办《每周评论》。

1919年1月1日《新潮》及《国民》杂志第一期出版；1月蔡元培、蒋梦麟、陶行知创立新教育共进社，《新教育》月刊在上海创刊；2月胡适《中国哲学史大纲》出版；3月18日林纾致信蔡元培，批判北大出版物，蔡复林纾作答。针对林纾投诉北大“覆孔孟，刬伦常”和“尽废古书，行用土语”的罪名（可视作保守势力对新运动的总攻击），蔡元培做了坚定严肃的回复，为新文化运动做了很好的辩护，并声明他在北大办学的主张为“循思想自由原则，取兼容并包主义”。[69]

概言之，1915年开始的“新文化运动”为1919年的五四学生运动作了大量的理论准备。周策纵认为，五四运动是18世纪法国启蒙运动的中国式版本，[70]但他在同一本书中又认为，五四运动早期新知识分子的思想是17世纪以后西方各种思想的大杂烩（现实主义、功利主义、经验主义、自由主义、基尔特社会主义、马克思主义、工团主义、无政府主义、达尔文主义等），[71]而他们特别推崇的则主要是法国大革命思想和美国独立战争思想。[72]周策纵的不同说法中的共同之处值得我们注意。概言之，民主、人权、自由的新文化启蒙思想深入“五四”一代的人心。这是前述所说的西方现代性历程和中国现代性进程的衔接交叉和借鉴补益。

当代学界却有两个“五四”之说。诸如李泽厚在其《启蒙与救亡的双重变奏》里开篇名义：“五四运动包含两个性质不相同的运动，一个是新文化运动，一个是学生爱国反帝运动。”[73]前者被认为是思想启蒙运动的“五四”，后者被作为是革命的政治运动的“五四”。持这种观点的还有周扬[74]、胡绳[75]、黎澍[76]等人。其实不啻当代，早在20世纪20至40年代就有两个“五四”或者几个“五四”之说。诸如坚持革命的政治运动的瞿秋白在1933年就大声疾呼“请脱弃那曾光辉绚烂于一时的‘五四’衣衫”而倡导“集合在反帝国主义的战旗之下”，[77]晚年胡适则认为：“五四运动对新文化运动来说，实在是一个挫折”[78]……周策纵则以一个史家的真实记录了历史上存在的“三个五四”之说：除了“启蒙”与“革命”说之外，第三个“五四”说是指来自极端保守的民族主义者和传统主义者的批判，在他们看来五四运动是“中国的一场大灾难”。[79]从全球范围看，五四运动的评价问题，是相当复杂的话题。但不管有多少缺陷，五四运动都是中国走向现代社会的最具积极意义的坚实行动，其震古烁今之现代性光辉乃任何人不可以抹煞！故五四运动“灾难”说实乃开历史之倒车！

而“革命说”和“启蒙说”都是对五四运动某一方面的充分肯定，但一个“五四”被割裂乃至对立两说，其合理性及不妥当之处的原因复杂之极，超过本书梳理范围。有一家之言认为，是因为“救亡的局势、国家的利益、人民的饥饿痛苦，压倒了一切，压倒了知识者或知识群对自由平等民主民权和各种美妙理想的追求和需要，压倒了对个体尊严、个人权利的注视和尊重”[80]。这就是李泽厚著名的“救亡压倒启蒙”说。李泽厚以他缜密的逻辑进行了鞭辟入里的分析，醍醐灌顶，但也不免有让人疑惑之处。

依笔者之浅见，两个“五四”之说，似乎是没有必要的打架，[81]因为在本体论意义，五四运动不可两分，无论是对民主人权自由的新文化启蒙思想之追求，还是抵御外辱、反抗侵略的学生爱国运动乃至于全民求得民族独立和主权的积极斗争，都是中国现代性追求的题中应有之意，这应该是统一不可分割的五四运动之精魂。

正如亚里士多德同意柏拉图所说，最好的政体是最有利于美德之实践的秩序。[82]或者更宽泛地说，个人的人权自由是启蒙，国家民族的独立自由岂不也是启蒙的内容？如果没有国家民族的独立和主权，个人的自由如何实现？所谓“皮之不存，毛将焉在？”故“五四”反帝反封建的民族民主的独立解放运动可歌可泣，意义永存！而好的国家政体又必须依赖好的人民，就像马基雅维利赞同亚理士多德所说，如果质料败坏，即人民败坏的话，是不可能建立可欲的政治秩序的。[83]这正是“五四”一代改造国民性的可贵！因此从本体论意义来说，启蒙和革命不能两分。李泽厚何曾不知道？而他只是在说“政治救亡的主题全面压倒了思想启蒙的主题”，“启蒙与救亡（革命）的双重主题的关系在‘五四’以后并没有得到合理的解决”[84]。是的，如果武装革命成功后，尤其是20世纪60年代中期开始的“文革”能继续打着革命的口号大批资本主义（以及封建主义、修正主义）而事实上是让封建主义（集权专制对个体的吞噬）大肆盛行的话，[85]那么李泽厚在现实层面的“五四”两分法又不能不说有他一定的道理。那场浩劫是中国现代性路途中的巨大曲折。

因此，我们有必要重新认识一下五四运动这一中国现代性运动的意义：“五四运动实际上是一场思想和社会政治相结合的运动，它企图通过中国的现代化来实现民族独立、个人解放和社会公正。从广义来说，五四运动的本质是一场思想革命，因为它的基础是假定思想变革是实现这一现代化任务的前提，它所促成的主要是思想的觉悟和变革……这又进而促进了各种社会、政治和文化的变化。五四运动的最重要的目的就是维护民族的生存与独立，这实际上是19世纪中叶以来中国所有重大改革及革命的目的。”[86]史学家周策纵的看法不无参考价值，只是他所说的现代化或许以本书主题的现代性思考更为恰切。

于是有必要重申，无论“革命伦理”的“五四”，还是“启蒙叙事”的“五四”，都是一枚钱币的两面，都是中国现代性追求的题中应有之意。因此，两个“五四”在中国现代性视域中应统归为一。革命的目的是为了国家主权的建立和民族的富强，是为了在富强主权的国度里，人民安居乐业，既能自由民主地享受个人的权益，又能为国担当。“积极自由”和“消极自由”同在或许才是真正现代性的人性健康的建设！

因此，“五四”是永远的话题，不仅哈贝马斯认为“现代性是一项未完成的设计”，福柯也认为启蒙的缺陷要靠重新的启蒙来克服，那么对于“五四”的缺陷反省也就构成了坚持“五四”的一个内容。因此“五四”是中国现代性过往的一环，反思的“五四”则是现代性重临的起点和永恒的目标。

关于五四运动的缺陷，海内外讨论较多，共识之一就是在激烈的西化（甚至是全盘西化）的倾向中，对民族遗产、优秀的传统文化的猛烈批判中，缺乏公正和民族自信。因此，我们今天继承“五四”，进行现代性建设的时候，就应是在继承传统之优长并阐释其现代意义，借鉴西方之成功经验的同时又超越东西方文化之弊端，以更符合人性健康的文化为根本。因此对于李泽厚的“补课说”，[87]笔者持保留意见。也是说，现代性并不等于西方化，不必按他们的模式一模样地补上所缺的一段，我们应在褒有民族特性，总结自己的过往，也借鉴西方乃至东方其他国家的成功经验和失误教训的基础上走出自己的现代性道路。西方世界也应在反思自己以往经历（现代性悖论丛生）并吸纳东方文明的养料中超越自己而健康发展。[88]“每个民族都有自己寻求自由的特殊道路。”[89]这是今天走在中国现代性建设旅程中的我们在总结正负面经验的基础上来重新思考问题，也是在相对从容的文化语境和心境中的批判性反思论道，这是我们在斯特劳斯所说的第三次现代性浪潮的延伸义上超越东西方弊端的思考和驻足。

在对现代性的西方历程和中国历程纵横交叉分析的坐标上，似乎终于可以来谈本书主题的徐悲鸿了。

三、徐悲鸿精神与现代性启蒙

无疑，徐悲鸿是“五四”新文化运动的一员，他始终坚持“五四”启蒙思想，期待中国的文艺复兴，且毕生为之奋斗不息。1950年，他在《中央美术学院成立献辞》中所说，依然是“整理批判承继我国祖先遗产，以及吸取世界遗产，以创造出大众的、科学的、民族的新中国美术，这是我们必须肩负的责任”[90]。及至1953年，他也在美好期待：“祖国大规模的经济建设即将开始了，随着经济建设高潮的到来，将不可避免的要出现一个文化建设的高潮。”[91]这当然可以理解为是对民主、科学的“五四”精神的继续提倡，但他比五四运动高潮中的人们多了一份民族性的坚守，这不仅仅是1950年的徐悲鸿之举，而是贯穿他一生的徐氏坚持。[92]

但徐悲鸿却未能亲身参加五四青年学生运动，1919年3月到5月学生运动如火如荼的日子，正是他启程北京抵达法国巴黎留学的日子。[93]但当他在国外得知五四运动的消息时，立即创作了诗词两首，以支持学生运动，并喧为旧世界的末日到来：[94]

一

今日何日乎，吾圣祖列宗在天之灵应泪垂，
黄帝百战入中原，早辟文明离草秽，
仓颉制文字，嫘祖缫丝茧，
隶首作律吕，羲和精天真，
大禹治洪水，后稷穑种植，
冠冕五千年，四海遍弦管，
大圣起孔孟，文史司马迁，
奇巧称公输，写生著吴阁，
传神诗家有李杜，凿空英雄挺张班，
百工暨杂艺，社会无缺憾，图书何辉煌，
举数逾千万，吁嗟呼！
丕显美功恃后继，不征不战何所待，
旷观大地谁有为？旋乾转坤中国事，
百年悔懈怠，
誓从中华民国八年五月起。

二

今日何日乎，吾等齐处烈风猛雨里，

往者暴君污吏贪官孱将，殃民害国，罪恶不可谏。

今日白手空拳，排难御侮是吾事。

振臂束襟同奋起，可以凿山开道捍狮虎。

猛兽实无知，不似戈龙勃（哥伦布）入美洲。

野人容易制，今日乎，

空间尽处是吾敌，众贼频起来不息，

吾有双臂并两拳，当公道者尽格杀，

黄帝吾祖乎，吾与汝裔勿羞戚。

显然徐悲鸿对五四运动中的游行示威、火烧赵家楼之类的学生运动事件是隔膜的，但在文化选择上，他却深得“五四”精神之昧。

五四运动就其内在思想史进程来说，是晚清康、梁、谭、严思想的继续。[95]如前述，鸦片战争以来中国的屡战屡败，使近代中国知识分子愈加感觉到必须在一个世界性的知识框架中重新全面思考文明的方向，清末民初的维新派思想家康有为（图1-3）或许是第一位从思想上真正自觉进行这种全面努力的思想家。[96]1879年游历香港之后，康有为便开始“渐收西学之书，为讲西学之基”。[97]对欧美诸国的游历，更加深了他对列强灭亡中国的恐惧，亦加深了他对近代工业文明的敬慕，更为重视如何把中国从20世纪列强的压力下解放出来。[98]

康有为的学生梁启超则研究了斯特劳斯所说的现代性第一次浪潮中霍布斯的思想和第二次浪潮中卢梭的思想，写就了《霍布士学案》和《卢梭学案》等篇章，阐释介绍了霍布斯的人性论和卢梭的自由论等西方现代性的启蒙思想。[99]

谭嗣同对传统的批判应该是戊戌六君子中最为激烈的一个，他在《仁学》中尖锐指出：“两千年来之政，秦政也，皆大盗也；两千年来之学，荀学也，皆乡愿也。惟大盗利用乡愿；惟乡愿工媚大盗。两者相交相资，而罔不托之于孔”，明确发出“变法则民智”“变法则民富”“变法则民强”“变法则民生”的激烈吼声。[100]

徐悲鸿和这些思想家颇有渊源，他曾被康有为收为入室弟子，过往从密，[101]一生受康有为影响甚大，[102]也曾于1920年5月在法国留学期间结识梁启超。[103]而他批判决绝的精神还真像极了真诚、血性、壮烈的谭嗣同。

如前述，就其外在思想史影响来说，承继晚清思想的“五四”一代知识分子受18、19世纪的法国民主思想和自由主义的影响，远超过了受其他西方国家思想的影响。个性解放、自由、民主、科学等现代性启蒙思想是五四运动的关键词。因此五四运动的基本精神即是重估、批判旧传统而创造新文化，以新的现代文明拯救颓败的旧文化、旧中国。[104]

徐悲鸿一生即致力于此。

在学生运动前夕（1918年2月末或3月初），徐悲鸿被“五四”新文化运动的主将蔡元培聘为北京画法研究会导师。[105]在古都北京，徐悲鸿和他的同道及学生们饱览了中国画珍藏，[106]当然他是带着重估审视的眼光的。在北京大学这所新文化运动的摇篮，他和同仁、学生们一起强烈感受着风起云涌的时代精神。[107]因此，徐悲鸿选择并为之奋斗一生的写实主义就不是空穴来风，是父亲训诫的家学渊源，[108]是他执弟子之礼的老师康有为的指导，[109]是去日本观光的心得，[110]是法国老师们的辛勤教诲[111]。但徐悲鸿选择写实主义的终极原因却是“五四”精神洗礼的自由民主与科学之追求（这是徐悲鸿赴法留学的“前理解”和期待视野），他是应国情之所需、化西方文明精神之所用的美术革命，以抱艺术救国的拳拳赤子之心。因此，晚清及至“五四”精神的现代性启蒙是徐悲鸿写实主义的思想史基础。

首先，他认为批判旧传统不仅仅只是中国画技法的改造，而且是国民精神气质的革命。

图1-3　康有为　徐悲鸿　布面油彩　47 cm×56 cm（上）

图1-4　1917年，徐悲鸿东渡日本，康有为赠字饯行（见注释101）（下）

批判旧传统，改造国民性，是“五四”一代人的共同心声。诸如鲁迅先生就在他26篇短篇小说和大量杂文里以辛辣的笔调塑造了一系列乖张、古怪、可笑、可悲、可恨、可怜的人物，哀其不幸、怒其不争，揭露了深受传统礼法、道德、制度、文化心理影响的中国人的劣根性，譬如不宽容、惰性、虚伪、谄上欺下、投机、优柔寡断等。[112]鲁迅激烈批判旧传统，到让青年“不读中国书”的地步，[113]钱玄同亦有“废除汉字”等激烈彻底的反传统要求。[114]

陈独秀与胡适联名答复《新青年》的一位读者也说道：“旧文学、旧政治、旧伦理、本是一家眷属，故不得去此而取彼；欲谋改革，乃畏阻力而迁就之，此东方之思想，此数十年改革而毫无进步之最大原意也。”[115]陈独秀认为：“要拥护那德先生，便不得不反对孔教、礼法、贞节、旧伦理、旧政治；要拥护那赛先生，便不得不反对旧艺术、旧宗教；要拥护那德先生又要拥护赛先生，便不得不反对国粹和旧文学。”[116]陈独秀在其《文学革命论》中进一步激烈批判及展望：“今日庄严灿烂之欧洲，何自而来乎？曰，革命之赐也。欧语所谓革命者，为革故更新之义，与中土所谓朝代鼎革，绝不相类，故自文艺复兴以来，政治界有革命，宗教界亦有革命，伦理道德亦有革命，文学艺术，亦莫不有革命，莫不因革命而新兴而进化……余甘冒全国学究之敌，高张‘文学革命军’大旗，以为吾友之声援。旗上大书特书吾革命军三大主义：曰推倒雕琢的阿谀的贵族文学，建设平易的抒情的国民文学；曰推倒陈腐的铺张的古典文学，建设新鲜的立诚的写实文学；曰推倒迂晦的艰涩的山林文学，建设明了的通俗的社会文学。”[117]陈独秀支持胡适所提出的“八不主义”，[118]是中国文学革命的第一声号角。文学革命的意义在于改变中国人的思维方式。

不仅仅文学革命，当时中国的古史、古文献研究也都带有了相当的疑古、批古性，出现了以顾颉刚、钱玄同、胡适、梁启超为首的疑古派："1917后弥漫于中国的反对偶像崇拜的气氛，本身也鼓舞着年轻的中国学者以批判性的态度研究中国古史与古文献……以怀疑主义和考证的方法来研究中国古史与古文献的工作，取得了很大的成就。顾颉刚和钱玄同是这一潮流的领军人物。他们都是北大教授崔适的学生。崔适在研究古籍方面又追随康有为。"[119]

不约而同，这些五四运动的领袖们在文学革命、史学革命的同时，也一致地在美术革命中提倡写实主义，这种时代思潮如前述，自然当是承继晚清维新派的巨匠并受西方思想剧烈影响所致。

蔡云培言："西人之重视自然科学如此，故美术亦从描写实物入手。今世为东西文化融合时代，西洋之所长，吾国自当采用。"[120]

吕澂言："我国美术之弊，盖莫甚于今日，诚不可不极加革命也。革命之道何由始？曰：阐明美术之范围与实质，使恒人晓然美术所以为美术者何在，其事也。阐明有唐以来绘画雕塑建筑之源流理法（自唐世佛教大盛而后，我国雕塑与建筑之改革，亦颇可观，惜元人研究之耳），使恒人知我国固有之美术如何，此又一事也。阐明欧美美术之变迁，与夫现在各新派之真相，使恒人知美术界大势之所趋向，此又一事也。即以美术真谛之学说，印证东西新旧各种美术，得其真正之是非，而使有志美术者，各能求其归宿而发明光大之，此又一事也。使此数事尽明，则社会知美术正途所在，视听一新，嗜好渐变；而后阻俗之徒不足辟，美育之效不难期。"[121]

陈独秀答复吕澂说："若想把中国画改良，首先要革王画的命。因为改良中国画，断不能不采用洋画写实的精神。这是什么理由呢？譬如文学家必用写实主义，才能够采古人的技术，发挥自己的天才，做自己的文章，不是抄古人的文章。画家也必须用写实主义，才能够发挥自己的天才，画自己的画，不落古人的窠臼……人家说王石谷的画是中国画的集大成，我说王石谷的画是倪黄文沈一派中国恶画的总结束。谭叫天的京调，王石谷的山水，是北京城里人的两大迷信，是神圣不可侵犯的，是不许人说半句不好的…… 我家所藏和见过的王画，不下两百多件，内中有‘画题’的不到十分之一，大概都用那‘临’‘摹’‘仿’‘橅’四大本领，复写古画，自家创作的，简直可以说没有，这就是王派留在画界最大的恶影响。倒是后来的扬州八怪，还有自由描写的天才，社会上却看不起他们，却要把王画当作画学正宗…… 像这样的画学正宗，像这样社会上盲目崇拜的偶像，若不打倒，实是输入写实主义，改良中国画的最大障碍。”[122]

鲁迅亦云：“美术可以辅翼道德。美术之目的，虽与道德不尽符，然其力足以渊邃人之性情，崇高人之好尚，亦机辅道德以为治。”[123]他认为“现代流派艺术并不适宜中国的迫切需要，中国最需要向外学习的，是写实主义传统”，并再三告诫青年美术家要学好素描，打下牢固的基本功，不要迷恋未来派、立体派，不要以此而“胡为”，给自己套上“新桎梏”。[124]

徐悲鸿批判旧传统、建设现代之新美术和这些“五四”之子的现代性追求一脉相承，同声同气！故王震先生说徐悲鸿是中国美术界“五四”以来第一人当不为过。[125]（图1-5）。

徐悲鸿论道：“中国科举制度，桎梏千年来无数英雄豪杰，其流弊所中，遂造成周遍的乡愿。绘画原是职业，从文人画得势，此业乃为八股家兼职—— 凡文化上一切形式，苟离其真意，便成乡愿；八股当然为乡愿之正式代表—— 于是真正画家，被贬为不受尊敬之工匠。王维脱离印度作风，建立纯粹之中国画，却不料因其诗名，滋人妄念，泽未千年，竟致断送了中国整个绘画。”[126]

他认为：“中国艺术没落的原因，是因为偏重文人画。王维的诗中有画，画中有诗那样高超的作品，一定是人人醉心的，毫无问题，不过他的末流，成了画树不知何树，画山不辨远近，画石不堪磨刀，画水不成饮料，特别是画人不但不能表情，并且有衣无骨，架头大，身子小。不过画成，必有诗为证，直录之于画幅重要地位，而诗又多是坏诗，或仅古人诗句，完全未体会诗中情景。此在科举时代，达官贵人偶然消遣当作玩意。至于谈到艺术，为文化部门——绘画尤为文化重要项目——以他去发挥人的智慧、品性和诗词、小说、音乐、戏剧，同用功其，那么，这一类没落的中国画，是担当不了这个使命的。”[127]

他特批：“董其昌借其名位，复是大收藏家，于是建立一种风气，乃画家可不解观察造物，却不可不识古作家作风与派别，否则便成鄙陋。此则不仅以声望地位傲人，兼以富厚自骄，恶劣极矣。于是遂有四王，遂有投机事业之《芥子园画谱》。此著名之《芥子园画谱》，可谓划时代之杰作。因由此书出版，乃断送了中国绘画。因其便利，当时披靡，八股家之乡愿学画，附庸风雅，而压低一切也。”[128]

这些慷慨陈词当然不免极端，也不无失当之处，但这是时代心声，和所有“五四”之子们的呼声一致。如果说陈独秀们的批判多少还是在五四运动高潮中的激情呐喊（诸如陈的“破除偶像论”[129]），而徐悲鸿则是在激情呐喊之外终其一生切入中国画史的深处检省（下文叙），挖其烂根。[130]中国封建文化在中唐以后呈衰落之趋，知识分子心境普遍寥落，分化甚盛，科举之制网罗了大批知识分子入官僚机构，八股之风，蹂躏意志，闭塞心灵，人格退化，有些便成为人格腐朽的“软体动物”，[131]即使有心性之美的文士也多采取非抗争的逃离隐遁之势，但这时的隐遁早已没有了庄子“独与天地精神相往来”的率真磅礴之气，而是求禅宗之趣，呈荒寒之境。尤其是董其昌倡“南北分宗”说，对北宗雄强一派持排斥态度，南宗柔糜写意之风得到了大力提倡，影响了其后画史三百年。

徐悲鸿逆这股势头而上，猛烈批判了科举制度，亦痛斥了文人画末流之荒率枯淡之病、残山剩水之貌、枯木竹石之弱和普遍的乡愿之气，认为董、王之类无真气、血性的摹古之风是国民精神贫弱在美术上的极大体现：

> 夫何故而使画学如此其颓坏耶？曰惟守旧，曰惟失其学术独立之地位。画固艺也，而及于学。今吾东方画，无论其在二十世纪内，应有若何成绩，要之以视千年前先民不逮者，实为深耻大辱。[132]
>
> 是知衰落之症候，入于文化各部分时，方以类聚，遇食自然，苟无高远振奋之谋，仍陷腐败秽恶之阱，造型美术虽微，但在科学绝不发达之中国，犹不失其极大之重要性，一如以豆腐代替肉食，维持国民营养，若十年前有人以艺事，觇吾国运者，当亦深知其危矣。何者皆惰性（如山水），与纯愚无意识（如广东象牙球）之结晶也。近数年来，大梦略醒，社会之习尚少变，恒人审美观念亦不如昔日顽固；但嗜小趣，少宏深博大之思。凡此与兴邦多少有因果关系而为浅人之所忽者也，于是不惮犯人忌讳言之。[133]

他十分痛惜："假如我们的艺术作品要参加一次国际展览，只要稍不小心，一定会有千篇一律的山水，或者尽是花鸟，或者画面上全是长袖高髻的美女、道袍扶杖的驼背翁。也许竟完全看不到地大物博的中国、现代力求自强的中国，这岂不是现代中国画家的耻辱。"[134]因此徐悲鸿大力提倡师造化的写实主义就是有的放矢的革命，而且是饱含五四运动民主与科学精神的热情憧憬的革命："夫科学之丰功，美术之伟烈，灿烂如日，悬于中天"[135]，"吾人生当科学昌明之世，应借以促进治艺者之观察精微，而发掘造化隐秘"。[136]

其次，"五四"精神的现代性启蒙是徐悲鸿写实主义的思想史基础，还表现在他以"拿来主义"的气魄学习西方文化。

和一大批留学同道一样，徐悲鸿怀抱艺术救国之心远涉重洋。虽然徐悲鸿赴法之前，曾获姬觉弥资助去日本考察半年（1917年5月—11月），[137]收获不小："既抵东京，乃镇日觅藏画处观览。顿觉日本作家，渐能脱去拘守积习，而会心于造物，多为博丽繁郁之境……"[138]但似乎又不宜夸大日本对徐悲鸿的影响。[139]在笔者看来，日本对徐悲鸿不是目的地，而是路过、观光，是思考和选择道路，是要去法国上学赶考，请教先考上的师长，如此这般。[140]因此他去日本不是朝拜，不是什么都扑上去，而是带着学习、观光、审视之眼去的，也就有肯定、共鸣、赞赏，[141]也有冷眼、不屑、警惕与颇不以为然。[142]

想必这是那个时代的人们对日本国度普遍持有的一种态度。明治维新的成功使日本迅速强大，脱亚入欧，这给中国的有志之士以强烈刺激和激励，中国大批青年学生留学日本即是明证。但强大起来的日本，加入列强的队伍，不断殖民扩张，尤其做着殖民中国的迷梦。甲午海战日本战胜中国，愈加膨胀了他们的殖民之心。如前述，1915年恶名昭著的"二十一条"就是"日本实际上要控制满洲、内蒙、山东、东南沿海区域和长江流域的各地"[143]，使这些地方沦为殖民地并进而控制整个中国，这使中国人（尤其是有觉醒的知识分子）强烈感到了国之耻辱和中国在现代世界里挣扎求生存的巨大危机，从而给五四运动埋下了伏笔。

因此爱国心强烈忧愤如徐悲鸿者，虽然同作为东方人，在中村不折们（图1-6[144]）那里看到也共鸣于东方艺术汲取西方文明而走改良之路的希望，他终生把爱好和平和艺术的日本艺术家当作友人，[145]但却终究改变不了他对日本国度的敌视、警惕和竞争，也始终坚定中国绘画之正宗乃日本古典绘画之源头的看法。譬如，在日本游学时分，他认为日本画家虽然能渐去积习、会心于物，但是又终究"惟华而薄，实而少韵，太求夺目，无蕴籍朴茂之风"[146]。再如，徐悲鸿在1933年的巴黎中国美术展览会画展及柏林中国美术展览会筹备时，对"常挟其未成熟之东洋画，常赴欧洲各大国宣传，俨然以代表东亚艺术自居…… 以为日本美术可以代表东方”[147]的日本人给予讽刺和痛击，记录并鄙视日本人干扰展览之行为，也深为国人从之而愤怒，亦为各大报赞誉中国文明而高兴、痛快。[148]

因此，有着极强民族自尊心、自豪感和无限傲骨的徐悲鸿必定不能把日本当作自己的目的地，也必定不能把日本画家当作自己顶礼膜拜的楷模，他执着以求的是去西方艺术中心的法国巴黎留学，纵经艰难坎坷，也砥砺努力，[149]（图1-7）不仅仅只为个人前途，更怀抱拳拳救国报国之心。

在法国朱利安学院学习素描后，他以优异的成绩考入巴黎国立高等美术学院（图1-8），于1921年5月13日被录取。[150] 两次世界大战期间的巴黎高等美院是当时最能反映共和国人道主义理念的学校，遵循的是伏尔泰、狄德罗时代的传统，每个法国年轻人都有权利、也有义务来获取知识、真理、自由、平等、博爱，还有美。这所学校从19世纪中叶开始接收外国留学生，最初是美洲的学生，之后有罗马尼亚和葡萄牙以及明治维新后的日本留学生，再就是20世纪初中国留学生和土耳其留学生的到来。[151]

徐悲鸿的主要四位法国老师（图1-9，图1-10，图1-11，图1-12[152]）分别是弗朗索瓦·弗拉孟（François Flameng）、费尔南德·柯罗蒙（Fernand Cormon）、帕斯卡·达仰·布弗莱（Pascal Dagnan-Bouveret）和阿尔伯特·贝纳尔（Albert Besnard），[153]他们是19世纪中后期至20世纪前半叶的一批坚持古典写实主义的法国学院派画家，同是巴黎高等美术学院的著名教授（除达仰），也是当时法国官方美术沙龙的执掌者。

徐悲鸿入学巴黎高等美院后进的是弗拉孟工作室，又每周私下去达仰那里受教，他们都曾给予徐悲鸿很多教导。徐曾述：“弗拉孟先生乃历史画名家，富于国家思想。”[154]追随老师劳伦斯迷恋于“具有表现力或者是有教益、宏大而又不失精致的历史画幅”，[155]只是他的老师“劳伦斯

图1-5　徐悲鸿青年时期照片（19岁）（上）

图1-6　日本画家中村不折（1868—1943）（中）

图1-7　傅增湘　徐悲鸿　布面油彩　71cm×50cm　1935年（下）

图1-8　巴黎高等美术学院的玻璃厅堂 明信片 勒·德雷 1930年 巴黎高等美术学院（上）

（下面四幅由左至右）

图1-9　徐悲鸿的法国老师弗朗索瓦·弗拉孟（1856—1923）

图1-10　徐悲鸿的法国老师费尔南德·柯罗蒙（1845—1924）

图1-11　徐悲鸿的法国老师帕斯卡·达仰·布弗莱（1852—1929）

图1-12　徐悲鸿的法国老师阿尔伯特·贝纳尔（1849—1934）

对中世纪情有独钟，而弗拉孟则选择了18世纪，也就是法国大革命和拿破仑的时代。他在青年时代完成的关于法国大革命的画作可谓他创作生涯中的精彩片断。”[156]这对是五四运动的一员、怀抱艺术救国理想的徐悲鸿是何等的吸引、共鸣、一拍即合！如果说，五四运动所受的外来思想影响的主要来源是法国大革命的思想，[157]徐悲鸿则是深入了法国大革命核心腹地的学习者，从而领略了法国文化的思想自由、学术端雅、艺术纯净和国民风范，[158]从而奠定了他一生的现代性启蒙之方向。

科罗蒙曾在弗拉孟生病期间代为上课，同弗拉孟一样，科罗蒙也是一位著名的历史画家。“他所运用的是一种科学性的、有着共和国时代特色的自然主义技法，它以对人体模特的研究为基础，同时加以史诗般的灵动气息”，[159]来美好地探索人类演化的进步历史。

达仰则在人格、学术志向、生命教诲方面对徐悲鸿教导、启示，共鸣良多，其中达仰所说“勿慕时尚，毋甘小就”就曾深深激励了年轻的徐悲鸿。徐悲鸿对这位热罗姆（GEROM，J.L）的学生、柯罗（Jean Baptiste Camille Corot）的邻居（学生）崇拜敬仰热爱备至，感情笃深，称达仰“思想之高超，作品之华贵，待人接物之仁智诚信，吾尤拳拳服膺，永矢弗渝者也”。[160]

阿尔伯特·贝纳尔是徐悲鸿留学期间巴黎高等美术学院的院长，曾在1887年和罗丹一起被授予国家荣誉勋章，1924当选为法兰西学院的院士，1926年被授予艺术家“大十字勋章”，1934年去世时得到了全国的哀悼（国葬）。[161]有两件真实物件，见证着这位法国院长和这位中国留学生的友谊：徐悲鸿给贝纳尔画的素描像（图1-13），贝纳尔送给徐悲鸿的一幅画（图1-14），被徐悲鸿放在画室的书架上，墙上是徐的《田横五百士》，可见徐悲鸿对贝纳尔画之珍视（图1-15）。

当然徐悲鸿的法国老师应该还有吕西安·西蒙（Lucien Simon），弗拉蒙在1922年去世后，由西蒙继任，[162]“直至1937年，期间确立了极

图1-13　徐悲鸿给贝纳尔画的素描像（左）
图1-14　贝纳尔送给徐悲鸿的一幅画（中）
图1-15　20世纪30年代的徐悲鸿（书架上放的是贝纳尔送给他的画）（右）

佳的声誉，（西蒙）是一位关心学子与思想开放的教师，许多得到过他教益的人，都成为有名望的艺术家，有的后来也成为法兰西美术院院士……许多外国人都曾到吕西安·西蒙画室学习，并在回国后通过担任一些重要职务，让同胞们也能获益于他们的学习所得，比如说中国的潘玉良、徐悲鸿也极有可能是他的学生。西蒙非常关注他们的艺术生涯，也与他们保持联系。为此，他的名声与艺术影响在当时的拉丁美洲和亚洲都经久不衰。”[163]

这些历史画大师们对徐悲鸿的影响是巨大的。可以想象，从小羡慕却没有进过一天正式学堂的徐悲鸿，在上海考取震旦大学预科读法文，也是在困顿贫苦中靠黄姓朋友资助，以“黄扶”为名入学以度艰难求学时日的徐悲鸿，而今，是以官费留学，进的是世界著名学府巴黎高等美院，抵巴黎，“如醉如痴”！[164]他该是怎样的珍惜，怎样如饥似渴地向法国老师们学习，才对得起这份多人助力的上苍眷顾！

但徐悲鸿的这些法国老师代表的正是徐悲鸿留学时期面对的正在陷

入衰落的“艺术贵族圈”，[165]即法国学院派的衰落期。但这些末路英雄们是印象派画家及现代派画家初期的同时代人，却也是与印象派画家们相左劲敌、执掌官方沙龙排斥他们的一班人。[166]他们在继承法国及欧洲的文明传统，挽救衰落的曾经崇高辉煌的历史画、肖像画及学院派声誉有其不可磨灭的贡献，但从总体来看，他们的画，尤其是那些大型历史画却也存在着矫饰、夸张、空洞、甜美等弊病，[167]不容回避。这是复杂的话题，他们是一班在列奥·斯特劳斯所说的现代性“第三次浪潮”到来的时候，却坚守“第二次浪潮”的人们，其间的贡献与问题以及与历史进程的相错悖论性有待进一步探讨，尤其当哈贝马斯说现代性是一项“未完成的设计”时，对现代性复杂进程中的人们的评判就更需要冷静客观些。

徐悲鸿的可贵在于对法国老师及其教学谱系有学习有承袭，[168]但他的理想不是成为这些老师们的衣钵传人，他的理想是中国“五四”一代人的现代性理想，批判旧传统，学习西方文化，改造国民性，艺术救国而实现国家的文艺复兴。[169]所以他学习的西方绘画，就不仅仅只是他法国老师们所代表的法国学院派，[170]而是更有向前追溯学习“西方的盛世美术传统”[171]的决心、勇气和实践，不仅古希腊、文艺复兴，也不仅宗教改革运动时期和启蒙运动及至印象派文化，可以说列奥·斯特劳斯所说的第一次、第二次现代性浪潮，徐悲鸿做为画家不具备哲学理论的自觉，但却都在实践中可贵地响应着，那是中国当时的历史情境使然，是中国现代性进程中所亟需的养料。[172]

徐悲鸿认为他找到的是使西方世界（西方美术）强盛发展的根脉力量之一，即写实主义精神中透露的人的自由崇高与尊严，诸如古希腊建筑（如巴特农神庙）的“卓然矗立、无所依傍”“雅典人爱情与骄傲之所寄附”，古希腊雕塑的伟岸、雄奇和美丽，以及米开朗基罗雕塑的磅礴大气、高迈阳刚，罗丹雕塑的凝重沉雄、人性宽广，还有绘画的乔托、达·芬奇、拉斐尔、提香、丁托列托、鲁本斯、伦勃朗、安格尔、吕德、德拉克洛瓦、门采尔、康普、普鲁东、左恩等画家画作之美，[173]正是改造中国画乃至国民精神之所需的力量。

他大力提倡人物画，也是学以致用地在现代性思路里对古老中国绘画文化给予反省匡正，是对西方启蒙思想的灵魂之体会，也是对五四运动之现代性精神之所见，这是徐悲鸿积极倡导人物画的思想史意义。

的确，古老的儒家文化坚持慎独修身，却始终存在“人没于群”（集体规范个人）的倾向，道家文化又沦入“人没于天”（天人合一）的窠臼，禅宗主流更是逃逸般开辟了“镜花水月”“梦幻空花”的心性退隐之路，于是传统文人水墨画的笔墨范式，便适宜了这农业文明背景下古老文化制衡中静观的内在审视与逃离隐遁的美学观，于是中国人物画走过其发展的峰巅期晋唐（如顾恺之、阎立本、吴道子们）之后大为不振，山水画发达，但人物多成为点景，落于“相叫必于荒天古木”的苍凉之境。即使晋唐以后的人物画名家如宋代李公鳞，明代唐寅、仇英、陈老莲们的画中人物即使不是点景，也总体地不能摆脱典雅幽怨或怀才不遇的苍凉气。

而徐悲鸿看到的西方文化则是：

欧洲自文艺复兴时代至今，其艺术能重振希腊之风，至于不替者，赖之。要之，欧洲艺术既以人为主体，尤以表现人体之美为主要任务。[174]

欲中国文艺复兴，必将以吾人生活为题材，是必侧重人之摹写，则利奥纳多·达芬奇之方法为最有功效。[175]

我所谓中国艺术之复兴，乃完全回到自然师法造化，采取世界共同法则，以人为主题，要以人的活动为艺术中心。[176]

中国自身之革命，苏联之革命，世界之两次大战，皆在此三十年中。各国为所掀起之文艺波澜，自不一致。但其最显著之事实，乃民族

图1-16 船夫 徐悲鸿 纸本设色 141 cm×364 cm 1936年

思想之尖锐化。此在大同主义实现以前，各文化特质之一番精滤，而吾国绘画上于此最感缺憾者，乃在画面上不见‘人之活动’是也。[177]

在徐悲鸿看来，古老中国画里即使有人，也是“写人不准以法度，指少一节，臂腿如直角，身不能转使，头不能仰面侧视，手不能向画面而伸。无论童子，一笑就老，无论少艾，攒眉即丑，半面可见眼角尖，跳舞强藏美人足”[178]。此类画风被徐悲鸿所深为不齿。

对于“人之活动”，徐悲鸿是把人的身体、力量、心灵、精神、意志、学识综合并举。

首先是身体与力量：“吾所期于人之活动者，乃欲见第一第二肌肉活动及筋与骨之活动，管他安置在英雄身上或豪杰身上，舟子农夫固好，便职业强盗亦好。因为靠着那几根骨头，那几根筋之活动，吾人方有饭可吃，有酒可饮，有生可乐，而有国可立。这种活动，在画面上，宽衣大袖，吊儿郎当之高人，是不参加的。”[179]

这对经过落后就要挨打，就被称为“东亚病夫”耻辱的“五四”一代人来说，这是首先的身体的觉醒、力量体格的呼唤。于是才有徐悲鸿健壮裸身的船夫砥砺撑船的力的展现（《船夫》[180]图1-16）；也才有他同样以健壮、野性、威猛以示用力的裸体男性来歌颂叩石垦壤，要移走王屋

图1-17 愚公移山 徐悲鸿 纸本水墨（设色） 144cm×421cm 1940年 徐悲鸿纪念馆

山、太行山的愚公和其子孙们的行动和决心（《愚公移山》[181]图1-17），这样的作品还有不少，不劳举例。

但如果徐悲鸿的着眼点只限于身体、力量，那也就肤浅了。在身体、力量之上，徐悲鸿也格外注重审美观念的提高、人格精神的锻造、学识教养的培育，并把这项工作提到国家文艺复兴的高度："一般社会之审美观念提高，可以增进对人类美术品的爱好，于是有天才出，便不愁没有发挥才能的机会。人才多了，有意义的作品多了，并藏在公共地方为大家欣赏，并晓得欣赏，那便是文艺复兴了。这件重大的文艺复兴工作，吾人在迎接他的来临以前，有一起码条件，就是要先有清洁干净的穷人。因为清洁习惯都没有的人，不能希望他爱美术的，正因为美术是人类精神上之奢侈。"[182]

在笔者的理解里，徐悲鸿所说的"穷人"既是有着干净清洁的身体，又是有着干净清洁精神的素心人。没有此情此心，那便没有徐悲鸿烂漫优雅、质朴壮丽之画幅书篇。既然"美术是人类精神上之奢侈"，他期望的美术人就首先是要有大志向的人："希望此后从事艺术工作的人，第一就是要立大志，要成为世界上第一等人，做出世界上第一等作品。他的不朽的程度，与中国孔子、司马迁、陶渊明、李白、杜甫，外国的柏拉图、亚里斯多德、但丁、莎士比亚、牛顿这一类人等量齐观的。"[183]

图1-18 你要用额头的汗水赚得面包 [法]玛德琳娜·拉凡图尔 布面油彩
114.5cm×145cm 1938年 巴黎高等美术学院（见注释181）

徐悲鸿把人的启蒙、国民精神的改造当作新美术建设的逻辑起点和经验起点，把美术当作大文化建设的一部分，这是属于“五四”一代人的胸襟胆识与战略眼光。

但他是以“拿来主义”的方式学习西方文化的。鲁迅认为这正是发展新文化的关键：如果不拿来，“人不能自成为新人”，“文艺不能自成为新文艺”[184]。在拿来的时候，徐悲鸿没有放空和抛弃本国的艺术而全盘西化。“借助他山，必须自有根基，否则必成为两片破瓦，合之适资人笑柄而已。”[185]

于是在写实主义的方针下，在雄强伟岸的美学追求中，徐悲鸿认真清理了中国绘画史（下章详述）：在批判南宗末流的同时，肯定了北宗的“茂密雄强”，并极为推重人物画家吴道子、任伯年、吴有如，以及钟繇、王羲之、范宽、徐渭、陈淳、八大、石涛、陈老莲等一大批中国画家与书家。[186]

与寻找西方文化盛事传统的决心相堪应，他也同样基于东方中国文化的优秀根底和雄浑历史，上溯先秦、两汉乃至魏晋唐宋，不仅以西润中，亦寻根中国血脉深处的活力来改良、助力、复兴、重塑中国画，并直取"师法造化"，因此在东方与西方之间，他的胸襟气派既超过他的同辈人，自然也超过并有别于他的法国老师们。

徐悲鸿终其一生坚持的即是这样的中国画改革方针："古法之佳者守之，垂绝者继之，不佳者改之，未足者增之，西方画之可采入者融之。"[187]这一极富开放性的主张贯穿徐悲鸿一生的努力，也依然可以指导在今天而焕发着强大生命力。

注释

1　参阅贺照田主编:《后发展国家的现代性问题》，长春：吉林人民出版社，2002年。

2　[美]马泰·卡林内斯库:《现代性的五副面孔——现代主义、先锋派、颓废、媚俗艺术、后现代主义》，顾爱彬、李瑞华译，北京：商务印书馆，2002年，第298页。

3　参阅[法]让·弗朗索瓦·利奥塔:《后现代状况》，岛子译，长沙：湖南美术出版社，1996年，第207页。

4　[德]尤尔根·哈贝马斯:《现代性的哲学话语》，曹卫东译，南京：译林出版社，2004年，第1页。

5　[美]马泰·卡林内斯库:《现代性的五副面孔——现代主义、先锋派、颓废、媚俗艺术、后现代主义》，顾爱彬、李瑞华译，北京：商务印书馆，2002年，第95页。

6　参阅陈嘉明:《现代性与后现代性十五讲》，北京大学出版社，2006年，第3页。

7　参阅Leo Strauss, " The Three Waves of Mondernity", in *An Introduction to Political Philosophy:Ten Essays*, by Leo Strauss, ed. Hilai Gildin, 1989. pp.81~98. 参阅王立秋译文。参阅[德]列奥·斯特劳斯:《现代性的三次浪潮》，丁耘译，贺照田主编:《西方现代性

的曲折和展开》，长春：吉林人民出版社，2002年。

8 参阅[德]尤尔根·哈贝马斯:《现代性的哲学话语》，曹卫东译，南京：译林出版社，2004年，第6～8页。

9 马泰·卡林内斯库认为，现代性（Modernité）一词在19世纪中期及以后出现的情况是：1849年，夏多布里昂的《墓中回忆录》里提到“现代性”；1863年波德莱尔发表的论康斯坦丁盖伊的文章中使用了“现代性”；1867年泰奥菲尔·戈蒂埃发表的一篇文章中也提到了“现代性”。参阅[美]马泰·卡林内斯库:《现代性的五副面孔——现代主义、先锋派、颓废、媚俗艺术、后现代主义》，顾爱彬、李瑞华译，北京：商务印书馆，2002年，第49页。

10 参阅Horace Walpole，W.S.Lewis，*The Yale Edition of Horace Walpole's Correspondence*，New York:Yele University Press，1937，Volume2，pp.305～306.

11 [美]马泰·卡林内斯库:《现代性的五副面孔——现代主义、先锋派、颓废、媚俗艺术、后现代主义》，顾爱彬、李瑞华译，北京：商务印书馆，2002年，第49页。

12 参阅[英]安东尼·吉登斯:《现代性的后果》，田禾译，南京：译林出版社，2000年，第3页。[英]安东尼·吉登斯:《现代性与自我认同》，赵旭东等译，北京：生活·读书·新知三联书店，1998年，第16页。

13 参阅[英]安东尼·吉登斯:《现代性的后果》，田禾译，南京：译林出版社，2000年，第3页。[英]安东尼·吉登斯:《现代性与自我认同》，赵旭东等译，北京：生活·读书·新知三联书店，1998年，第16页。

14 参阅陈嘉明等:《现代性与后现代性十五讲》，北京大学出版社，2006年，第36页。

15 阿历克斯·英格尔斯给出的具体参数是:（1）人均国民生产总值（GNP）3000美元以上;（2）农业产值占国民总产值的比重在12%～15%以下;（3）服务业产业占国民生产总值的比重为45%以上;（4）非劳动力占总劳动力的比重为70%以上;（5）识字人口的比重在80%以上;（6）适龄年龄组中大学生的比重为10%～15%以上;（7）每名医生服务的人数在1000人以下;（8）平均预期寿命70 岁以上;（9）城市人口占总人口的比重为50%以上;（10）人口自然增长率在1%以下。参阅陈嘉明等:《现代性与后现代性十五讲》，北京大学出版社，2006年，第38～39页。

16 参阅金耀基:《从传统到现代》，北京：中国人民大学出版社，1999年，第98～103页。

17 这是国际上第一次认真而系统讨论现代化问题的会议，确定了八项标准:（1）人口相对高度集中于城市之中，城市日益成为社会生活的中心;（2）较高程度地使用非生物能源，商品流通和服务设施的增长;（3）社会成员大幅度地互相交流，以及这些成员对经济和政治事务的广泛参与;（4）公社性和世袭性集团的普遍瓦解;（5）通过个人对其环节的世俗化和日益科学化的选择，广泛普及文化知识;（6）一个不断扩展并充满渗透性的大众传播系统;（7）大规模的制度的存在，如政府、商业和工业等，在这些制度中科层管理组织不断成长;（8）在一个单元（如国家）控制下的大量人口不断趋向统一，在一些单元（如国际关系）控制之下的日益增长的互相影响。参阅陈嘉明等：《现代性与后现性十五讲》，北京大学出版社，2006年，第38页。

18 罗荣渠将现代性概括为如下特征：（1）民主化；（2）法制化；（3）工业化；（4）都市化；（5）均富化；（6）福利化；（7）社会阶层流动化；（8）宗教世俗化；（9）教育普及化；（10）知识科学化；（11）信息传播化；（12）人口控制化等。罗荣渠：《现代化新论——世界与中国的现代化进程》，北京：商务印书馆，2004年，第15页。

19 参阅[德]康德：《实践理性批判》，邓晓芒译，北京：人民出版社，2003年。

20 参阅David Frisby, *Fragments of Modernity*, Cambridge: Polity Press, 1985. 参阅陈嘉明等：《现代性与后现代性》，北京：人民出版社，2001年，第223页。

21 [法]波德莱尔：《现代生活的画家》，[法]波德莱尔：《波德莱尔美学论文选》，郭宏安译，北京：人民文学出版社，1987年，第485页。

22 [美]阿瑟·C·丹托：《艺术世界》，王春辰译，《艺术家茶座》第3辑，济南：山东人民出版社，2005年，第43～60页。

23 [法]波德莱尔：《现代生活的画家 》，[法]波德莱尔：《波德莱尔美学论文选》，郭宏安译，北京：人民文学出版社，1987年，第501页。

24 参阅[美]格林伯格：《艺术与文化》，沈语冰译，桂林：广西师范大学出版社，2009年。参阅易英：《艺术与生存——写在〈1940年以来的艺术——艺术生存的策划〉中文版出版之际》，[美]乔纳森费恩伯格：《1940年以来的艺术——艺术生存的策划》，王春辰、丁亚雷译，北京：中国人民大学出版社，2006年。

25 David Frisby, *Fragments of Modernity*, Cambridge: Polity Press, 1985.

26 参阅[德]马克斯·韦伯：《新教伦理与资本主义精神》，第三章、第四章，于晓、陈维刚译，北京：生活·读书·新知三联书店，1987年。参阅尤西林：《阐释并守护世界意义的人：人文知识分子的起源与使命》，郑州：河南人民出版社，1996年，第180～183页。

27 [英]安东尼·吉登斯：《现代性的后果》，田禾译，南京：译林出版社，2000年，第121页。

28 参阅[德]马克斯·韦伯：《新教伦理与资本主义精神》，于晓、陈维刚译，北京：生活·读书·新知三联书店，1987年。[德]马克斯·韦伯：《文明的历史脚步——韦伯文集》，黄宪起等译，上海三联书店，1988年。[德]马克斯·韦伯：《学术与政治：韦伯的两篇演说》，冯克利译，北京：生活·读书·新知三联书店，1998年。[德]马克斯·韦伯：《经济与社会》，林荣远译，北京：商务印书馆，1997年。

29 笔者下文的梳理线索参阅Leo Strauss, "The Three Waves of Mondernity", *in An Introduction to Political Philosophy:Ten Essays*, by Leo Strauss, ed. Hilai Gildin, 1989. pp. 81～98. 参阅王立秋译文。亦参阅[德]列奥·斯特劳斯：《现代性的三次浪潮》，丁耘译，于贺照田主编：《西方现代性的曲折与展开》，长春：吉林人民出版社，2002年。并在以上

文献基础上加入了笔者的些许心得浅见。

30 参阅[法]卢梭:《社会契约论》，何兆武译，北京：商务印书馆，2005年。[法]卢梭:《论人类不平等的起源和基础》，李常山译，北京：商务印书馆，1979年。

31 [法]阿历克西·德·托克维尔:《旧制度与大革命》，范一亭译，南京：译林出版社，2013年，第22页。

32 [德]康德:《答复这个问题：什么是启蒙运动》，[德]康德:《历史理性批判文集》，何兆武译，北京：商务印书馆，1990年，第22页。

33 参阅[德]康德:《实践理性批判》，邓晓芒译，北京：人民出版社，2003年。参阅尤西林:《康德"理性"及其现代失落》，《德国哲学》第8集，北京大学出版社，1990年。

34 参阅[德]黑格尔:《法哲学原理》，范扬等译，北京：商务印书馆，1991年。

35 莎士比亚戏剧《哈姆莱特》男主人公丹麦王子哈姆莱特的著名台词。

36 参阅[德]康德:《纯粹理性批判》，邓晓芒译，北京：人民出版社，2004年。

37 [德]马克斯·韦伯:《新教伦理与资本主义精神》，于晓、陈维刚译，北京：生活·读书·新知三联书店，1987年，第143页。

38 参阅[英]以赛亚·柏林:《自由论》，胡传胜译，南京：译林出版社，2003年。"积极自由"和"消极自由"的话题笔者到第三章再行展开 。

39 参阅Leo Strauss，" The Three Waves of Mondernity"，in *An Introduction to Political Philosophy:Ten Essays*，by Leo Strauss，ed. Hilai Gildin，1989. pp. 81～98. 参阅王立秋译文。亦参阅 [德]列奥·斯特劳斯:《现代性的三次浪潮》，丁耘译，贺照田主编:《西方现代性的曲折与展开》，长春：吉林人民出版社，2002年。

40 [德]尤尔根·哈贝马斯:《现代性的哲学话语》，曹卫东译，南京：译林出版社，2004年，第5页。

41 [德]福柯:《什么是启蒙》，汪晖等主编:《文化与公共性》，北京：生活·读书·新知三联书店，1998年，第430～441页。

42 参阅[法]让·弗朗索瓦·利奥塔:《后现代状况》，岛子译，长沙：湖南美术出版社，1996年，第207页。

43 参阅尤西林:《康德"理性"及其现代失落》，《德国哲学》第8集，北京大学出版社，1990年。

44 [德]哈贝马斯:《现代性的哲学话语》，曹卫东译，南京：译林出版社，2004年，第97页。

45 参阅尤西林:《关怀公共精神的"积极自由"行动者——鲁迅与现代知识分子》，《学术月刊》，2000年8期。

46 康有为曾设想预定孔教为国教："有孔教，乃有中国；散孔教，是无中国矣。"见康有为:《拟中华民国宪法草案》(1916年)。此草案经国会内外激烈辩论后未能通过，遂把孔教条款修订为："中华民国人民有尊孔及信仰宗教之自由，非依法律不受限制。"

吴经熊、黄公觉:《中国制宪史》，北京：商务印书馆，1937年，第64页。

47 参阅牟宗三:《从儒学的当前使命说中国文化的现代意义》,《当代新儒家》，北京：生活·读书·新知三联书店，1989年。林义正:《中国哲学“虚”概念的演变与体系》,《哲学与文化》(台湾)十卷七期，1991年第7期。尤西林:《人文精神与现代性》，第三章第八节“禅与现代人的主体性”、第九章“中国传统人文主义省查”，西安：陕西人民出版社，2006年。王文娟:《墨韵色章——中国画色彩的美学探渊》，第二章、第四章、第五章，北京：中央编译出版社，2006年。

48 参阅《论语注疏》，何晏注，李学勤主编:《十三经注疏》(十)，北京大学出版社，1999年。罗纲认为：很显然，中国专制制度的根源就在“三纲五常”的家族制度上，特别是“三纲”，恰好是从家庭的秩序推演到国家的秩序和政治的秩序。参阅罗纲:《五四：不断重临的起点——重识李泽厚〈启蒙与救亡的双重变奏〉》，丁耘主编:《五四运动与现代中国》，上海人民出版社，2009年。

49 《庄子·人间世》，陈鼓应注译:《庄子今注今译》，北京：中华书局，1983年。

50 (宋)普济:《五灯会元》，苏渊雷点校，北京：中华书局，1984年。

51 参阅(明)王艮:《明儒王心斋先生全集》，南京：江苏教育出版社，2001年。

52 《论语·子罕》,《论语注疏》，何晏注，李学勤主编:《十三经注疏》(十)，北京大学出版社，1999年。

53 余英时:《士与中国文化》，上海人民出版社，1987年，第121页。

54 参阅[美]鲁思·本尼迪克特:《菊与刀》，吕万和等译，北京：商务印书馆，1990年。

55 参阅[美]周策纵:《五四运动史》，陈永明等译，长沙：岳麓书社，1999年，第10页。

56 胡适首先在《吴虞文录》序中用“孔家店”这一名称来指孔教及其徒子徒孙的。随后，这就在反孔运动中流行开来。胡适认为，打倒孔家店，就是要推翻它两千多年来对中国伦理与思想的绝对统治。陈独秀认为：“儒者三纲之说为吾伦理政治之大原……”(陈独秀:《一九一六》,《青年杂志》1卷5号，1916年1月15日。陈独秀:《吾人最后的觉悟》,《青年杂志》1卷6号，1916年2月15日。)吴虞认为：“详考孔子之学说……莫不以孝为起点；所以教字从孝……求忠君必于孝子之门，君与父无异也……孝之范围，无所不包，家族制度之与专制政治，遂胶固而不可以分析……夫孝之义不立，则忠之说无附。家庭之专制既解，君主之压力亦散。”(吴虞:《家族制度为专制主义之根据论》,《新青年》2卷6号，1917年2月1日。)李大钊认为：“孔子所谓修身，不是使人完成他的个性，乃是使人牺牲他的个性。牺牲个性的第一步就是尽‘孝’。君臣关系的‘忠’，完全是父子关系的‘孝’的放大体。因为君主专制制度完全是父权中心的大家族制度的发达体。”(李大钊:《由经济上解释中国近代思想变动的原因》,《新青年》7卷2号，1920年1月1日)。鲁迅对儒学的批判更加尖锐也更加有力，他在1918年到1925年间，写了26篇短篇小说和大量的杂文，揭露了深受传统伦理道德和制度影响的中国国民的劣根性。在“打倒孔家店”的斗争中，除陈独秀、吴虞、鲁迅、胡适外，还有其他知识分子，比如顾颉刚、钱玄同、易白沙、施存统等也发挥了重要作用。参阅［美］周策纵：《五四运动史》，陈永明等译，长沙：岳麓书社，1999年，第422～436页。

57 ［日］竹内好：《何谓现代——就日本和中国而言》，张京媛主编：《后殖民理论与文化批评》，北京大学出版社，1999年，第448页。

58 1919年1月18日，第一次世界大战的战胜国（协约国集团美英法意日等三十多个国家）在法国巴黎召开"和平会议"。和会不顾中国也是战胜国之一，拒绝中国代表提出的议案。这些议案包括：请求废除1915年5月25日中日两国政府所订之条约和换文（即"二十一条"）；废除在华势力和利益范围；撤退外国军警；裁撤外国邮局及有线无线电报机关；撤销领事裁判权；归还租借地；归还租界；恢复关税自主权等正义要求。4月30日，主宰和会的美国总统威尔逊、英国首相路易·乔治、法国总理克里孟梭秘密决定把德国在山东的所有利益都转让给日本。软弱亲日的北洋政府屈服于列强压力，代表预以签字（巴黎不断有报导传入国内）。中国各界群情激愤（包括世界各地的中国团体），纷纷发电抗议政府并呼吁和会尊重人权与国家主权，强力要求中国代表据理力争、维护国家、拒绝签字。5月4日，由北京大学、北京高等师范学校等十余所高校的三千余名学生从天安门出发，举行了声势浩大的游行示威。学生们打出"誓死力争，还我青岛""外争国权，内除国贼""拒绝在巴黎合约上签字""废除二十一条""抵制日货""保卫国土""保卫主权""中国是中国人的中国""国际公理""反对强权政治"等震撼天宇的口号，曹汝霖（交通总长）住所被焚，章宗祥被殴（驻日公使）……学生运动迅速蔓延全国，获得了各界人士的关注和支持。6月5日，上海开始大规模罢工、罢市，支持学生运动，全国其他城市纷纷响应。6月10日，政府宣布罢免陆徵祥（外交总长、巴黎和会中国总代表）、章宗祥、曹汝霖，获准辞职。6月28日出席巴黎和会的中国代表团拒绝签署对德和约，以五四学生游行示威开始的群众抗议宣告结束，五四示威的直接目的得以实现。参阅［美］周策纵：《五四运动史》，第四章、第五章、第六章及"大事年表（1914—1923）"，陈永明等译，长沙：岳麓书社，1999年。

59 《论语·卫灵公》，《论语注疏》，何晏注，李学勤主编：《十三经注疏》（十），北京大学出版社，1999年。

60 《论语·季氏十六篇》，《论语注疏》，何晏注，李学勤主编：《十三经注疏》（十），北京大学出版社，1999年。

61 参阅［美］周策纵：《五四运动史》，导言第9页，陈永明等译，长沙：岳麓书社，1999年。

62 1915年1月18日，日本驻华公使日置益在一个私人会晤中，向中国总统袁世凯呈递几页写有兵舰和机关枪水印的纸上的文件，这便是恶名昭著的"二十一条"。根据这些要求，日本实际上要控制满洲、内蒙古、山东、东南沿海区域和长江流域各地，若答应了这些要求，这些地方就要沦为日本的殖民地，整个国家的经济和行政也都要受日本操纵。其中第五项要求，日本更是意图实际上完全剥夺中国政府的对内控制权。根据这项要求，中国无论在政治、经济、军事上都必须雇用有决定性影响的日籍顾问；日本在中国土地上有权建立日本医院、教堂和学校；重要城市的警察必须由中日合作组织和管理；中国所需军器的半数或以上更要购买日本出产品，或准许在中国领土上建立中日合办的兵工厂。除此之外，还有其他种种类似意图控制中国的要求。在日本的军事威胁下，袁世凯不经国会通过（国会已被他解散），于1915年5月25日签订了中日协约。参阅[美]周策纵：《五四运动史》，陈永明等译，长沙：岳麓书社，1999年，第23~24页。"二十一条"全文参阅王芸生编著：《六十年来中国与日本》，北京：生活·读书·新知三联书店，1980年，第80~100页。

63 参阅[美]周策纵：《五四运动史》，陈永明等译，长沙：岳麓书社，1999年，第16~17页。

64 （清）魏源：《海国图志》，长沙：岳麓书社，1998年。

65 （清）冯桂芬：《校邠庐抗议》，上海书店出版社，2002年。

66 （清）张之洞：《劝学篇·张之洞》，长春：吉林出版集团有限公司，2011年。

67 罗家伦：《答张溥泉来信》，《新潮》2卷2号，1919年12月，第366~367页。

68 参阅[美]周策纵：《五四运动史》，陈永明等译，长沙：岳麓书社，1999年，第91~99页。

69 参阅[美]周策纵：《五四运动史》，大事年表（1914—1923），陈永明等译，长沙：岳麓书社，1999年，第516~520、91~99页。

70 参阅[美]周策纵：《五四运动史》，陈永明等译，长沙：岳麓书社，1999年，第480页。

71 周策纵介绍的详细信息是：早在1919年之前的20年中，各种西方哲学思想就风行于中国。功利主义、进化论、经验主义通过严复的译著引进来了。这些译著有：赫胥黎的《天演论》、亚当斯密的《原富》、穆勒的《群己权界论》和《名学》（只译了前半部）、赫伯特·斯宾塞的《群学肆言》，甄克斯的《名学浅说》。法国大革命的思想，首先是由梁启超在20世纪初介绍进来的。梁以其通畅易懂的文章使卢梭的思想流传开来。1906年以后，吴稚晖、李石曾、蔡元培、汪精卫等向国内介绍了拉马克的《动物哲学》、克鲁泡特金的《互助论》以及其他一些法国哲学著作。王国维等人则介绍了叔本华、尼采、康德的思想。罗素的一些著作在五四事件以前，就已被翻译成中文，加强了早先就已经引进过来的英国得经验主义的影响。陈独秀则推崇约翰·密尔和孔德。朱执信1906年节译了《共产党宣言》，1919年李大钊发表了《我的马克思主义观》。1919年，《共产党宣言》第一章译成了中文，1920年马克思为《资本论》写的前言，以及恩格斯的《反杜林论》第3章，1921年马克思的《〈政治经济学批判〉导言》以及恩格斯的《社会主义从空想到科学的发展》等都被翻译成了中文。参阅[美]周策纵：《五四运动史》，陈永明等译，长沙：岳麓书社，1999年，第415~416、419~421页。

72 美国独立战争的《独立宣言》和法国大革命的《人权宣言》一样，在很大程度上直接继承和体现了卢梭和他的同道们的理论精神和政治理想。参阅何兆武先生给卢梭《社会契约论》所做的译者前言，[法]卢梭:《社会契约论》，何兆武译，北京：商务出版社，2005年。

73 李泽厚:《中国现代思想史论》，北京：东方出版社，1987年，第7页。

74 周扬:《三次伟大的思想解放运动》，《纪念五四运动六十周年学术讨论会论文选》，北京：中国社会科学出版社，1980年。

75 胡绳:《论五四新文化运动中的民主与科学》，《纪念五四运动六十周年学术讨论会论文选》，北京：中国社会科学出版社，1980年。

76 黎澍:《关于五四运动的几个问题》，《纪念五四运动六十周年学术讨论会论文选》，北京：中国社会科学出版社，1980年。

77 瞿秋白:《请脱弃“五四”的衣衫》，苏汶编:《文艺自由论辩集》，重庆：现代书局，1933年，第305～307页。

78 参阅胡颂平:《胡适之先生晚年谈话录》，北京：新星出版社，2006年。

79 国民党和中国青年党领导人及其学者，尤其是保守派，特别是那些民族主义者和传统主义者，从整体上贬低五四运动，批判其对民族遗产的破坏，认为“五四”是一场灾难。他们还指责五四运动要为国民党在大陆的失败和共产党在大陆的崛起负全部的责任。参阅[美]周策纵:《五四运动史》，陈永明等译，长沙：岳麓书社，1999年，第481～486页。

80 李泽厚:《中国现代思想史论》，北京：东方出版社，1987年，第33页。

81 已有学者对李泽厚“启蒙压倒救亡”之说进行了反思，譬如罗岗:《五四：不断重临的起点——重读李泽厚〈启蒙与救亡的双重变奏〉》，丁耘主编:《五四运动与现代中国》，《思想史研究第7辑》，上海人民出版社，2009年。譬如李零:《太阳不是无影灯》，于李零:《鸟儿歌唱：20世纪猛回头》，北京大学出版社，2014年。

82 参阅Leo Strauss, “ The Three Waves of Mondernity”, in *An Introduction to Political Philosophy:Ten Essays*, by Leo Strauss, ed. Hilai Gildin, 1989. pp.81～98.参阅王立秋译文。参阅［德］列奥 · 斯特劳斯:《现代性的三次浪潮》，丁耘译，贺照田主编:《西方现代性的曲折与展开》，长春：吉林人民出版社，2002年。

83 参阅Leo Strauss, “ The Three Waves of Mondernity”, in *An Introduction to Political Philosophy:Ten Essays*, by Leo Strauss, ed. Hilai Gildin, 1989. pp.81～98.参阅王立秋译文。参阅［德］列奥 · 斯特劳斯:《现代性的三次浪潮》，丁耘译，贺照田主编:《西方现代性的曲折与展开》，长春：吉林人民出版社，2002年。

84 李泽厚:《中国现代思想史论》，北京：东方出版社，1987年，第32、41页。

85 参阅李泽厚:《中国现代思想史论》，北京：东方出版社，1987年，第36、38、41页。

86 [美]周策纵:《五四运动史》，大事年表(1914—1923)，陈永明等译，长沙：岳麓书社，1999年，第500页。

87 李泽厚:《启蒙与救亡的双重变奏》，李泽厚:《中国现代思想史论》，北京：东方出版社，1987年。

88 前述西哲对现代性悖论丛生的反思质疑批判正是东方文化现代复兴的西方背景。

89 [法]阿历克西·德·托克维尔:《论美国的民主》，曹冬雪译，南京：译林出版社，2012年，第1页。

90 徐悲鸿:《中央美术学院成立献辞》，王震、徐伯阳编:《徐悲鸿艺术文集》，银川：宁夏人民出版社，1994年，第569页。

91 徐悲鸿:《蓬勃发展着的新中国人民美术事业》，王震、徐伯阳编:《徐悲鸿艺术文集》，银川：宁夏人民出版社，1994年，第621页。

92 这是对五四运动缺陷的纠偏尝试，是笔者对徐悲鸿精神的今日理解。后文叙。

93 徐悲鸿留学法国的过程大致是：经康有为大弟子罗瘿公和蔡元培举荐，1918年11月教育总长傅增湘批给徐悲鸿赴法留学的名额（参阅徐悲鸿:《悲鸿自述》，徐悲鸿著、徐庆平选编:《奔腾尺幅间》，天津：百花文艺出版社，第10页）。1919年1月1日，北京大学画法研究会为徐悲鸿举行欢送会。1919年3月17日，徐悲鸿偕夫人蒋碧微随中国第一批留法勤工俭学学生89人，乘日本货轮因幡丸启程赴法国。3月23日抵香港，船靠岸停留一日，曾上岸游览。第二站到西贡，共停留三天，亦上岸游览名胜古迹，对那里的动植物园尤感兴趣，并对珍禽异木进行素描。船经新加坡，入印度洋，到亚丁湾，通过了东西方的交界处，驶进红海，穿越苏伊士运河，绕西班牙、葡萄牙的南端，经过49天的海上生活后，始看到英国南部。5月8日，抵达伦敦，受到中国留学生的接待，并由陈源陪同参观大英博物馆，见到各种艺术品和古代雕刻，再三赞叹。又在国家画院欣赏委拉斯开兹、康斯太布尔、透纳等杰作及其皇家会展览会作品，在此留一星期。5月10日，渡英法海峡，转乘火车至法国巴黎。悲鸿述："汽车经凯旋门左近，及公各而特广场，大小宫等，似曾相识。对之如醉如痴，不知所可，舍馆既定，即往卢浮宫博物院顶礼……"（王震编著:《徐悲鸿年谱长编》，上海画报出版社，2006年，第29～30页）。5月9日因学生运动，政府责难，蔡元培辞北大校长职，5月12日傅增湘离职，15日傅增湘辞职获准。[美]周策纵:《五四运动史》，大事年表（1914—1923），陈永明等译，长沙：岳麓书社，1999年，第520页。

94 徐悲鸿在瑞士洛桑杨仲子处，得知国内五四运动的消息后，即创作诗词两首。参阅王震编著:《徐悲鸿年谱长编》，上海画报出版社，2006年，第31～32页。

95 参阅李泽厚:《中国现代思想史论》，合肥：安徽文艺出版社，1994年，第12页。参阅王德威:《被压抑的现代性》，《社会科学论坛》，2006年2期（上）。

96 张翔:《人之差等与人道重构——康有为的人性论》，丁耘主编:《五四运动与现代中国》，《思想史研究》第7辑，上海人民出版社，2009年，第93页。参阅（清）康有为:《我史》，康有为著，姜义华、张荣华编校:《康有为全集》第五集，北京：中国人民大学出版社，2007年。

97 （清）康有为:《我史》,（清）康有为著，姜义华、张荣华编校:《康有为全集》（第五集），北京：中国人民大学出版社，2007年，第63页。

98 参阅（清）康有为著，姜义华、张荣华编校:《康有为全集》第七集、第八集。参阅萧公权:《康有为思想研究》，汪荣祖译，北京：新星出版社，2005年。

99 参阅梁启超:《饮冰室合集》，北京：中华书局，1989年。

100 谭嗣同:《仁学》，蔡尚思、方行编:《谭嗣同全集》，北京：中华书局，1981年。

101 徐悲鸿于1916年在上海哈同花园经姬觉弥介绍拜识康有为，见徐悲鸿自述："此时姬为介绍诗人廉南海先生，及南海康先生。南海先生，雍容阔达，率直敏锐，老杜所谓真气惊户牖者，乍见之觉其不凡。谈锋既启，如倒倾三峡之水，而其奖掖后进，实具热肠。余乃执弟子礼居门下，得纵观其所藏。如书画碑版之属，殊有佳者，相与论画，尤具卓见……南海命写其亡姬何旃理像，及其全家，并介绍其过从最密诸友……"（徐悲鸿:《悲鸿自述》，徐悲鸿著、徐庆平选编:《奔腾尺幅间》，天津：百花文艺出版社，2000年，第8页）。在康家，徐悲鸿从康有为学习国文、书法和周秦金石考证，纵观其收藏书画、碑帖等文物，常与康谈书论画，收获甚大。徐悲鸿被聘为康家"斋馆"图画教员，教授康有为的六公子同复绘画。第一节课教授古装人物《红线盗盒》。已掌握了一面光一面暗的画法，懂得了一些简单的透视法。当时已是一种创举（王震:《徐悲鸿年谱长编》，上海画报出版社，2006年，第18页）。1917年徐悲鸿东渡日本，康有为赠字饯行，康字为："写生入神"（图1-4）（参阅徐悲鸿纪念馆编:《中国艺坛巨匠徐悲鸿》，北京美术摄影出版社，2005年，第26页）。1917年，徐悲鸿手持康有为的推荐信，去日本拜访了书画家、碑帖收藏家中村不折，听中村介绍了他在法国的留学经历（参阅[日]松谷省三:《徐悲鸿大师与日本艺术家的交往》，王文娟主编:《全球化与民族化：21世纪的徐悲鸿研究及中国美术发展》，北京：中国人民大学出版社，2014年）。1917年底，徐悲鸿从日本游学回沪，首先拜访康有为，康说现在欧战正酣，既不能启程赴欧，最好还是先去北京一趟，看看能否弄到一个官费。并说去北京，可以给徐介绍几位朋友，请他们帮忙（参阅王震:《徐悲鸿年谱长编》，上海画报出版社，2006年，第20页）。1917年底，徐悲鸿持康有为介绍信，去见康大弟子罗瘿公，罗随即介绍徐去拜谒教育总长傅增湘，请傅给徐一个公费名额，傅应之。中间虽经磕绊坎坷，但一年多后徐悲鸿赴欧留学终于如愿（参阅徐悲鸿:《悲鸿自述》，徐悲鸿著、徐庆平选编:《奔腾尺幅间》，天津：百花文艺出版社，2000年，第9~10页）。1919年1月，徐悲鸿由京抵沪，首先拜访康有为，报告赴法留学的喜讯（参阅王震:《徐悲鸿年谱长编》，上海画报出版社，2006年，第29页）。1926年，徐悲鸿从法国去新加坡，3月抵沪探亲，4日赴康有为、姬觉弥、黄警顽、陈抱一、黄震之等诸友晚宴。康有为致介绍词曰："徐生悲鸿，十年前为我相国瞿鸿禨、尚书沈子培画像，惟妙惟肖，其于画盖天才也。后游日本，又学画于法国七年，工力深造，今出所作示我，精深华妙，隐秀雄奇，独步中国，无与为偶。"（参阅王震:《徐悲鸿年谱长编》，上海画报出版社，

2006年，第43页。）康有为对徐评价甚高，可见他对徐悲鸿的深切欣赏，可谓知遇之恩矣！

102 譬如康有为对中国画的态度即对徐悲鸿影响甚大，康言："中国画学至国朝而衰弊极矣，岂止衰弊，至今郡邑无闻画人者。其遗余二三名名宿，摩写四王、二石之糟粕，枯笔数笔如草，味同嚼蜡，岂复能传后，以与今殴美日本竞胜哉？……如仍守旧不变，则中国画学应遂灭绝。"参阅（清）康有为：《万木草堂藏画目序》，1917年手书本，1918年上海长兴书局石印。徐悲鸿继承乃师，痛批中国画之语气及用词与康有为如出一辙。

103 徐悲鸿：《悲鸿自述》，徐悲鸿著、徐庆平选编：《奔腾尺幅间》，天津：百花文艺出版社，2000年，第12页。

104 参阅[美]周策纵：《五四运动史》，长沙：岳麓书社，1999年，第12、13、43、500页。

105 北大画法研究会是1917年11月蔡元培发起，1918年2月22日正式成立，时有导师陈师曾、贺履之、汤定之、李毅士、钱稻孙、贝季眉、冯汉叔等人。该会宗旨为集合校内同志研究画法，互相观摩，以资竞进。凡属本校职员及学生，有志研究画法者，均得入会为会员。本会由校中延请画家数人为导师，指点途径，讲演法则，写示范本，评定成绩。参阅王震编著：《徐悲鸿年谱长编》，上海画报出版社，2006年，第21页。

106 譬如1918年5月5日，徐悲鸿和北京大学画法研究会导师贺履之、冯汉叔，率领会员23人赴文华殿参观所藏书画，并撰写了《评文华殿所藏书画》发表于《北京大学日刊》1918年5月10—11日，参阅王震、徐伯阳编：《徐悲鸿艺术文集》，银川：宁夏人民出版社，1994年，第5~10页。

107 譬如1918年11月15日上午，徐悲鸿在北大参加了校内游行。1919年3月17日，徐悲鸿启程赴法的日子，北京大学进步刊物《国民》创刊号出版，封面为徐悲鸿设计，画面为一青年傲然挺立，背后是巍峨的群山，青年人目中含着无限希望。参阅王震编著：《徐悲鸿年谱长编》，上海画报出版社，2006年，第28~29页。

108 徐悲鸿的父亲徐达章老先生是乡村画师，即主写实，对徐悲鸿就有画虎不像便成犬的训诫。徐悲鸿曾述："吾六岁习读，日数形如常儿。七岁执笔学书，便思学画，请诸先君，不可。及读卞庄子之勇，问'卞庄子何勇？'先君曰：'卞庄子刺虎，夫子以是称之。'欲穷虎状，不得，乃潜以方纸求蔡先生作一虎，归而描之。久，为先君搜得吾所描虎，问曰：'是何物？'吾曰：'虎也。'先君曰：'狗耳，焉云虎者'。"徐悲鸿：《悲鸿自述》，徐悲鸿著、徐庆平选编：《奔腾尺幅间》，天津：百花文艺出版社，2000年，第2页。

109 徐悲鸿曾述康有为论画："相与论画，尤具卓见，如其卑薄四王，推崇宋法，务精深华妙，不尚士大夫浅率平易之作，信乎世界归来论调。"徐悲鸿：《悲鸿自述》，徐悲鸿著、徐庆平选编：《奔腾尺幅间》，天津：百花文艺出版社，2000年，第8页。

110 1917年"既抵东京，乃镇日觅藏画处观览。顿觉日本作家，渐能脱去拘守积习，而会心于造物，多为博丽繁郁之境，故花鸟尤擅胜场，盖欲追踪徐、黄、赵、易，而夺吾席矣，是沈南苹之功也。”徐悲鸿:《悲鸿自述》，徐悲鸿著、徐庆平选编:《奔腾尺幅间》，天津：百花文艺出版社，2000年，第9页。

111 见下文述。

112 参阅鲁迅:《鲁迅全集》，北京：人民出版社，2005年。参阅[美]周策纵:《五四运动史》，陈永明等译，长沙：岳麓书社，1999年，第434页。

113 参阅鲁迅:《青年必读书》《老调子已经唱完》,《鲁迅全集》第3卷，北京：人民文学出版社，1981年。

114 参阅李泽厚:《中国现代思想史论》，合肥：安徽文艺出版社，1994年，第42页。

115 胡适与陈独秀:《论“新青年”之主张——答易宗夔》,《新青年》5卷4号，1918年10月15日。

116 陈独秀:《本志罪案之答辩书》,《新青年》6卷1号，1919年1月15日。

117 陈独秀:《文学革命论》,《新青年》2卷5号，1917年1月1日。

118 胡适的八不主义：一曰，不用典；二曰，不用陈套语；三曰，不讲对仗（文当废骈，诗当废律）；四曰，不避俗字俗语（不嫌以白话做诗词）；五曰，须讲求文法之结构；六曰，不作无病之呻吟；七曰，不摹仿古人，语语需有个我在；八曰，须言之有物。胡适:《致陈独秀》，载《新青年》2卷2号，1916年10月1日。

119 [美]周策纵:《五四运动史》，长沙：岳麓书社，1999年，第445页。

120 蔡元培:《在北京大学画法研究会上的演说》，郎绍君、水中天编:《二十世纪中国美术文选》上卷，上海书画出版社，1999年，第36～37页。

121 吕澂:《美术革命》,《新青年》6卷1号，1918年1月15日。

122 陈独秀:《美术革命——答吕澂》,《新青年》6卷1号，1918年1月15日。

123 鲁迅:《拟播布美术意见书》,《鲁迅全集》第八卷，北京：人民文学出版社，2005年，第52页。

124 参阅郎绍君:《现代中国美术》，南京：江苏美术出版社，1996年，第257、258页。

125 王震:《徐悲鸿小传》，徐悲鸿著、王震编:《徐悲鸿书信集》，郑州：大象出版社，2010年，第5页。

126 徐悲鸿:《新艺术运动之回顾与前瞻》，徐悲鸿著、徐庆平选编:《奔腾尺幅间》，天津：百花文艺出版社，2000年，第81页。

127 徐悲鸿:《中国艺术的没落与复兴》，徐悲鸿著、徐庆平选编:《奔腾尺幅间》，天津：百花文艺出版社，2000年，第71页。

128 徐悲鸿:《新艺术运动之回顾与前瞻》，徐悲鸿著、徐庆平选编:《奔腾尺幅间》，天津：百花文艺出版社，2000年，第82页。

129 尼采在论述到伏尔泰时，曾说他是“用笑声去毁灭的”“笑着的雄狮”。陈独秀、胡适、吴稚晖、鲁迅等也是伏尔泰式的人物，他们不遗余力地要破除一切偶像（Georg Bran

des, Main Currents in Nineteenth Century Literature, New York, 1905.)。陈独秀:“破坏!破坏偶像!破坏虚伪的偶像!吾人信仰,当以真实的合理的为标准;宗教上、政治上、道德上、自古相传的虚荣,欺人不合理的信仰都算是偶像,都应该破坏!此等虚伪的偶像倘不破坏,宇宙间实在的真理和吾人心坎里的彻底的信仰永远不能合一!”陈独秀:《偶像破坏论》,《新青年》5卷2号,1918年8月15日,第91页。

130 对徐悲鸿的观点需要两方面看,下文叙。

131 参阅徐复观:《论艺术的精神》,沈阳:春风文艺出版社,1987年。

132 徐悲鸿:《中国画改良之方法》,王震、徐伯阳编:《徐悲鸿艺术文集》,银川:宁夏人民出版社,1994年,第11页。

133 徐悲鸿:《中国美术之精神——山水》,王震编:《徐悲鸿文集》,上海画报出版社,2005年,第133页。

134 徐悲鸿:《中国艺术的贡献及其趋向》,徐悲鸿著、徐庆平选编:《奔腾尺幅间》,天津:百花文艺出版社,2000年,第68页。

135 徐悲鸿:《艺院建设计划》,徐悲鸿著、徐庆平选编:《奔腾尺幅间》,天津:百花文艺出版社,2000年,第46页。

136 徐悲鸿:《〈艺用人体解剖学〉序》,徐悲鸿著、徐庆平选编:《奔腾尺幅间》,天津:百花文艺出版社,2000年,第159页。

137 参阅徐悲鸿:《悲鸿自述》,徐悲鸿著、徐庆平选编:《奔腾尺幅间》,天津:百花文艺出版社,2000年,第8~9页。参阅王震编著:《徐悲鸿年谱长编》,上海画报出版社,2006年,第19页。国内外学者对徐悲鸿在日本的研究渐起,对徐悲鸿研究有不小突破。譬如:贾方舟:《徐悲鸿与日本近代美术》,王震:《徐悲鸿的艺术世界》,上海书画出版社,1994年;裔萼:《徐悲鸿写实教育体系的形成与内容》,范保文主编:《世纪丰碑——新世纪首届徐悲鸿学术研讨会论文集》,天津人民出版社,2004年。[日]松谷省三:《徐悲鸿大师与日本艺术家的交往》、[美]苏文惠:《徐悲鸿在日本:现代中国绘画再思考》、华天雪:《徐悲鸿的日本“观光之旅”》、张楠木:《徐悲鸿早期写实主义美术教育中的日本美术嬗变因素》,王文娟主编:《全球化与民族化:21世纪的徐悲鸿研究及中国美术发展》,北京:中国人民大学出版社,2014年。

138 徐悲鸿:《悲鸿自述》,徐悲鸿、徐庆平选编:《奔腾尺幅间》,天津:百花文艺出版社,2000年,第8~9页。

139 譬如按日本松谷省三先生的看法,似乎徐悲鸿选择写实主义,甚至日后收集流散各地的中国绘画珍品都是受中村不折的巨大影响,成了徐的源头启发,而忘却了徐悲鸿的家学渊源、康有为的教导以及徐悲鸿自己作为中国人对传统的吸收领悟,是偏颇的。(参阅[日]松谷省三:《徐悲鸿大师与日本艺术家的交往》,王文娟主编:《全球化与民族化:21世纪的徐悲鸿研究及中国美术发展》,北京:中国人民大学出版社,2014年,第477页)。如若这般,徐悲鸿就不必去法国留学,而会改在日本留学了。事实上,徐悲鸿对日本画家有共鸣学习亦有审视警惕与批判，徐志摩就曾在《我也惑——与徐悲鸿先生书中》记载："你我也同意看不起中村不折一类专写故事的画片，汤浅一郎一流平庸的无感觉的手笔。"（参阅王震、徐伯阳:《徐悲鸿艺术文集》，银川：宁夏人民出版社，1994年，第107页。）

140 徐悲鸿手持康有为的推荐信，拜访了日本书画家、碑帖收藏家中村不折，听中村介绍了他在法国的留学经历，并记住了中村介绍的徐梁画院，赴法后在考入巴黎高等美院前也进了徐梁画院学习。中村留学法国的老师罗伦斯（J. P. Laurens），即是徐悲鸿的老师弗拉孟先生的老师。参阅[日]松谷省三:《徐悲鸿大师与日本艺术家的交往》，王文娟主编:《全球化与民族化：21世纪的徐悲鸿研究及中国美术发展》，北京：中国人民大学出版社，2014年。

141 笔者同意裔萼所言：20世纪初，中国人去日本并不是学习日本文化，而是将日本视作瞭望西方的一个窗口。参照西法而改良的新日本画给徐悲鸿以极大启发。这一类日本画家给徐悲鸿改良中国画提供了一个参照系。裔萼:《徐悲鸿写实教育体系的形成与内容》，范保文主编:《世纪丰碑——新世纪首届徐悲鸿学术研讨会论文集》，天津人民美术出版社，2004年。

142 关于此点，华天雪也有同感，天雪在看徐悲鸿《日本文展》中的开篇文字："日本人之于工艺也，自夸为东洋之独逸；于美术也，自夸为东洋法朗司，间尝自揣，只吾之不进尔。彼进固猛，然亦讵能一跃而跻于斯，固未敢心许之也……所谓独逸，吾不知，至所谓法郎司，吾颇欲觇其为法朗司者。"后道："难道其中不是分明有'不服'与'不屑'吗？不是分明可以读出晚清以来民族主义者对日本又爱又恨的潜台词吗？"华天雪:《徐悲鸿的日本"观光"之旅》，王文娟主编:《全球化与民族化：21 世纪的徐悲鸿研究及中国美术发展》，北京：中国人民大学出版社，2014年。

143 [美]周策纵:《五四运动史》，陈永明等译，长沙：岳麓书社，1999年，第23页。

144 图1-6乃美国苏文惠女士提供，特此鸣谢！

145 参阅徐悲鸿致尾崎清次的信，徐悲鸿著、徐庆平选编:《奔腾尺幅间》，天津：百花文艺出版社，2000年，第307页。[日]松谷省三:《徐悲鸿大师与日本艺术家的交往》，王文娟主编:《全球化与民族化：21世纪的徐悲鸿研究及中国美术发展》，北京：中国人民大学出版社，2014年。

146 徐悲鸿:《悲鸿自述》，徐悲鸿著、徐庆平选编:《奔腾尺幅间》，天津：百花文艺出版社，2000年，第9页。

147 参阅徐悲鸿:《柏林中国美术展览会筹备经过》，《申报》，1933年11月6日。

148 徐悲鸿在1933年对巴黎中国美术展览会画展记："日本年以巨金，收买法国报纸，故每与中国冲突，辄舆论乖张，嚣然助之。展览期间，日本正扰平津，郎杜斯基夫人告我，日本示意各报，最妙弗言中国画展，否则赞誉古人，而诟詈骂人，或只言古而置今人于不论。有一二小报，竟从之者，大报如《时报》亦有人着论，言中国美术从日本来者，其颠倒缪妄如此。幸翌日即有Millet先生之文，刊于同报正之，闻其同事之间，因生芥蒂云。”亦记：“各大报俱派访员来探消息，满口赞誉中国文明之辞，而日本之抄袭文化，于是大白于天下。”徐悲鸿：《记巴黎中国美术展览会》，王震、徐伯阳编：《徐悲鸿艺术文集》，银川：宁夏人民出版社，1994年，第227、216页。

149 徐悲鸿曾述：“既居京师，观故宫及私家所藏，交当时名彦，益增求学之渴念。时蜀人傅增湘先生沅叔长教育，余以瘿公介绍谒之部中。其人恂恂儒者，无官场交际之伪。余道所愿，傅先生言：‘闻先生善画，盍令观一二大作。’余于翌日挟所作以付教部阍人。越数日复见之，颇蒙青视，言：‘此时惜欧战未平。先生可少待，有机缘必不遗先生。’余谢之出，心略平，惟默祝天佑法国，此战勿败而已……旋闻教育部派遣赴欧留学生仅朱家骅、刘半农两人。余乃函责傅沅叔食言，语甚尖利，意既无望，骂之泄愤而已。而中心滋戚，盖又绝望。数月复见瘿公，公言沅叔殊怒余之无状，余曰：‘彼既不重视，固不必当日甘言饵我。因此语出诸寻常应酬，他固不计较，傅读书人，何用敷衍？’讵十七年十一月，欧战停。消息传来，欢腾大地。而段内阁不倒，傅长教育屹然，无法转圜。幸蔡先生为致函傅先生，先生答曰：‘可。’余往谢，既相见，觉局促无以自容，而傅先生恂恂然如常态，不介意，惟表示不失信而已。余飘零十载，转走千里，求学之难，难至如此。”徐悲鸿：《悲鸿自述》，徐悲鸿著、徐庆平选编：《奔腾尺幅间》，天津：百花文艺出版社，2000年，第9～10页。徐悲鸿终身念念傅增湘之恩情，留学归来曾为其画像以报答。（图1-7）

150 参阅[法]菲利浦·杰奎琳：《徐悲鸿和法国学院派绘画》，王文娟主编：《全球化与民族化：21世纪的徐悲鸿研究及中国美术发展》，北京：中国人民大学出版社，2014年，432页。

151 参阅[法]埃玛努埃尔·施瓦茨：《两次大战期间的巴黎高等美术学院》，《大师与大师——徐悲鸿与法国学院大家作品》，徐庆平、埃玛努埃尔·施瓦茨、菲利普·杰奎琳策划的大型画展印制图录，北京·中华世纪坛·世界艺术馆展，内部发行，2014年5月8日—8月3日，第20页 。

152 图1-9至图1-12乃法国菲利浦·杰奎琳先生提供，特此鸣谢！

153 参阅徐悲鸿：《悲鸿自述》，徐悲鸿著、徐庆平选编：《奔腾尺幅间》，天津：百花文艺出版社，2000年，第12～13页。参阅[法]菲利浦·杰奎琳：《徐悲鸿和他的法国老师们：一段杰出的艺术历程》，《大师与大师——徐悲鸿与法国学院大家作品》，徐庆平、埃玛努埃尔·施瓦茨、菲利普·杰奎琳策划的大型画展印制图录，北京·中华世纪坛·世界艺术馆展，内部发行，2014年5月8日—8月3日，第28页。

154 徐悲鸿：《悲鸿自述》，徐悲鸿著、徐庆平选编：《奔腾尺幅间》，天津：百花文艺出版社，2000年，第13页、

155 [法]菲利浦·杰奎琳：《佛朗索瓦·佛拉芒：叙事性绘画的名家》，《大师与大师——徐悲鸿与法国学院大家作品》，徐庆平、埃玛努埃尔·施瓦茨、菲利普·杰奎琳策划的大

型画展印制图录，北京·中华世纪坛·世界艺术馆展，内部发行，2014年5月8日—8月3日，第47页 。

156 参阅[法]菲利浦·杰奎琳:《佛朗索瓦·佛拉芒：叙事性绘画的名家》,《大师与大师——徐悲鸿与法国学院大家作品》，徐庆平、埃玛努埃尔·施瓦茨、菲利普·杰奎琳策划的大型画展印制图录，北京·中华世纪坛·世界艺术馆展，内部发行，2014年5月8日—8月3日，第47页 。

157 参阅[美]周策纵:《五四运动史》，陈永明等译，长沙：岳麓书社，1999年。

158 徐悲鸿:"法国者人文荟萃之大国也，巴黎思想界最发达，法国宪法，即以'思想自由'为开宗明义之第一节。巴黎法国学院操国家文化之权，内分文学、美术、考古、政治、经济等五部，二百四十位老学士，头童发白，道德高尊，真足令人望而歆慕。此种现象，岂一朝一夕之功，所能造成之哉！巴黎画家之引以为荣者，尤非寻常人意想之所能及，其所谓荣，不在奖牌与名位。"徐悲鸿:《法国艺术近况》，徐悲鸿著、徐庆平选编:《奔腾尺幅间》，天津：百花文艺出版社，2000年，第230页。

159 参阅"徐悲鸿法国老师们的代表作品：介于自然主义与象征主义之间"展览板块的说明文字,《大师与大师——徐悲鸿与法国学院大家作品》，徐庆平、埃玛努埃尔·施瓦茨、菲利普·杰奎琳策划的大型画展印制图录，北京·中华世纪坛·世界艺术馆展，内部发行，2014年5月8日—8月3日，第215页。

160 徐悲鸿:《悲鸿自述》，徐悲鸿著，徐庆平选编:《奔腾尺幅间》，天津：百花文艺出版社，2000年，第13、202～204页。

161 [法]尚达·波瓦洛:《阿尔伯特·贝纳尔（1849—1934）：与中国艺术家不期而遇》,《大师与大师——徐悲鸿与法国学院大家作品》，徐庆平、埃玛努埃尔·施瓦茨、菲利普·杰奎琳策划的大型画展印制图录，北京·中华世纪坛·世界艺术馆展，内部发行，2014年5月8日—8月3日，第53页。

162 参阅徐悲鸿:《悲鸿自述》，徐悲鸿著、徐庆平选编:《奔腾尺幅间》，天津：百花文艺出版社，2000年，第15页。法国多米尼克·布瓦耶说是在1923年西蒙继任弗拉孟，参阅[法]多米尼克·布瓦耶:《吕西安·西蒙（1861—1945）：其人，其作》,《大师与大师——徐悲鸿与法国学院大家作品》，徐庆平、埃玛努埃尔·施瓦茨、菲利普·杰奎琳策划的大型画展印制图录，北京·中华世纪坛·世界艺术馆展，内部发行，2014年5月8日—8月3日，第60页。

163 [法]多米尼克·布瓦耶:《吕西安·西蒙（1861—1945）：其人，其作》,《大师与大师——徐悲鸿与法国学院大家作品》，徐庆平、埃玛努埃尔·施瓦茨、菲利普·杰奎琳策划的大型画展印制图录，北京·中华世纪坛·世界艺术馆展，内部发行，2014年5月8日—8月3日，第60页。

164 徐悲鸿:《悲鸿自述》，徐悲鸿著、徐庆平选编:《奔腾尺幅间》，天津：百花文艺出版社，2000年，第11页。

165 参阅[法]菲利浦·杰奎琳:《佛朗索瓦·弗拉孟:叙事性绘画的名家》、[法]尚达·波瓦洛:《阿尔伯特·贝纳尔:与中国艺术家不期而遇》,《大师与大师——徐悲鸿与法国学院大家作品》,徐庆平、埃玛努埃尔·施瓦茨、菲利普·杰奎琳策划的大型画展印制图录,北京·中华世纪坛·世界艺术馆展,内部发行,2014年5月8日—8月3日,第29、54页。

166 譬如达仰的老师热洛姆即是莫奈、西斯莱们的死对头。在莫奈他们看来,热洛姆是排斥他们进沙龙的主将。这段美术史的梳理还有待探索。而徐悲鸿对现代派艺术的排斥想必跟这样的学养背景是有关系的。但是达仰却接受了印象派的影响,徐悲鸿亦是。参阅陈英德:《谈徐悲鸿留学法国时的师辈画家》,陈英德:《海外看大陆艺术》,台北:台湾艺术家出版社,1987年,第303、306页。

167 参阅陈英德:《谈徐悲鸿留学法国时的师辈画家》,陈英德:《海外看大陆艺术》,台北:台湾艺术家出版社,1987年,第300、303、306页。参阅莫艾:《艺术获得现实表达与历史叙述的可能——对徐悲鸿民国前期形式探索的再观看与理解》,《文艺研究》,2013年第1期。

168 譬如仅从2014年5月8日—8月3日于中华世纪坛举办的"大师与大师——徐悲鸿与法国学院大家作品"画展上,我们就能清晰看到徐悲鸿在法国求艺的心路历程,以及他与他的法国老师及其教学谱系之间学习借鉴的承继关系。我们在具体作品的图式结构中更能细致入微地体察到这种关系,譬如笔者在展览中就分外体会到徐悲鸿的《九州无事乐耕耘》与亨利·皮耶尔·杜高斯德拉海耶(Pierre-Henri Ducos de Laille)的《在农夫牵着两头大牛犁的沟外,幸运之神与富足之神正喜悦地奔来》之间的图式关系;徐悲鸿的《愚公移山》与玛德琳娜·拉凡图尔(Madeleine Lavanture)的《你要用额头的汗水赚得面包》的图式联系;徐悲鸿的《奴隶与狮》与奥黛特·波维尔(Odette Pauvert)的《圣雷南的传说》隐喻间的联系与共鸣等……(参阅王文娟:《徐悲鸿研究的国内外现状》,《美术研究》,2014年4期。)菲利普·杰奎琳也认为,徐悲鸿的《奴隶与狮》和1921年获罗马大奖的埃米尔·博姆(Emile Beaume)的《安东尼的葬礼》在笔触、构图和戏剧性上都有密切联系。认为徐悲鸿的《徯我后》受到他的老师柯罗蒙通过遭受苦难的身体来表现戏剧性的影响。而亨利·皮耶尔·杜高斯德拉海耶的《财富和丰盛出自劳作者的耕犁》与徐悲鸿的《田横五百士》《愚公移山》甚至《徯我后》,都有不少共通性。《大师与大师——徐悲鸿与法国学院大家作品》,徐庆平、埃玛努埃尔·施瓦茨、菲利普·杰奎琳策划的大型画展印制图录,北京·中华世纪坛·世界艺术馆展,内部发行,2014年5月8日—8月3日,第30页。

169 参阅徐悲鸿:《中国艺术的没落与复兴》《新艺术运动之回顾与前瞻》《〈艺用人体解剖学〉序》,徐悲鸿著、徐庆平选编:《奔腾尺幅间》,天津:百花文艺出版社,2000年,第77、84、158、159页。

170 陈英德认为徐悲鸿是"法国学院派在中土地忠实移植者",笔者有不同看法,可讨论。

参阅陈英德:《谈徐悲鸿留学法国时的师辈画家》，陈英德:《海外看大陆艺术》，台北：台湾艺术家出版社，1987年，第309页。

171 王震辑徐悲鸿画论、题记选录，王震、徐伯阳编:《徐悲鸿艺术文集》，银川：宁夏人民出版社，1994年，第786页。

172 笔者曾撰文叙说徐悲鸿现代性的话题（王文娟:《对徐悲鸿质疑的几点思考——从现代性的角度切入》,《美术》，2013年10期），只说到列奥·斯特劳斯的第二次现代性浪潮，其实还可以追溯到现代性的第一次浪潮，本书在此推进，此间问题相对复杂，当另文再行阐释。

173 徐悲鸿:《〈八十七神仙卷〉跋一》《巴尔堆农》《文艺复兴远祖乔托》《米开朗基罗作品之回忆》《普鲁东》《安格尔的素描》《左恩铜镌》《废话》，徐悲鸿著、徐庆平选编:《奔腾尺幅间》，天津：百花文艺出版社，2000年，第93、161、168、171、177、188、190、269页。

174 徐悲鸿:《〈艺用人体解剖学〉序》，徐悲鸿著、徐庆平选编:《奔腾尺幅间》，天津：百花文艺出版社，2000年，第158页。

175 徐悲鸿:《〈艺用人体解剖学〉序》，徐悲鸿著、徐庆平选编:《奔腾尺幅间》，天津：百花文艺出版社，2000年，第159页。

176 徐悲鸿:《世界艺术之没落与中国艺术之复兴》，王震、徐伯阳编:《徐悲鸿艺术文集》，银川：宁夏人民出版社，1994年，第505页。

177 徐悲鸿:《新艺术运动之回顾与前瞻》，徐悲鸿著、徐庆平选编:《奔腾尺幅间》，天津：百花文艺出版社，2000年，第84页。

178 徐悲鸿:《中国画改良之方法》，王震、徐伯阳编:《徐悲鸿艺术文集》，银川：宁夏人民出版社，1994年，第15页。

179 徐悲鸿:《新艺术运动回顾与前瞻》，徐悲鸿著、徐庆平选编:《奔腾尺幅间》，天津：百花文艺出版社，2000年，第84页。

180 徐悲鸿的《船夫》作于1936年，苏文惠女士认为该画借鉴了日本画家西山翠璋的《短夜》（参阅苏文惠:《徐悲鸿在日本：现代中国绘画再思考》，王文娟主编:《全球化与民族化：21世纪的徐悲鸿研究及中国美术发展》，北京：中国人民大学出版社，2014年，第496页），这是很有道理的。只是相比日本画家用了俯视的深远构图，人物较小，还有水墨画惯有的烟岚轻雾状，徐悲鸿则用了平远构图兼及焦点透视，尤其突出了人物，成近景，聚焦放大，扑面而来，两位抵在船头的裸体船夫，虽用寥寥线描勾勒，却尽显了人体团块肌肉的力度和用劲撑船靠岸的不易，岸边树枝横扫过来，但徐悲鸿连树枝树叶都画得很清楚，无一懈笔，没有文人画家的逸笔草草，也突破了中国人物画常用衣褶线描来体情状貌的惯例，在稍许缺失了中国画的韵味外，其积极的正能量正是突出了人的活动性和身体的力度感，为革新古老中国人物画、增进阳刚之气做出了贡献。

181 徐悲鸿的《愚公移山》作于1940年。(1)《愚公移山》是中国古老的一则寓言，出自《列子·汤问篇》:“太形、王屋二山，方七百里，高万仞，本在冀州之南，河阳之北。北山愚公者，年且九十，面山而居。惩山北之塞，出入之迂也，聚室而谋，曰:‘吾与汝毕力平险，指通豫南，达于汉阴，可乎?’杂然相许。其妻献疑曰:‘以君之力，曾不能损魁父之丘，如太形、王屋何?且焉置土石?’杂曰:‘投诸渤海之尾，隐土之北。’遂率子孙荷担者三夫，叩石垦壤，箕畚运于渤海之尾。邻人京城氏之孀妻有遗男，始龀，跳往助之。寒暑易节，始一反焉。河曲智叟笑而止之，曰:‘甚矣汝之不惠!以残年余力，曾不能毁山之一毛，其如土石何?’北山愚公长息曰:‘汝心不固，固不可彻，曾不若孀妻弱子。虽我之死，有子存焉。子又生孙，孙又生子，子又有子，子又有孙:子子孙孙，无穷匮也;而山不加增，何苦而不平?’河曲智叟亡以应。操蛇之神闻之，惧其不已也，告之于帝。帝感其诚，命夸蛾氏二子负二山，一厝朔东，一厝雍南。自此，冀之南、汉之阴无陇断焉。”(《列子》，景中译，北京:中华书局，2007年，第143~144页)。(2)画面采用中国画里古老的平行透视(关于这样的平行透视法可参阅中国汉代壁画及数幅横卷的卷轴画图式)，也巧妙穿插焦点透视。关于徐悲鸿综合两种透视的看法，除了笔者所悟，亦参阅共鸣于华天雪看法(参阅华天雪:《徐悲鸿的中国画改良》，上海书画出版社，2007年，第176页)。画家尊重中国人物画将主要人物尊而放大之规则，遂把白发长须的愚公这一中心人物安排在画面中心，且抬高地基，使愚公高大颀长，坚定顽强也睿智蔼然仁厚。他身后(也是画面前景的中部和右侧)则是体魄健壮、奋力垦土的一行壮士们，他们或仰身或蹲身，但都睁眼、张口，举锄、耙在运力中，或者已俯身把锄头掘进山体正奋力挖出土石，这一排挖山者高近真人，被画家集中并列，顶天立地，占满画面空间，且动态强烈，坚定有力，呼之欲出。这一行人即是寓言中愚公的子孙们。徐悲鸿当时在印度，请当地人做模特，故生动传神备至。而愚公正在和一妇女说话，妇女身旁是一正在吃饭的幼童，妇女手抚摸着幼童头，似在请愚公接纳，这应该就是寓言里“邻人京城氏之孀妻有遗男，始龀，跳往助之”的一节，画家做了耐人咀嚼的情节性描绘。和中部及右侧的挖山者相呼应的是左侧有一同样的壮汉，挑担离去，故给观者留的是背影。筐里挑的似是萝卜，是要去做饭的炊夫吗?和前排人物相呼应的还有一个在后面似举着鞭子赶着牛车的女郎，欲来拉土石吗?这是寓言里没有的情节，也是观者和研究者往往忽略了的细节，这是画家用焦点透视巧妙穿插在前排人物后面的一个场景，使画面具有了宏大丰富的首尾衔接的情节叙事性之外，也有了些许的浪漫遥想性。史诗式的大构图，但画面色彩却不厚重，树叶、草叶均用花青、石绿与水墨点染，人物皮肤则用赭石和水墨绘就，而且晕染有度，使得各个人体肤色深浅不一，极富韵律般的节奏感，在人体精准素描的基础上加强了这些裸体壮汉们肌肉凹凸及明暗的特征。而愚公、农妇的衣纹和那些劳作的工具则都运用了或舒缓自如或笔直挺健的线描，突出了画面的丰富性和质量感。(3)徐悲鸿的大型史诗性作品与他的法国学习经历分不开，与他的法国老师及师传谱系一族分不开。诚如菲利普·杰奎琳所说：在对一些曾引发其法国老师长久思索的问题再度探寻时，徐悲鸿无法回避的是在“历史画”和“大幅装饰画”之间所存有的特殊关系。在1922年的文章中，徐悲鸿特别提到曾前往欣赏过贝纳尔为巴黎市政厅所做的天顶画巨作。从19世纪末到1937年的世界博览会，绘画在法国渐趋巨幅并具装饰色彩。她铺天盖地被用于装饰大型公共建筑及私人官邸内部。在此氛围中耳濡目染的徐悲鸿，没有可能不受到大型装饰画的影响，而且他对皮埃尔·皮维·德·夏凡纳（Pierre Puvis de Chavannes）情有独钟，长于象征性隐喻的壁画大家夏凡纳则对贝纳尔、弗拉孟、柯罗蒙等徐的这些法国老师们（及其那一代的年轻画家们[笔者按]）都甚有影响。因时局环境所限，徐悲鸿未能在中国创作过大幅装饰画作品，但不可否认的是，他的《田横五百士》《徯我后》《九方皋》《愚公移山》以及其他一些大型历史画作品都带有巨幅装饰画的特征（参阅[法]菲利普·杰奎琳:《徐悲鸿和他的法国老师们：一段杰出的艺术历程》,《大师与大师——徐悲鸿与法国学院大家作品》,徐庆平、埃玛努埃尔·施瓦茨、菲利普·杰奎琳策划的大型画展印制图录，北京·中华世纪坛·世界艺术馆展，内部发行，2014年5月8日—8月3日，第28页），也和巴黎高等美院一系有着千丝万缕的联系，譬如徐悲鸿的《愚公移山》和同是法国巴黎高等美院的学生玛德琳娜·拉凡图尔的《你要用额头的汗水赚得面包》（图1-18）即有图式布局上的默契亲和性，但和这位法国女生对于宗教、土地、劳作和收获的缘起不同，即和这位女生笔下安宁静穆的“‘播种者’的形象是一种对于拉丁文化中收获之神的崇拜的法兰西化和现代化表达”不同（参阅《大师与大师——徐悲鸿与法国学院大家作品》,徐庆平、埃玛努埃尔·施瓦茨、菲利普·杰奎琳策划的大型画展印制图录，北京·中华世纪坛·世界艺术馆展，内部发行，2014年5月8日—8月3日，第118页），徐悲鸿因时因地因国家情怀进行了他作为中国画家应该具有的转换，他要表达的就是一股澎湃壮烈的激情和奋力抗争、砥砺坚持的决心。（4）1940年，正是中国抗日战争最艰苦的时候，画家身在印度，心系祖国，坚信中国人以愚公移山的精神，终将打败日本侵略者，取得最后胜利。这是一幅优秀的借古喻今的历史画。

182 徐悲鸿:《中国艺术的没落与复兴》，徐悲鸿著、徐庆平选编:《奔腾尺幅间》，天津：百花文艺出版社，2000年，第77页。

183 徐悲鸿:《新艺术运动之回顾与前瞻》，徐悲鸿著、徐庆平选编:《奔腾尺幅间》，天津：百花文艺出版社，2000年，第77页。

184 鲁迅:《且介亭杂文·拿来主义》,《鲁迅全集》第六卷，北京：人民文学出版社，2005年，第41页。

185 徐悲鸿:《我对于敦煌艺术之看法》，徐悲鸿著、徐庆平选编:《奔腾尺幅间》，天津：百花文艺出版社，2000年，第114页。

186 徐悲鸿:《悲鸿自述》《新国画建立之步骤》《任伯年评传》《古今中外艺术论》，徐悲鸿著、徐庆平选编:《奔腾尺幅间》，天津：百花文艺出版社，2000年，第21、78、119、

224、226页。

187 徐悲鸿:《中国画改良之方法》，王震、徐伯阳编:《徐悲鸿艺术文集》，银川：宁夏人民出版社，1994年，第11～12页。

第二章　对徐悲鸿质疑的现代艺术思想史分析

徐悲鸿的道路坎坷不平坦，披荆斩棘了几乎一生。徐悲鸿的艺术主张与实践，关乎百年中国美术的风云变迁、跌宕起伏、盛衰荣辱。近乎一个世纪，徐悲鸿被诸种情况遮蔽而被歌颂，又被诸多人们所质疑诟病，这是中国现代性进程的复杂性所致。

近一百年来，徐悲鸿的艺术主张大约遭到了来自四方面的批评、质疑和抵制。第一方面是来自国粹派画家们的抵制（即来自中国画内部的攻击），他们不止一次地认为徐悲鸿败坏中国画以及中国文化；第二方面是来自革命伦理一系的“左派”（诸如田汉、铁髯、谢冰莹、杨晋豪等人）与称赞共在的批评；第三方面的抵制是在当时没有形成气候却在今日构成了对徐悲鸿画派的严重质疑，这就是徐悲鸿对待西方现代派绘画的态度；第四方面的抵制是写实主义后来被定于绝对一尊及至对“文革”畸形美术的反思也对徐悲鸿构成了强烈质疑。

一、关于国粹派画家们对徐悲鸿改良中国画的抵制（20世纪上半叶）

第一方面的抵制，即来自中国画内部的攻击大约主要有四次：1928年徐悲鸿上任北平大学艺术学院院长，倒徐声起，孤掌难鸣[1]；1947年北平艺专三教授罢课；1955年中国画论争（及至1956年开始的素描教学大辩论)[2]；20世纪80年代改革开放后重新思考传统与现代关系，遭不少美术人质疑[3]。

尤其1947年北平艺专三教授罢课事件可谓轩然大波、惊动世界，争论可谓旷日持久。王震先生在《徐悲鸿年谱长编》[4]记载，事情始末大致如下：1947年10月2日，北平《世界日报》《新民报》等，刊载北平艺专国画组秦仲文、李子超(按：在别处王震先生也称李为李智超)、秦缘督三位兼职教授认为徐悲鸿减少国画学生及国画授课钟点乃摧残国画，遂提出备忘录，宣布2日起罢教，要求重视国画，再招学习国画新生，增加钟点，如无圆满答复，不能复课，并控诸于北平美术协会及诸老前辈。10月3日上午，北平《新民报》发表《徐悲鸿"画家"论》，介绍徐悲鸿对罢教三教员指责各点分别予以解答，并称：我的计划是，让一个学生至少学会人物画像、翎毛、动物、山水、花草等多少类基本的素描，不一定专和某一位先生学习，要培植起能担当"文艺复兴"重担的人才。几位先生停止上课乃是不了解我的计划。李子超等罢教后，国民党北平市党部加紧推行倒徐运动，受市党部支持的北平美术协会，是日下午马上召开常务会议，打着维护中国艺术的招牌，支援罢教的教员，举行记者招待会，散发《反对徐悲鸿摧残国画》的传单。10月11日，北平各报均载罢教三教员《反对徐悲鸿摧残国画》。10月15日下午三时徐悲鸿在本校亦公开举行记者招待会，首先由学生代表发言，声称：北平艺专在国画教学上的特色和观念的改革，是使国画接近生活，革除某些中国画的架空内容。其次是技术上的改革，以素描为基础，并打破一味临摹的劣习。又散发《新国画建立之步骤》等书面发言，阐明教育与艺术主张。10月16日，平津各大报刊均报道了徐悲鸿的谈话，使论战愈发扩大。中华全国美术会留平会员刘铁华等十二人，也加入战团，驳斥美术会态度偏颇。10月17日，《中央日报》在《建立新国画基础》中，报道了此事件。10月18日，北平市美术协会在中山公园来今雨轩招待新闻界，对徐悲鸿讲话有所申辩，“国画”论战，益趋白热化。10月21日，北平《新民报》在《溥雪斋作壁上观》一文中述溥雪斋言对徐悲鸿的书面发言《新国画建立之步骤》，固有不同意之点，而十九日报载本人要“消灭中国艺术之灵魂”等语，并非溥本人所说。申明对国画之前途，愿作学术之探讨，当不参与无意气之争。10月25日，北平美术家协会刘铁华顷为徐悲鸿与北平市美术协会国画见解不同发生争论事，出面调解。双方均认为理论上尽可能争论，而意气之争，并无继续之必要，彼主张立于艺术运动上调和古今艺术之关系，盖古今实有连续性质也。10月30日，《新民报》记者访徐悲鸿，询及国画论战之调停近况。徐悲鸿称：连日迭接各方面好友来函，提及此事其情可感，唯内中有已失去调停人资格，渠等曾均参加反对方面。同时大多数函件内容，未能着重学术的讨论，而侧重有关说罢教教员复教及增加钟点等问题。徐悲鸿复称：国画三教员罢教是自动的，校方并未解聘，为维持学生学业计，已另行聘人接充，故离职教员之复教问题，目前实难想出恰当处理之办法。三教授罢课事件遂到此罢了。

李树声认为：“这次争论得到了媒体和社会各界相关人士的关注和参与，是最初因艺专教员不满学校教学安排所产生的具体事件，逐渐发展成为涉及国画理论观点的论证和不同政治背景下团体间的相互对立，言辞之激烈，涉及人物之众多，成为轰动一时的社会新闻。这场历时数月之久的论战，实际上是‘五四’以来关于中国画改革讨论的延伸，同时也成为中国现代美术史上一段重要的经历。”[5]

不以革命伦理来评判，不以意识形态党争纷纭来划分，不以人事矛盾纠葛因素为漩涡，[6]李树声对这一事件的理解是相对客观公允的。[7]从现代性角度来看，三教授罢教事件的确应视为晚清至五四运动以来关于中国画改革讨论的延续（新文化运动的一部分），是中国美术现代性路途上的一次空前冲突和讨论。这样的冲突和讨论还延续到20世纪50年代中期和20世纪80年代以后。

站在今天理性、客观、学术公正的立场上，从本书坚持的现代性视角来梳理，徐悲鸿的绘画主张和实践，以及轰轰烈烈的美术革命有着他不可磨灭的巨大成就，但也有在他那个时候无法超越的个人局限和时代局限，需要辨析甄别，从而使徐悲鸿真正成为今天中国美术前行以及和世界各国美术文化相交流的资源和府库。

分以下几个方面来讨论。

（一）徐悲鸿的中国画史观

徐悲鸿的中国画史观为大家所熟悉，概不铺陈，简要摘录其主张并分析如下。[8]

1．中国画学近世退步论

"中国画学之颓败，至今日已极矣。凡世界文明理无退化，独中国之画在今日，比二十年前退五十步，三百年前退五百步，五百年前退四百步，七百年前千步，千年前八百步，民族之不振可慨也夫！"[9]

徐悲鸿的中国画史观有着"五四"一代人的共同性，也有他自己的独到性。他在这如鲁迅一般"爱之深、恨之切"的愤激、冷幽默、形象比喻、以步量数的"中国画学近世退步论"中的批判豪情和天真幼稚让今天的我们不免忍俊不禁之际，也终能看到他与陈独秀、胡适们的不同。胡适说："我们必须承认我们自己百事不如人，不但物质机械不如人，不但政治制度不如人，并且道德不如人，知识不如人，文学不如人，音乐不如人，艺术不如人，身体不如人。"[10]

徐悲鸿对传统却不是一棍子打死的。如前述，他是以"拿来主义"的态度学习西方文化，并以自己本国文化为根底，故在西学学习的过程中，在追寻西方美术的盛事传统时，亦有着追寻中国文化盛事传统的决心。这是他有相当远见卓识的地方。

2. 文人画末流批判论

徐悲鸿聚焦痛斥文人画，从王维批到董其昌再批到清“四王”与《芥子园》。当然他重点批的是文人画末流，对王维还是客气的。

这样倾向的言论徐悲鸿说得较多，除前文摘引过的，还可以举以下几例：

> 自从王维成为文人画的偶像以后，许多山水画家都过分注重绘画的意境和神韵，而忘记了基本的造型。结果画中的景物成为不合理的东西、毫无新鲜感觉的东西，却用气韵来做护身符，以掩饰其缺点，理论更弄得玄而又玄，连画家自己也莫名其妙，如此焉得不日趋贫弱。[11]
>
> 《芥子园画谱》，害人不浅，要画山水，谱上有山水，要画花鸟，谱上有花鸟，要仿某某笔，他有某某笔的样本，大家都可以依样画葫芦，谁也不要再用自己的观察能力，结果每况愈下，毫无生气了！[12]
>
> 检讨吾人目前艺术之现状，真是惨不可言，无颜见人！……画面上所见，无非董其昌、王石谷一类浅见寡闻，从未见过崇山峻岭，而闭门画了一辈子（董王皆年过八十）的人造自来山水！历史之丰富，造化之浩博，举无所见，充耳不闻，至多不过画个烂叫化子，以为罗汉；靓装美人，指名观音而已。绝无两人以上之构图，可以示人而无愧色者。思想之没落，至于如此！[13]

这样的愤激批判在“五四”时代不是徐悲鸿一人，在对于时代的“同情理解”之际，也需要从全面理性的学术史、绘画史来重新观看。

事实上，文人画作为中国文化的优秀传统，自有它特殊的价值和意义。除了笔墨成就、美学意境、气韵风骨之外，文人画还有着它特有哲学基础和思想史意义，并不完全像徐悲鸿说的那样径直属于“思想没落”之类。

文人水墨画的哲学基础主要是老庄、玄、禅思想之融合：[14]“虚”“无”“空”的道禅本体论色彩观不重现象界之色彩（知性语言）而重与诗性的描述性语言同质的素淡、虚空之黑白，即以“摹状词”意义的色彩承担了本体论（老庄之“道”、佛性性“空”）；文人水墨画对“道”之境界的眷注超越了阴阳五行五色（即“数术”与“命”）的牵绊而开辟了第二自然的心灵栖居地。

文人画的思想史意义在于它的隐逸性。[15]即源初意义的“文人画”是隐逸的产物，是知识分子“兼善天下”受挫失败而“独善其身”的选择。文人画的积极意义在于，个人退出主流社会的隐逸成为真实信仰的前提，隐逸枯淡却也浓郁率真的“槛外”世界召唤着自由的主体，于是，在政统与道统之间，在庙堂与江湖之间，形成了特有的张力（即使是虚设），也为士之独立提供了可能的条件，在完成人格护守性的同时也增强了隐者所依托的民间力量。文人画的积极意义还在于心灵的清洁性、自由性、补偿性——当王维被杖刑、苏轼被流放、倪瓒被扔茅厕、元代士子集体地被抛入社会底层……他们洗脱悲愤、耻辱、不平、失落与不幸的最好方法即是后退似的取水墨庄禅的空幻之境，无所住心，在“空山无人，水流花开”之中取得慰安。于是在圆曲悠然而“游无朕”的文人画意趣流淌中，在画家“解衣盘礴”“隐迹立形，备遗不俗”的气度气韵中，在元气淋漓的墨章、“虚室生白”的浩淼，嵯峨顿挫的皴法和逸笔洒落、飘然如烟的意境中，是真正可游可居的回家感。

因此，写意性、虚灵性、崇尚“逸格”是文人画的特点，“深情冷眼”的荒寒之境是文人画的最高美学意境，元明清三代水墨文人画高度发展，半抽象的程式化为笔墨集大成，积累了丰富的中国画的形式语汇，是对世界美术史画廊的巨大贡献。

文人画生存的现代意义在于，如果说西人在现代性理路里认识到，在主客二分的对象化思路即在人类中心主义的霸权中饱受恶果、“无家可归”的时候(患了“实症”之病),[16]中国天人合一而“空”“无”“虚”的哲学本体论含义就是他们陶洗心灵、去除霸气骄奢的一剂解执良药,[17]从而使建立在这样哲学本体论上的文人水墨山水画对现代的西方人具有着永恒的魅力(对于今天的我们也同样生效),这是中国画给世界贡献的极富家园意识的美学生态活力。[18]

鉴于文人画有着如此古老而现代的各种优长,那么从传统中国画内部对徐悲鸿的批评,有一些就是有道理的。学者们的学理冷静的看法无疑是切中实质而无须辩驳的,这对于徐悲鸿研究乃至中国画的现当代走向是可贵的反思。但如果只看到这些批评意见,“那么对于徐悲鸿认识又只是表面的不完整的”[19]。

徐悲鸿是矛盾的,不单一的,虽然他是在西学背景上以写实主义的标准来重评中国画史,但对文人画也并不是完全贬斥,有的还是相当赞赏的,包括对王维,譬如:

王维的诗中有画,画中有诗那样高超的作品,一定是人人醉心的,毫无问题。[20]

至诗人王维,创水墨山水,破除常格,于是张璪一笔写两棵古树,大胆挥写。刘明府之山水幛,据大诗人杜甫所赞:“元气淋漓幛犹湿,真宰上诉天应泣”者,必于历来绘画之方术大异。故唐画既大成于已有之方术,又创新格,且多第一流人物从事于此,所以有中兴之业也![21]

吾中国唐代中兴绘画者,为阎立本、吴道子、李思训、王维、郑虔等人。而王维、郑虔,尤诗人之杰出者。观察之精,超轶群流;所写山水,极饶雅韵,遂大为士大夫所重。[22]

也许我们不免艳羡欧洲文艺复兴时期的光辉灿烂,可是他们直到十七世纪还极少头等的画家,也没有真正的山水画。而中国在第八世纪就产生了王维。王维的真迹现在已成为绝响,但他的继起者如范宽、荆

> 浩、关仝、郭熙、米芾诸人，现在还留有遗迹，如故宫所藏范宽的一幅山水，所写山景，较之实在的山头不过缩小数十倍，倘没有如椽的大笔，雄伟的魄力，岂能作此伟大画幅！又如米芾的画，烟云幻变，点染自然，无须勾描轮廓，不啻法国近代印象主义的作品。[23]
>
> 古之文人画，原有其高贵价值。不必征诸古远，即如冬心之桃花，未见其匹也。板桥画竹，亦维持记录至于今日。便无胸襟，纯以艺论，二人已足不朽！并非如末世文人画之言之无物也。[24]
>
> 今日文人画，多是八股山水，毫无生气，原非江南平远地带人，强为江南平远之景，惟摹仿芥子园一派滥调，放置奇丽之真美于不顾。[25]

所以，徐悲鸿批的是文人画末流，对于有生气的文人画，他是接受的。只是他又在画论主张中有否定文人画的气韵、笔墨的言论："夫有真实之山川，而烟云方可怡悦，今不把握一物，而欲以笔墨寄其气韵，放其逸响。试问笔墨将于何处着落。固有美梦胜于现实生活，未闻舍生活而殉梦也。"[26]但他在自己的创作中，却未曾丢掉笔墨与气韵，这是矛盾的。在创作中未曾丢掉是难能可贵的，亦难得的是，徐悲鸿看到了文人画家"舍生活而殉梦"的柔靡逃遁和不担纲，这是铁肩大义的"五四"一代人的真发现。如果从这个角度批判文人画末流，谁又能说徐悲鸿批得不对头呢？

是的，从学术史的角度看，当文人画有着诸种成果和优长，代表了中国文化精粹的一面，而成为中国文化之瑰宝的时候，其缺陷和负面效应也如一枚钱币的另面同时展现，这也同样是不争的学术史实。

文人画的负面效应在于，老庄禅的消极性均在文人画中得以表现。譬如庄子"刹那永恒"的得道之时却也是"形如槁木""心如死灰""望峰息心，窥谷忘返"的时候，和禅宗之凄清孤寂相合流，尤经董其昌划分南北宗而"崇南斥北"，更使后期文人画主流总体地形成了萧瑟柔弱、感伤哀婉之基调。老子在深邃睿智的同时，那充满玄机的“人君南面术”又使一些文士（包括画家）把出隐作为入世的砝码和阶梯，这和那些真正有气节的想“兼善天下”之士的退隐出世是不同的，他们把个人的得失安危、富贵荣华考虑甚多，如石涛遍游京城拜访权贵，就不是完全出于想济天下黎民苍生，而更是想获得上流社会乃至皇权的承认。董其昌更是在政治上操“高明”的阴柔之术，八面玲珑地周游在权贵之间，在明末险恶不稳的政治局势中，他却能不断升官晋职，并在退而待进的30年乡居生活里扩大交游，聚敛财物，并在“以画为乐”“以画为寄”的口号中，把书画当作交游的手段。

科举制度更加培育了一般知识分子的人格软骨症，孟子所担心的“枉道以从势”的情况就很容易发生。这种腐朽衰堕之风往往消解了源初文人画家保障自己高洁虚静的心灵力量。这使他们溷没、圆滑于人世污浊之中，既不能真正通向心灵，也不能真正通向自然，只好停顿于摹古之风，逡巡于笔墨趣味之上。因此，水墨“文人画”经过几百年的“风水轮流转”，源初意义的干净清洁的“士”之精神寄托，却终于在清代“四王”们手里沦为宫廷艺术。因此，文人水墨画的一统天下伴随了中国古代文明日趋成熟、细腻、精致但总的精神气象却日趋衰落的一段历程。中国画走向呈现的文人画中色彩缺失或者片面发展的情形在世界美术史上都是一个特例和奇观。[27]

那么徐悲鸿对文人画末流的批判论说就有他相当的道理，与他的“五四”同道们一样，这是中国现代性进程也是中国画现代行进中的必要一环。毋宁说，徐悲鸿的美术史观与其说是在写实主义的基点上，毋宁说是在民族复兴的现代性理路里重建的中国美术史观。虽然有些地方不免简单也有失公允，但又充满了复杂性与矛盾性，而又有着掩不住的积极性和可生长点。在此我们看到的是徐悲鸿以及他那一代人的披荆斩棘、上下求索的热情和不易。

3. 追溯上古、先秦、秦汉及魏晋

徐悲鸿在痛批文人画末流后，追溯上古、先秦、秦汉和魏晋南北朝，无比赞叹汉代雄风，尤其提倡唐宋复兴论，以体会先民之浑厚苍茫、高古质朴、金戈铁马之气，以期给贫血的中国美术补血充电："吾本欲以建立中国之新艺术为题，只因吾国艺术，原有光荣之历史、辉煌之遗产，乃改易今题。所谓复兴者，乃继承吾先人之遗绪，规模其良范，而建立现代之艺术。慰藉吾人之灵魂，发挥吾人之怀抱，展开吾人之想象，覃精吾人之思虑也。"[28]

徐悲鸿的法国老师们崇尚源自安格尔的"大艺术"，崇尚"谨慎的智慧"，"崇尚理智"，而安格尔代表的新古典艺术即建立在18世纪赫尔库兰姆和庞贝古城的发掘上，法国乃至欧洲在那时掀起强大的崇尚古典的热潮，不仅是那些古迹古物，而且古典的高尚情操都让人们痴迷神往。[29]显然徐悲鸿作为留学生是受到这股时代思潮影响的。

只是徐悲鸿能活化到审视汲取自己文化的古典传统上，甚至直接拿本国的考古新发现与庞贝古城的发现相堪比。

譬如，他曾注意到："开发西蜀，汉人之奇迹出现于世，新津出土之汉代浮雕，乃中国美术上无上之奇——画家与雕刊家，俱于此得导师，豁然获见吾族造型艺术上之原有精神——简朴而活跃，可称世界美术中最具性格之作。若成都省立博物馆中十余大片之汉石刊，与华西大学不少汉塑，皆昔人绝未寓目之珍品。吾人对之固无异十八世纪末年庞贝及赫古诺姆古城之发现，而奠定欧陆洛可可后之古典主义也。抑吾壮烈之抗战史实，既足以激荡吾人之灵魂，而吾先民之伟制，适于同期出世，昭示吾人其扩大雄奇作风。"[30]

拿西蜀汉代浮雕的发现类比庞贝古城的发现有点牵强，但热望实现中国的"文艺复兴"的徐悲鸿之心，天地可鉴！庞贝古城和赫古诺姆古城的发现掀起了西方考古界、思想界、艺术界追寻古典的热潮，这是

在西方启蒙运动的哺育下，思想者反对王权和神权，也促动厌倦了洛可可纸醉金迷的人们去寻找古希腊、古罗马精神中康健清新有生命力的东西。譬如那属于古希腊雕塑中光荣传统的英雄般裸体“不仅代表着体育竞技的高超技能，而且代表着战争的献身精神和公民品行、道德的整一性，性感的合意性，个人的拯救以及不朽性”[31]，就给西方文化的现代性进程注入了相当的活力和尊严。

那么徐悲鸿上寻古典就具有了特别的现代性思想史之意义。不在于是不是向西方学，[32]而在于倾力文化的寻根、民族的复兴、国民精神的再造，这是他建立新艺术新美术的缘起。

他认为：

> 三代秦汉所遗之吉金食器，吾国最古之美术品也。好之者惟视其文字之多寡，与有无奇学，定位价值标准，是因向之耽此者，多文人学士。汉学既兴，人尤借春秋战国时遗器所存文字，以考订经文史迹，其有重价，自不待言。顾其不为人重视之器，往往有绝精美之花纹，形式图案极美妙者，以少文字，遂见摈于中国士大夫。不知美乃世人之公宝，而文字之用，限于一族，为境窄也。文字与美术并重，宜也，今既有所偏重，于是一部分有美术价值之宝器，沦胥以亡。[33]
>
> 中国艺术在汉代已经达到很高的水准，且汉代艺术可算是中国本位的艺术，其作品正所谓大块文章，风格宏伟、作法简朴。最近在四川出土的汉代石刻画，其中一幅是一个人以树枝戏猴，姿态极其自然生动，具有最大的艺术价值，确是一件杰作。[34]
>
> 吾去冬岁阑，在平厂肆所得之北魏两卧驼，堪称美术史上之奇珍，可媲美亚述之狮、希腊之马。顾秦人视之，亦不甚惜也。知十年以来，此类等量齐观之宝物之流落于外者，宁胜计哉…… 为感叹啜泣者。[35]

徐悲鸿不是美术史论家，但作为画家的他能敏锐上溯寻根，拾骨以还父，难能可贵。对上古美术（先秦两汉魏晋南北朝）及唐之重视是突破文人画史观，也是突破20世纪以来的中国美术史多重宋元明清卷轴画研究的窠臼，即突破20世纪狭义中国画概念，而看重包括上古中国的广义中国美术史的考量，这是考古学兴起后现代美术史的眼光。尽管徐悲鸿的考量较为感性且不全面，但已是相当可贵了。

4. 唐宋高峰论

徐悲鸿追随康有为，是忠实的中国绘画唐宋复兴论者。他认为：

> 唐宋人之为山水也，乃欲综合宇宙一切，学弘力富，野心勃勃，欲与造化齐观。故必人物、宫室、鸟兽、草木无施不可者，乃为山水。[36]
>
> 我们在艺术方面，倘能恢复到汉唐宋全盛时代的水准，以及他们的造诣，就算不错，所以我提到中国艺术之复兴。[37]

他在文章中不断提到的唐宋画家（包括五代）就有20多位之多，并对他们的作品借以高度评价：[38]

> （唐）阎立本《醉道图》："可以颉颃欧洲最高贵之名作。"
>
> （唐）吴道子《八十七神仙卷》："无一懈笔"，"其规模之恢宏"岂近代人所能梦见。
>
> （唐）王维："在山水上自王维脱离印度作风建立真正之中国画。"
>
> （五代）徐熙：花鸟一门"卓越之人物"。
>
> （五代及宋）黄荃、黄居寀、易元吉、崔白、赵昌、赵佶、藤昌佑：花鸟一门"卓绝之人物"，"直到现在全世界还没有他们的敌手"，"徽宗之画甚佳"。
>
> （宋）佚名：《朱云折槛图》确实生动传神。

（宋）李唐《采薇图》：“发挥中国画之无上精神”，“诚艺道之至”，与达芬奇之耶稣稿等“同为绘画上之极峰”。

《赵匡胤像》：“可比之世界任何高妙美术品人像。”

（宋）范宽《溪山行旅图》：“中国山水画中第一”，“大气磅礴，沉雄高古，诚辟易万人之作。此幅既系巨帧，而一山头，几占全幅面积三分之二，章法突兀，使人乍舌！全幅整写，无一败笔”。

（宋）李成、范宽：“展开李成、范宽的杰作，与近代人物画相较，真如神灵龙之余蝼蚁，相去何啻霄壤。”

（南宋）李唐《雪景》：“笔法之高古，与气味之浑穆醇厚，诚不出世之杰作，为世界风景画中一奇”，“观察精微”，“笔墨从心所欲”。

……

这自是以徐悲鸿所坚持的写实主义为画史评判标准的论断，如刘曦林所说：“正是由于他们（按：指康有为、徐悲鸿）提倡与文人写意相异的写实性艺术的观点，才引发了他们对唐宋写实画风的追怀。或者说，唐宋高峰论的实质，是对师法造化、注重写实，不事抄袭，注重创造的艺术作风的肯定与提倡。”[39]

笔者更进一步的理解是，徐悲鸿的唐宋高峰论所坚持的写实主义绘画观的思想史意义是为了复兴恢宏雄强的唐宋文化精神，徐悲鸿视之为中国的文艺复兴（他把唐宋绘画和希腊雕刻、西方文艺复兴时代的重要作品相堪比）。这正是本书所坚持的核心要旨，即这是徐悲鸿现代性追求中的国民精神之改造、民族复兴之诉求，他不把艺术当消遣、当小技，而是当作大文化建设的一部分，至今有着不可磨灭的光辉意义。

但从绘画史的角度来说，徐悲鸿提倡唐宋高峰论，方法上却又不唯唐宋论，徐悲鸿的矛盾性不只表现在这一处，他说：“因为有写实功夫，方能做到空而能灵，否则便成空虚，所以只要保持写实精神，可

不必问时代！”[40]于是他对元明清三代乃至近代画家也是有选择来肯定的，诸如：[41]

（元）赵孟頫：“吾国历史上最大画家之一。”

（元）黄公望：“《塞上》：美哉，苍茫而浑厚，远近层次，微妙至此，信销魂之杰制。”

（明）周臣：“至美尽善。”

（明）沈周、陆包山、仇英、周臣：“俱是巨匠，不言前人。”

（明）陈老莲：“天才卓绝，”“人物、花鸟、山水无所不工，而皆具其独有之体式，实近代画家唯一大师也”。

（明）徐渭：“大胆纵横特破常格”，“为近世画之祖”。

（清）石谿：“三百年前之表现主义者。”

（清）石涛：“才气横溢，不可一世。”

（清）朱耷：“独来独往，不守恒蹊。”

（清）金冬心、郑板桥：“纯心艺论，二人已是不朽。”

（清）任伯年：“伯年因得致力于陈老莲遗法，实宋以后中国画正宗，得浙派传统，精心观察造物，终得青出于蓝。”

“近代画之巨匠，因当推任伯年为第一”“中国近世最大画家”“精心观察造物”；“举古今能作写意画者，必推伯年为极致”“仇十洲以后，中国画家第一人”；“翎毛花卉，乃三百年来第一人”。

（近代）吴友如：“世界古今最大插图者之一。”

……

可见，徐悲鸿作为方法论意义的写实主义并不是那么严格狭窄僵硬的，需要重新理解。也就是说，他开的这一串名单里并不排斥写意空灵性画家，可见，中国画传统在他心中是丰富鲜活的立体世界。他的矛盾性，[42]在让人诟病的同时，却又闪现着阳光明朗的积极意义和可生长点。贡献与局限同在，是徐悲鸿的真实。不以贡献捧他为神，不以局限斥他于不义，是我们面对徐悲鸿应该具有的理性公允态度。“任何艺术史上开始转变表达方法的时代，没有一下子就圆熟、完美的例子。徐悲鸿在艺术史上显然是一个开路的人物，他所开的路需要三十年、五十年，也许一百年来完成，来使之圆熟、完美，那正是今天和未来的中国画家应该做的。”[43]

5. 中国画题材分科高下论

在中国画三科分类上，徐悲鸿认为：

> 吾国最高美术属于画，画中最美之品为花鸟，山水次之，人物最卑。[44]

关于徐悲鸿认为中国画里最弱的是人物，山水也是惰性山水的看法，前文已述不赘。关于花鸟，他认为：

> 造诣确为古今世界第一位者，首推花鸟。[45]
>
> 花鸟之造诣自宋至今九百年，尚未见何邦足与颉颃者。[46]
>
> 中国的花鸟画，在世界艺术的园地里还是一株特别甜美的果树，也许因为中国得天独厚，有坚劲而纯洁的梅花、飘逸的兰草、幽秀的水仙，这些在世界上要算奇花异卉，为他国所无而又确实能表现中国艺人的独特品性，中国民族的特殊精神。因此中国产生了许多伟大的花鸟画家，如宋徽宗、徐熙、黄筌、黄居寀、崔白、赵昌、藤昌祐等，作品均美丽无匹，直到现在全世界还没有他们的敌手。[47]
>
> ……

从学理客观的角度来说，徐悲鸿对中国画人物、花鸟、山水三科分类的高下褒贬评价的局限性那也是明显的。[48]譬如他仅从写实主义一翼（不排斥写意空灵）来评价古老的山水、花鸟画就是有偏颇的，因为在“写实”“写意”两分之外，中国画的山水、花鸟还应有“写真”之说，这个“写真”是哲学理路的宇宙心性之还原，而不是自然真实的客观之写照。这不仅仅只是中国古老的道禅哲学使然（山水是文士画家们可游、可居的家园，“游心于道”，“佛性性空”），也是理学家把“格物致知”之“理”与“性”贯穿其中，使得中国的山水、花鸟绝非目力所见之山水、花鸟，而是经过了心性还原的“物物者非物”的转换。[49]

因此徐悲鸿对中国画史的看法有些地方难免有失公允，但这是“五四”一代人的共同时代特征，有对古史矫枉过正之嫌疑，其积极的现代性意义光辉灿烂，至今不泯，其负面意义也就不仅仅只是徐悲鸿的个人局限，而应视作中国现代性旅程中的必然曲折。

因此作为个体的画家而不是史论家的徐悲鸿，也许我们也不必那么求全责备。毕竟除了重建中国画史观外，他还身体力行地对中国画进行了强力改良实践之，取得了丰硕的成果，这是作为画家的他对中国绘画及至中国文化的最大贡献。

他给自己定的复兴中国画的目标是：“吾人努力之目的，第一以人为主体，尽量以人的活动为题材，而不分新旧；次则以写生之走兽花鸟为画材，以冀达到宋人水准；若山水亦力求不落古人窠臼，绝不陈列董其昌、王石谷派人造自来山水，先求一新的艺术生长，再求其蓬勃发扬。”[50]

关于被文人画家视为最高的山水画，在徐悲鸿那里没有排第一，他要打破的正是文人画独尊山水的思想，但他绝不是不看重山水，而是认为：“山水非不可学，但要学会人物花鸟动物以后，如我国古人王维，样样精通，然后来写山水。”[51]故在他短短58岁的生涯中，应该说还没有正式开始着力山水，就英年早逝了，甚为遗憾！不过他还是给我们留下了《漓江春雨》[52]（图2-1）、《象鼻山》[53]（图2-2）、《榕阴侍茗图》[54]（图2-3）等山水画好作品，其间的磅礴气象、雄浑韵致、笔墨讲究、构图奇特都堪为中国山水画之大手笔。

在徐悲鸿那里任务排第一的是人物画。他认为中国画里人物画最弱，便大刀阔斧地开辟了人物画的新风气、新面貌，这是诸多研究者们所看到并充分肯定的：

> 徐悲鸿以西画的写实精神改造中国画的教学实践，亦对中国画的发展产生了积极的影响。他的国画教学改革从薄弱的人物画入手，可谓切中时弊。针对文人画家不屑也不能进行人物画创作的弊端，徐悲鸿指出复兴中国画"振之道无他，以人之活动入画而已"。他自己的艺术实践也开创了中国人物画的新风，巨幅国画《九方皋》《愚公移山》等都表现了中国人物画从未有过的手法和观念，使长期受冷落的中国人物画重现生机。没有他对人物画的极力提倡，就不可能有中国现代人物画的兴盛。[55]

徐悲鸿"是一位悲天悯人的具有忧患意识和批判精神的民主主义者，是一位关注人生、关注现实，持有积极进取的人生观的艺术家，他要'穷造化之奇，探人生之究竟'，而不是现代的隐士，不是舍生活而殉梦的空想主义者。所以，他那些古代题材的人物画也总是隐喻和折射着现实。…… 而这种入世观、现实观，正是20世纪的文艺思潮。从这个意义说，现代人物画的翻身，蒋兆和、叶浅予、李斛等人物画家的出现，是时代的产儿，而现代人物画的催生婆、呼唤现代人物画的旗手则首推徐悲鸿"[56]。

刘曦林所说的"20世纪的文艺思潮"，在笔者的理解里，即是本书所说的现代性理路，而他所称道的"现代人物画的催生婆"确实开天辟

（左页）

图2-1　漓江春雨　徐悲鸿　纸本水墨　74cm×114cm　1937年

（右页）

图2-2　象鼻山　徐悲鸿　纸本水墨　127cm×74cm　1938年（上）

图2-3　榕阴侍茗图　徐悲鸿　纸本水墨　82cm×59cm　1944年（下）

地地创作了一系列大型中国人物画巨作，当之无愧！

诸如，取材于中国上古寓言《列子》，象征着中国人勇敢无畏而开天辟地的《愚公移山》（本书第一章已述），同样取材于《列子》的智慧颖睿的《九方皋》（图2-4），取材于现实生活（以抗美援朝的战士为原型）却以宋代欧阳修诗句为题的《九州无事乐耕耘》（图2-5）……还有取材于司马迁《史记》而歌颂"威武不能屈，富贵不能淫"的坚贞民族气节的油画《田横五百士》（图2-6），取材于中国古籍《书经》渴望民主光明的油画《徯我后》（图2-7），取材于伊索寓言而赞叹忠诚、善良、仁厚的油画《奴隶与狮》（图2-8）等都是徐悲鸿关于人物画的经典之作。

对于中国画人物巨作，徐悲鸿坚持以国画的横卷及透视为主，辅以焦点透视，人物符合素描科学的人体精准结构外，也尽最大可能地坚持了中国画线描及笔墨意蕴。"从某种意义上甚至可以说：因为造型的得以改进，加上原有的材料、技法，沿用了既有的结构形式，使传统中国画的面貌更趋严密完满。"[57]从而更好地表达了画家的主题意旨。

试以《九方皋》及《九州无事乐耕耘》的为例做以分析。

《九方皋》作于1931年。《九方皋》出自《列子·说符》：

秦穆公谓伯乐曰："子之年长矣，子姓有可使求马者乎？"伯乐对曰："良马可形容筋骨相也。天下之马者，若灭若没，若亡若失，若此者绝尘弭辙。臣之子皆下才也，可告以良马，不可告以天下之马也。臣有所与共担纆薪菜者，有九方皋，此其于马非臣之下也。请见之。"穆公见之，使行求马。三月而反，报曰："已得之矣，在沙丘。"穆公曰："何马也？"对曰："牝而黄。"使人往取之，牡而骊。穆公不说，召伯乐而谓之曰："败矣，子所使求马者！色物、牝牡尚弗能知，又何马之能知也？"伯乐喟然太息曰："一至于此乎！是乃其所以千万臣而无数者也！若皋之所观天机也，得其精而忘其粗，在其内而忘其外；见其所见，不见其所不见；视其所视，而遗其所不视。若皋之相者，乃有贵乎马者也。”马至，果天下之马也。[58]

此幅如《愚公移山》，同样采用了中国画里古老的平行透视法，只是少许穿插的焦点透视远没有《愚公移山》那么明显、复杂，也就愈加突出了中国画横卷打开、左右观看的移动视点感，画家依然以水墨、花青、赭石这几种单纯材质入画，也依然按照中国人物画主大卑小的原则，把相马的九方皋和身后的看客在比例和体量上做了拉大区分，睿智从容而高大坚定的九方皋长身直立，小了一圈的看客面貌乖张、形态丑陋，还有牵马人的忠厚谦卑，以及马丛中人看向相马场面的犀利之目光，都很好地渲染了情节场面的戏剧性和噱头感，这应当是徐悲鸿从他的法国老师那里学得的戏剧铺排的本事了。而“戏剧”的主人公则是处在画面中心的那匹千里马，画家把这匹“意尽不求颜色似”的黑马画得高大雄强，在踢腾壮烈之间，其视线和九方皋呼应对看，一方是识马的快乐，一方是知遇之恩的感谢与渴求，这种对看张力就相当扣人心弦，也格外耐人寻味了。

“徐悲鸿画的马从不戴缰辔，但这匹马却例外。有人问徐悲鸿为什么这样画？他回答：‘马也和人一样，愿为知己者用，不愿为昏庸者制。’徐悲鸿留学回国后，借《九方皋相马》幅作品抒发渴望发掘人才的美好愿望。”[59]这是广义的解释，当然是有道理的。也有学者从狭义角度研究，认为“千里马”也许是徐悲鸿怀才不遇的自况，[60]这种看法也当然不无道理。画家负笈留学法国8年，1927年回国。他是康有为的入室弟子，深得康赏识，出国前也已是北京大学画法学会的导师，被蔡元培邀请。在京沪两地他都是小有名气的画家了，却在回国后没有得到他所期望的重用（只接到了田汉的“南国艺社”和南京的中央大学的邀请），画家想必多少是落寞的，而与他一样的壮志未酬者大有人在，于是感怀而

九州無事樂耕耘

图2-7　傒我后　徐悲鸿　布面油彩　230 cm×318 cm　1930—1933年（上）
图2-8　奴隶与狮　徐悲鸿　布面油彩　早期（下）

（左页）
图2-4　九方皋　徐悲鸿　纸本水墨（设色）　139 cm×351 cm　1931年（上）
图2-5　九州无事乐耕耘　徐悲鸿　纸本水墨（设色）　150 cm×250 cm　1951年（中）
图2-6　田横五百士　徐悲鸿　布面油彩　197 cm×349 cm　1928—1930年　徐悲鸿纪念馆（下）

作，甚是理解。

徐悲鸿的《九州无事乐耕耘》作于1951年。画家取题于北宋欧阳修诗《寄秦州田元均》："近来边将用儒臣，坐以威名抚汉军。万马不嘶听号令，诸蕃无事乐耕耘。梦回玉帐闻羌笛，诗就高楼对陇云。莫忘镇阳遗爱在，北潭桃李正氤氲。"这是欧阳修送别好友田况去秦州（今甘肃天水）赴任时的赠诗。徐悲鸿把"诸蕃"改成"九州"，正是对新中国安宁和平的歌颂和祝愿。

此画为画家好友郭沫若所画，画家题跋是："九州无事乐耕耘，沫若先生为世界和平奔走，席不暇暖，兹届出席第三次和平大会归来，特写欧阳永叔诗意赠之。和固所愿，但农夫农妇皆英勇战士也。1951春。悲鸿。"徐郭多年好友，不仅政见相合，也私交甚笃。譬如1938年4月下旬，徐悲鸿应郭沫若、田汉之邀，赴武汉军委政治部第三厅（郭沫若为厅长）第六处（艺术宣传处）第三科（绘画木刻）任科长。本拟找郭沫若，徐悲鸿却误入陈诚办公室，遭冷遇，佛袖而去。[61]关于此次事件，笔者还有其他理解，下文叙，此处只说徐郭关系。1945年2月5日，徐悲鸿在重庆磐溪主持中国美术学院，郭来探望徐，带来延安的红枣和小米。二人谈论文艺界和时局的情况，认为配合抗战时局，急需建立一个有共产党参加的民主联合政府，郭沫若即拿出一份由他自己起草的《文化界对时局进言》草稿，向徐悲鸿征求意见，徐同意郭的主张。[62]1945年2月中旬，徐悲鸿在《陪都文化界对时局进言》上签名，已有不少人签名，签名单的第一人即是郭沫若。2月下旬，国民党派人强迫徐悲鸿登报否认曾在"进言"上签名并示威胁，徐悲鸿予以拒绝，并派廖静文进城去告诉郭沫若，让他放心，徐悲鸿不会动摇。[63]政见相合，尽管抗战方式有别，但期盼和平幸福的新中国的愿望是强烈一致的。这幅画即是为郭沫若于1951年出席在柏林召开的世界和平理事会议而作（徐认为是第三次世界保卫和平大会了[64]），而徐悲鸿也曾是郭沫若率领的中国

图2-9　1949年在捷克斯洛伐克举行的第一届世界保卫和平大会

代表团团员参加了1949年在布拉格举行的第一届世界保卫和平大会（图2-9、图2-10），可谓并肩战友。更何况和徐私交甚笃的郭沫若还是徐悲鸿、廖静文的证婚人呢！[65]于是徐悲鸿送郭沫若一幅精心之作，于情于理于共同心愿志趣都是当然。此画乃徐悲鸿抱病而作，应是其生前完成的最后一幅大型重要的中国画作品。

画面图式简洁大气，春天的柳树粗壮有力，老干新枝，皴法嵯峨，气韵有致，尤其画树干的笔法如曲铁盘金，雄浑如篆，而浓淡水墨也相得益彰，是徐悲鸿特有的结构紧、笔墨松的程式化风格。树下之人也是画面中心的农人正满怀欣喜，推着黄牛拉着的犁，徐徐前行，牛人同欢。旁边还有怡然锄地的农妇，最右边还有弓腰掘地的老农，人物比例透视准确（据说是请志愿军战士做的模特），但笔墨渲染较为放松，符合战争之后的人们其乐耕耘的欢悦场景，也有不少浪漫遥想的成分。[66]

徐悲鸿还有难以计数的非群像的人物画，概不兹赘。

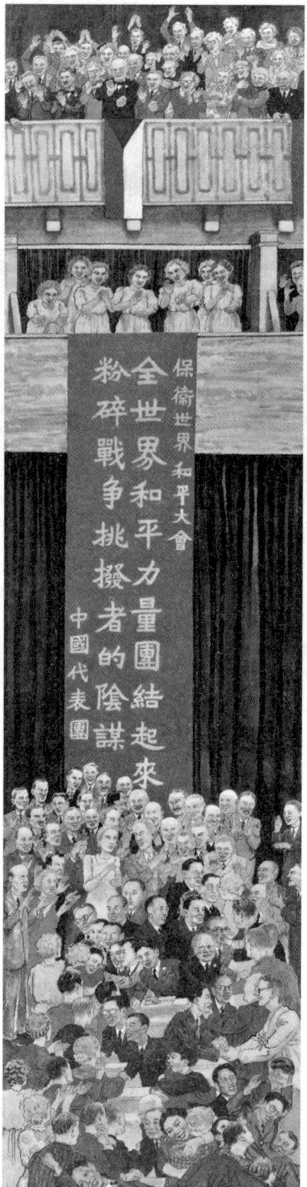

图2-10 保卫世界和平大会 徐悲鸿 纸本设色 352cm×71cm 1949年 徐悲鸿纪念馆

图2-11 士兵归来 [法]吕西安·西蒙 布面油彩 73 cm×92 cm 1928年 法国博韦市瓦兹省立美术馆
（见注释66）

对于花鸟画的贡献，徐悲鸿是从他的理路给中国走兽花鸟开辟了另一种角度、另一种画法，岂止是达到宋人水准，徐悲鸿的一些花鸟走兽堪称可以进入世界美术史画廊的典范之作。譬如大家所熟知的徐悲鸿的马，即是最好的明证。

马是徐悲鸿画得最多也最好的走兽。马已成为徐悲鸿在全世界范围内，人们最熟悉的他的符号标志。潇潇不羁的奔腾骏马已成为徐悲鸿的人格象征，代表徐悲鸿走兽花鸟的最高成就，本书给予重点分析。[67]

（1）“令人动情”的“表情性品质”

徐悲鸿的马画得很多，基本为纸本写意水墨之马。对他的马做了前图像志的表情性含义描绘的有不少是他的亲授弟子。其中张安治说到：“他画的马都是无鞍、无缰的不羁之马，或奔驰于秋草遍山的大野，或伫立怅望于春风柳岸，或渴饮于长河，或留连于芳草……”[68]与徐悲鸿同在法国留学，回国同在中央大学任教的西语系同事及朋友徐仲年曾在1946年对徐悲鸿的马做过这样的分类：1. 天马行空的天马；2. 立马斜阳的立马；3. 小步奔走的走马。[69]他认为这三类马有一共同点，即徐悲鸿画的都是瘦马。徐仲年对徐悲鸿的马也做了较好的前图像志的表情性含义的描述：“天马四脚腾空，昂首扬尾，异常英俊，这是得意时代的徐悲鸿。我最爱他的立马（图2-12）：一泓清水，数条翠柳，一匹或两匹马立在那儿，或仰项长啸，或俯首饮水，神采飘逸，有出世之慨。他的立马最能免俗，也许最能代表悲鸿的灵魂。他的走马不失为佳品，但个性较少。”[70]但在20世纪40年代美国大都会博物馆远东艺术部的主任埃伦·普利斯特（Alan Prist）那里，却对徐悲鸿的走马大加赞叹：“这匹粗毛的小马扬着头，面对疾风，平静然而机敏，就像疾风本身一样充满了活力。”[71]

我特别想补充的跑马系列是否也在徐仲年的三分类之中，即归天马之列？那跑马的奔腾激越，非人间凡马（图2-13）。但徐悲鸿画的不管是哪一种马，无论是立马、跑马、天马、饮马、奔马、群马，也无论是岸边马、树下马、崖上马、草上马、河边马、回头马、饮颈交鸣的马……都全无缰绳、马鞍，一派天成。正如徐悲鸿自己所说：“我画马多年，画的都是野马……”[72]

是的，徐悲鸿的马意气风发，激越动人，四蹄生风。无疑，徐悲鸿画马重以线条勾勒，讲求中国画笔墨，但他的马又是写生而来，汲取西画的焦点透视，故亦注重体积块面造型、光影明暗。结构精准，“取像不惑”，大胆落笔，但不是全部勾实轮廓，而只在马背、马肚、马腿、马脖处粗笔重点勾勒，笔不周而意周，并结合书法之笔入画：即“以魏碑兼草隶的笔意，准确、凝练地勾勒出马的躯干，以有古籀金石气的短而劲的线条画出马的骨架，继而用浓淡有度的水墨，参似西洋画的笔触，并结合传统绘画的没骨点虱法，表现出马肌肉的质感和骨骼的结构……"[73]在其他部分诸如马鬃、马尾尤其运用书法飞白倍增飘逸飞动之灵性，逸气逼人。故徐悲鸿的马笔墨松灵，意到笔随，少用渴笔、焦墨而多用湿墨，甚至大笔泼墨出块面，酣畅而不失凝重，奔放而不乏精微，形神俱足，骨鲠刚劲，飘逸生动，轻重有度、浓淡相适，气韵生动，极富笔墨韵味。[74]不仅如此，在笔者的理解里，徐悲鸿的马因其凸显的精准结构和三维体量还有着极强的雕塑感，又因其铿锵劲健、行笔如声，尤其1937年所画的《立马》(图2-14)，没有背景，只马蹄处寥寥几笔疏淡线描构成了水面，使昂扬的立马飘逸如歌行海上，其间韵律节奏极富音乐性，妙趣横生(当然不只这一幅，而是通体的徐悲鸿马的气质)……因此，徐悲鸿再强调西画素描，也从未丢弃掉中国的抒情传统。[75]无法张张作品道来，暂此试述徐悲鸿马的前图像志领悟"事实性题材"的形式特征和"令人动情"的"表情性品质"。[76]

(2) 东方与西方之间

徐悲鸿画马源于他对动物的异常喜爱。他画过很多的动物画，牛、羊、鸡、猫、鹅、鹊、狮、鹰、猪……十二生肖乃至其他动物大多都画过，尤其喜欢奔腾勇猛的动物，[77]这和他的天性相关——英雄情怀，"江南贫侠""神州少年"。

徐悲鸿画动物，最初是少年伊始在家乡宜兴屺亭桥镇："时强盗牌卷烟中有动物片……又得东洋博物标本，乃渐识猛兽真形，心摹手追，怡然自乐"[78]，及至"民国初年，吾始见真狮虎象豹等野兽于马戏团(今上海新世界故址，当日一广场也)，厥伏威猛，超越人类，向之所欣，大为激动，渐好模拟……"[79]后去上海、北京，再到巴黎留学，欧洲考察，以及履痕及至南洋、印度，驻足讲学办展，辗转东西，画艺大进。

他最喜欢、画得最多的当然是马。他画动物，皆对实物用过极长时间的功，对马的速写更是积稿盈千。精研马的解剖，熟悉马的骨架、肌

图2-12　立马　徐悲鸿　纸本水墨　92 cm×61 cm　1943年
（右页）
图2-13　一马当先　徐悲鸿　纸本水墨　56 cm×62 cm　1941年（上）
图2-14　立马　徐悲鸿　纸本水墨　130 cm×77 cm　1937年（下）

哀鳴思戰鬥
迥立向蒼蒼
丁丑春暮悲鴻

肉、组织，观察详审其动态及神情。[80]

可贵的是，徐悲鸿不是仅仅停留在描画这些动物上，而是以文化溯源，他认为："吾国原性艺术，为生动奔腾之动物，其作风简雅奇肆，物多真趣。征诸战国铜器、汉代石刻，虽眼耳鼻舌不具，而生气勃勃，如欲跃出。乃民族之衰也，此风遂替。"[81]

的确，马是中国历代画家、塑家喜爱的形象，是中国古代绘画雕塑永恒的母题。如上古战国的"车马出行图奁"，约东汉（新说西晋）的"铜车马"…… 及至唐人韩幹，北宋李公麟，南宋龚开，元人赵孟頫、赵麟，明代仇英，到清代金农、郎世宁，都给我们留下了诸多塑马、画马佳作。马同样是西方画家长盛不衰的热衷与喜爱。譬如，15世纪意大利的乌切罗（Paolo Uccello）到16世纪西班牙的格列柯（El Greco），17世纪佛兰德斯的鲁本斯（Peter Paul Rubens）到西班牙的委拉斯开兹（Diego Velázquez），再到19世纪法国的达维特（Jacques Louis David）和席里柯（Theodore Géricault）等，也都同样留下了画马的佳作篇章。其中席里柯一生爱马、痴马、画马、骑马，他关乎马的作品多达千幅，却最后因骑马受伤，英年早逝，只活了33岁。他的《爱普松赛马》[82]（图2-15）和初唐壁画章怀太子墓的马[83]有异趣同工之妙（图2-16），四腿蹬直，贴地而飞，这显然不是马的自然奔跑状态，属自由飞翔式的想象中马。

真实赛马的场景似乎更适合本书主人公之主旨（图2-17）。是的，徐悲鸿离真实的奔腾的马更近。他在1930年的述学道："吾所师者，造物而已。"[84]在1947年回复当时还是小学生的刘勃舒的求教信中亦道："不必学我，真马较我所画之马，更可师法也。"[85]

写实主义是徐悲鸿毕其一生的选择。如前文述，这个选择是徐悲鸿的个人喜好、家学渊源，是康有为的指导，还有去日本观光的心得，还有他的法国老师们的教诲，但选择写实主义的终极原因是"五四"精神洗礼的民主与科学之追求。改造国民性，拯救贫弱的国民精神，从而改良中国画，以艺术救国是徐悲鸿的初衷，也是他的最高理想。因此对马的选择（包括对雄狮类猛兽等的酷爱）自然应是对活力与生命的呼唤，是青春的徐悲鸿也是青春的“五四”一代人告别“东亚病夫”而憧憬强力人格、强力中国的企盼。

徐悲鸿的马自成一格，自有一番历程。他早年画的马多已不见了踪影，诸如1916年他困顿之时在上海向审美书馆的高剑父投稿，高回信称赞说：“虽古之韩干（幹）无以过矣”[86]，并得已平生第一次出版的马便不知所踪。1919年他画的《三马图》[87]（图2-18）是徐悲鸿纪念馆所藏早期徐悲鸿画马的唯一作品。这幅马显然是承继勾勒填色的中国古法而来，精致、完整，有韩幹之风的壮硕圆润，亦有克服韩幹之弊而具饱满调匀的骨肉之感，[88]也在有限的西学视野中汲取借鉴（诸如受朗世宁马的影响）。显然徐悲鸿对自己这样的马是不满意的，对人夸赞他即比拟于郎世宁也是不满意的：“鄙性以好写动物，人乃漫以华新罗为比。其尤加誉者，则举郎世宁。齐人只知管晏，固莫可如何，实吾托兴、致力、造诣、自况，绝不与彼两家同也。”[89]没错，“江南贫侠”“神州少年”的英俊之气，岂能满足于马的“骨肉调匀”？他之血性刚毅又怎么能只囿于宫廷富贵圆熟甜腻的朗世宁？

徐悲鸿画法转变的理论宣言是他1918年发表的《中国画改良之方法》，画法转变的实践开始则是去欧洲留学后的观摩学习和勤奋刻苦的笔头实践。向老师学，但一刻也没有忘记师造化：“旋旅欧洲，凡名都之动物园靡不涉足流连。既居德京，以其囿之布置完善，饲狮虎时，且得入观。而观其槛式作半圆形，俾人环睹，其动物奔腾坐卧之状，尤得伫视详览无遗。故手一册，日速写之，积稿殆千百纸，而以猛兽为特多。”[90]徐悲鸿的实践是从师造化到画室亦到画史的探索实践：“平生于动物作家，最尊法人巴里，次则英人斯旺。其外，则并世之台吕埃莫亦佳，皆写猛兽者也。写鞍马者，恒推法·麦索尼埃为极诣，当代英国

图2-15　爱普松赛马　[法]席里柯　布面油彩　92 cm×122.5 cm　1821年　巴黎卢浮宫藏（上）
图2-16　章怀太子李贤墓墓道东壁　初唐　陕西乾县（下）

图2-17　真实赛马场景（上）
图2-18　三马图　徐悲鸿　纸本设色　1919年　徐悲鸿纪念馆（下）

Munning，亦有独到处”[91]。于是实现真正的画法转变是他如此学习了西人画法“彻底”转换了内在视角并付之于心手的顽强实践，[92]当然这个转换绝不是那么容易的，徐自道：刚去法国（1919年），“入朱利安画院，初甚困。两月余，手方就范”[93]。正式入学后（1921年），进弗拉孟先生画室，“第一次作油绘人体，甚蒙称誉，即乃绝无进步”[94]。在巴黎，“以写安德罗克勒斯之狮曾赴巴黎动物园三月，未尝得一满意称心之稿也”[95]。报达仰师（1923年），“述工作虽未懈，而进步毫无，及所疑惧”[96]。

想必徐悲鸿的困难来自于每一个开始学西画的人的起始困难，尤其对于“诈见欧土，热狂万端”[97]的他来说更是如此，但那份急迫学成却因他有不错也并不愿丢弃且视作根本的国画功夫所绊，这已不仅仅只是技术冲突的问题了。如何在相互矛盾、抵触的两种画法、两种透视、两种哲学中杀出血路，自当是一番艰苦的磨砺。因为他有学习西画乃至西方文化而转换了的视角和价值的重估，所以他对中国画尤其文人画末流有诸多痛心疾首的批判，但他的目的不是不要自己的文化，而是要改良并强固之，因此他对西画方法的借鉴又是有选择有保留的，遂造成了他批判的言辞激愤偏执，笔下的实践却温和中庸的矛盾特点。[98]因此这个视角的转换也就是他基于国学、国画乃至书法根底的转换，是在克服了中国画不是焦点透视而来的造型能力之不足，而顽强保留了中国画的笔墨精髓的转换。因此，徐悲鸿留学以后的马注重解剖透视的精准与笔墨灵性渲染的融合，写实写意兼备，从美学气质上也一改中国古法画马中惯有的或富贵圆融，或典雅闲适之气，师以造化，并在“五四”人性启蒙所体会的血性、真情、野性激越的抒发中，表达着纯然澎湃的告别科举、病夫的中国人中国画的绵绵情愫。

徐悲鸿是以“拿来主义”的气魄学习西方文化的。在拿来的时候，他认为更要拳拳坚持自己的民族文化根底，于是他在学习西方文化的同时，也在动荡不定的艰难中搜寻着自己文化的资源，整理着我们自己的国故。

譬如徐悲鸿就称自己画的是汉唐时代天山的“天马”，与其他马种不同，矫健略瘦的骏马，马种比蒙古马好，鼻孔大，马腿比例相对稍长。黄孟圭的读画诗就曾说：“骅骝腾地半为肌。”徐悲鸿也曾在一些立马的题款里写到“天马”的来历。譬如他在1939年5月作的立马图上题诗：“伏枥生憎恨，穷追破寂寥。风芦动广漠，霜草识秋高。青海有狂浪，天山非不毛。终当引俦侣，看落日萧萧。”他在另一幅赠黄曼士的立马题款上亦写了天马的历史：天马从西而来，徙流沙，边陲服，令人想象汉代时盛况。[99]

在国故中，书法是徐悲鸿极其看重的。徐悲鸿书法和绘画的关系，尤其是书法和马的关系，当是我们应相当注意的环节。徐悲鸿的亲授弟子杨辛早就看到：“鸿师画马如写隶，屈铁盘金藏拙趣，鬣尾张扬显飞白，一片天真经石峪。”[100]徐悲鸿的书法是清末碑学革命的继续。他猛烈批判如文人画末流一般的帖学末流，追随康有为，推崇碑学（图2-19、图2-20）。康赞：“魏碑无不佳者，虽穷乡儿女造像，而骨血峻宕，拙厚中皆有异态……譬如江汉游女之风诗，汉魏儿童之谣谚……”谓北碑有魄力雄强、气象浑穆、笔法跳跃、点画峻厚、意态奇逸等十美。[101]徐亦赞：“北魏拙工勒石弥见天真。至美之寄往往不必详加考虑，多方策划，妙造自然，忘其形迹。”[102]他同时把眼光扩大到南朝碑刻，并上溯到殷墟甲骨、西周金文、战国石鼓、秦代篆书、汉代分书，以体会先民之浑厚苍茫、高古质朴、金戈铁马之气，这股生拙天真之气，给徐悲鸿画马灌注了无穷的底气和生动的活力。

但徐悲鸿与老师康有为不同的是，他坚持碑帖同重，[103]内擫与外拓兼备，上求“诸野”碑版，下寻“流美”帖学名胜。[104]因此，徐悲鸿的书法拙朴而不丑怪，悍野而不失文气，沉雄而又优美，文质兼备。以此书

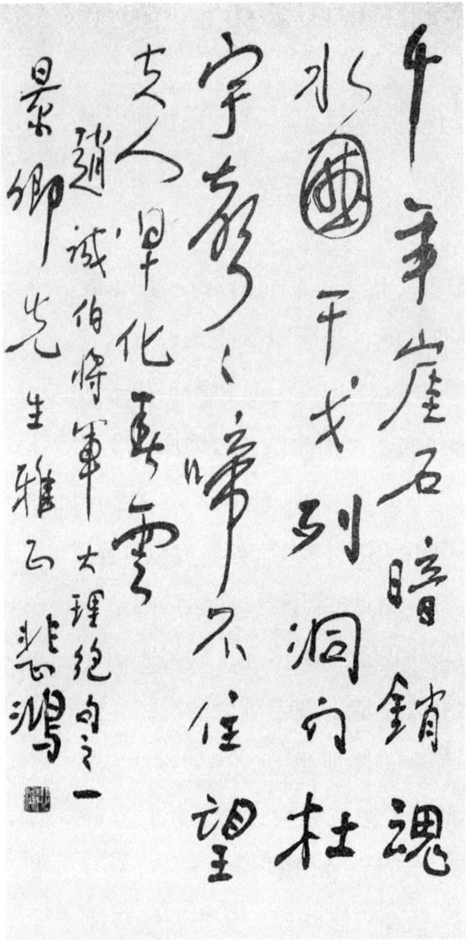

图2-19　行书大理绝句　徐悲鸿

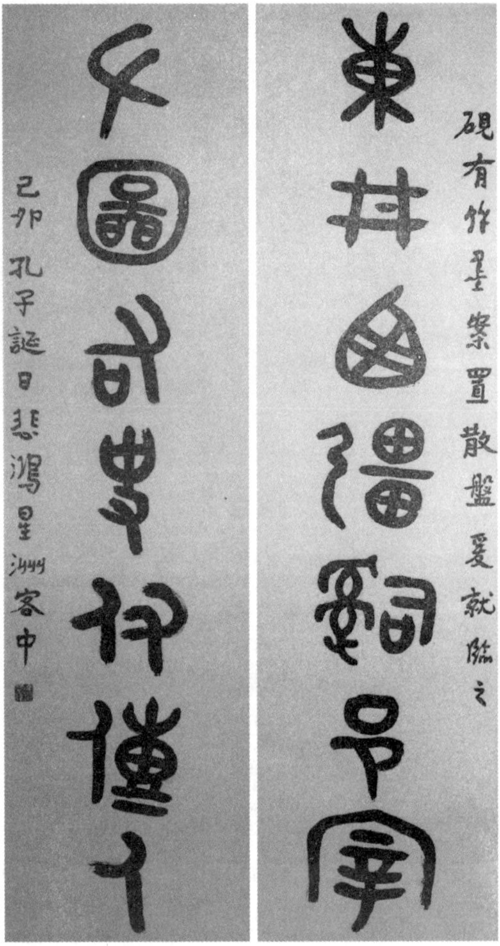

图2-20　金文七言对联

法之笔入画，他的马亦是如此的美学品格与美学味道。落实在笔墨上，单说结构，他书法的内拆骨鲠、中宫收紧但也烂漫天真而放逸即与他画马的结构外松内紧同题同工……一言以蔽之，徐悲鸿在“独持偏见，一意孤行”中奉行着“极高明而道中庸”的哲学，即使追险绝也终能归平正而守住中国文化之根本，对书法的关注坚执是徐悲鸿改良中国画，克服西画画法和中国画理的极大矛盾而保持中国画风骨底蕴的生命线。[105]

因此，不仅马与书法用笔息息相关，徐悲鸿的人物、山水和其他走兽花鸟画作品，在借鉴西画素描透视法中也保留运用了书法用笔都大大值得我们研究。

因此徐悲鸿马的成功，就不在于仅仅是素描功夫，而是国学与国画，西学与西画，亦是书法、雕塑、音乐、戏剧、木刻、剪纸等姊妹艺术共同汇聚的中国画经典之作。徐悲鸿对姊妹艺术的集重，[106]贯注一生，对艺术他具有现代性学科群与姊妹艺术群之概念，可谓大文化建设之内容之一。

对于徐悲鸿的马，除了思想史意义的“五四”精神之探求外，或许还应该特别注意到徐悲鸿画马的个体化性情与心情。

徐悲鸿酷爱勇猛，一生痴马爱马，也极爱善待马的人。[107]即使跟他辩论的徐志摩也不由得真诚夸赞：“你是一个——现世上不多见的——热情的古道人。”[108]

作为南方人的徐悲鸿，少小时候并没有和马交往的经历，即使到了巴黎，也是去赛马场画马，到了印度，才终于有机会长时间与马一起相处，驰骋于漫漫草原，格外悉心体会了那些美丽、剽悍的骏马，也更加深刻地理解了马的忠诚、勤劳、无怨、勇猛与驯良！[109]他自认为在印度的这一年（1940年），最大的收获就是画马的水平达到了自己的要求。

生逢乱世、命运多舛的徐悲鸿就把马当作了自己的知心朋友与情感寄托了，对故国家园的怀念、对赤胆忠心之友的珍惜、难言九曲的内心低回，甚至将马当作了堪托死生的宿营地……这是我们在他的《回头马》《饮马》《我马瘏矣》《大树双马》《英雄相惜》(图2-21)这类作品中一再能体会的情愫。徐悲鸿的马也因此而成为心情的抒写，甚至成为他的心情日记，所以，想必不能仅仅以战争时事、国家象征来统括徐悲鸿的马。

譬如徐悲鸿在1948年做的一幅《奔马》(图2-22)，其款识题跋特别吸引了我："一洲老兄、林遗仁嫂共赏，戊子中秋，弟悲鸿写于北平。"这位"一洲老兄"即是徐悲鸿的宜兴同乡，也是同期留学欧洲的朱一洲(朱重光)先生，夫人林遗即是王祖蕴。朱一洲是水利航运专家，曾任浙江大学教授和教务长、交通部大连海港管理局总工程师。王祖蕴是中国第一位学成归国的女工程师，专长建筑，也曾任浙江大学教授。[110]朱一洲是蒋碧微的亲戚，蒋逃婚跟着徐悲鸿远走法国，正是这位朱一洲的兄弟朱了洲帮的忙。[111]1948年的徐悲鸿与蒋碧微那已经是长达数年的离婚大战后，互相伤害，齿寒心冷，毫无联系，地处两岸封冻的世界了，徐悲鸿却对故土之人心怀感念，那是一番超脱了爱恨情仇的人间感念。1953年8月31日，徐悲鸿还曾写信邀请朱一洲夫妇到家里小住，那是他去世前的两个月。[112]这似乎和画马没有直接关系，但题跋上的图像志溯源，看到的又正是徐悲鸿的借马寄情与抒怀。

关于心情诉说，可以再看的是一幅《我马瘏矣》(图2-23[113])。画家自题云："廿八年岁始，悲鸿写我马瘏矣诗。""廿八年岁始"正是1939年初，这对徐悲鸿来说，是一个特别的年份。他告别一踏糊涂的个人生活，绝别与孙多慈长达近十年的苦恋，旅居香港，筹备赴往新加坡。

"我马瘏矣"语出《诗经·国风·周南·卷耳》："采采卷耳，不盈倾筐。嗟我怀人，置彼周行。陟彼崔嵬，我马虺隤。我姑酌彼金罍，维以不永怀。陟彼高冈，我马玄黄。我姑酌彼兕觥，维以不永伤。陟彼砠矣，我马瘏矣，我仆痡矣，云何吁矣。"对于这首诗，历来多解，一说

图2-21　英雄相惜　徐悲鸿　纸本水墨　105cm×44cm　1950年（左）
图2-22　奔马　徐悲鸿　纸本水墨　109.8cm×53cm　1948年（中）
图2-23　我马瘏矣　徐悲鸿　纸本水墨　107cm×37cm　1939年（右）

是单向度的妻子想念征夫之句，一说是指妻子和远行丈夫的对诗唱答。[114]诗无达估，笔者从后一说法。在家采摘卷耳的女子怅怅以怀，想象着行走在崔嵬高岗的丈夫，旅途艰辛，他合着疲累病马，以酒浇愁，企盼着何时不再忧愁！无论怎样，这都是一对深情男女的抒情对白。只是这对于当时的徐悲鸿恰成为反衬，那时候的妻子蒋碧微已对他恨声阵阵，那时候的恋人孙多慈出于家人的百般阻挠，也似乎是出于她自己的懦弱与绝情，[115]总之，诸般纠葛终让不缺火热诚挚但缺智慧理性的徐悲鸿陷入“离不了婚，也结不了亲”[116]的狼狈、尴尬、绝望的深渊。刚强独立却也早已移情别恋的蒋碧微（图2-24）的结局是悲剧性的，美丽而才华横溢的孙多慈也悲痛忧郁一生（图2-25），徐悲鸿更是痛苦至极，元气大伤。

图2-24　箫声　徐悲鸿　布面油彩　80 cm×39 cm　1926年（左）

图2-25　孙多慈像　徐悲鸿　布面油彩　132 cm×107 cm　1936年（右）

可谓几败俱伤！因此这幅《我马瘏矣》在狭长尺幅上，左右皴擦（一反徐悲鸿习惯的湿笔而多干笔皴擦）、盘旋而上、道阻且长的陡陡山峰上，一匹疲惫哀凉的瘦马、病马，既是借浓情缱绻的悲凉诗意反衬自题了徐悲鸿无家可归、失恋失爱的绝望困境与苦痛，也寄托了他对家庭及理想爱人的期盼和幻想！

如此状态下南洋，徐悲鸿必须要给自己亦给世界一个理由和交代。是的，如果仅为一己之情而逃离，对于徐悲鸿这样的志士来说那就将会是莫大的道德之亏欠。于是临行前他写给儿女的信是："伯阳、丽丽两爱儿同鉴：我因为要尽到我个人对于国家之义务，所以想去南洋卖画，捐与国家……"[117]其离别舔犊之情令人唏嘘，而理由和交代也很是正道，不托辞，且认真刻苦地践履了：他四次在南洋举办筹赈画展，后又在印度两次举办画展，他将这些画展的全部所得款项都捐给祖国抗日将士，是大家熟悉的史实。尽管他个人低调所道："我自度微末，仅敢比于职分不重要之一兵卒，尽我所能，以期有所裨补于我们极度挣扎中之国家。我诚自知，无论流去我无量数的汗，总敌不得我们战士流的一滴血。但是我如不流出那些汗，我将更加难过。"[118]把个人哀伤融入为国担当令人慨叹！这种以画家的方式流汗抗战亦和前方浴血奋战的抗日将士们一样令人敬仰！

没错，对于徐悲鸿是个人生活最狼狈困顿的时候，对于国家，正是抗日战争最艰难的时候！徐悲鸿的南洋之行扑朔迷离，按曾经宏大话语的阐释，就只是为了国家而去赈灾义卖，从消极自由的个体性解读，又只盯住了徐的失恋苦痛而谓之逃离。也许中间道路的理解方是有效之途：失恋失爱、有家难回是缘起，落脚着力却是在为国家抗战，把个人的哀伤放之与时代的洪流、民族的伟业，当是一个有七情六欲的普通人却又是一个大写之人的合理解释，即使是自由主义者[119]（"无党派，自由主义者…… 主张为艺术而艺术"[120]），徐悲鸿也从来是正义勇敢、为国担当的积极自由主义者。

然而，困顿苦痛、惆怅如烟如病的马只是徐悲鸿的乍停暂歇，目前所见，仅此一幅，[121]徐悲鸿马的主旋律依然是奔腾骁勇的青春骏马！

与马相关的当然还应该说到徐悲鸿的法国老师。

如前文第一章述，徐悲鸿的法国老师们是19世纪中后期至20世纪前半叶的一批坚持古典写实主义的法国学院派画家，多是巴黎高等美术学院的著名教授，也是当时法国官方美术沙龙的执掌者。[122]徐悲鸿对他们崇拜备至，这些老师们也给了徐悲鸿很多的启发和教导。

譬如对马的酷爱喜好他就在法国老师那里找到了写实主义表现手法及象征性的灵感源泉，[123]还有他所渴望的奔腾勇猛的威武力量！相信他的第一个法国老师弗拉孟所画的激越战马（图2-26）以及柯罗蒙所画的

图2-26　埃洛战场上的穆拉（局部）　[法]弗朗索瓦·弗拉孟　布面油彩　265 cm×170 cm　1902年
巴黎奥赛美术馆

图2-27　高卢人　[法]费尔南德·柯罗蒙　布面油彩　80.5cm×65cm　1897年　巴黎小皇宫博物馆（上）

图2-28　饮马　[法]帕斯卡·达仰·布弗莱　1884年（下）

高头大马（图2-27），还有他奉为如父恩师的达仰的饮马（图2-28）[124]，都一定深深震撼过他。那份写实雄强的战马风范判然有别于他在本土学过的囿于宫廷富贵圆熟甜腻的朗世宁之马，恰共鸣了他“丁巳走京师，游万牲园，所豢无几，乃大失望。是时多见朗世宁之画，虽以南海之表彰，而私心不好之”[125]的青春不满，激发了他“江南贫侠”“神州少年”的英雄情怀。

他在法国老师那里找到了画马的榜样及热血冲动。但徐悲鸿不会照抄，既然他批判本土“四王”们无真气、无血性的摹古之风，自然也不会因循照搬法国老师的画风，他努力学习他们的写实技法，消化吸收，并强力师法造化。

对徐悲鸿画马产生过重要影响，即徐受“象征性灵感源泉”启发的还有他的另一位法国老师阿尔伯特·贝纳尔。尚达·波瓦洛认为，在徐悲鸿的四位法国老师中，“前三位艺术家都是徐悲鸿的导师，贝纳尔严格说来并没有直接带授过徐悲鸿。年轻的中国艺术家更多地受到贝纳尔的启发，追随他的创作风格。自幼接受书法和国画影响的画家，如何能够欣赏贝纳尔？毫无疑问是贝纳尔对‘灵动的曲线和富有旋律感的线条’的痴迷。”[126]（图2-29）菲利浦·杰奎琳也认为：徐悲鸿“在作品基调上也是更接近贝纳尔，而非达仰—布弗莱或科罗蒙的戏剧感和细致性”[127]。徐悲鸿对戏剧性的迷恋那也不容怀疑，但说他作品基调更受贝纳尔影响应是实情。

这两位艺术家还不约而同地都格外钟情于马。“马是毅力和速度的象征，是徐悲鸿偏爱的创作主题。2011年10月，巴黎德鲁奥拍卖行拍卖的一件战马图上，徐悲鸿题词道：历经百年羸弱，中国重拾力量，马的目光再次看向希望和光明的未来。”[128]“贝纳尔先生偏爱马，特别是微微颤动的线条。他经常画大自然中的野马、海边昂扬的马，神话中的马，梦境中如启示录的马。”[129]（图2-30、图2-31[130]）前一句所引是尚达·波

图2-29　真理引领科学，将光芒撒给人类　[法]阿尔伯特·贝纳尔　布面油彩
94.5cm×89.5cm　1890年　巴黎小皇宫博物馆（上）
图2-30　马的草图　[法]阿尔伯特·贝纳尔（下左）
图2-31　阿尔及利亚马市　[法]阿尔伯特·贝纳尔（下右）

瓦洛的看法，后一句是他在文章中引用了乔治斯·罗登巴赫（Georges Rodenbach）的话。

贝纳尔的浪漫情怀当与徐悲鸿共在，如徐悲鸿在1922年自画像里的马，便神似了梦中启示录的马（图2-32）。再如贝纳尔《饱受牛虻侵扰的小马》（图2-33）中马的动态天然让人拍案叫绝，与徐悲鸿1936年的《劲草》、1938年的《马（无题）》（图2-34）、1939年的《双马》（图2-35）、1940年的《搔不着痒处》、1942年的《立马》等动态天然，宛如同工同调。想必不是徐悲鸿抄了老师，而是在受启发之时，师生都师法了造化，又充分展示了自己的浪漫情怀使然。

只是稍嫌不足的是，在笔者看来，贝纳尔画的马并非张张精彩，据笔者不周的考察，贝纳尔还有《贵族的仪仗队伍》中的马（图2-36）以及他细密画中的马（图2-37）。前者的马矜持富贵，装饰性强而生命力弱；后者的马则具有想象性的东方情调和掩不住的矫饰甜美之气，却没有了马的鲜活生动性。[131]

因此，不管徐悲鸿的作品有多少可以商榷之处，但他留学以后的马基本是无可挑剔的，[132]自成一格，奔腾飘逸，浪漫天成，不仅超过他的法国老师，也成为东西方画马的典范之作。

讨论徐悲鸿的马有助于我们重新理解徐悲鸿的写实主义与素描观。

（二）对徐悲鸿素描和写实主义的再理解

徐悲鸿对素描十分重视，视之为做画的基本学问，认为是绘画的第一步功夫，甚至把素描作为他提倡的写实主义绘画的命脉来推崇。这样看重素描的原因是多方面的，其中一个原因即是徐悲鸿所受的法国学院派美术教育所致。

学院（Academy）一词用作对某种组织或团体的称谓，最早可以追溯到古希腊的“柏拉图学园”（Academy of Plato）。在15世纪的意大利开

图2-32　自画像　徐悲鸿　素描　32.2cm×48.1cm　1922年　北京徐悲鸿纪念馆（上）
图2-33　饱受牛虻侵扰的小马　[法]阿尔伯特·贝纳尔　布面油彩
1.85m×2.66m　波兰罗加林宫美术馆（下）

图2-34 马（无题） 徐悲鸿 纸本水墨 129.5cm×75.5cm 1938年 徐悲鸿纪念馆（上）

图2-35 双马 徐悲鸿 纸本水墨（设色） 32cm×37.5cm 1939年（下）

图2-36　贵族的仪仗队伍　[法]阿尔伯特·贝纳尔　装饰画（上）
图2-37　细密画　[法]阿尔伯特·贝纳尔（下）

始被用于非正式的人文主义团体，大约是从16世纪起正式开始与视觉艺术发生联系。16世纪下半叶意大利产生了第一批造型艺术学院（佛罗伦萨迪塞诺学院、罗马圣卢卡学院、波伦亚卡拉奇学院），17世纪前后这一学院的艺术思想或理念开始向意大利境外传播并在法国得到实施、发展和完善（法国巴黎皇家绘画雕塑学院建立），大约是在18世纪末欧洲开始进入美术学院繁荣阶段。从19世纪中叶开始美术学院的危机初露端倪，到了20世纪中叶衰势已成定局。[133]

法国巴黎皇家绘画雕塑学院是徐悲鸿就学的巴黎高等美术学院的鼻祖，[134]也是18世纪下半叶法国建立各类美术学院的蓝本。它在意大利佛罗伦萨迪塞诺学院、罗马圣卢卡学院（达·芬奇奠定基础）、波伦亚卡拉奇学院的素描教学的基础上，把临摹大师素描作品、石膏像写生素描和人体写生素描这一素描教学体系、理论讲座、素描竞赛及其奖项颁发等进一步规范化和制度化，使之成为学院教学的核心内容，其他一些活动也是围绕素描展开的。素描是建立在亚里士多德"模仿说"的基础上的。在意大利文艺复兴者看来，素描不仅是造型艺术家掌握"真实再现"创作方法的最有效途径之一，更是一种理性活动，意味着哲学思辨、科学思维和人文学识，是脱离"机械艺术"的"高雅艺术""纯艺术""美的艺术""自由的艺术"，从而提升了画家、雕塑家和建筑师的地位，使他们跻身于人文学者的行列。这就是文艺复兴到18世纪，美术学院以素描教学为核心的主要原因。在18世纪末的欧洲，所谓的美术学院在很多情况下实际上就是一所素描学校。[135]

新古典主义的最大理论家温克尔曼继承并强化了这一观点，建议艺术家必须牢记素描优于色彩，认为在一件艺术品中，第一要素是素描，第二要素是素描，第三要素还是素描。并且认为古希腊艺术有着无与伦比的美：高贵的单纯，静穆的伟大，模仿古希腊雕像将使我们学会如何在不浪费时间的情况下变得更加聪明。[136]

19世纪新古典主义的画家们继承了文艺复兴及至十七八世纪法国巴黎皇家绘画雕塑学院的素描传统，和温克尔曼的理论相呼应，并在赫库拉涅姆和庞贝古城的考古发现的激励下，注重并崇尚古希腊罗马艺术。安格尔是新古典主义画家的代表人物，和浪漫派的德拉克洛瓦白热化了西方美术史上自文艺复兴以来长达数百年之久的“素描和色彩之争”。德拉克洛瓦说“线条即色彩”，安格尔说：“色彩是虚构的，线条万岁！”[137]安格尔是学院派古典主义的坚守者和最具影响力的画家和教师：“许多艺术家羡慕安格尔技术上的造诣，甚至在跟他意见不同的地方也尊重他的权威性。”[138]

如前述，19世纪中后期至20世纪前半叶在巴黎高等美术学院执教者如阿尔伯特·贝纳尔（院长）、弗朗索瓦·弗拉孟、费尔南德·柯罗蒙等（即徐悲鸿的法国老师们）即是坚持古典写实主义的法国学院派画家，也是当时法国官方美术沙龙的执掌者。[139]他们继承安格尔的“大艺术”思想，崇尚“谨慎的智慧”，“崇尚理智”，他们和安格尔有极其紧密的亲缘关系，譬如贝纳尔的父亲曾师从安格尔，贝纳尔自己也曾师从安格尔的学生。[140]这时候的巴黎高等美院依然认为“模特临摹的线条素描中囊括并凝聚了艺术创作的各个方面：美、表现、情感、构图、伦理价值、文学典故、科学知识、对古典及神性的信仰等等”[141]。

因此，作为留学八年的巴黎高等美院优秀学生的徐悲鸿，[142]对素描的信奉、对母校学养的看重就是理所应当的。于是对素描的提倡在徐悲鸿的言论里俯仰皆是：

素描者，艺之操也，此安格尔不朽之名言也。[143]

研究绘画者之第一步功夫即为素描，素描是吾人基本之学问，亦为绘画表现唯一之法门。[144]

艺术家能精于素描，则已过第一种难关，往往自身即成卓越之作

图2-38 老妇头像 徐悲鸿 布面油彩 41 cm×33 cm 1922年

家。故曼特尼亚、丢勒、伦勃朗，皆千古之最大画师，而近世戈雅、倍难尔、佐恩、白朗群、康普，亦皆不可一世之大画师也。[145]

素描为一切造型艺术之基础，但草草了事，仍无功效，必须有十分严格之训练，积稿千百纸方能达到心手相应之用。……故建立新中国画，既非改良，亦非中西合璧，仅直接师法造化而已。[146]

……

对于素描，徐悲鸿不仅身体力行、勤奋苦练、积稿盈千，练就了高超精湛的技艺（图2-39、图2-40，图2-41），还先后撰专文或者在文章中提及西方画家素描者，据不完全统计有安格尔、普鲁东、左恩、夏凡纳、博纳尔、贝纳尔、达仰等人，并在课堂教学中赋之实践，告诫年轻人："须在三十以前养成一种至熟至精确之力量，而后制作可以自由……故吾人研究绘画，当在二三十岁时，刻苦用功，分析精密之物象，涵养素描功夫，将来方可成杰作也。"[147]

但徐悲鸿又是矛盾的，不一样的说法出自他口也是有的，譬如，1931年，他与弟子刘汝醴、顾了然针对素描的讨论也曾这样被记录：[148]

刘、顾问："不习素描，是否可以深入艺术的堂奥？"

徐答："当然可以。用油画、水彩或其他工具，从事与素描同样的练习，其效果也相等。不过费事，多一层明暗与色彩的分辨。艺术家，并非全从素描之路走过来的。"

刘、顾继问："先生强调素描，要求同学习作三百至一千幅素描，为什么？"

徐答："素描是学习绘画便捷而有效的好方法，但不是唯一的方法。有人主张以临摹代替写生，像某些人所做的那样，也不失是一种方法。但是这种方法，只看粉本，不师造化，局限性大，多走弯路，患害实深。"

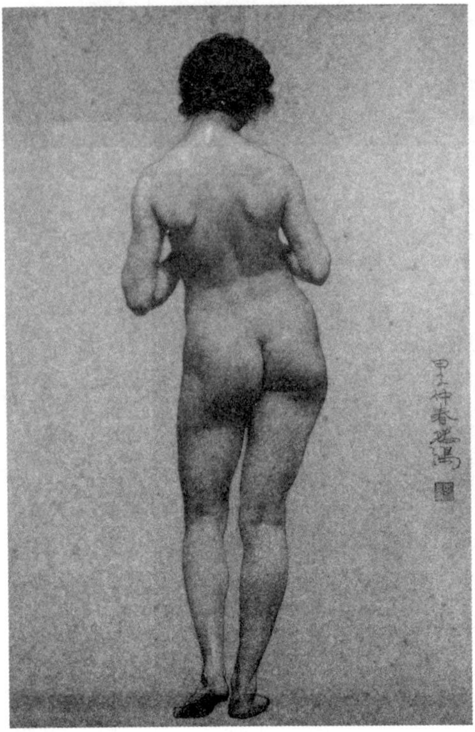

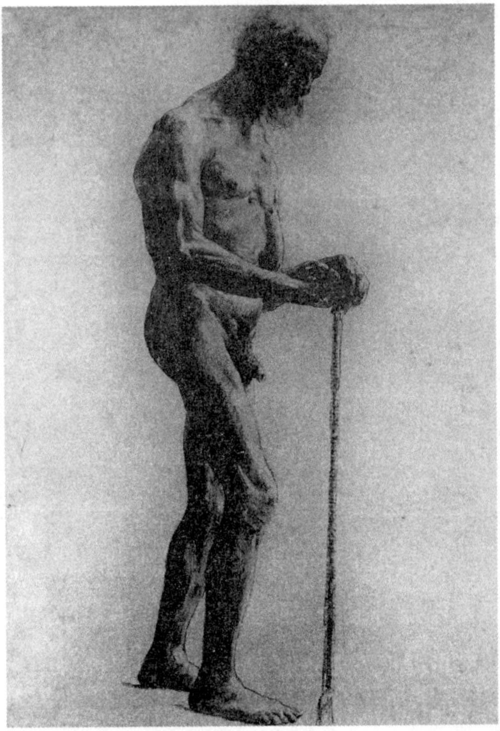

图2-39　女人体背部　徐悲鸿　素描
50cm×32cm　1924年（上左）
图2-40　持棍老人　徐悲鸿　早期素描
62cm×46.5cm　徐悲鸿纪念馆（上右）
图2-41　裸体少年　徐悲鸿　素描
50cm×32.5cm　1924年　徐悲鸿纪念馆（下）

徐悲鸿忠实于巴黎母校，但作为中国人，他也忠实于自己祖国的文化，于是中国画法依然在他心中，只是那是些不要失却生气的中国画法。

因此，如果只看到徐悲鸿对素描绝对推崇的前一派言论，即出现了“长期以来，美术界对徐悲鸿存在太多脱离近现代中国美术具体情境的简单化理解，把徐悲鸿和素描捆绑得结结实实，将方法等同为原则就是一例”[149]。

但如果也能同时看到徐悲鸿关于素描的后一派言论（结合上述对徐中国画史观的讨论），并结合他的全部创作实践，那么我们也许将会对徐悲鸿的素描观有宽泛许多的理解。

徐悲鸿的素描是得法国学院派画家的真传，但却又有中国画意味（反之亦然），曾为他的多名弟子和同道所提及，[150]也为不少学者所认识，譬如：

冯法祀道：“徐悲鸿的素描具有中国民族风格…… 他运用国画用线条勾勒的传统技法于西法素描中，他的线描勾勒如春蚕吐丝，连绵流畅，灵活多变，气韵生动，和西洋画中的线条不同。有些画虽无线描勾勒，但其边缘仍有线的节奏感，使线条与明暗兼用。”[151]

刘勃舒道：“徐先生在素描教学上很有独创，他糅和了中国画要求简练、准确、生动等特点，来进行课堂教学，他总结的‘宁方勿圆，宁慢勿快，宁笨勿巧’，就是要我们从深入掌握对象的本质出发，老老实实地画，不要去追求画面华丽。…… 在怎样进行素描练习时，他是把写生、理解、记忆、默写、想象、夸张有机融合在一起。”[152]

刘曦林道：“徐悲鸿本人的素描有中国风，他的人物画强调线描勾勒的表现力，他画马、画花鸟，笔墨的表现有丰富的发挥。”[153]

尚辉道：“在徐氏人物画中，一方面体现出他对于人物形象的塑造，特别是头像和手的精微刻画，这些刻画几乎都移用了素描光影、质量、空间、解剖和透视等体面造型的表现技巧和手法，赋予了形象以坚实的体量；另一方面可以看到民族审美心理与传统笔墨对体面造型的解读和修正，笔墨的意味主要体现在体态、衣着和景物的勾写上，中锋用笔，体现出笔力内敛沉静和骨法的气质与力度感。”[154]

徐庆平师亦道：“先君在素描上下了极大的功夫。在巴黎美院学习之余，又到蒙帕纳斯的自由画室做素描人体速写，留下的作品数以千计。我们从这时的素描上可以看到他的每幅作品都不仅是简单的习作，而是给人以强烈美感的艺术品，传达出作者心灵的感动。他敏锐地把握住物象的精神本质和整体气韵，在给予准确而淋漓的表现同时，始终强调简洁与概括…… 尽管他采用的是通过明暗写物造型的方法，但他的素描却包含着明显的东方审美，讲究精深华妙，暗部较之西方画家有更多水墨般的酣畅感。而且他一般不画背景，使画面构图具有空灵流动的味道。他在回国之后，更是经常将水墨直接用到素描之中。在他的作品上，我们可以看到连绵而流畅的线，它们不仅起着轮廓的作用，还浸透着中国书画对于线的审美情趣的要求，具有强烈的独立美感。”[155]

这些看法都是极其中肯的。

徐悲鸿自己在《〈画范〉序——新七法》里也为他的素描给了“如何能点石成金，超凡入胜”的秘诀：“一、位置得宜。二、比例正确。三、黑白分明。四、动态天然。五、轻重和谐。六、性格毕现。七、传神阿堵。”[156]这当然不是古代的谢赫“六法”，[157]但和谢赫“六法”又有可沟通之处。

因此在笔者看来，徐悲鸿的素描不完全是法国式的，尽管他是在法国最高美术学府学的素描，是奉安格尔为祖师爷的。他的素描也当然不是俄罗斯“契斯恰科夫教学法”的素描法，[158]而是综合了西洋画法和中国画意味并综合各姊妹艺术共同滋养的复合式素描（如前文对他画马的讨论）。

在笔者看来，徐悲鸿44岁所说的“新七法”或者还真可以看作是对他23岁所说的画之目的的详细注释。1918年，23岁的徐悲鸿在北京大学发表《中国画改良之方法》，言：“画之目的：曰‘惟妙惟肖’。妙属于美，肖属于艺。故作物必须凭实写，乃能惟肖。待心手相应之时，或无须凭实写，而下笔未尝违背真实景象，易以浑和生动逸雅之神致，而构成造化，偶然一现之新景象，乃至惟妙。”[159]

说得很清楚，对物实写而达像，是做画的第一步，心手相应后，第二步就要追求浑和生动逸雅之神致。徐悲鸿所说自然不是古人所说的“能品”“神品”“神品”“逸品”，[160]但又和古代的这四品有相当的可对话沟通的地方，只是徐悲鸿所说的逸雅绝不是董王及再传弟子们即文人画末流之柔靡，而是要有“动态天然”的生气和活力。

因此“素描为一切造型艺术的基础”是徐悲鸿大力提倡的，但如果我们理解得过于僵化狭隘，也会走向偏颇，[161]而不能全面了解丰富立体的徐悲鸿。徐悲鸿的素描除了法国真传，除了有中国画的味道，还强调其他，并不单一固守素描，譬如上文说他画马的时候，就提到了他格外注重书法托底（即使漂泊战乱中也临池不赘）。另外，他也十分看重雕塑。倪贻德就曾说徐悲鸿的线条是具有雕塑性的：“（徐悲鸿）随着各种不同的感觉，赋以各种不同性质的线条，例如在暗部，线条只是隐约显现，在明部，则用了较为尖锐而犀利的线条，更助长了光的效果。更由于线的粗细、长短、浓淡、曲直、断续等等的变化，表现出了人体各部的软硬、长短、浓淡、曲直、断续等等的变化，表现出了人体各部分的软硬、厚薄、前后、转折等等不同的感觉。它不但显示前面可以看到的物质，而且也暗示了没有画出来的后面的存在。这样的线条，是具有雕塑性的，可以触觉的线条，使我们一方面欣赏到他的线条的美，同时又使我们忘记了线条本身，而只感到它所表现出来的物象的生命。”[162]徐悲鸿不仅对西方的古希腊、米开朗基罗（Michelangelo）乃至现代的罗丹

（Auguste Rodin）等雕塑家心存敬仰，[163]也对中国汉唐的雕刻和民间艺人泥人张及其传人，以及民间木刻艺人范振华等都心仪良多。[164]因此他对没有西洋素描但其画面生机无限的齐白石、[165]跌宕泼墨烟云的张大千，[166]对也不是西洋素描但以线描传神的叶浅予，[167]对不是他弟子但并重素描、书法、雕塑的蒋兆和都欣赏推崇喜爱倍加，[168]都在说明徐悲鸿绘画实践的包容性和丰富性。[169]因此在笔者的理解里，在1947年声势浩大的"三教授罢课"后的1955年关于中国画论争、1956年素描教学大辩论中，坚持"素描为一切现实主义造型艺术的基础"的江丰和徐悲鸿之弟子吴作人、艾中信、宗其香、李斛等一派是对徐悲鸿主张的坚定继承，但坚持"白描为中国画的造型基础"一派的叶浅予，和同是白描派却不主张纯粹的白描，而主张辅以西画的造型结构的蒋兆和也不能说就是对徐悲鸿的"背叛"，甚至也可以说是对徐悲鸿主张的另一种坚持。[170]如果说徐悲鸿的素描有中国画意味，那么他的素描就是融汇通约了白描的。"因此，回首往事重新认识徐悲鸿与传统派的矛盾史，将会发现传统派的坚持中国画立场'保守'中的合理内核，也会发现改革派的极端倾向中开拓进取的正效应，尤其从徐悲鸿到蒋兆和的教学演变史所体现的互补性、包容性和立足于中国画立场的整合所具有的现代意义。……（蒋兆和）继承了徐悲鸿致力于中国人物画教育和拓展的使命，又大胆地调整和改变了徐悲鸿的教学原则，以'造型基础课'概念代替了'素描'，使之更接近于徐氏发展中国人物画的教学原则。"[171]换句话说，或许蒋的改革行动、蒋的作品本身都在事实上更趋近徐悲鸿改良中国画的初衷和期盼的效果。

因此，今天的我们或许就要宽博理解徐悲鸿的素描观和绘画观了。于是，在笔者的理解里，不仅他的马，还有其他一些好作品的成功，是得益于他的素描，扎实宽博而兼容并蓄的徐悲鸿式的复合式素描，从而这些作品既是国学与国画、西学与西画，亦是书法、雕塑、音乐、戏剧、木刻、剪纸[172]等姊妹艺术共同汇聚的经典之作。

曹庆晖也注意到了徐悲鸿的宽博性，从而想匡正、超越人们把徐悲鸿跟狭义素描牢牢绑定的窠臼而另辟新说（或者是溯源归位）。曹认为："徐悲鸿谈艺、论画、选才并非从素描出发，而是有更基本的原则，即'惟妙惟肖'。"[173]惟妙惟肖恰是徐悲鸿所说的画之目的及要抵达的境界。

而这个境界素描能达到，非素描也可以达到的，徐悲鸿关于素描的第二种言论即如是说，他对非西洋素描起家的画家们（譬如对齐白石、张大千、叶浅予们的）推崇备至也这样告诉我们。"因此，如果对方能够惟妙惟肖地呈现形象和境界，徐悲鸿才不在意他会不会西洋素描、是不是言必称古呢，必将热情拥抱而抬举之。"[174]"而他的赏识邀聘以及这些名家的回应最终也促成了他们的合作。"[175]于是徐悲鸿绘画主张坚定明确，却也开放宽博自由地团结凝聚了一大批绘画人马。

如果说素描观决定了徐悲鸿写实主义面貌的话，那么对徐悲鸿素描的复合式理解，也可以有助于我们重新理解徐悲鸿的写实主义。

曹庆晖在看重"惟妙惟肖"的基础上，提出徐悲鸿"写实主义教育体系"的"粗放结构"说："之所以说是粗放，一是结构粗放，二是教学粗放，三是时间不足。所谓结构粗放是指两年素描学习后与国画教学的衔接基本处于自发联系的状态。所谓教学粗放，在叶浅予看来就是教师各教各的，互不通气；在艾中信看来就是心里有那么个谱，按徐先生的想法上课就是了。因此，即便是造型基础课木炭素描，各家各派之间也并无定规约束，反倒也自由活泼。不过叶浅予互不通气说应该只是自己的感受，实际上悲鸿弟子和更志同道合的同盟者之间时有聚会……就是在这样一个有思想主张而无教学定规、粗放而自由的'写实主义美术教育体系'建构的过程中，围绕在徐悲鸿周围的中央大学艺术系弟子实际上已经自发形成团队模式。"[176]

曹的"粗放说"是在指徐的教育体系，其实也可以用来指徐悲鸿

“写实主义”主张的含义本身。莫艾也认为，所谓“写实派”或者“理想派”只是笼统的指称方式，而徐悲鸿对写实手法的运用呈现为不确定的面貌，认为徐悲鸿并没有试图将自己限定在一个固定的表达方式中，而是在多种观看与表达的视角中游移，呈现为不定型的探索状态。[177]

学者们的看法自然是中肯而有建设性的。

在徐悲鸿那里，写实、现实、写实主义、现实主义基本是混用的，[178]还有古典主义和自然主义，譬如：

> 吾个人对于中国目前艺术之颓败，觉非力倡写实主义不为功。吾中国他日新派之成立，必赖吾国之古典主义，如画则尚意境、精勾勒等技。[179]（1926年）
>
> 故欲振中国之艺术，必须重倡吾国美术之古典主义，如尊宋人尚繁密平等，画材不专上山水。欲救目前之弊，必采欧洲之写实主义，如荷兰人体物之精，法国库尔贝、米勒、勒班习、德国莱柏尔登构境之雅。[180]（1926年）
>
> 十余年前，余返自欧洲，标榜现实主义，以现实为方法，不以现实为目的。当时攻击者纷起，然我行我素，不以为意，宁愿牺牲我以就自然，不愿牺牲自然以就我，而率能于无形中胜利。[181]（1939年）
>
> 抗战改变吾人一切观念，审美观念在中国而得无限止之开拓。当日束缚吾人之一切成见，既已扫除，于初尚彷徨，今则坦然接受、无所顾忌者，写实主义是也。[182]（1943年）
>
> 中国绘画，虽是自然主义，但花鸟画，保有写实精神为多。故凡北宋之花鸟，几乎一半是好的作品，但北宋人之山水，只有写实工力好的文人，方能产出少量好的作品！[183]（1951年）
>
> ……

除了这些不完全举例的言论外，王震还辑录了一些徐悲鸿的画论、题记，譬如：

一九三三年夏，在法国里昂对中国留学生吕斯百说：你到法国来学习，主要是学习他们现实主义的创作方法，学习他们高超油画技巧和表现能力。你们将来回国以后，要承担起办好中国美术教育的重任，所以你不该去追求那些背离真实的东西，希望你不要辜负我的一片苦心。[184]

一九五一年冬，当听说中央美术学院争论自然主义和形式主义问题时曾说，自然主义有两种含义：中国画的山水、花鸟，法国巴比仲的风景，这种自然主义极好，中外都是有的。自然主义的另一含义，应称作机械的拷贝或摹拟，不要把两者混为一谈。[185]

一九五一年冬，当得知中央美术学院争论写实主义和现实主义问题时，他说：写实主义和现实主义在外语中多数通用Realism这个词，没有什么区别。[186]

徐悲鸿对这几个词的混用，在笔者看来，一也许我们不该去苛求作为画家而不是史论家的他多么精确仔细地使用概念，二也说明他写实主义主张的探索性、不确定性、粗放性和综合性，与他视为绘画命脉的素描是复合式素描一致。也就是说，徐悲鸿的写实主义并不是那么固守僵硬而单一的写实，他一直在寻找着多方面的养料、“实验”和突围。

关于对徐悲鸿的研究，称之为“写实主义”还是“现实主义”，各个历史时段研究者们的叫法并不一样，[187]饶有意味。在此，笔者不再纠结于几十年的浩浩讨论，而直接面对问题本身，陈述笔者对徐悲鸿写实主义的理解，当然笔者的理解也只是徐悲鸿研究之一种。

首先，写实主义是徐悲鸿艺术救国的逻辑起点和终极原因。

如前文述，徐悲鸿选择写实主义的逻辑起点和终极原因是“五四”

精神洗礼的自由民主与科学之追求，他是应国情之所需、化西方文明精神之所用的美术革命，改造国民性，改良中国画，以抱艺术救国的拳拳赤子之心。作为“五四”一代的他猛烈批判的是科举制度影响下的文人画末流的无真气、无血性的摹古之风，认为这是国民精神贫弱在美术上的极大体现，为了疗救之，他大力提倡写实主义。

其次，作为技法真实表现具象的徐悲鸿的写实主义却并非直接摹写现实生活，乃间接写之。

徐悲鸿既以素描作为开启他写实主义大门的钥匙，那么“真实再现”就是他写实主义的创作方法。他在“新七法”里所说的要点（位置得宜、比例正确、黑白分明、动态天然、轻重和谐、性格毕现、传神阿堵）[188]都在说明着他绘画的具象、真实、形神兼备、“惟妙惟肖”的活力和生命力。在这个意义上，他的写实主义近乎自然主义，当然是徐悲鸿所说的中外都有的好的自然主义，而不是机械的拷贝或模拟的坏的自然主义。

但徐悲鸿真实表现具象的写实主义却不同于直取现实的杜甫的“三吏”“三别”，或者库尔贝、珂勒惠支、杜米埃……他少取惨淡病痛的人生，[189]不铺排淋漓受难的鲜血，但这绝不意味着他不关注现实，不痛彻血肉人生，他只是在大多时候没有直接摹写，乃间接写之而已。譬如他在1938年画的《负伤之狮》（图2-42）上题写：“国难孔亟，时与鳞若先生同客重庆。相顾不怿，写此聊抒忧怀。”[190]1943年他在《耕牛图》（图2-43）上题写：“人自有田关痛痒，辍耕谁复计灾祥。”[191]……这样的例子还有很多。

以动物花鸟寄情、比兴，隐喻和象征是他重要的手法之一，这是属于文人画的优秀传统，也是徐悲鸿对艺术本体论以及艺术与社会关系的一种理解。“纯正美术，远于功利，对于社会，鲜直接之影响。”[192]于是他笔下风雨高鸣的鸡、逆风搏击的雀、顽强飞升的鹰以及伟岸古柏、松

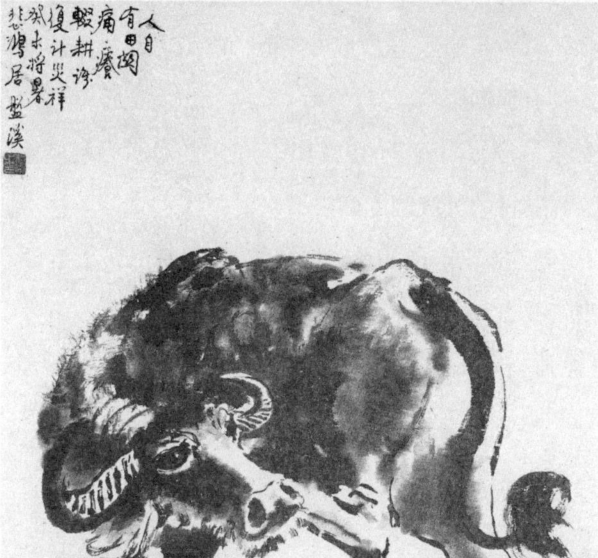

图2-42　负伤之狮　徐悲鸿　纸本水墨（设色）　110cm×109cm　1938年　徐悲鸿纪念馆（上）

图2-43　耕牛图　徐悲鸿　纸本水墨　83.5cm×59cm　1943年　徐悲鸿纪念馆（下）

树，多是这种托物言志而隐喻关怀现实的表现，而作为他一生中画的最多最爱的马当然更是。以马比拟，托物言志，诸如《秦琼卖马》（图2-44）是在述志士的落寞与多艰，1941年所绘奔马《前进》（图2-45）自题“长沙会战……”是在中国军队抗击日本侵略军取得胜利，画家倍觉光荣激励感怀而做……即使说着相马人的《九方皋》，也依然是借古喻今、借马抒怀地关注着现实，渴望着他向往的理想世界。

第三，徐悲鸿写实主义的古典主义情怀。

亦如前文述，徐悲鸿写实主义的古典主义情怀自然来自于他的中外老师们，康有为因袭传统的“托古改制”说和康绘画上的“唐宋高峰论”都对徐悲鸿有巨大影响。他的法国老师的学院派美术理念，以新古典主义大师为师，以古希腊罗马艺术为典范，以历史题材为重的古典倾向对徐悲鸿更是具有深刻影响。

17世纪末，徐悲鸿就学的巴黎高等美院的鼻祖巴黎皇家绘画雕塑学院就曾把绘画题材的等级制度确立下来了：[193]

1. 历史画（history painting，包括宗教故事、历史事件、文学或神话传说和寓言故事）；

2. 肖像画（portrait，被画的人地位越高，肖像的地位就越高）；

3. 风俗画（genre painting，取材日常生活，这一术语只是到了18世纪才被正式启用）；

4. 风景画（landscape/paysage）；

5. 静物画（still life/nature morte）。

1664年巴黎皇家绘画雕塑学院出台的章程规定：非历史画画家或雕塑家不得被授予教授的头衔。在后面的两百年中，这种学院派美术观念和题材等级论都没有改变过，也没有被质疑和挑战过，直到印象派文化兴起。

纵观徐悲鸿的绘画实践，把人物画放第一位（其中历史画第一，肖

图2-44 秦琼卖马 徐悲鸿 早期素描
47.5 cm×62.5 cm（上）
图2-45 前进 徐悲鸿 纸本水墨
130 cm×76 cm 1941年（下）

像画第二），注重素描、崇尚古典，的确是按法国学院派路数来的。

只是，如第一章所述，徐悲鸿的理想又不是想成为这些法国老师们的衣钵传人，他的理想是中国“五四”一代人的现代性追求，批判旧传统，学习西方文化，改造国民性，艺术救国而实现国家的文艺复兴。[194]

因此他在“拿来西方”的同时又坚持自己的文化根底。西方有古希腊、罗马的浩浩神话故事，成为学院派美术中历史画的不绝源泉。徐悲鸿认为我们自己的文化中其实也有着丰富浩瀚的资源可用：“顾吾国虽少神话之题材，而历史之题材则甚丰富，如列子所称清都紫薇钧天广乐帝之所居，大禹治水、百兽率舞、盘庚迁殷、武王伐纣、杏坛敷教、春秋战事、负荆请罪、西门豹投巫、萧萧易水、博浪之椎、鸿门之会、李贰师之征大宛、班定远之平西域等等，不可胜数，皆有极好场面，且少为先人发掘者。”[195]

于是他身体力行地实践了、开创了借西方历史画模式但用的是我们中国自己的故事资源的一系列大型作品，譬如《愚公移山》《九方皋》《田横五百士》《徯我后》等都是徐悲鸿大型历史画的经典之作。

第四，徐悲鸿写实主义的浪漫主义情怀。

其实从上述所提作品中即能领略到，借古喻今本身就有一份浪漫遥想了。[196]徐悲鸿的浪漫主义情怀随处可见。“他希望以写实主义推动中国美术‘理想派’的发展，以大放光明于世界。”[197]

就学养来说，徐悲鸿属于安格尔一系。安格尔紧守古典主义的信条，对豪华激情动感十足的鲁本斯，对浪漫主义的籍里柯、德拉克洛瓦都深恶痛绝，说鲁本斯玩弄的是“骗术”，是“谎言学派的色彩学家”，说鲁本斯的画面给人的感觉是开肉铺子的，认为应该把籍里柯的作品从博物馆里扔出去，认为德拉克洛瓦更是“怪胎推销员”，视其为一生劲敌。他规劝年轻人的就是“画线条，多画线条”[198]。

但奉安格尔为祖师爷、视“素描者，艺之操也”的徐悲鸿并不以他祖师爷的敌人为敌人，相反，他倒非常喜欢籍里柯，对他的马与猎狮画情有独钟。他也非常推崇德拉克洛瓦的《希阿岛的屠杀》，认为“这是一幅‘悲天悯人’的最典型的代表。人们只要站在这幅画前就有身临其境的感觉，能产生催人泪下的感染力。这真是了不起的杰作……（德洛克洛瓦）是一位顶顶了不起的画家，我们应该好好地学习这样的创作方法。作者能把自己的思想感情完全倾注在画面上，而且能把观众的思想感情抓住……这种创作方法何等高超，说明德洛克洛瓦在创作上的才能是非凡的”[199]。

在徐悲鸿的法国老师里，从类似亲情的敬仰、尊重和喜爱上，他跟达仰走得最近，但在作品气质上，他却最喜欢具有浪漫情怀的贝纳尔。徐悲鸿很钟情于这位老师（虽然实际会面较晚[200]），是喜爱贝纳尔画的天才浪漫之气，这和徐悲鸿的烂漫天性相共鸣。徐悲鸿被贝纳尔作品中所展现的活力、鲜明色调、光感运用所征服，称贝纳尔画“犹如乐音下凤凰翩翩起舞”[201]。

徐悲鸿的个性特征里是很有些浪漫情怀的，看看他的印章便知：东海王孙、江南布衣、阳朔天民、吞吐大荒、壮夫所为、游于艺[202]……（图2-46至2-50）还有他年少时分自称的“神州少年”“江南贫侠”，[203]都能看出他的英雄铁血、侠义所好，也能看到他“挥斥八极”“心游万仞”的心神活泼。

能反映他浪漫情怀的还有他那些汪洋恣肆的随笔文字。徐悲鸿是相当勤奋刻苦之人，画素描能积稿盈千，胃疼、肠痉挛也坚持作画，还勤于写各种文章，美术史论、评论、画展文章，还有我这里想特别说到的他的那些颇能反映心性、性情的闲来之笔，即他的游记、散文等。所到之处，海角天涯、东西半球，徐悲鸿都兴之所致，即时动笔写来，鲜活美妙，生动传神。撮录几则，馨享如下。

譬如，关于风景描写：

图2-46　徐悲鸿印章：东海王孙

图2-47　徐悲鸿印章：江南布衣

图2-48　徐悲鸿印章：阳朔天民

图2-49　徐悲鸿印章：吞吐大荒

图2-50　徐悲鸿印章：壮夫所为

去天朗气清之岛城威尼斯……过里亚而笃桥，行至圣马可广场。噫嘻，其地无尘埃，无声响，不知有机械，不识轮之为物。周围数千丈之广场往来者，皆以足。海鸥翔集，杖藜行歌，别有天地，非人间矣。[204]

（按：在意大利）即整饰衣冠，赴安克罗博里高岗，参拜巴尔堆农古殿。……岗下多橄榄树，簇簇成林，渐及殿门，觉惠风习习，似闻上界笙歌。而云车风马，白光皑皑，随护此龙钟老叟，苏格拉底、柏拉图、亚里士多德相迓然者。既而崇高之庄严之古殿，昭然涌现，高柱崔巍，皎如玉树，幻象旋失，忽得真吾，又惊真吾。真到此间，真到此间，死也无憾。[205]

（按：游英国见特纳画）真如司空表圣所云，有天风浪浪、海山苍苍、真力弥漫、万象在旁之气概，或长虹远亘，或落日萧萧，或海市隐约，或轻帆荡漾，或阵云深锁，或老树参天，间以英雄、美人、士兵、骑士，是现实之神话，惊怖之历史，要之绘画中所有壮丽一德，特纳造其极矣。[206]

（按：广州见槟榔树）既写其形，并题小诗："郎心管不住，徒有官郎树。桄榔如棕乱纷纷，形如涕泪涟洏注。亦有枝叶向外发，参差无理亦无格。披头散发若鬼魅，有女虔诚求之切。从知粤妇最多情，粤郎佻达弃之频。遗条束带复何吝，无奈灵树终无灵。"[207]

桂林至阳朔，约百二十里，舟陆可通，江水盈盈，照人如镜，萦回缭绕，平流细泻，有同吐丝，山光荡漾，明媚如画，真人间仙境也。……舟次阳朔，流连不忍去，宿于江上，姊妯入梦，要我久留。奈尘缘未断，又复出山。对此仙人，有深愧也。……老子之居，吾曾遏之，不若其徒七星所居之大而深邃。其徒旧居甚多，皆在桂林附近，今皆舍去，诚天下洞府最多之处矣。水泥工程皆极浩大，堆砌亦极工整妙丽。自宋以来，为人发现，题诗纪年，留名刊字者，代不乏人。载诗载屁，坚固不坏。往往临流映带，极其清幽。若象鼻还珠等洞，最足恋恋者。[208]

关于人物描写：

（按：去拜访民间艺人范振华）范家世业雕，赣大庙偶像，皆其家产造。及振华，犹有独到，能以木刻人像，状貌毕肖云……越数日，余与廖君体元，廖君季登，及傅君抱石，游水观音殿，过范君居，因访之。时正盛暑，烈日当空，范君袒裼昼寝，鼾声大作，一小徒工作其旁。余等皆长衣整齐，有类帝国主义者。思呼之起，必致其局促不安，因止其徒，毋扰乃师清梦。[209]

（按：游仰光）饮完咖啡，即披挂与同人登岸，不免有一番检阅护照、防疫证书之类例行手续，时天已大明。出口尚未及大道，忽惊见上帝之败笔！亦生平所未遇！乃有一人（大约十七八岁男子），大踏步迎面而来，其动态步伐，全似驼鸟，因其两足，共得四趾，其足中凹，每趾有甲，并非败坏，实上帝助手，误以驼鸟之趾，装配其上，殊属不合，应令拿办…… 姑以人生地疏不管他算了。[210]

竭仰光所有之美味，烧烤于道旁，此类多到不可胜数之少女，总是长裙委地，娇滴滴地，把身子一扭，扭在地上，或离地六寸之板上，右手捧着面条、大葱、辣椒、酱油之属，撮成一把，往口里送，极是津津有味。吃完将肚子一瘪，从腰间取出几个铜板，挺起肚子，张开两脚拖着大黑鞋，一步一步，有时两眼向旁边一瞥，用菊花指头在齿缝内，排出些东西，高高兴兴，向最热闹拥挤的人丛中钻去。[211]

关于北平的美：

北平之所以成为文化城，正因其生活丰富，此丰富之生活，乃画家之不尽泉源。如城居劳工、近郊农夫、优孟衣冠、街头熙攘、穷酸秀才、豪华侠客、红杏在林、碧桃满树、骆驼出塞、鹰隼盘空、牡丹成畦、海棠入梦、更夫扫雪、少女溜冰、百灵赓鸣、金鱼荡漾，无在而不可以成佳构、创杰作，何必定走访故宫博考收藏，取象于宋元皮毛，乞灵及赵、董骸骨耶。[212]

徐悲鸿的文笔之好之美，如丝竹管弦，亦如铁骑长风，自由洒脱、信马由缰，又细腻慧心、贴切生动，读来真是久违的美的享受。其行文间的轻松幽默，感觉上的敏感新鲜，叙事谋篇的自然天成却张弛有序，说能与徐志摩、郁达夫这类诗人文豪相媲美也不为过。如此不吝笔墨铺排徐悲鸿的闲笔文字，只是想说徐悲鸿是性情满怀之人，是具有丰富的情感、神奇夸张的想象、浪漫的情怀，是错过了花期就会顿足大叫“吾负藤花，吾负藤花”[213]之人，是让描述“先生梦想之中国是怎样”，他便可以欣然烂漫奔放地描述他构想的一个光怪陆离却自由惬意和平宁馨世界的人。[214]他的这份烂漫天真不止一次一处的偶然，而是怀揣了一生的梦想:“当我实行我应做的事的时候，我便可得到安慰愉快而满足。那时候太阳高高的照着，植物鸟兽儿童真很高兴…… 艺术家应该是纯朴热爱自己所喜的天然的美和生命的韵律，(在)不和世界斗争的自己努力的世界，去生活去工作。”[215]

这样的回首有利于我们拨开遮蔽，回到真实的徐悲鸿，而不是僵化了的脸谱化的徐悲鸿。徐悲鸿很看重艺术家所喜爱的纯朴天然的美，按照贺拉斯的拉丁式理念“绘画是怎样的，诗歌就是怎样的”[216]，即文学曾是怎样的，绘画就将是怎样的。[217]

绘画中的浪漫，徐悲鸿的马是最好的例子之一。如前文述，徐悲鸿造型的精准并没有影响写意的空灵，他笔下的马奔腾飘逸、浪漫天成、意气风发、激越动人，这些马没有缰绳，没有马鞍，遂不可以按图索骥，也需要从图像志的绑定中超越出来。因此，与其说徐悲鸿是现实主义，不如说他是浪漫主义，或者说是浪漫版的写实主义。他以诗人一般的情怀，以少小时候就拥有的“江南贫侠”“神州少年”的英武豪气站在现实世界的黑夜此岸，向往着未来。于是他的马就是向往新世界的曙光，飒爽奔腾、一往无前，可谓“一洗万古凡马空”！

徐悲鸿的马便不再是记录史实的马或者人所驾驭的马，有别于他法国老师的坐骑战马抑或装饰性甜美的马，也有别于中国古代饱满圆润、缰绳马鞍、安之若素的马。因此他的马就不是现实世界中的马了，而是“天神”与“豪侠”，是“超绝尘寰的英灵般的向往”，[218]是神驹，代表着他的理想情怀、人格气质、诗意追求和审美愿望，不沉郁老迈，不呼号踢腾，但见自由洒脱，雄奇美丽的青春之马成了他的人格化写照。[219]这种本体论的寄寓，因其浪漫性、理想性而超越了时代性，这种奔放的热情和执著追求自由解放的决心气概，也就具有了各个时代、各个民族、各个有志气、朝气的个体之人都可以欣赏汲取的积极向上的感情力量。

马如此，徐悲鸿其他作品也都具有这样的气质，不劳举例。

具象写实的自然主义性质、古典主义追求、浪漫主义情怀，也有现实主义的关切，还有印象主义的色彩，[220]因此徐悲鸿写实主义的绘画主张跟他的素描一样，是复合式的，不是单一僵化的。把这些诸多因素（有时候还是冲突的因素）积聚一身，不容易，非得有极其高明的智慧方能抵达。徐悲鸿遵照的是这样的智慧：“吾国古哲所云尊德性，崇文学，致广大，尽精微，极高明，道中庸者，其百世艺人之准则乎？”[221]

第五，写实主义对徐悲鸿的束缚。

徐悲鸿以“独持偏见，一意孤行”的砥砺拼搏终其一生坚持着他写实主义的主张，又奉行着“极高明而道中庸”的先贤哲学，汇聚各方主义的画法，追险绝也终能归平正，努力守住了中国文化的根本和临界。儒家文化中的“中庸”之道，不是骑墙，是执矛盾两端而并举、适度的辩证法。但一方面“中庸”至大至刚，高山仰止，常人难以抵达；另一方面，“执矛盾两端而并举度”也容易出现一些折中克制而未见得酣畅淋漓的弊病。

对于徐悲鸿来说，因为古典主义和浪漫主义、中国画法和西洋画法之间有着不小的矛盾，因此在笔者看来，素描、写实主义或许多少又是对他的烂漫天性有些许束缚的。[222]

如前述，徐悲鸿的历史画有一些他法国老师们的矫饰“摆拍”之痕迹，[223]如大型戏剧的浩浩上演，场面铺排得宏伟壮观，但人物却多少缺乏了些感情。《田横五百士》当然是好多了，因为画面里的人物基本是有原型，即是有模特的。[224]那没有模特的《徯我后》的人物形象多少就有些苍白，不容回避。

这种写实主义对浪漫天性的束缚在徐悲鸿的法国老师那里也是一样的。如前文述，徐悲鸿最钟情的法国老师贝纳尔画的马就并非张张精彩，《贵族的仪仗队伍》中的马矜持富贵，装饰性强而生命力弱。细密画中的马则具有想象性的东方情调和掩不住的矫饰甜美之气，却没有了马的鲜活生动性。贝纳尔的绘画风格源自安格尔的“大艺术”，崇尚“谨慎的智慧”，“崇尚理智”，[225]这多少抑制了点贝纳尔的浪漫天性。

那么缘于安格尔一系“崇尚理智”画法师承学养的徐悲鸿，也就多少存在着因为“写实主义”的提倡而束缚了他的浪漫天性之嫌疑，比较徐悲鸿绘画作品和他信马由缰、无拘束的随笔散文游记的文字即可体悟。所以连他自己都有这样的感叹：“写实主义太张，久必觉其乏味。”[226]

不知道可否这样说？素描多少捆绑了徐悲鸿的手脚，或者说他非常依赖的写生在给他以巨大成就的同时也造成了一定的局限。譬如，面对有真人模特的作品，徐悲鸿画得就要精彩得多，如《泰戈尔像》《甘地像》《印度妇女》《珍妮小姐》《箫声》《琴课》《孙多慈像》《徐夫人像》（图2-51）和他的诸多自画像等，都是他人物画里的杰作。徐悲鸿把模特（Model）称作“范人”，且把画模特当作画家的看家本事、务本之实来信奉：“实模范楷则之意。故吾对写吾父，吾父即吾之范人，对写吾母，吾母即吾范人。吾前日曾郑重举希腊艺术之所以昌，中古时代艺术之所以衰，以告国人，皆揭橥确写人体之义以证实之。今更申言之，使有吾仇，立范人以教人治艺，吾亦赞誉之。何者，以其务本也。”[227]

徐悲鸿的肖像画在去法国之前就有着一定的基础，去法国后，在巴黎高等美院又经强力训练，对人体解剖透视的把握，对人物动态表情的描绘（即也是人物内心世界的刻画）都达到了高超精湛的地步。

其中人物面部表情被徐悲鸿高度重视。这是巴黎高等美院的传统训练项目之一。在18世纪的巴黎美院曾经设立了一个以面容表情为主题的竞赛。学生们被要求描绘出模特的真实形象，同时也要表达出情感的激烈、喜悦、痛苦、麻木、气愤等等，所有灵魂状态的表达都以写实主义的考量来实现。模特通常是来自戏剧舞台上的那些绝缘于感情游戏的

图2-51 徐夫人像 徐悲鸿 纸本水墨 21.5cm×14.5cm 1943年（上）
图2-52 时迁偷鸡 徐悲鸿 白描戏剧画 1912年（下）

专业演员。[228]这个传统一直延续下来，到徐悲鸿留学的20世纪初，巴黎高等美院还在继续着这样的竞赛和展览，譬如他在1923年就曾将《老妇像》等画作送交入选法国艺术家沙龙展，《老妇像》的人物表情忧伤凝重，获得好评。

但是没有模特写生的作品，譬如《山鬼》《屈原九歌·湘夫人》《紫气东来》《国殇》《孔子讲学》《庄姬》《霸王别姬》等就要弱一些，人物形象就缺少了点个性和表情性，多少显得有些概念化而程式化。[229]这类"迁想妙得"的作品在徐悲鸿赴法留学前也是有的，譬如，他在1912年（17岁）画的白描戏剧画《时迁偷鸡》（图2-52），那稚拙、天真、生动、妙想奇思，与画中主人公腿不合比例的一长一短，都令我们哑然会心一笑。艺术真实和生活真实有时还真不是那么一一绑定的呢！

徐悲鸿的成就与局限同在，对我们今天的美术建设当是可贵的借鉴和反思。而对于徐悲鸿来说，素描的成就和束缚同在，他的绘画作品和文学作品共生互补，[230]也可谓姊妹艺术对想象力的莫大助力而纵横驰骋。这也是作为画家的徐悲鸿具有多方面才能之可贵了！

二、来自"革命伦理"一系对徐悲鸿写实主义的批评（20世纪上半叶）

对于徐悲鸿虽倡写实，却不直接摹写现实，曾在20世纪二三十年代就有人提及并批评，需要讨论辨析之。

譬如，徐悲鸿的好友一起创建南国艺术学院的田汉，在徐悲鸿撤走南国后对他就有长篇批评（1928年4月），当然是冠名《我们的自己批判——我们的艺术运动之理论与实际》。田汉批判的核心要旨是，徐悲鸿没有按他的贫苦出身为自己的阶级张目，而是本着固执的古典主义，为封建道德唱赞歌，而且以罗曼蒂克的理想主义跌落到资产阶级的甜美幻影中。他是这样说的：[231]

相约奋斗到底的徐悲鸿先生在我们为着他的“光荣”奋斗的时候，已安排脱离我们的战线了（图2-53），这因悲鸿先生似乎本没有一种为新兴阶级的艺术而奋斗的心思，他不过同情我个人所谓“精神”又多少为敏而好学的青年所动，所以他参加的动机是感情多于理智的。

悲鸿据称是一个固执的古典主义者，他虽然处在现代，而他的思想不幸是“古之人”……悲鸿所赞美的甚至不是近代的所谓爱国心，而是一种封建的道德，因此他归国以来画的大画，不是鼓吹中世纪武士精神的《田横岛》，就是希望后来其苏的《徯我后》。他所画的肖像画也不幸大部分是康有为、陈三立、张溥泉一流人。

他深恨今日艺术界风气骛于荒诞怪癖，不求真实，想要力振此弊，提倡真实的画风……（但）他所谓“真”仅注意表面描写之真，而忽视目前的现实世界，逃避于一种理想或情绪的世界。我们知道他有这种毛病，颇想他多多接近无产青年，做在野的运动，因此他可以多有机会接触惨淡的现实，并且会感知劳苦群众一般的要求，但不幸他的环境不许他如此，他终于深藏在象牙的宫殿中做“天人”的梦……可知悲鸿先生底艺术底阶级性……（他）不愿意把所谓“卑鄙秽恶”的生活污了他的彩笔，他只愿整顿全神奉事“气宇轩昂，神态华贵或妙丽，动用威仪，从容中道“的人们。这些人们在他名之曰“天人”，在我们看来都属于封建的支配阶级。悲鸿若幸而生在文艺复兴末期的欧洲，他必然像Rubens们一样成为王侯贵族的忠实的画家，他不幸而生在资本主义发达的现代，所以他虽然“反对欧美三十年来所发明的一切取巧致利之学术”，却无意识地成了资产阶级的画家，至少把他求真求同的意志软化了，失了他认识现实的能力，因之他虽然有火一般热的正义感，却不敢为痛苦民众而发。他的《徯我后》大画中的人物是大旱中的男女农民渴望着云霓，但这画中苦于饥饿的农民们并不显得十分菜色，这据他说是“不愿意画得

图2-53　徐悲鸿和田汉在南国社

太难看”，怕损了他的美的意识。这很可以看出他不敢直视“现实”之一端…… 不能无所遗憾，也就是说悲鸿虽然同时标榜着“Realism”（写实主义），而他自己实在也还是一种“Idealist”（理想主义），他陶醉在一种资产阶级的甜美的幻影中。在他的画中，很难看出实在受难中的中国人，有之只是他的理想或幻想的产物。

悲鸿生平不独与粱肉文绣无缘，而所历的却是与没落的小资产阶级及至无产者同一的“坎坷、落拓、颠沛、流离、穷困”之境。我们看他在欧洲习作时代的诸画，差不多每一张画都反映着他的这种生活…… 而他那一点一线都含着沉忧绝痛的素描又何等能反映他的生活。所以悲鸿此时在这种意义，真不愧一个“沉笃的义士”！假使中国整个的“坎坷、落拓、颠沛、流离、穷困”的阶级得这么一个取得技巧的“诚笃的义士”把他们整个的痛苦要求代表出来，就是把中国这种臬兀不安的现实暴露出来而暗示人们以到自由之路，岂不甚善。但不幸悲鸿也堕入个人主义

> 的传统……把贫乏现象当做他个人的偶然的经济现象，身在贫乏的深渊里呻吟宛转而心眼却由惨苦的现实界转到飘渺的仙乡。因此以他那样一个由惨苦的生活中熬炼出来的人，却不做无产阶级的画家，而不知不觉地、非本意的，成了资产阶级的画家。这就要检讨他在欧洲习画时受了谁的影响了……
>
> 悲鸿本是我们的合作者，其作风影响南国青年者甚大，所以对悲鸿的批判也就是我们自己的批判……但我们对悲鸿先生忍不住一种绝大的希望，因为他的画要成为我们的画，只在一种转换中。就是只要他的艺术回到生活（只要不是他个人的生活），看清客观的环境而作画……

田汉的批判是犀利而真挚的，可见"五四"一代人的社会责任和道德情怀。站在他的立场可谓是精诚所至的肺腑之言了！但当他批判徐悲鸿缺乏近代的爱国心，属于封建道德的时候，那就是对徐悲鸿理想追求的现代性意义之误读了。说徐悲鸿不敢直视"现实"之一端，倒是对徐悲鸿之理想主义有体会，但对徐悲鸿的写实主义艺术观有误解，或者是有田汉这方面的改造之希求！而当田汉用封建主义、资产阶级、个人主义三顶帽子扣向徐悲鸿，批评徐没能成为无产阶级画家的时候，我们熟悉的前面讨论过的"两个五四"中的"革命伦理"一系的"五四"声音便如响耳畔！

这种声音不只田汉，还有杨晋豪、谢冰莹、宗生等学者、艺术家的加盟合唱。

譬如，杨晋豪在对徐悲鸿作品诸如《箫声》《秋晨》《风尘三峡》《天横五百士》《徯我后》，还有对徐悲鸿的马等作品做了最诚挚的肯定和赞颂后，[232]又不无遗憾地批评到（1935年）："倘在这变化错综，转变迅速的大时代中，用他这般熟练的画技，来写实工厂中的旋轮、大都市的通衢、战场上的烽火，以及贫民窟的生活、破毁颓残的村落……使今日这伟大的时代，因了他的珍贵的作品，而在将来留着一个永生的迹象，那这绘画本身将充实着当前的时代精神，更丰富地饱蕴着现实的高热和活力，而成为一幅永无可纪念的史迹，那是何等的伟大可惊。然而，所抱憾的是，他的画却很少和现时代相接触，他始终憧憬着天神和豪侠。我们因了他的取材，他的表现的对象不能把握时代，而失去了一批象征时代精神的杰构，这是何等可惜！…… 徐悲鸿先生的这种作风，正是他的阶级性在现时代中的必然的产物。”[233]

中国历史上第一个女兵作家谢冰莹也在热情肯定并赞颂徐悲鸿的作品后（1935年），不无遗憾地说徐悲鸿没有关注到到处都是艺术家的材料：水灾、旱灾、军阀内战、帝国主义的飞机大炮、老百姓的枯瘦、被机器压断了手指的纱厂工人、“锄禾日当午，汗滴禾下土”的农民生活、大腹贾的资本家、奸滑阴险的土豪劣绅，还有饿死的王四、逼死的阿三、强占人妻的陈六爷等。于是女作家也殷切“希望悲鸿先生做个劳苦大众的艺术家，为了挽救我们衰弱的中华民族。在目前，需要产生那种充满了斗争的艺术来安慰大众，鼓励大众”[234]！

这些批评言辞站在“革命伦理”一系的“五四”精神一边，怎样说都是有道理的。因为每个艺术家确实都有责任和义务来关心国家、民族、时代和社会生活。然而关心国家、民族和时代的方式不只是田汉、谢冰莹、杨晋豪们所说的那一种，不能忘了还有“启蒙叙事”一系的“五四”精神一说，在这个向度上，徐悲鸿和他一样的人们同样在关心着国家、民族和时代！

“很难将徐悲鸿在思想观念上进行明确的定位，‘左翼’革命、个人主义、自由主义、无政府主义—— 他很难在这些当时流行的思想与观念中找到明确归属，其社会理想似乎更倾向于自由主义与温和的社会改良主义。”[235]莫艾的看法是很有道理的。左翼革命、个人主义、无政府主义都不是徐悲鸿的特色，但说他具有自由主义倾向，倒也有谱。周策纵曾说："自由主义者偏于避免牵涉入政治纠纷之中，并且主张应该由教育和文化运动来达成改革。"[236]徐悲鸿的一生确实就是想做个艺术家，致力于艺术兴国，致力于教育救世。在新中国成立之际中央美术学院尘封的档案材料里，组织上给徐悲鸿的政治面貌的结论也是："无党派、自由主义者，无强烈的政治主张，重才重感情，主张为艺术而艺术，教导学生以成大艺术家为目的。"[237]这个评价大体是不错的。

但给徐悲鸿在社会政治定性的思潮或者主义上下确切定义其实又不是那么容易的事，徐悲鸿的矛盾性，也往往使我们在给了他定义后，又往往会被一些呈现的史实弄得迷惑不已。

所以"启蒙叙事"一系的徐悲鸿或许要从单纯、素朴的知识分子情怀说起。而从田汉们的批评语辞中倒也确实能反向看到徐悲鸿对艺术与政治、艺术与社会的关系理解的知识分子立场，也就不难理解徐悲鸿坚持的写实主义与现实的隐喻联系与适度间距性了。

徐悲鸿说："纯正美术，远于功利，对于社会，鲜直接之影响。"[238]（1932年）

"我只求画中人身体上那几个部门活动，颇不注意他的社会阶级。有许多革命画家，虽刊画了种种被压迫的人们，改变了画风，但往往在艺术本身，无何等贡献。"[239]（1943年）

给女婿的信里关于女儿的人生，他也这样建议："需要学得一种专门知识，因为她是有根底的。"[240]（1950年）

他有"弟素不喜政治"[241]之类的言论（1950年），也有"我不准备做官，我要到广西去""我是艺术家，怎么能干这些事情？我不会搞行政工作"[242]的说法。（1938年）

但在1946年北上接管北平艺专时，给弟子吴作人写的信是："余决意将该校办成一所左的学校。"[243]（1946年）

在说"艺术家即是革命家"[244]的同时，又说"一定要刻苦地从本分上

实干”[245]，还希望“以后的政治家，必须稍具审美观念”[246]。（1947年）

在这些言论中，徐悲鸿素朴、正直、爱国、爱艺术的知识分子立场与情怀当不难被我们所发现！[247]

在常态下，知识分子与政治相间距，也是宗教改革与文艺复兴时期从内外两方面冲毁政教合一的中世纪格局后的现代性成果之一。因此与主流社会相间距的隐逸成为人文知识分子的一种生存方式。

但在求民族独立与民族解放的斗争中，投身于革命的社会运动几乎吸引了人文知识分子中最优秀的人（中外历史上不胜枚举的事例足以明证）。“革命家成为20世纪人文知识分子的典范。”[248]以此我们可以理解徐悲鸿所说的“艺术家即是革命家”的激进之语。

可以说，在民族民主运动中的有正义良知的知识分子，有这么几种生存样态：或者投笔从戎（众多志士），或者以艺术家自己的方式抗战（如徐悲鸿），当然也有隐逸者（如林风眠）。这是以赛亚·柏林所说的“积极自由”和“消极自由”[249]下的几种知识分子选择（下文叙）。都有他们的道理，都有存在的合理性：投笔从戎者建设了新中国；以自己方式抗战的徐悲鸿也为国家的新生富强贡献了力量；隐逸的林风眠保留了艺术的火种（下文叙），为中国的现代艺术立下了功劳。常态的社会应是积极自由、消极自由并存，个人自由和国家独立富强同在才是完成着“五四”运动的任务。马修·阿诺德（Matthew Arnold）认为：“当一个社会保有一种安静、有信心、心灵自由活动、歧异观点相互宽容的状况时，她就是一个现代社会。”[250]

因此需要重申，在本体论意义，五四运动不可两分。因为无论是对民主人权自由的新文化启蒙思想之追求，还是抵抗外辱、反抗侵略的学生爱国运动乃至于后来全民求得民族独立和主权的革命斗争，都是中国现代性追求的题中应有之意，这应该是统一不可分割的五四运动之精魂。

因此以“启蒙叙事”一系的精神，以自己的方式对待革命、抗战和艺术的徐悲鸿也就未见得一定要被田汉、杨晋豪、谢冰莹这些“革命伦理”一系的斗士来批判、微词或者殷切期望和改造了。殊途同归，大家的目标是一致的！

因此，有些事情似乎就可以也应该重新来理解了。

譬如徐悲鸿离开南国艺社事件：

1928年，徐悲鸿离开田汉的南国艺社，也许就不能按普通一般的理解是因为夫人蒋碧微的强力阻拦而作罢。[251]徐悲鸿是何等勇敢刚烈之士，他要下决心的事情，谁能拦得住？譬如前文提及的徐赴法留学事件所现：关于官费留学，教育总长傅增湘对徐允之，但未及时兑现。徐悲鸿非常生气，去信痛彻斥责傅氏。再得蔡元培致函向傅举荐，终而成功。他又特别感谢傅先生了，奉为知遇之恩。[252]从法国留学回来，还去给傅画像，以答谢之，那时候的傅增湘已不再是教育总长，而当年去信痛责教育总长的徐悲鸿才是23岁的普通美术青年。

因此徐悲鸿离开田汉的南国艺社，根本原因或许应该是不想以直接的斗士为生，他就想当个画家，做个老师，兴办教育，以艺术救国，那么南国艺社就不是他实现自己理想的阵地了。这一点，田汉看得是很准确的。

再譬如徐悲鸿未任武汉军委政治部科长事件：

1938年4月下旬，徐悲鸿应郭沫若、田汉之邀，去武汉军委政治部第三厅（郭沫若为厅长）第六处（即艺术宣传处）第三科（管绘画木刻）任科长，但终究没赴任，拂袖而去。[253]对此或许也不能按惯常已有的看法（负气说和恋爱说）来理解了。

关于武汉军委政治部第三厅的情况，以及徐悲鸿终未赴任的情况，郭沫若在《洪波曲 · 第四章 · 筹备》中有记录：[254]

政治部的组织，厅以下的规定是每厅二处，每处三科，因此我和主任秘书阳翰笙最初便只能按照这样的编制和安排人事和计划。……第六处掌管艺术宣传。其下的第一科担任戏剧、音乐，第二科担任电影制放，第三科担任绘画木刻。

这一处的处长是田寿昌，他动员了洪深来当第一科长，徐悲鸿来当第三科长，只有电影制放科是因袭了前武汉行营政训处的遗产，由中国电影制作厂厂长郑用之来兼任了第二科科长。……这一处处长和科长以及许多的科员，如史东山、应云卫、马彦祥、冼星海、张曙……差不多都是知名的文化人，地位是相当高的。

郭沫若认为：

当这样的名单拟出时，老实说，连我自己都有点不大相信：这些先生们肯来就职吗？然而结果除徐悲鸿一人之外竟毫无例外地都没有问题。单只这一事，也就足以使陈诚感到满意，而且惊诧了……

再说，徐悲鸿的不肯参加，也是有这么一段插话的。

徐悲鸿那时住在重庆，他接到寿昌的通知，不久也赶到了武汉，但他走错落了路，他没有到昙花林来找我们，却跑到政治部本部去了。我接到本部的电话，赶去看他，正是吃饭的时候，看见他一个人坐在陈诚的办公室里面。

我们本来不大熟，寿昌那时也因事过江去了。一见面，我便感到调子有点两样，徐悲鸿呈现出一个不十分愉快的脸色。我把情形告诉了他，委婉地请他帮忙。悲鸿说：我不准备做官，我要到广西去，要挂我的名字也可以。他更补上了这么一句：我的名字就被利用，也不会用烂。我有点吃惊了。我劝他一道去找找寿昌。他说，要急于上火车，不去了。于是我们便只好分手。

这事情弄得我有点茫然。但我也并不是不能了解：这和我的出走长沙，不也是大同小异的吗？我揣想：悲鸿是可能受了侮辱。“革命”衙门的气事实上比封建衙门的还要难受。看到陈诚把他请进了部长室，当然也是表示了相当敬意的。但这敬意明白地不够。尽管怎样，为什么不派部汽车送他到昙花林，而要把他一个人撇下呢？请也不容易请来的人，请来了，却又被一股怪气冲跑了。[255]

郭说自此就成了徐悲鸿未赴革命之任的权威说法，研究者们多从此说。

王震则推翻此说，认为郭说（乃至后面的艾中信等说辞[256]），都只是表面现象，都是不了解真正的徐悲鸿。王震认为：徐悲鸿“去武汉的目的也不过是为了向田汉等先生打个招呼，徐的目的则是过武汉赴长沙，将孙多慈全家接往桂林”[257]。王震的依据是徐悲鸿向老友舒新城所言。舒新城日记曰：“据谓孙多慈因安庆失守，曾全家至长沙，电彼由渝赴湘相见，并由彼将其举家移桂林，慈且曾允嫁彼，但为其家庭所阻。”[258]

相比郭说与艾说的流于表面、以己度人的官场世故之气，王震的说法倒确实朴素地说明了徐悲鸿未赴任的生活实际，那时候徐悲鸿确实正处在波折多变的热恋、苦恋、绝望之恋中，急需南下安顿恋人一家。而郭说的陈诚显然诚意不够（如果派辆汽车送徐到昙花林就好了），而艾说的则是“不是嫌官职小”，这些实在是对素心的徐悲鸿的超级隔膜和误读了！徐悲鸿意下不在做官，遑谈官职大小？而即使曾经面对边境军方接待隆盛、夹道欢迎，高楼洋房的款待安排，徐悲鸿不也不屑斥到“俗不可耐”吗？[259]

王震之说确凿真实，道出了作为普通人的徐悲鸿为情所困的一面，有别于宏大话语对徐的阐释。但在笔者看来，徐悲鸿未赴任的真正机关、深层原因，或许还是与他离开南国艺社的真正原因一样，间距政治，对行政不熟不喜，只想做他想做的艺术家、教师，画他想画的画，[260]不大情愿做“革命伦理”一系的无产阶级斗士般的画家，正如他给弟子吴作人信所说：“寿昌先生自是善意邀吾等相助，无奈吾等志趣不合，此确不能勉强，且让倪公做去，未必没有成绩也。…… 田先生何不提拔几个青年有血气的人用用（可说我说的），可告之，有气魄如老田应当如此，横竖无成败关系。…… 我现尚欲由汉口犯桂，不知时局允许否，总要到七月一日方能离此，若汉口出去为难（如赴衡阳）则我便由贵阳走……”[261]面对徐悲鸿的离心似箭，若田汉们相论一定又是批他资产阶级思想和小布尔乔亚情调了！

郭沫若、田汉领导的武汉军委政治部第三厅、第六处和徐未上任由倪贻德代理科长领着几十位画家为抗战宣传所做的大量工作，可歌可泣，载入史册！

但田汉、杨晋豪们说的个人主义的、小布尔乔亚的、资产阶级的、脱离革命洪流、没有投笔从戎的徐悲鸿也绝不是懦弱鬼，更不是一个只知道沉湎于儿女情长的恋爱家。作为普通人，他有小情感，是被个人感情所困扰，也不幸落得如此辞了武汉下桂林却恋爱受阻，被恋人孙多慈及其父母气得发晕，乃至绝望分手的境地，[262]但儿女情长绝不意味着英雄气短！

前线革命没去，恋爱绝望，妻子恨恨，用徐悲鸿的话说就是“惨极了，只当作被炸坏四肢脏腑一样难过”[263]！如此状态下去南洋，徐悲鸿必须要给自己亦给世界一个理由和交代。是的，如果仅为一己之情而逃离，对于徐悲鸿这样的志士来说那就将会是大节所亏，道德所欠。

于是即使在给孙多慈的最后的绝别信里亦说道：“至于作品，你真是个糊涂蛋，你未能用你一点真正能力贡献于国家，你仅仅比得五十块钱一月的寻常人，当不知羞愧，你带布与颜色到碧湖是作画么？你的成绩安在？”[264]

临行前他写给儿女的信亦是："伯阳、丽丽俩爱儿同鉴：我因为要尽到我个人对国家之义务，所以想去南洋卖画，捐与国家……"[265]他为国担当的道德感，不是空头高标，而是真实践履。卖画所得款项捐与了国家抗战，画的是自己喜欢的画，坚持的也是自己一直倡导的画风，但他的绘画不是为艺术至上的象牙塔之梦，他毕生怀抱的艺术救国，艺术兴国、艺术强国的现代性理想，不只是唱高调，而是自觉刻苦认真奋斗之。抗战期间这一报效国家的理想亦没有变，而且更为强烈："因不堪另一民族之压迫而奋起抗战，其力量又如此悬殊，是必须竭尽吾人之心力，付出最高代价，而尤紧要的乃逼出吾人最高之智慧与超越之精神。"[266]

故去南洋，没有人布置他，他也没有组织需要汇报，他是以一个艺术家自己的方式抗战的，也是自己写就了《半年来之工作感想》（1938年8月）[267]：

> 身居后方者，无论如何努力，总比不上前方将士兵器悬殊无间寒暑之苦战。出钱者，无论数量如何之大，必不能比得为民族而牺牲性命者之贡献。此理尽人知之。试言一例，倘有人以重金易吾人之一指，已不肯为，以百万购人肢体，敢言必无应者。故知殉国之烈士，乃民族精神与人类道德最高之表现也。夫一民族国家其处于生死存亡情势危急如中国今日者，有史以后，亦不多见也。
>
> 去过万里之南洋侨胞，以能安居乐业之故，境况较裕，又因远在国外，闻见之程度悬隔，惟以不断之宣传，类能毅然奋起，返国从戎者，投效航空者，与在紧接前方勤劳服务者，已书不胜书。至其慷慨输将，毁家纾难之举，亦充塞于每日报章。其救国情绪之激昂，能使当地政府与他邦人士感动，因而获得其诚挚之同情，有利于抗战工作。
>
> 我自度微末，仅敢比于职分不重要之一兵卒，尽我所能，以期有所

裨补于我们极度挣扎中之国家。我诚自知，无论流去我无量数的汗，总敌不得我们战士流的一滴血。但是我如不流出那些汗，我将更加难过。惜其功极微，且连累我无数好友，留汉不算，还费心血，乃我所尤深感愧者。

吾人既作客他乡，地主之厚谊隆情，不应漠然无动于衷于其中，尤以二十六年七七抗战以怀，友敌之观念，益与吾人为关切。吾星洲之展，颇结识不少欧洲朋友，增加其对于中国一切之兴趣。因之此间侨绅，委吾为督汤姆斯爵士写像，纪念其治绩，与其对吾侨众友惠深，吾故欣然承命。平生半在江湖，颇多写并世豪杰之士，以汤姆斯爵士威仪风度言之，诚有如诗经所称'恺恺君子'者，其受人之恳笃爱戴，盖有由也。

英国对于我敌战争，虽守中立，但不能阻止其正人君子之反侵略之同情，不必伦敦可见，随处可见。而吾人四万万五千万人，方在患难之际，对此同情，尤加珍视，无或疑也。

徐悲鸿是无党派，他写的这份总结只是在履行一个中国人的爱国心与知识分子应有的一份社会担当！他尽他的艺术报效祖国，也以他尽可能的能力团结一切可团结的侨胞、外国友人支持中国的抗日战争。把个人的哀伤放之于时代的洪流、民族的伟业而为国担当，令人慨叹！这种以画家的方式在后方流汗抗战，亦和前方投笔从戎的艺术家们以及在前线浴血奋战的抗日将士们一样令人敬仰！

是的，徐悲鸿是强烈的爱国志士，与国民党抗战将士的来往，以及与共产党的合作，都是爱国情操，正义之举，他更是一个爱艺术入骨髓的人，最后又总是以艺术的标准来取士。

譬如他与广西三将领的合作是因为他们抗日，[268]赞颂共产党是因为他们的无私精神令人钦佩，因为他们为国家和百姓图富强。1941年，徐悲鸿致函吴作人，提及“吾人虽非共产党，对他们的‘先天下之忧而忧，后天下之乐而乐’的精神实在钦佩”[269]。1950年，徐悲鸿给长期旅居英国的老友陈西滢写信：“兄等须早计，留外终非久居，素不喜政治，惟觉此时政治，事事为人民着想，与以前及各民主国家不同，一切问题尽量协商，至人人同意为止。故开会时绝无争执，营私舞弊之事绝迹，弟想今后五年，必能使中国改观，入富强康乐之徒。”[270]没有虚饰，其情真切赞颂，溢于言表。

此外，徐悲鸿第一个向傅作义将军建议和平解放北京，[271]向新中国政治协商会议提议聂耳曲、田汉词的《义勇军进行曲》为国歌等举措都是热爱和平和企盼国家安宁兴旺的表现。再如建国后给领袖画像，是他认为新中国是为人民的国家，领袖是大家期盼的救星，这份心情和全国百姓一样真诚无比！至于给英雄画像、率先决定让中央美术学院师生参加土改等，[272]都是他和他所在的那个时代的人们真诚地热爱着新生的共和国的体现。如果说前期徐悲鸿有自由主义知识分子的某些特点，那么后期的徐悲鸿尤其是1946年以后的徐悲鸿则是倾向共产主义的知识分子了。

但他对革命伦理的理解是不够的，或者说20世纪40年代他在国统区赞颂共产党的画家也非从革命路线出发，譬如赞颂古元、王式廓是因为他们的木刻生动、明快而写实。[273]回绝了去意大利罗马、英国的巡展而去苏联办展，是因为那是国家邀请，而那个国度正以国家力量支持写实主义。[274]他想兴办教育，想建设美术馆，深切体会只有依靠国家力量，方能成事。

徐悲鸿还有跟不上新时代步伐，甚至有不合时宜之处，譬如他把给工农兵画像塑像，就不是革命的说辞，而是兴奋地当作如希腊雕刻家一样，塑出公民样！[275]所以给《人民美术》杂志的文章就被退稿。[276]

也许可以说，近乎一个世纪以来，对徐悲鸿的评价，始终是在“革命伦理”和“启蒙叙事”中百般纠结。20世纪50年代至80年代对徐悲鸿的颂扬都是从“革命伦理”角度的高调歌颂，造就了意识形态神坛化、脸谱化了的徐悲鸿，当然是人们最熟悉的徐悲鸿，也是被遮蔽了的徐悲鸿，更是被80年代以来自由主义一方百般诟病的徐悲鸿（下文叙）。

依笔者之浅见，徐悲鸿固然不是田汉、郭沫若一般的革命党人，[277]但也右不到像“启蒙伦理”中最后持“消极自由”的胡适、梁实秋一般人那样就要到离开大陆，去中国台湾地区或去美国、去英伦等地一去不回的地步。

古道热肠、赤子之心的徐悲鸿，知识分子的画家徐悲鸿，自由奔放的徐悲鸿，正义爱国、铁肩担当、艺术救国、教育救世、期待着国民性的提高、期待着国家的富强和文艺复兴的徐悲鸿，毕生奋斗，不仅自己取得了巨大的艺术成就，也为国家的教育事业做出了大贡献，并在国际交流中为提高中国在世界上的地位做出了不懈的努力。如许，他才是新生的共和国始终团结、支持乃至今天都充分肯定的大艺术家！但徐悲鸿也是浪漫随性的艺术家，是生气也骂人，恋爱也私奔，绝望了也失恋、也离婚，错过了花期还会顿足大叫“吾负藤花、吾负藤花”的徐悲鸿，[278]立体丰富的徐悲鸿或许才是我们真正要走进寻找的徐悲鸿，他的贡献和局限也许才能更恰切真实地被看到，从而能让我们更好地继承这份遗产，以促今天美术乃至文化的更好发展。

三、来自“自由主义”一方对徐悲鸿关于现代艺术观点的批评（20世纪上半叶）

当我们在论主义时似乎可以把前期徐悲鸿划定为自由主义，他也确实受到了“左翼”革命伦理一系的田汉、杨晋豪、谢冰莹们的批评，但徐悲鸿也同时受到了来自自由主义一方的批评，即启蒙叙事里属于“消极自由”一方的批评，大家最熟悉的大概莫过于20世纪20年代的“二徐之争”了。

“二徐之争”是一桩公案，是中国现代艺术史上的大事件。这是在1929年4月全国第一届美展上，徐悲鸿发表“惑”（致徐志摩的公开信），对现代艺术进行了猛烈批判。徐志摩发表《我也‘惑’——与徐悲鸿先生书》一文，对徐悲鸿的文章提出异议，进行反批评，为现代艺术唱赞歌。[279]

在当时徐志摩的质疑批评没有形成气候，这场论争也终于在李毅士站在徐悲鸿一边发声，编辑杨清馨亦发声说本刊地位及时间上均不能再发徐志摩六千回应长文而告终，其实是不了了之了。

但在今天看来，在这段公案里，徐悲鸿不占上风，他对西方现代派画的排斥态度有失偏颇。现代派艺术的意义毋庸置疑。于是对于西方现代派绘画的态度在当时对徐悲鸿的质疑没有成气候却在今日构成了对徐悲鸿的严重质疑。于是，面对该问题，徐悲鸿错了，徐志摩对了，似乎也已成定论。笔者无意于翻案陈说，只是在想，也许这里不能这么简单地划对错号，而是要把问题放在中国现代美术思想史的特殊背景下来做具体分析，也对徐悲鸿观点之形成做一针砭。

显然，徐悲鸿对现代派绘画的态度无疑受到他的法国老师以及这些老师的老师们的影响。笔者曾在第一章中提到，徐悲鸿的这些法国老师代表的是法国学院派的衰落。这些末路英雄们是印象派画家及现代派初期画家的同时代人，却也是与印象派画家们相左劲敌的一群，是执掌官方沙龙排斥他们的一班人。[280]贡布里希也曾说过：“只有在19世纪，从事‘官方艺术’成功的艺术家和一般身后才能赏识的离经叛道者之间才出现了真正的鸿沟。”[281]岂止是鸿沟，那是真正的敌意和对抗。譬如达仰的老师热洛姆即是莫奈、西斯莱们的死对头。在莫奈他们看来，热洛姆是排斥他们进沙龙展的主将，而这些主将们对印象派及现代派艺术谩骂有加。[282]徐悲鸿的骂法也如出一辙，想必跟这样的学养背景大有关系。

从学理的内在理路来说，反对西方现代派与倡导写实主义、批判文人画是有内在关联性的。中国的文人画和西方的现代派艺术的相通性已是学界不争的事实。譬如与主流社会相间居、反抗性、讲求个人心性的自由性和愉悦性、形式语汇的抽象性等，即符号性、抒情表现性（“心印”）和归宿感都是两者的共通性。[283]

也许可以说当胡塞尔（E. Edmund Husserl）、海德格尔（Martin Heidegger）们批判质疑主客相对的二元化对象性思维的时候，也同时是西方现代哲人和艺术家发现看重东方文化的时代。[284]如赫伯特·里德（Herbert Read）就说：“费内洛沙（Fenellosa）和其他的东方艺术的研究者曾经注意到中国和日本书法高度的美学价值。现在之所以赞赏雪舟（按：15世纪的日本画家）这样的艺术家同他的‘泼墨’技巧，无疑是现代艺术家发现了类似的技巧；但是整个东方艺术的影响，则是要普遍树立一种对于艺术作品中的抽象性质的欣赏能力。”[285]沃林格（Wilhelm Worringer）则更富本体论意味地在东方民族那里看见了与“移情说”相对的“抽象性”带给他们幸福的可能性：“这些民族困于混沌的关联以及变幻不定的外在世界，便萌发出了一种巨大的安定需要，他们在艺术中所觅求的获取幸福的可能……（是）将外在世界的单个事物从其变化无常的虚假的偶然性中抽取出来，并用近乎抽象的形式使之永恒。”[286]

想必这就是中国文人水墨画从艺术思想史的角度来说是求心灵的归宿，在绘画形式上是日益讲求符号性、程式化的原因。如董源在创造出一系列独特的形式语言来表现江南的特殊地貌，好像披散麻缕那样的笔触（披麻皴）和浑圆点（点子皴），在不离形似却高度概括的同时，已经蕴含了向抽象化与符号化发展的可能。如沈括所说的那样：“用笔甚草草，近视之几不类物象，远观则景物灿然，幽情远思，如睹异境。”[287]而在元四家与赵孟頫那里，这种符号化和抽象性就已真正实现，如倪瓒的画剥去抽象掉了一切可以剥离的外在元素，直接以物写心，因为是直触心性，可以凭借的外在物质内容太少，因此倪画最不好学（即使他的画单调重复而提供了很好的程式化样本）。在这个意义上，倪瓒是一位相当现代的大师，有人甚至提出倪画可以不要题目，像西方现代音乐家的作品一样标柱“作品一号”“作品二号”[288]……

塞尚、高更、凡·高、康定斯基、蒙德里安、毕加索、马蒂斯、米罗、霍夫曼、马瑟韦尔们在对三维空间的回避而对平面性的提倡，对符号性、抽象性的表现不也同样是对现实嘈杂世界的回避，向内心世界回归的表征吗？于是在塞尚静静的苹果里，在高更的塔希提岛上，在凡·高的向日葵、星月夜、奥维尔的小村道上，在康定斯基的红黄蓝、蒙得里安的方块构图、毕加索的梦中少女、马蒂斯的红色画室、米罗的蔚蓝的金色、霍夫曼的云雀、马瑟韦尔的“下午五点”里……不也同样看到的是人退后一步的栖息之感吗？

如前述，徐悲鸿批判的是文人画末流，对好的文人画是肯定的，并不排斥。同样，他对西方现代派艺术，也不是完全彻底拒绝批判，也有赞同之处，他的朋友、学生对此都有记忆，譬如：

跟他辩论的徐志摩在他的《我也“惑”》中就有徐悲鸿肯定毕加索、凡·高、高更的记录：“我不但尊重你的言论，那是当然的，我并且尊重你的谩骂（‘无耻’一流字眼不能不归入谩骂一栏吧？）因为你决不是瞎骂，你不但亲自见过塞尚的作品，并且据你自己说，见过三百多幅的多，那在中国竟许没有第二个，也不是因为派别不同；要不然你何以偏偏不反对皮加粟（Picasso）（按：毕加索），‘不反对’凡·高与高更，这见证你并不是一个固执成见的‘古典派’或画院派的人。换句话说，你品评事物所根据的是，正如一个有化育的人应得的根据，活的感觉，不是死的法则……最后还有一句话：对不起马蒂斯，他今天只能躲在他前辈的后背闪避你的刀锋，但幸而他的先生是你所佩服的穆罗（Moreau），他在东方的伙伴或支裔又是你声言‘不反对’的满谷国四郎，他今天，我知道，正在苏州玩虎丘！”[289]

在辩论上，徐志摩是徐悲鸿的劲敌，也是畏友，他难得看到了徐悲鸿对待现代派画有所肯定的一丝丝缝隙、直觉与睿智，看到了徐悲鸿作为艺术家讲活的感觉，不是看死的法则的一面。看到这一丝丝缝隙的不止徐志摩一个，还有新加坡的刘抗，以及徐悲鸿的亲授弟子艾中信等。

1940年12月19日，徐悲鸿在新加坡应邀出席了华人美术研究会第五届青年画展。大家请他对每个参展会会员的作品加以批评指导，徐悲鸿丝毫没有大师架子，依次走到每个人的作品面前，认真看画并诚恳提出自己意见。当走到画新风格油画的刘抗面前，微笑地说："你才是马蒂斯的老师。"[290]

艾中信也说到："至于对待西方诸流派，只要还有可取之处，他（按：徐悲鸿）也并不一概抹杀。他不喜欢马蒂斯，认为他对待艺术不严肃，至于他在色彩等油画技术方面的优点，徐先生也是承认的。他认为毕加索早期作品也很好。"[291]

徐悲鸿的矛盾性在许多方面都有体现，不止这一处。矛盾性或许正说明了徐悲鸿作为艺术家的探索性与不定型性，以及不小的可生长空间。就像他的老师达仰、贝纳尔接受了印象派的影响，徐悲鸿也同样接受了印象派一样。譬如：1927年的《女人体》（图2-54）是徐悲鸿少有的注重光色表现的作品，一束强光斜射在人体上，逆光中微暖的肤色仿佛都跳动起来，背阴的冷绿色与反射微微偏暖的紫色互为交织，极富变化，是几笔逸兴的"印象"光色。[292]譬如，1946年他赞扬了印象派画家的精神："法国上世纪之印象主义诸作家，如马奈、莫奈、敢方当、拉都、毕沙罗等，实具有不屈不挠之精神，勇往直前、义无反顾之气概，故起初虽受社会抨击，终能取得最后胜利。"[293]这可以看作随着时代的前进，随着写实主义的日趋稳定，徐悲鸿对自己的一步超越和更正。这

图2-54　女人体　徐悲鸿　布面油彩　66 cm×81 cm　1927年

应该看作一个真诚坦率的艺术家的无伪无欺。

只是他肩扛的写实主义的大旗，又抑制了他向现代艺术的靠近，且迷误在执着认为塞尚这等后印象派画家、马蒂斯这等现代派画家是被画商操纵，没有看到现代性浪潮里资本主义长足发展而带来的艺术家的相对自主性以及艺术市场发展的不可阻挡性。那么田汉批他"资产阶级"那还真是没批对。

也就是说，徐悲鸿对现代派艺术总体是反对的，且是激烈反对的，视他们的作品为洪水猛兽，比类"来路货之吗啡海洛因"，并宣称如若美术馆专事收罗他们的作品，他将"披发入山，不愿再见卑鄙昏聩黑暗堕落也"，[294]的确是语重矣、过矣！那么无论徐志摩还是苏立文们的批评都有着他们的一定道理。[295]

在艺术史乃至文化史上，在新旧交替的时代，维护旧文化者并不少见，譬如徐志摩提到的罗斯金和托尔斯泰。[296]但徐悲鸿是革新派，是以肩扛建设“新艺术”自居的勇士，何以如此在总体上抗拒西方现代派艺术？需要我们深一层的思考。

徐悲鸿对西方现代派画的排斥态度或许应该放在中国现代思想史的特殊背景下来看，要从现代性视角去看。列奥·斯特劳斯的现代性的三次浪潮之理论，对笔者启示良多，按列奥之理论，徐悲鸿是在斯特劳斯所说的现代性的第二次浪潮上，徐志摩则是在第三次浪潮上。[297]公允地说，“积极自由”的民族启蒙没有错，“消极自由”的个人独白也没有错，所以“二徐之争”本就是关公战秦琼，怎么去看这个问题，只能是回到具体语境，“同情理解”并阐释。

以五四运动为开端的中国现代性启蒙始终伴随着救亡图存、抵御外辱这一艰难巨大的民族使命。因此当时的艺术精神需要的毋宁是肯定性的理想（理性）建构，而不是破坏性、怀疑性、非理性的狂放历险颠覆性的现代派艺术。如果说徐悲鸿面临的是中国当时自己的文化问题而一改文人画末流的写意之风倡导写实主义的话，塞尚、马蒂斯、毕加索一代的西方现代派画家就是针对他们的文化出现的问题而做的反思批判。这些画家所处的时代是机器文明高度发达却也是以分裂的心灵、异化的人生和对世界大战的恐惧为代价的时代，是对历史理性有着普遍怀疑、道德至上发生深刻动摇的非理性时代，是斯宾格勒所说的“西方没落”的时代，是尼采所说的“上帝死了”的信仰失落的时代，是海德格尔所言“存在被遗忘”的西方贫困之时代，也是西美尔、列奥·斯特劳斯、法兰克福学派、雅斯贝尔斯、哈贝马斯等现代哲学家怀疑启蒙理性的合法性和权威性的时代，[298]这是“现代性”遭受悖论丛生的时代（如第一章所述）。于是画家们用徐悲鸿所描述的“画几枚颠倒之苹果，畸形之风景，或塑长头大腿之女子，便为有功于文化”[299]，用丑陋鬼魅、冷漠挑战、叛逆拆解的“妓女们”来表达自己的义愤和对自己文化的批判。[300]

西方现代派画对东方绘画的借鉴已是不争的事实。徐悲鸿并没有对现代艺术闭目塞听置若罔闻（这一点徐志摩是充分看到了），相反基于他的前理解，他对此是有高度清醒认识的：“欧人今日多有厌恶其机械生活，而欢迎东方文明者，然其必不足令吾懒惰之国人有借口，可无疑也。”[301]如果没有这样的认识，看不到自己的弊端而张扬于“我们的祖先比你阔多了的”阿Q式迷梦，那正是鲁迅所批判的国民的劣根性，这是近代中国远远落后的原因之一。徐悲鸿清醒地认识到，如果西方文明吸取东方文化在治他们的病，东方日本也在汲取西方养料的同时坚持自己文化本性，而我们却躺在阿Q式梦里睡大觉，那么“吾人热烈期待的文艺复兴便无希望，恐怕我们以往的敌人，倒完成他们的文艺复兴了。这是多么需要警惕的事呀”[302]。因此徐悲鸿认为要完成我们的文艺复兴，欲救“目前之弊，必采欧洲的写实主义”[303]。这是他毕其一生所坚持的现代性改良思路。

写实主义画风在中国现代思想史上的地位，还可以在鲁迅先生那里得到巨大支持。鲁迅认为“现代流派艺术并不适宜中国的迫切需要，中国最需要向外学习的，是写实主义传统”，并再三告诫青年美术家要学好素描，打下牢固的基本功，不要迷恋未来派、立体派，不要以此而“胡为”，给自己套上“新桎梏”。[304]一个是为改造国民性而在黑暗中奋斗呐喊了一生的思想家，一个是为改造中国画而披荆斩棘了一生的艺术家在此神交契合。

因此，徐悲鸿没有选择西方现代派艺术，一方面说明了中国现代性进程的艰难性，也说明了中西现代性之路的差异、区别与错位性，从而显示出中国现代性进程的复杂性，更说明了东西方文明在各自的危机与局限里是可以互相借鉴与疗救的，问题是要找准病根找对药引，在此，徐悲鸿自有他的道理所在。

他热情呼唤："志摩，你如同情，请用你之雄文，来同申正义，不必以这担担子，专搁在我肩膀上。"[305]

这一艺术救国之担子何其重！

四、对写实主义曾被定于绝对一尊的反思所产生的对徐悲鸿的批评质疑（20世纪80年代以降）

如果说徐悲鸿为治文人画末流之病而倡写实主义，是为了改良中国画，为了艺术救国，以实现国家的文艺复兴是中国现代性启蒙之一环的话，恰恰却在20世纪末叶中国社会空前现代大转型的时代遭到了来自现代思想主流的"自由主义"一方的严重质疑[306]（鲁迅也遭到了同样性质的质疑[307]）。如果我们领略过集权专制的味道（如"文革"），就能够充分理解解构宏大话语的现代自由主义（乃至后现代思潮）对于今日中国的意义，王朔、王小波以及米兰·昆德拉、张爱玲、林风眠、潘天寿、庞薰琹、陈抱一、邱堤等艺术家受到青睐就不足为奇。在斯特劳斯"第三次现代性浪潮"意义上的自由主义之现代思想盛行和后现代主义文化并存的氛围中，鲁迅、徐悲鸿的确似乎是"前现代"的。但问题是，"鲁迅曾与之论战的几乎所有派别的人物，不仅'第三种人'与林语堂，甚至周作人，都不仅获得同情理解，而且成为现代自由主义资源"[308]的时候，鲁迅的伟大是否就可以就此诋毁和消解？与此相应，在我们接受了徐悲鸿曾经斥责的西方现代派艺术（乃至更极端的后现代艺术），也接受了不同于徐悲鸿画派的各种中国画家画派的时候，徐悲鸿精神是否过时？写实主义画派是否到了穷途末路之际？"文革"十年的畸形美术之弊害和中国美术近半个多世纪没有和世界现代艺术接轨的账是否都要算到徐悲鸿身上？面对质疑者的这些问题，本书充分同情理解艺术家们曾经付出高昂代价体会的艺术不能自由自主的痛苦。因此我们更需要以清醒冷静的学理态度“回到事实本身”（胡塞尔语）。

作为深谙中西艺术史的大师，徐悲鸿当然知道写实主义是绘画流派之一种，他是为了“治病”而最积极地倡导它，但他并没有把写实主义要顽固当作中国画坛永远的唯一。1943年他在《新艺术运动之回顾与前瞻》中无限期望：“写实主义，足以治疗空洞浮泛之病，今已渐渐稳定。此风格再延长二十年，则新艺术基础乃固。尔时将有各派挺起，大放灿烂之花。”[309]这是多么美好的百花齐放的艺术愿景！

但徐悲鸿所说的20年后的中国艺术是不是各派挺起，大放灿烂之花了呢？恰恰相反，那是砸烂一切艺术的疯狂时代，那是“红、光、亮”的畸形美术盛行的时代。如果徐悲鸿活到那时一定也在劫难逃。而畸形美术和徐悲鸿所倡导的写实主义也早已根本不是一回事了。因此把这笔账连同中国艺术半个多世纪没有和世界艺术接轨的账全算到徐悲鸿这里是否就是对艺术家的不公正？大而言之，中国艺术半个多世纪没有和世界接轨，和这半个多世纪（冷战气候下）的世界以及中国的政治文化的大背景密切相关。这不是哪个艺术家所能决定的（即使他是艺术领袖）。小而言之，“文革”畸形美术是集权吞并教化而形成的如中世纪政教合一的产物，这不仅是艺术家们的不幸，更是我们民族史上的大不幸，是现代中国在现代性追求的路途上的一次曲折。对这大小两方面的进一步反思，需要我们从艺术思想史内部也需要专门思想史家的深入探讨。

因此，如果写实主义美术曾经和其他艺术样式一样有功利主义粉饰迎合的苗头，都是我们今天要予以反省的问题。艺术自律应是艺术家始终如一的坚持，而艺术与政治、艺术与社会的关系又是不容忽视的重要问题，需理性对待、良性互动，这已是正反两方面的经验证明了的问题，还需我们加强理解。所幸我们身处的今天是继续曾经中断了的现代性旅程的时代，亦是多种艺术形式多元并存的时代。写实主义在今天作为多元艺术流派之一种依然有其深入拓展的生命力，而徐悲鸿所深切期待的美好多元的艺术愿景也都在努力实现着，这是我们时代的有幸！

但第四方面的质疑异常复杂，需要再说两句。诚如曹庆晖认为：“如果说当年徐悲鸿亲率弟子、邀聘名家，为写实主义理想而在北平艺专尝试的美术教育体系尚属粗放，在教学思想方面最终体现为徐悲鸿‘写实主义’主张的一枝独秀，那么，在建国17年间党的‘二为’和‘双百’文艺政策下确立的‘现实主义美术教育体系’，则拥有了相对稳定的教学体制、系统的教学内容和严格的教学方法，并且在相对宽松的历史时期还短暂呈现出各家各派教学探索多样化的倾向，一时呈现出作品、出人才、出智慧的局面。”[310]但当这一教育体系成为统领全国的主流话语，而被各大美术院校执行遵守的时候，其实这体系已不仅仅只是徐悲鸿一家，[311]“实际上，在统一的文艺方针之下，为这个体系的建构共同出力的群体性力量，如‘徐悲鸿美术教育学派’、‘延安学派’、‘苏派’，以及这三元汇聚的格局中与之共生的其他名家教学，他们之间的相融性远大于他们之间的相异排斥性。逐渐的，你中有我，我中有你，共同内化为影响至今的教育整体。”[312]

因此当20世纪80年代以降，在经历了50年代和60年代政治与艺术的紧张关系后的艺术家们在反思过往的时候，对徐悲鸿的大规模质疑就有让徐悲鸿一肩所挑所有过失之嫌。虽然“这一时期中央美术学院‘现实主义美术教育体系’的建构，是包含‘徐悲鸿美术教育学派’在内的各家各派无法超越但却又必须为之承担责任的深刻局限性的建构。”[313]但再大的局限也大不过贡献。因此无论哪家哪派，汲取正反两方面的经验和教训，更好地建设注力今天的中国美术，这是对一个艺术家，对一个学派，也是对今天的我们起码公允的理性学术态度。

另外，对徐悲鸿的质疑，从审美的接受心理来说也要做以辨析。徐悲鸿的时代，是反帝反封建的民族复兴启蒙的“积极自由”的时代，他那融合碑帖但更为贴近碑学而“漫求诸野”的书法[314]并以此入画的实践，非常切合激情洋溢向往新世界的草根民众的欣赏心理，他的展览每每盛况空前的情景和“决澜社”展览的萧条冷落堪成强烈对比。[315]但在20世纪80年代后，艺术学界及思想史界对“积极自由”被走到极端成为“文革”弊害所做深刻反思的时候，“消极自由”的个人独白、精致唯美或者解构放逸便有了存在的相当的合理、合法与合情性。但这似乎不能成为质疑者攻击“徐悲鸿是美盲”的理由，就像欣赏了清“四王”的优雅精致，绝不能就去否定“宁拙勿巧，宁丑勿媚，宁支离勿轻滑、宁直率勿安排”的傅山一样。

所以清醒的态度很重要，我们不能向“左”转地把徐悲鸿继续捧作神（那其实不是对徐悲鸿真正的热爱和尊重），也当然不能向右转地让徐悲鸿走下神坛的时候，又把徐悲鸿的光辉意义都解构掉而把他委琐化，那样我们就会从对徐悲鸿的一种遮蔽走向另一种遮蔽。如果一味沦陷在对徐悲鸿的各种质疑攻讦里，也许会牵绊住我们自己前行的脚步。

尚辉曾在2013年7月的“江苏宜兴徐悲鸿研讨会”上，提出建立“徐悲鸿学”。对此笔者充分赞同。[316]英国有“莎学”，中国有“红学”，中国也当然可以再有一个“徐悲鸿学”，因为不管赞扬或批评，肯定还是否定，我们都绕不过徐悲鸿，也无法抹杀徐悲鸿的巨大贡献与影响，并且透过对徐悲鸿的膜拜与质疑，我们还能借孔窥豹看见百年中国美术的风云变迁。“旧红学”是索引派，死胡同；“新红学”才有更多的生长空间。我想如果能建立“徐悲鸿学”的话，那也应该是“新红学”的路数，是理解与阐释，是伽达默尔所说的“视界融合”。这样徐悲鸿的成就和他瑕不掩瑜的历史局限也才能更加清楚地被看到，从而让我们更加理性健康地汲取这份宝贵遗产，更好地建设我们今天的美术乃至文化，并和国际世界对话交流。

在笔者的理解里，“徐悲鸿学”应不同于“徐悲鸿学派”。“徐悲鸿学派”的提倡和研究是非常有必要和有意义的课题，以艾中信等先生为代表的老一辈学者对此有开创之功，但也有从“革命伦理”一系来阐释徐悲鸿而把徐推向神坛而面具徐悲鸿之嫌，[317]这当然是时代格局使然，也是学生为自己的老师当然也是为自己一代争取话语权而合上时代潮流使然，[318]这是那个时代无人不带有的时代特征，也当然就怪不得艾先生们。

“徐悲鸿学派”的当代研究，新锐学者们辛苦探索，突破曾经狭义极端化了的“革命伦理”的局限，理性梳理辨析复杂的历史情境下的徐悲鸿及其徐悲鸿学派的产生与发展，难能可贵！期待涌现出更多的好篇章。而在笔者看来，“徐悲鸿学”则不仅仅是对徐悲鸿的全面研究，也包括对“徐悲鸿学派”的研究，亦包括对徐悲鸿研究的研究等，是问题情境的全面探讨，而不是建立学派或者僵硬学科，因此，“徐悲鸿学”应是有着软性的边界可以无限延展的学问。

想必更为客观、全面、真实而具人文意义的画家徐悲鸿，当然也是具有性情、更富有正义担当的知识分子的徐悲鸿，也是在坚持艺术本体、艺术救国之时，努力良性处理艺术与社会、艺术与政治间关系的徐悲鸿之研究，[319]或许是正常学理是需要提倡的徐悲鸿研究的途经之一。

注 释

1 1928年10月，徐悲鸿应北平大学校长李石曾之聘，接受北平大学艺术学院院长之职务。11月14日到北平大学报到，由副校长李书华接待。11月15日正式接任北平大学艺术学院院长之职务。该院时有中画、西画、戏剧、音乐、图案五个系，每系两个班，全院学生两百余人。徐悲鸿在就职演说中即提出增加预算经费，增添建筑、雕刻两系。徐悲鸿上任后，整顿教学纪律，对在职教员进行严格考察，辞退了一些不懂行的挂名教师。11月下旬，北平大学为恢复“北京大学”校名和校长人选问题，发生学潮，虽经蔡元培、蒋梦麟之劝阻，亦无效，学生的复校运动，起先是对军阀奋斗，现在则改为对学阀作战（内容极其复杂，在此不赘）。12月29日，徐悲鸿因认为“艺术学院”名称不妥，曾向北平大学委员会提议改名“美术学院”，此案未被采纳。1929年1月24日，北大学生为学校体制（时称“大学院”）问题，及校长人选问题，再次爆发学潮，加之党务纠纷，有人利用学生作为捣乱工具，使学校枝节丛生，迄无宁日，徐悲鸿的教学主张无法贯彻，约于月底或学期结束辞职南返。参阅王震编著:《徐悲鸿年谱长编》，上海书画出版社，2006年，第70～75页。

2 1955年，在中国画论争声中，中央宣传部副部长周扬在中国美术家协会第一届理事会第二次全体会议上讲话，提出“目前主要应当反对虚无主义的倾向。同时在一些画家，特别是国画家中间，也应反对保守主义倾向”（见《中国美术家协会第一届理事会第二次会议汇刊》）。1956年开始的素描教学大辩论中，一派坚持“素描为一切现实主义造型艺术的基础”（以江非为首，以徐悲鸿的学生吴作人、艾中信、宗其香、李斛为代表），另一派认为中国画有自己的造型基础——白描（以叶浅予为代表）。参阅刘曦林:《徐悲鸿与蒋兆和》，王文娟主编:《全球化与民族化：21世纪的徐悲鸿研究与中国美术发展》，北京：中国人民大学出版社，2014年，第60～61页。

3 后文叙。

4 参阅王震编著:《徐悲鸿年谱长编》，上海书画出版社，2006年，第296～299页。

5 邵大箴、李松主编:《20世纪北京绘画史》，北京：人民美术出版社，2012年，第202页。

6 说起来，徐悲鸿对三教授的画艺本身是肯定的，这也构成了徐悲鸿自身的矛盾性和所处语境的复杂性。譬如在三教授罢教的前半年（1947年4月10日），徐悲鸿在《国立北平艺专美展评议》一文中还曾肯定赞扬了三位教授的画作：“秦仲文先生此次出品中松瀑合幅极具气势，笔法老练，雪竹一幅尤见精能，皆是佳构。陆鸿年先生月林清影，俊逸天成，陈缘督先生人物，工力老到，李智超先生山水四幅，奄有石涛潮江之奇……”徐悲鸿:《国立北平艺专美展评议》，王震、徐伯阳编:《徐悲鸿艺术文集》，银川：宁夏人民出版社，1994年，第495页。

7 对李树声关于“三教授罢教”事件中对立的两个团体（“北平美术会”和“北平美术作家协会”）的分析评价，沈宁也认为是颇为严谨和客观公允的。参阅沈宁:《关于北平美术作家协会的成立及活动——1947年“国画论争”两团体组建考略之二》，沈宁:《闲话徐悲鸿》，台北：台湾新锐文创，2013年。

8 本书对徐悲鸿的中国画史观的分类重点参考了刘曦林文章，亦加进了笔者的粗浅理解和梳理。刘曦林:《论徐悲鸿的中国画观》，范保文主编:《世纪风碑——新世纪首届徐悲鸿学术研讨会论文集》，天津人民美术出版社，2004年。

9 徐悲鸿:《中国画改良之方法》，王震、徐伯阳编:《徐悲鸿艺术文集》，银川：宁夏人民出版社，1994年，第11页。

10 胡适:《介绍我自己的思想》，《胡适文选》，北京：中国长安出版社，2013年，第9页。

11 徐悲鸿:《中国艺术的贡献及其趋向》，徐悲鸿著、徐庆平选编:《奔腾尺幅间》，天津：百花文艺出版社，2000年，第66～67页。

12 徐悲鸿:《中国艺术的贡献及其趋向》，徐悲鸿著、徐庆平选编:《奔腾尺幅间》，天津：百花文艺出版社，2000年，第67页。

13 徐悲鸿:《复兴中国艺术运动》，徐悲鸿著、徐庆平选编:《奔腾尺幅间》，天津：百花文艺出版社，2000年，第53页。

14 儒家思想亦对文人画有影响，譬如（1）儒家色彩观的和谐、纯净、清朗的色彩气质和雅与平和、内敛的色彩情感对文人画的色彩相度有着内在心理积淀似的影响；（2）儒家人格修身亦孕育了文人画中的“四君子”题材；（3）陆王“心学”继承了禅宗的成果，和禅宗一起在中国历史上前所未有地强调了个体的尊严和独立自由的精神。在“诚、敬”与自性自悟之本体直观中，心学求心性真实的血脉流淌，任情、性、心、才具在之思想对文人水墨画深具影响。阳明心学在明代大放光彩，对明代中后期文艺新思潮犹如催生剂，势如破竹，只是这一脉画风未曾占据文人画主流，文人画主流依然是庄禅一系的隐逸画风。参阅王文娟:《墨韵色章——中国画色彩的美学探渊》，第二章第二节，第四章第一节，北京：中央编译出版社，2006年。

15 参阅王文娟:《墨韵色章——中国画色彩的美学探渊》，第四章第三节，北京：中央编译出版社，2006年。

16 参阅[德]海德格尔:《存在与时间》，陈嘉映、王节庆合译，北京：生活·读书·新知三联书店，1987年。[德]海德格尔:《诗·语言·思》，张月等译，郑州：黄河文艺出版社，1989年。

17 参阅王文娟:《庄子美学时空观及其现代意义》，《陕西师范大学学报》，1995年第2期。参阅林义正:《中国哲学“虚”概念的演变与体系》，台湾《哲学与文化》，十卷七期（1991年第7期）。

18 参阅王文娟:《墨韵色章——中国画色彩的美学探渊》，第五章第二节，北京：中央编译出版社，2006年。

19 尚辉:《“写实”背后的潜流——民族文化对徐悲鸿审美心理的影响》，范保文主编:《世纪丰碑——新世纪首届徐悲鸿学术研讨会论文集》，天津人民美术出版社，2004年，第295页。

20 徐悲鸿:《中国艺术的没落与复兴》，徐悲鸿著、徐庆平选编:《奔腾尺幅间》，天津：百花文艺出版社，2000年，第71页。

21 徐悲鸿:《论中国画》，徐悲鸿著、徐庆平选编:《奔腾尺幅间》，天津：百花文艺出版社，2000年，第61页。

22 徐悲鸿:《论中国画》，徐悲鸿著、徐庆平选编:《奔腾尺幅间》，天津：百花文艺出版社，2000年，第60页。

23 徐悲鸿:《中国艺术的贡献及其趋向》，徐悲鸿著、徐庆平选编:《奔腾尺幅间》，天津：百花文艺出版社，2000年，第65页。

24 徐悲鸿:《 新艺术运动之回顾与前瞻》，徐悲鸿著、徐庆平选编:《奔腾尺幅间》，天津：

百花文艺出版社，2000年，第82页。

25 徐悲鸿：《中国艺术的没落与复兴》，徐悲鸿著、徐庆平选编：《奔腾尺幅间》，天津：百花文艺出版社，2000年，第71页。

26 徐悲鸿：《新艺术运动之回顾与前瞻》，徐悲鸿著、徐庆平选编：《奔腾尺幅间》，天津：百花文艺出版社，2000年，第82页。

27 参阅王文娟：《墨韵色章——中国画色彩的美学探渊》，第一章，北京：中央编译出版社，2006年。

28 徐悲鸿：《复兴中国艺术运动》，徐悲鸿著、徐庆平选编：《奔腾尺幅间》，天津：百花文艺出版社，2000年，第52页。

29 参阅[英]贡布里希：《艺术的故事》，范景中译，北京：生活·读书·新知三联书店，1999年。参阅邵大箴主编：《图式与精神——西方美术的历史与审美》，第5章，北京：中国人民大学出版社，1999年。

30 徐悲鸿：《新艺术运动之回顾与前瞻》，徐悲鸿著、徐庆平选编：《奔腾尺幅间》，天津：百花文艺出版社，2000年，85页。

31 耿幼壮：《破碎的痕迹——重读西方艺术史》，北京：中国人民大学出版社，2004年，第22页。

32 徐悲鸿学得法国老师的老师们，对考古学及古典精神热情备至，有其现代性思想史意义，但在具体艺术史与艺术品的比较中，他又是细致甄别、有眼光的。譬如，他记录：曾有历史学家认为，"汉时已与西方流通，中国美术遂被希腊影响，与印度同例；武梁祠浮雕即是明证……此诚历史学家好为推测之臆说也。交通足以变易文化，固是实情，例固极多，但指西方与匈奴有关系，匈奴与汉有关系，便确指西方与汉有关系，以为巴尔堆农雕刊有人马，武梁祠孝堂山浮雕亦有人马，便指受希腊之影响，真臆说也。夫艺术之本身不外三事：曰含意、曰取材、曰作风。如希腊以神为题材，其内容多阿波罗、海尔梅斯，胜利神灯等或用桑陀尔故事，其作风则华贵高妙，结构井然。中国人则尧舜文武，为人典型，黼黻文章，冠裳车马，其作风则多具抽象方式，不甚骇备。结构颇如埃及浮雕，不具远近，又多水路禽兽。中国传说之神怪、幻景，绝不与希腊一切相眸也。且武梁孝堂山作风明明与战国遗物一致，可谓战国时已与希腊有关系乎？"（徐悲鸿：《中国之原性浮雕绘画》，徐悲鸿著、徐庆平选编：《奔腾尺幅间》，天津：百花文艺出版社，2000年，第91页）。对中国艺术和希腊艺术的不似之比较，徐悲鸿的看法是很有道理的，堪称今天比较艺术学之先师。但此番比较与他提倡的写实主义观点在某些方面又多少是有些矛盾的，这也说明问题的复杂性和做为探索者的徐悲鸿的艰难不易性。

33 徐悲鸿：《因〈骆驼〉而生之感想》，徐悲鸿著、徐庆平选编：《奔腾尺幅间》，天津：百花文艺出版社，2000年，第252页。

34 徐悲鸿：《中国艺术的贡献及其趋向》，徐悲鸿著、徐庆平选编：《奔腾尺幅间》，天津：

百花文艺出版社，2000年，第64～65页。

35 徐悲鸿：《因〈骆驼〉而生之感想》，徐悲鸿著、徐庆平选编：《奔腾尺幅间》，天津：百花文艺出版社，2000年，第254页。

36 徐悲鸿：《因〈骆驼〉而生之感想》，徐悲鸿著、徐庆平选编：《奔腾尺幅间》，天津：百花文艺出版社，2000年，第253页。

37 徐悲鸿：《世界艺术之没落与中国艺术之复兴》，王震编：《徐悲鸿文集》，上海画报出版社，2005年，第135页。

38 参阅刘曦林：《论徐悲鸿的中国画观》，范保文主编：《世纪丰碑——新世纪首届徐悲鸿学术研讨会论文集》，天津人民美术出版社，2004年，第211～212页。参阅徐悲鸿著、徐庆平选编：《奔腾尺幅间》，天津：百花文艺出版社，2000年。

39 刘曦林：《论徐悲鸿的中国画观》，范保文主编：《世纪丰碑——新世纪首届徐悲鸿学术研讨会论文集》，天津人民美术出版社，2004年，第208页。

40 参阅刘曦林：《徐悲鸿的中国画观》，范保文主编：《世纪丰碑——新世纪首届徐悲鸿学术研讨会论文集》，天津人民美术出版社，2004年，第208页。

41 参阅徐悲鸿著、徐庆平选编：《奔腾尺幅间》，天津：百花文艺出版社，2000年。

42 徐悲鸿在中国画理解的矛盾性还在于，他高标唐宋高峰轮，但对唐宋画坛盟主的青绿画却视为抄袭："故自元以后（按：其实从唐即始），中国绘画显分两途：一为士大夫之水墨山水，吾号之为业余画家（彼辈自命为'文人画'），一为工匠所写重色人物、花鸟。而两类皆是抄袭，画事于以中衰。"（徐悲鸿著、徐庆平选编：《奔腾尺幅间》，天津：百花文艺出版社，2000年，第62页）。徐悲鸿也曾在《漫谈山水画》中，说中国青绿山水实乃古人守印度画的作风小变而致，这是没错的，但如果又说到他站在喜马拉雅山，望对面茶山，乃全是中国画青绿山水四青四绿，也还勉强，但要说到日光照耀下出现石青石绿色彩，并用赤金钩出，会更有意义，并说大小李将军想必"当年皆活动于陕西长安一代，可能在秦岭，或在山西五台上习见此种景色，故善画之如是（金碧山水）。"（徐悲鸿：《漫谈山水画》，王震、徐伯阳编：《徐悲鸿艺术文集》，银川：宁夏人民出版社，第564～565页）。这样说法应该是不确的。青绿山水脱胎于佛画，青绿山水的出现和确立却是中国文化对外来文化的整合、共鸣和消化吸收，它不是面对自然青山绿水的固有色写实描画（非写实而来），也不是色彩的表情性使用，在其强烈的色彩符号性、概括性、观念性而程式化中，穷究自然万物的"理"与"性"（品类万物），是庄子"物物者非物"之所现，和佛家"真如"相通约，尤其唐宋青绿更是新儒家理学之所重。（参阅王文娟：《墨韵色章——中国画色彩的美学探渊》，第三章，北京：中央编译出版社，2006年。参阅王文娟：《论儒之理学与心学和中国绘画的内在关联》，《美术研究》，2015年5期）。当然青绿山水是极其复杂的话题，笔者的看法也只是尝试性探索，徐悲鸿不是美术史论家，他站在高山顶上，以一个画家的直觉性来感知画史，也情有可原，不必求全责备。

43 蒋勋:《中国近代写实绘画的奠基者——徐悲鸿》，王震编:《徐悲鸿的艺术世界》，上海书画出版，1994年，第221页。

44 徐悲鸿:《古今中外艺术论》，徐悲鸿著、徐庆平选编:《奔腾尺幅间》，天津：百花文艺出版社，2000年，226页。

45 徐悲鸿著、徐庆平选编:《奔腾尺幅间》，天津：百花文艺出版社，2000年。

46 徐悲鸿:《杨善深画展序》，王震、徐伯阳编:《徐悲鸿艺术文集》，银川：宁夏人民出版社，1994年，第399页。

47 徐悲鸿:《中国艺术的贡献及其趋向》，徐悲鸿著、徐庆平选编:《奔腾尺幅间》，天津：百花文艺出版社，2000年，第66页。

48 譬如杨竹民在1951年写的《中国山水画的发展和成就——与徐悲鸿先生讨论中国美术遗产问题》里的观点有偏颇之处，但也有非常有道理之处。参阅杨竹民:《中国山水画的发展和成就——与徐悲鸿先生讨论中国美术遗产问题》，王震、徐伯阳编:《徐悲鸿艺术文集》，银川：宁夏人民出版社，1994年，第605～613页。

49 参阅王文娟:《论儒之理学与心学和中国绘画的内在关联》，《美术研究》，2015年5期。

50 徐悲鸿:《复兴中国艺术运动》，徐悲鸿著、徐庆平选编:《奔腾尺幅间》，天津：百花文艺出版社，2000年，第54页。

51 徐悲鸿:《中国艺术的没落与复兴》，徐悲鸿著、徐庆平选编:《奔腾尺幅间》，天津：百花文艺出版社，2000年，第74页。

52 徐悲鸿的《漓江春雨》作于1937年。画家用不勾轮廓的没骨画法晕染出高低错落的山体形状，用平远、高远的散点透视并辅以些许的焦点透视，使画面具有了近景、中景和远景之空间布局，其中近景中的小船和小小的撑篙用力的船夫，徐悲鸿也不把他当作古法之点景人物逸笔草草，而是精到画来，使画面具有了活泼的情趣和张力，也使画面用墨之中尤为见笔。水中倒影则是西画中光影之效果，但此点运用的极其巧妙，没有交代光源，没有破坏中国画的味道。总体来看，画家用湿墨统一晕染画面，不带皴擦，只用墨分五色来体形状物，极好的黑白灰效果，描绘的是气韵生动、空灵蓊蕴、迷蒙清新的如诗意境，极好地展现了烟雨春天的漓江景致和画家独到感受。

53 徐悲鸿的《象鼻山》作于1938年。《象鼻山》是笔者高度喜欢的一幅画。画家构图奇特，以高远之势画出山洞，但不是全部，而是如“折枝画法”的一部分以近景描绘凸现眼前，气势迫人！又用平远及焦点透视画出穿过山洞看到的对面的象鼻山，蓦然展现的几重空间，使迫人的气势又顿添悠长之调，可谓气韵兼备。想必画家既是重师造化之神奇，也多少吸收了些印象派大师莫奈的营养，譬如，莫奈的《砧石洞》和《圣·拉扎尔火车站》里就有类似的图式语汇：在辽阔的海面上，透过隆起的礁石山洞，能看到海对面的天空和海平面；透过火车站的车棚顶，能看到对面的天空白云和楼房，莫奈用印象派的色彩分割把阳光、空气、云彩、海浪都画得烂漫迷离……徐悲鸿是融合中西的高手，他在借鉴西画之时没有丢弃甚至紧紧抓住自己的根本，于是莫奈笔下的色彩分割在徐悲鸿笔下就是兴之所至、笔墨放逸的“皴”擦点染，在不经意的信手勾画中，却营造出如此精妙准确的多重空间，让布满钟乳石的山洞、山脚的坡石、对面的远山、树林，和山洞上的树叶花草尽显自然造化之真切，因此不是董、王类的人造乏味山水，而是大气磅礴的生动自然，得其心境的挥斥方遒。笔者之所以给“皴”字打上引号，是因为画家没有惯用古法里的披麻皴、斧劈皴、解索皴、荷叶皴等，而是信马由缰，借用书法用笔，以康有为所说的北碑的“笔法跳跃、点画峻厚、意态奇逸，精神飞动”的烂漫天真之笔描绘山水，寄情抒怀，大手笔也！

54 徐悲鸿的《榕阴侍茗图》作于1944年。徐悲鸿倡导写实主义，不是喊空头口号，而是落实到各个方面。他说“新中国画至少人物必具神情，山水须辩地域”（见徐悲鸿著、徐庆平选编：《奔腾尺幅间》，天津：百花文艺出版社，2000年，第79页），于是1937年在一次做四川省教育厅主考官选拔中学图画教员时，他出的题目是：“至少两个四川人，在黄角树下有所事，黄角树不画树叶。”考生束手无策，无从下笔，不免抱怨，说这个不像题目：难道四川人与别地人有啥子两样？况且不画树叶怎么会表示出什么树？徐答曰：“正因为你们都是这么想，所以我要考你们，对于事物的观察如何”，并给考生做以讲解（见徐悲鸿著、徐庆平选编：《奔腾尺幅间》，天津：百花文艺出版社，2000年，第73～74页）。而徐悲鸿到自己笔下，所画的这幅《榕阴侍茗图》就很明确。夏天，榕树下，两个四川人，一个待喝茶，一个在倒茶。具体画面是：一棵老榕树，巨大参天，几乎占据了画面右半部分，画家以放逸松透灵动之笔画就，唯水墨及少许花青、赭石，简洁洗练，却以他多年注力碑学书法之根基，造就了榕树曲铁盘金的内在气势而参天地。“画树的手法亦一反勾勒后皴染的常法，先以赭墨画出大小枝干，乘湿时以浓墨勾勒，新颖独特，大气磅礴”（徐悲鸿纪念馆编：《中国艺坛巨匠——徐悲鸿》，北京美术摄影出版社，2005年，第210页）。画面以平远构图（也辅以焦点透视），这棵老榕凸现近景，画根画干画杈未画梢，既突破现有画面空间，更显出老榕的无限大。老榕旁边但后退一些是两棵中景里的树，应是老榕的子孙辈，这几棵树的构图关系营造了画面或呼应（平行构图）、或对抗（对角线构图）的张力，颇具蓄势之感。树杈间的巧妙穿插，则让浓浓树叶之间的布白跌宕起伏，丰富中见韵律。老榕右下角后面是稍稍露出的瓦屋竹林，袖珍玲珑，在显出人迹温暖之际，更衬出榕树之伟岸。在这棵榕树下面，是两个人在做茶事活动。这两个都不是古法中逸笔草草的山水点睛人物，而是这幅山水画中的主人公，人可辨眼目、着装，俱精到画来，无一懈笔。老者胡须长衫，坐在桌前，翘着二郎腿，仰脸期待，倒茶的年轻人分头、皮鞋、衬衣，西装背带裤，因为在干活，挽起了袖子。倒茶功夫看来不错，站直身体可让水柱斜立入壶。桌子是四川两湖地区常见的八仙桌，桌上的杯子茶盘茶壶交代细致，情节生动，想必这是画家靠观察体验得来的生活场景片断，也应是20世纪40年代重庆人物情态的一个小小缩影，堪称杰作。

55 裔萼：《徐悲鸿写实教育体系再认识》，《美术》，2016年3期。

56 刘曦林:《论徐悲鸿的中国画观》，范保文主编:《世纪丰碑——新世纪首届徐悲鸿学术研讨会论文集》，天津人民美术出版社，2004年，第223～224页。

57 冯远:《纳洋以兴中的先行者林风眠》，郑朝编:《林风眠研究文集》，杭州：中国美术学院出版社，1995年，第229页。

58 《列子》，景中译注，北京：中华书局，2007年，第260页。

59 徐悲鸿纪念馆编:《中国艺坛巨匠：徐悲鸿》，北京美术摄影出版社，2005年，第136页。

60 参阅华天雪:《徐悲鸿的中国画改良》，上海书画出版社，2007年，第74～77页。

61 参阅王震编著:《徐悲鸿年谱长编》，上海画报出版社，2006年，第187页。

62 参阅王震编著:《徐悲鸿年谱长编》，上海画报出版社，2006年，第268页。

63 参阅王震编著:《徐悲鸿年谱长编》，上海画报出版社，2006年，第268～269页。亦参阅廖静文:《徐悲鸿一生》，北京：中国青年出版社，1982年，第292～296页。

64 参阅邵大箴:《释〈九州无事乐耕耘〉》，毕宝祥主编:《新世纪第二届徐悲鸿学术研讨会论文集·徐悲鸿奖》，合肥：安徽美术出版社，2013年。

65 廖静文:《徐悲鸿一生》，北京：中国青年出版社，1982年，第307页。

66 对于《九州无事乐耕耘》，当然也还是要说到徐悲鸿的法国渊源，譬如，笔者就清晰记得2014年5月8日在中华世纪坛开幕的“大师与大师——徐悲鸿与法国学院大家作品”画展上，看到亨利·皮耶尔·杜高斯德拉海耶（Pierre-Henri Ducos de Laille）的《在农夫牵着两头大牛犁出的沟外，幸运之神与富足之神正喜悦地奔来》与吕西安·西蒙的《士兵归来》时的亲切惊诧（图2-11，此图乃法国菲利普·杰奎琳提供，特此鸣谢！），没错，徐悲鸿的《九州无事乐耕耘》与这两位法国画家图式之相像，主题之相似，真乃异曲同工之妙！皮耶尔是1914年入学巴黎高等美院的学生，后留校任教，应是徐悲鸿的同学师友辈。皮耶尔的这幅画在1922年获罗马大奖，那一年正是徐悲鸿被巴黎高等美院正式录取的第二年，所以校园中的徐悲鸿对轰动的罗马大奖的作品一定细心观摩关注过。1922年罗马大奖竞赛的主题是帮助人们忘记战争，和徐悲鸿这幅画的主题相合。皮耶尔这幅寓指幸运和富足源于田间劳动的画作灵感来自于黄金时代的希腊神话以及夏凡纳的历史象征主义，从中可以看到托寓画对于完善古典主义所做出的贡献（参阅《大师与大师——徐悲鸿与法国学院大家作品》，徐庆平、埃玛努埃尔·施瓦茨、菲利普·杰奎琳策划的大型画展印制图录，北京·中华世纪坛·世界艺术馆展，内部发行，2014年5月8日—8月3日，第119页）。吕西安·西蒙是徐悲鸿的老师辈，他这幅《士兵归来》是国家定件的四件之一，用以装饰位于卢森堡宫内参议院委员会会议大厅的礼仪楼梯（17世纪初在这座宫邸内曾经居住过亨利四世的妻子法国王后玛丽·德·美第奇），这些纪念碑式的装饰画主题是第一次大战结束后，和平恢复，生活重新开始，西蒙在这些定件里描绘的是军人归来，工业、艺术、文学活动和农村田间劳动都百废待兴。而展出的这件作品，正是士兵回到家，不及把大衣脱掉，套上木鞋，扶着犁把，他的儿子戴着他的头盔，手执辫子催马前进，旁边是妇女和孩子。西蒙的画面明朗开阔，人物自然动人，春天的景色予人安宁与快乐，画面的暖色调散发出一股清新明亮的朝气（参阅《大师与大师——徐悲鸿与法国学院大家作品》，徐庆平、埃玛努埃尔·施瓦茨、菲利普·杰奎琳策划的大型画展印制图录，北京·中华世纪坛·世界艺术馆展，内部发行，2014年5月8日—8月3日，第115页）。徐悲鸿对这些画的借鉴是不言而喻的，法国学院派画家对土地情结的热衷与寓意，正合徐悲鸿有着农耕生活的儿时记忆，亲切如许，只是他不是库尔贝、米勒似的真实贴近现实土地的画法，而是"托寓""梦幻""装饰性"性的，这一方面来自于他法国老师的启示（譬如徐悲鸿对他的老师贝纳尔在巴黎市政厅所作的关于科学与真理天顶画作品中"大气恢弘的构图"很是钦慕：没有历史要素，而是托寓、梦幻和装饰性的创作。参阅菲利普·杰奎琳《徐悲鸿和他的法国老师们：一段杰出的艺术历程》，《大师与大师——徐悲鸿与法国学院大家作品》，徐庆平、埃玛努埃尔·施瓦茨、菲利普·杰奎琳策划的大型画展印制图录，北京·中华世纪坛·世界艺术馆展，内部发行，2014年5月8日—8月3日，第28页）；另一方面想必也来自于他对故乡浪漫化、距离化了的"田园"遐想，他是爱美入骨髓、绅士优雅入血脉的人，因此农人的疲惫艰辛、劳苦汗水并不在他的笔下，这幅《九州无事乐耕耘》也就具有了明显的"摆拍""装饰""梦幻"意味的痕迹了，但却是一首歌颂期盼新中国百姓安居乐业的和平颂歌倒是无异议的。

67　参阅王文娟：《徐悲鸿马的图像学阐释》，王文娟主编：《中国美术·世界语境：21世纪的徐悲鸿研究及中国美术发展（二）》，北京：现代出版社，2017年。

68　张安治：《徐悲鸿画马》，王震编：《徐悲鸿的艺术世界》，上海书画出版社，1994年版，第281页。

69　徐仲年：《画家徐悲鸿》，《文明月报》，第2卷第1期，1946年11月1日。参阅王震编著：《徐悲鸿年谱长编》，上海画报出版社，2006年，第286页。华天雪对徐悲鸿马亦有三种分类，可资参考，她以战争时事为分类标准：第一类是以悲壮为基调的驰骋沙场或渴望驰骋沙场的战马；第二类是直接与某件时事相关，用马寄托希望或欢呼胜利；第三类是以喜悦和飞扬为基调的天马，主要作于战争临近结束的新中国成立前后。参阅华天雪：《徐悲鸿的中国画改良》，上海书画出版社，2007年，第123～124页。

70　徐仲年：《画家徐悲鸿》，《文明月报》，第2卷第1期，1946年11月1日。参阅王震编著：《徐悲鸿年谱长编》，上海画报出版社，2006年版，第286页。

71　[美]埃伦·普里斯特：《现代中国画》，大都会艺术博物馆报，新篇第一期，1943年2月，第196页。

72　王震辑徐悲鸿画论、题记选录，王震、徐伯阳编：《徐悲鸿艺术文集》，银川：宁夏人民出版社，1994年，第777页。

73　北京保利国际拍卖有限公司编：《徐悲鸿作品集》，北京：文物出版社，2007年，第54页。

74　关于徐悲鸿画马的笔墨可参阅杨辛《对徐悲鸿师书法的美学探索》（徐悲鸿纪念馆编：

《美的呼唤——纪念徐悲鸿诞辰100周年》，北京：中国和平出版社，1995年），亦可参阅艾中信《介绍〈徐悲鸿素描集〉》，叶浅予《徐悲鸿画马》、安紫《徐悲鸿的动物画》、张安治《徐悲鸿画马》、潘荻《徐悲鸿画马记》、殷杰《徐悲鸿的马》、韩其楼《徐悲鸿与他的水墨奔马图》等篇章（参阅王震编：《徐悲鸿的艺术世界》，上海书画出版社，1994年）。参阅尚辉：《"写实"背后的暗流——民族文化对徐悲鸿审美心理的影响》（范保文主编：《世纪丰碑——新世纪首届徐悲鸿学术研讨会论文集》，天津人民美术出版社，2004年）。参阅华天雪：《徐悲鸿的中国画改良》中的分析，上海书画出版社，2007年。

75 2013年笔者在哈佛大学曾和东亚系王德威（David Der-wei Wang）教授探讨过这个问题，我与王教授的意见略有些不同，但求同存异。他认为，在林风眠和徐悲鸿之间，林风眠更抓住了中国的抒情传统，但他又十分肯定徐悲鸿为国家民族的艺术之心，是一种可尊敬的纪念碑性，可资借鉴。参阅David Der-wei Wang, *The Lyrical in Epic Time: Modern Chinese Intellectuals and Artists Through the 1949 Crisis*, New York: Columbia University Press, 2014.

76 [美]潘诺夫斯基：《视觉艺术的含义》，傅志强译，沈阳：辽宁人民出版社，1987年，第34页。

77 除了马，猛兽里徐悲鸿还画了不少的狮子，堪为典范。吴雪杉道："徐悲鸿是中国现代最乐于描绘狮子的艺术家之一。在1920年到1940年，徐悲鸿创作出大量以狮子为主题的画作，《会师东京》是其中最著名的一件。"参阅吴雪杉：《会师东京：徐悲鸿的抗战"象征"图》，王文娟主编：《中国美术·世界语境：21世纪的徐悲鸿研究及中国美术发展（二）》，北京：现代出版社，2017年。

78 徐悲鸿：《悲鸿自述》，徐悲鸿著、徐庆平选编：《奔腾尺幅间》，天津：百花文艺出版社，2000年，第2页。

79 徐悲鸿：《述学》，徐悲鸿著、徐庆平选编：《奔腾尺幅间》，天津：百花文艺出版社，2000年，第40页。

80 徐悲鸿：《致刘勃舒》，徐悲鸿著、徐庆平选编：《奔腾尺幅间》，天津：百花文艺出版社，2000年，第302页。

81 徐悲鸿：《谈高剑父先生的画》，徐悲鸿著、徐庆平选编：《奔腾尺幅间》，天津：百花文艺出版社，2000年，第133页。

82 参阅罗丹读解席里柯，[法]罗丹述、葛赛尔著：《罗丹艺术论》，傅蕾译，天津社会科学出版社，2006年。

83 参阅郑岩：《中国马儿的爱普松跑法》，杨泓等著：《马的中国历史》，香港：香港商务印书馆，2008年。

84 徐悲鸿：《述学》，徐悲鸿著、徐庆平选编：《奔腾尺幅间》，天津：百花文艺出版社，2000年，第40～41页。

85 徐悲鸿:《致刘勃舒》，徐悲鸿著、徐庆平选编:《奔腾尺幅间》，天津：百花文艺出版社，2000年，第302页。

86 王震编著:《徐悲鸿年谱长编》，上海书画出版社，2006年，第14页。

87 图2-18由徐悲鸿纪念馆徐冀先生提供，特此鸣谢!

88 杜甫曾在《丹青引》中有一段记录曹霸学生韩幹画马之话："弟子韩幹早入室，亦能画马穷殊相。幹惟画肉不画骨，忍使骅骝气凋丧。"对于"画肉不画骨"之说，曾引起了历代评论家的争论。张彦远讥讽杜甫，苏轼、郭若虚也都为韩幹说好话。参阅王伯敏:《中国绘画史》(上册)，北京：生活·读书·新知三联书店，2000年，第259～260页。

89 徐悲鸿:《述学》，徐悲鸿著、徐庆平选编:《奔腾尺幅间》，天津：百花文艺出版社，2000年，第40页。

90 徐悲鸿:《述学》，徐悲鸿著、徐庆平选编:《奔腾尺幅间》，天津：百花文艺出版社，2000年，第40页。

91 徐悲鸿:《述学》，徐悲鸿著、徐庆平选编:《奔腾尺幅间》，天津：百花文艺出版社，2000年，第40页。

92 尚辉:《"写实"背后的暗流——民族文化对徐悲鸿审美心理的影响》，范保文主编:《世纪丰碑——新世纪首届徐悲鸿学术研讨会论文集》，天津人民出版社，2004年。

93 徐悲鸿:《悲鸿自述》，徐悲鸿著、徐庆平选编:《奔腾尺幅间》，天津：百花文艺出版社，2000年，第12页。

94 徐悲鸿:《悲鸿自述》，徐悲鸿著、徐庆平选编:《奔腾尺幅间》，天津：百花文艺出版社，2000年，第13页。

95 徐悲鸿:《述学》，徐悲鸿著、徐庆平选编:《奔腾尺幅间》，天津：百花文艺出版社，2000年，40页。

96 徐悲鸿:《悲鸿自述》，徐悲鸿著、徐庆平选编:《奔腾尺幅间》，天津：百花文艺出版社，2000年，第15～16页。

97 徐悲鸿:《悲鸿自述》，徐悲鸿著、徐庆平选编:《奔腾尺幅间》，天津：百花文艺出版社，2000年，第11页。

98 这已被不少徐悲鸿研究者所注意到。

99 [新加坡]欧阳兴义:《悲鸿在星洲》，新加坡：艺术工作室出版，1999年，第76页。

100 杨辛:《对悲鸿师书法的美学探索》，徐悲鸿纪念馆编:《美的呼唤——纪念徐悲鸿诞辰100周年》，北京：中国和平出版社，1995年，第272页。

101 (清)康有为:《广艺舟双楫》，北京：中国人民大学出版社，2010年。

102 徐悲鸿:《积玉桥字》跋，徐悲鸿著、徐庆平选编:《奔腾尺幅间》，天津：百花文艺出版社，2000年，第110页。

103 参阅叶喆民:《悲鸿先生谈书法》，《美术研究》，1982年第4期。参阅陈传席:《徐悲鸿书法研究》，王文娟主编:《全球化与民族化：21世纪的徐悲鸿研究及中国美术发展》，北京：中国人民大学出版社，2014年。

104 参阅王文娟:《“流美”与“诸野”——徐悲鸿书法论》,《中国书法》，2011年第5期。

105 参阅尚辉:《“写实”背后的暗流——民族文化对徐悲鸿审美心理的影响》，范保文主编:《世纪丰碑——新世纪首届徐悲鸿学术研讨会论文集》，天津人民美术出版社，2004年。参阅王文娟:《“流美”与“诸野”——徐悲鸿书法论》,《中国书法》，2011年第5期。

106 徐悲鸿对这些姊妹艺术均有关注，参阅徐悲鸿著、徐庆平选编:《奔腾尺幅间》，天津：百花文艺出版社，2000年。

107 廖静文:《徐悲鸿一生》，北京：中国青年出版社，1982年，第258页。

108 徐志摩:《我也“惑”——与徐悲鸿先生书》，王震、徐伯阳编:《徐悲鸿艺术文集》，银川：宁夏人民出版社，1994年，第102页。

109 廖静文:《徐悲鸿一生》，北京：中国青年出版社，1982年，第168页。

110 参阅华天雪:《徐悲鸿论稿》，济南：山东画报出版社，2014年，第247页。

111 参阅蒋碧微:《蒋碧微回忆录》，上海：学林出版社，2002年，第19~21页。

112 徐悲鸿“致一洲、林遗（朱重光、王祖蕴）(一封)”，徐悲鸿著、王震编:《徐悲鸿书信集》，郑州：大象出版社，2010年，第293页。

113 图2-22由中国艺术研究院华天雪女士提供，特此鸣谢!

114 参阅余冠英选注:《诗经选》，北京：人民文学出版社，1979年。孙作云:《诗经与周代社会研究》，北京：中华书局，1966年。[日]青木正儿:《中国文学思想史》，郑樑生、张仁青译，台北：台湾开明书店，1977年。

115 参阅徐悲鸿“致孙多慈（一封）”(徐悲鸿著、王震编:《徐悲鸿书信集》，郑州：大象出版社，2010年，第181~184页)。孙多慈的绝情或者另有隐情，王震年谱记载：1936年徐在沪访舒新城，以孙多慈两函示舒氏，孙爱徐之热忱溢于言表。而对前次来南京，遭蒋碧微等人的诽谤，亦精神痛苦异常，为避免各方面无谓之纠纷，拟努力十年不与悲鸿通信，以期有成就（参阅王震编著:《徐悲鸿年谱长编》，上海书画出版社，2006年，第166页）。总之，徐孙之恋，当事者伤痛不已，包括蒋碧微女士，人间悲剧是也!

116 杨先让:《也谈徐悲鸿1938—1941年的经历》,《美术》，2013年5期。

117 徐悲鸿“致徐伯阳、徐丽丽、黎洪模”信，王震、徐伯阳编:《徐悲鸿艺术文集》，银川：宁夏人民出版社，1994年，第688页。

118 徐悲鸿:《半年来之工作感想》，王震、徐伯阳编:《徐悲鸿艺术文集》，银川：宁夏人民出版社，1994年，第381页。

119 参阅莫艾:《在现实经验、社会责任与历史困境之间》，王文娟:《全球化与民族化：21世纪的徐悲鸿研究及中国美术发展》，北京：中国人民大学出版社，2014年，第117页。

120 参阅华天雪查阅的中央美术学院档案室存有的针对原国立北平艺专主要职员的《综合材料整理》上披露的信息，这份没有注明日期的材料，据天雪女士考证，应该是新中国接手北平艺专的军管会时期的1949年2月至4月。参阅华天雪《徐悲鸿论稿》，济南：山东画报出版社，2014年，第36～38页。

121 参阅华天雪：《徐悲鸿的中国画改良》，上海书画出版社，2007年，第125页。

122 "随着资产阶级社会的出现，个体主张对自身形象的描绘和拥有…… 大资本家和贵族甚至以黄金的价格来购买由弗拉孟、贝纳尔、柯罗蒙和达仰—布弗莱这样的名家所绘制的肖像。这些法国学院派大师们也因此拥有极高的社会地位和声望。他们的肖像创作同时反映了学院大画家与政权界及大资本家的一种社交联系。"于"徐悲鸿与他的法国老师们：各类型创作及代表作品的呈现"展览板块的说明文字，《大师与大师——徐悲鸿与法国学院大家作品》，徐庆平、埃玛努埃尔·施瓦茨、菲利普·杰奎琳策划的大型画展印制图录，北京·中华世纪坛·世界艺术馆展，内部发行，2014年5月8日—8月3日，第167页。

123 参阅"徐悲鸿与他的法国老师们：各类型创作及代表作品的呈现"展览板块的说明文字，《大师与大师——徐悲鸿与法国学院大家作品》，徐庆平、埃玛努埃尔·施瓦茨、菲利普·杰奎琳策划的大型画展印制图录，北京·中华世纪坛·世界艺术馆展，内部发行，2014年5月8日—8月3日，第167、264页。

124 图2-27乃清华大学美术学院艺术史论系曲维洵同学提供初版，法国菲利普·杰奎琳先生提供了高清版，特此一并感谢！

125 徐悲鸿：《述学》，徐悲鸿著、徐庆平选编：《奔腾尺幅间》，天津：百花文艺出版社，2000年，第40页。

126 [法]尚达·波瓦洛：《阿尔伯特·贝纳尔(1849—1934)：与中国艺术家不期而遇》，《大师与大师——徐悲鸿与法国学院大家作品》，徐庆平、埃玛努埃尔·施瓦茨、菲利普·杰奎琳策划的大型画展印制图录，北京·中华世纪坛·世界艺术馆展，内部发行，2014年5月8日—8月3日，第53页。

127 [法]菲利普·杰奎琳：《徐悲鸿和他的法国老师们：一段杰出的艺术历程》，《大师与大师——徐悲鸿与法国学院大家作品》，2014年5月8日—8月3日中华世纪坛的画展印制画册，第31页。

128 [法]尚达·波瓦洛在《阿尔伯特·贝纳尔与中国艺术家不期而遇》，《大师与大师——徐悲鸿与法国学院大家作品》，徐庆平、埃玛努埃尔·施瓦茨、菲利普·杰奎琳策划的大型画展印制图录，北京·中华世纪坛·世界艺术馆展，内部发行，2014年5月8日—8月3日，第54页。

129 [法]尚达·波瓦洛：《阿尔伯特·贝纳尔(1849—1934)：与中国艺术家不期而遇》一文引用Georges Rodenbach，Albert Besnard，*Les maître artistes*，n° 3，15 mai 1902，p. 90.《大师与大师——徐悲鸿与法国学院大家作品》，徐庆平、埃玛努埃尔·施瓦茨、菲利普·杰奎琳策划的大型画展印制图录，北京·中华世纪坛·世界艺术馆展，内部发行，2014年5月8日—8月3日，第54页。

130 本书所用贝纳尔马的作品图片均由法国菲利普·杰奎琳先生提供，特此鸣谢！他的翻译潘影菲女士帮我翻译了图注，一并感谢！

131 画家刘明才（中国人民大学艺术学院绘画系副教授）曾在2015年10月15日于徐悲鸿艺术研究院主办的与江苏省徐悲鸿研究会的座谈会发言中说到：徐悲鸿比他的法国老师画得好，徐悲鸿老师们的画不感人，犹如中国的“四王”。诧异中不无启发，亦可资再讨论。

132 尚辉：“他的马无疑率先进入了传统中国画的审美境界。他的‘马’绝对不属于传统形态的中国画，它有造型的光影（如马首、马胸多为受光面，马脖、马腹则为背阴面）、结构和解剖，但这些造型因素又巧妙地修正、转化为笔墨，也就是在‘马’中，徐悲鸿突破了轮廓线‘用笔’的局限性，扩展到体面‘用墨’的领地，‘用笔’与‘用墨’的有机融合有效地转换为造型中的‘体’、‘面’关系……（按：在一些作品中），由于偏、中锋兼用，并通过虚实、粗细、浓淡、枯润、轻重等变化而消解了单纯的轮廓线，使外轮廓线与内体面融为一体，既描述形又表现了体面，既有笔又有墨……笔情墨趣俱足……传统主义者对于徐悲鸿的非议主要从笔墨的角度，所谓“摧残国画”，就是体面造型的诸多要素破坏了笔墨意趣的程式，但即便这样，传统主义者都不否认徐氏画马所取得的艺术成就，在他的‘马’中，他们看到了富有个性的笔墨和在马的雄肆笔墨中所体现出的人格化的力量、情感和艺术情趣。这一方面体现了徐氏革新中国画思想内核的合理性。”尚辉：《“写实”背后的暗流——民族文化对徐悲鸿审美心理的影响》，范保文主编：《世纪丰碑——新世纪首届徐悲鸿学术研讨会论文集》，天津人民美术出版社，2004年，第299~300页。

133 参阅[德]N·佩夫斯纳：《美术学院的历史》，第三章、第四章，陈平译，长沙：湖南科学技术出版社，2003年。参阅邢莉：《自觉与规范——16世纪至19世纪欧洲美术学院》，北京：中国人民大学出版社，2004年，第23、35、37页。

134 参阅[法]埃玛努埃尔·施瓦茨：《两次大战期间的巴黎高等美术学院》，《大师与大师——徐悲鸿与法国学院大家作品》，徐庆平、埃玛努埃尔·施瓦茨、菲利普·杰奎琳策划的大型画展印制图录，北京·中华世纪坛·世界艺术馆展，内部发行，2014年5月8日—8月3日，第20页。巴黎皇家绘画雕塑学院主要活动涉及以下几个方面：1.美术学校（教授艺术理论和素描技法的皇家绘画雕塑学校）；2.罗马法兰西学院（为罗马奖学金竞赛获胜者提供到罗马直接学习古典传统机会的教育机构）；3.学术讲座（公开讨论当时代艺术理论中的热点问题）；4.院士作品展和沙龙展（为展示院士们的成就，加深公众对学院的认识和了解而定期举办的学院院士作品展）。参阅邢莉：《自觉与规范——16世纪至19世纪欧洲美术学院》，北京：中国人民大学出版，2004年，第54、第55页。参阅[德]N·佩夫斯纳：《美术学院的历史》，第三章、第四章，陈平译，长沙：湖南科学技术出版社，2003年。

135 参阅邢莉：《自觉与规范——16世纪至19世纪欧洲美术学院》，北京：中国人民大学出版社，2004年，第75、93、104、20、206、241、243、274页。参阅[德]N·佩夫斯纳:《美术学院的历史》，第三章、第四章，陈平译，长沙：湖南科学技术出版社，2003年。

136 参阅[德]温克尔曼:《关于在绘画和雕刻中模仿希腊作品的一些意见》，[德]温克尔曼:《希腊人的艺术》，邵大箴译，桂林：广西师范大学出版社，2001年。

137 John Rewald, *The History of Impressionism*, *the Museum of Modern Art*, New York, 4th, revised edition, 1973, p.21.

138 [英]贡布里希:《艺术的故事》，范景中译，北京：生活·读书·新知三联书店，1999年，第504页。

139 参阅徐悲鸿:《悲鸿自述》，徐悲鸿著、徐庆平选编:《奔腾尺幅间》，天津：百花文艺出版社，2000年，第12~13页。参阅[法]菲利普·杰奎琳:《徐悲鸿和他的法国老师们：一段杰出的艺术历程》,《大师与大师——徐悲鸿与法国学院大家作品》，徐庆平、埃玛努埃尔·施瓦茨、菲利普·杰奎琳策划的大型画展印制图录，北京·中华世纪坛·世界艺术馆展，内部发行，2014年5月8日—8月3日，第28页。

140 [法]尚达·波瓦洛:《阿尔伯特贝纳尔(1849—1934)：与中国艺术家不期而遇》,《大师与大师——徐悲鸿与法国学院大家作品》，徐庆平、埃玛努埃尔·施瓦茨、菲利普·杰奎琳策划的大型画展印制图录，北京·中华世纪坛·世界艺术馆展，内部发行，2014年5月8日—8月3日，第52页。

141 [法]埃玛努埃尔·施瓦茨:《两次大战期间的巴黎高等美术学院》,《大师与大师——徐悲鸿与法国学院大家作品》，徐庆平、埃玛努埃尔·施瓦茨、菲利普·杰奎琳策划的大型画展印制图录，北京·中华世纪坛·世界艺术馆展，内部发行，2014年5月8日—8月3日，第22页。

142 徐悲鸿曾在入学巴黎高等美院的第三年即1923年5月以30件作品参加法国国家春季沙龙展，获得好评。是年,《老妇头像》(图2-38)一幅被陈列于法国国家美术展览会(即沙龙)，得到好评。参阅王震编著:《徐悲鸿年谱长编》，上海画报出版社，2006年，第37页。参阅[法]菲利普·杰奎琳:《徐悲鸿和他的法国老师们：一段杰出的艺术历程》,《大师与大师——徐悲鸿与法国学院大家作品》，徐庆平、埃玛努埃尔·施瓦茨、菲利普·杰奎琳策划的大型画展印制图录，北京·中华世纪坛·世界艺术馆展，内部发行，2014年5月8日—8月3日，第31页。

143 徐悲鸿:《安格尔的素描》，徐悲鸿著、徐庆平选编:《奔腾尺幅间》，天津：百花文艺出版社，2000年，第188页。

144 徐悲鸿:《研究艺术务须诚笃》，徐悲鸿著、徐庆平选编:《奔腾尺幅间》，天津：百花文艺出版社，2000年，第259页。

145 徐悲鸿:《初学画之方法》，徐悲鸿著、徐庆平选编:《奔腾尺幅间》，天津：百花文艺出版社，2000年，第278页。

146 徐悲鸿:《新国画建立之步骤》，徐悲鸿著、徐庆平选编:《奔腾尺幅间》，天津：百花文艺出版社，2000年，第79页。

147 徐悲鸿:《研究艺术务须诚笃》，徐悲鸿著、徐庆平选编:《奔腾尺幅间》，天津：百花文艺出版社，2000年，第260页。

148 徐悲鸿与刘汝醴、顾了然谈素描，王震、徐伯阳编:《徐悲鸿艺术文集》，银川：宁夏人民出版社，1994年，第161页。

149 曹庆晖:《徐悲鸿美术教育学派刍议》，王文娟主编:《全球化与民族化：21世纪的徐悲鸿研究及中国美术发展》，北京：中国人民大学出版社，2014年，第230页。

150 参阅艾中信、吴作人、陈晓南、文金扬、冯法祀、卢开祥、刘汝霖、倪贻德等徐悲鸿亲授弟子和朋友的文章，王震编:《徐悲鸿的艺术世界》，上海书画出版社，1994年。

151 冯法祀:《艺术大师徐悲鸿》，王震编:《徐悲鸿的艺术世界》，上海书画出版社，1994年，第272页。

152 刘勃舒:《独到的见解 科学的方法——从徐悲鸿动物画看造型能力训练的经验》，王震编:《徐悲鸿的艺术世界》，上海书画出版社，1994年，第252~254页。

153 刘曦林:《论徐悲鸿的中国画观》，范保文主编:《世纪丰碑——新世纪首届徐悲鸿学术研讨会论文集》，天津人民美术出版社，2004年，第225页。

154 尚辉:《“写实”背后的暗流——民族文化对徐悲鸿审美心理的影响》，范保文主编:《世纪丰碑——新世纪首届徐悲鸿学术研讨会论文集》，天津人民美术出版社，2004年，第298~299页。

155 徐庆平:《传承与发展：忆先君悲鸿公和他的法国老师》,《大师与大师——徐悲鸿与法国学院大家作品》，徐庆平、埃玛努埃尔·施瓦茨、菲利普·杰奎琳策划的大型画展印制图录，北京·中华世纪坛·世界艺术馆展，内部发行，2014年5月8日—8月3日，第15页。

156 徐悲鸿:《〈画范〉序——新七法》，徐悲鸿著、徐庆平选编:《奔腾尺幅间》，天津：百花文艺出版社，2000年，第38~39页。

157 谢赫云:“六法者何？一曰气韵生动；二曰骨法用笔；三曰应物象形；四曰随类赋彩；五曰经营位置；六曰传移模写。”（南齐）谢赫:《古画品录》，潘运告编著:《汉魏六朝书画论》，长沙：湖南美术出版社，1997年。

158 艾中信曾撰文道:“徐悲鸿对苏联的素描教学法不大赞成……他在看学生作业时，曾多次提到把铅笔修得很尖一丝丝地描画，虽然可以画得很细腻，却会损害艺术劳动的充沛感情，这种过分慢条斯理的画法容易损伤对形象的视觉感受，利少而弊多。”（艾中信:《徐悲鸿研究》，上海人民美术出版社，1981年，第110页）。冯法祀亦道:“解放初期，苏联素描画法传到我国，徐悲鸿对于削尖铅笔进行死抠得画法很反对，他曾说:‘将笔削得这么尖，可以当作武器戳人了！无此必要。’”（冯法祀:《艺术大师徐悲鸿》，王震编:《徐悲鸿的艺术世界》，上海书画出版社，1994年，第268页）。亦参阅曹庆晖:《徐悲鸿美术教育学派刍议》，王文娟主编:《全球化与民族化：21世纪的徐悲鸿研究及中国美术的发展》，北京：中国人民大学出版社，2014年，第228、233页。

159 徐悲鸿：《中国画改良之方法》，王震、徐伯阳编：《徐悲鸿艺术文集》，银川：宁夏人民出版社，1994年，第12页。

160 唐代张怀瓘《画品》始分画为神、妙、能三品，另加逸品。朱景玄《唐朝明画录》亦有“其格外（按：指神、妙、能三品）有不拘常法，又有逸品”之说，都尚简略。宋代黄修复在《益州名画录》中分别对能、妙、神、逸四画品做了细解而推崇“逸格”。他认为：“潜麟翔羽，形象生动者”，谓之“能格”；“笔墨精妙”，“曲尽玄微”，谓之妙格；“应物象形”，“思与神合”，“开厨已走，拔壁而飞”，谓之神格；“逸格”则是拙规矩于方圆。鄙精研于彩绘。笔简形具，得之自然。莫可楷模，出于意表。（宋）黄修复：《益州名画录》，何韫若、林孔翼注，成都：四川人民出版社，1982年。

161 参阅曹庆晖：《徐悲鸿美术教育学派刍议》，王文娟主编：《全球化与民族化：21世纪的徐悲鸿研究及中国美术发展》，北京：中国人民大学出版社，2014年。

162 倪贻德：《谈徐悲鸿先生的素描》，王震编：《徐悲鸿的艺术世界》，上海书画出版社，1994年，第101页。

163 徐悲鸿：《悲鸿自述》《巴尔堆农》《米开朗琪罗作品之回忆》，徐悲鸿著、徐庆平选编：《奔腾尺幅间》，天津：百花文艺出版社，2000年，第19、20、22、161、171页。

164 徐悲鸿：《故宫所藏绘画之宝》《对泥人张感言》《因〈骆驼〉而生之感想》，徐悲鸿著、徐庆平选编：《奔腾尺幅间》，天津：百花文艺出版社，2000年，第90、122、125、126、252页。

165 徐悲鸿赞齐白石的艺术，并于1928年秋三顾茅庐请白石老人出山做北平大学艺术学院任国画教授，二人成为莫逆之交。参阅王震编著：《徐悲鸿年谱长编》，上海画报出版社，2006年，第71页。

166 徐悲鸿赞张大千的艺术，并在1936年3月起，与中央大学校长罗家伦聘张大千为艺术科教授，每周三由苏州到校上课。张大千上课的方式与众不同，课室内中摆上一张大画桌，一张可以躺卧的躺椅，上课不拘形式，学生们到他的房间来，他边画边讲。参阅王震编著：《徐悲鸿年谱长编》，上海画报出版社，2006年，第166页。

167 徐悲鸿赞叶浅予：“浅予笔法轻快，动中肯綮，此乃积千万幅精密观察忠诚摹写之结果！率尔操觚者决不能望其项背，此又凡知浅予之忠勤于艺者，不可忽视之观点也…… 中国此时倘有十个叶浅予，便是文艺复兴大时代之来临了！”徐悲鸿：《〈叶浅予之国画》，徐悲鸿著、徐庆平选编：《奔腾尺幅间》，天津：百花文艺出版社，2000年，第145～146页。

168 徐悲鸿曾让贫困的蒋兆和两度长住家中有三年之多，并大为称赞蒋兆和的画：“蒋兆和之人物画已在中国画上建立一特殊风格，其笔意之老练与笔墨之融合，令人有恰到好处之感，惟其病孩之幅，人之上部倘多空五寸白纸，当尤为美满也，但其画之本身则无可非议。”徐悲鸿：《介绍几位作家的作品》，王震、徐伯阳编：《徐悲鸿艺术文集》，银川：宁夏人民出版社，1994年，第526页。参阅王震编著：《徐悲鸿年谱长编》，上海画报出版社，2006年，第65页。

169 笔者共鸣借鉴也延伸思考了曹庆辉的观点，参阅曹庆晖：《徐悲鸿美术教育学派刍议》，王文娟主编：《全球化与民族化：21世纪的徐悲鸿研究及中国美术发展》，北京：中国人民大学出版社，2014年。

170 笔者共鸣借鉴也延伸思考了刘曦林观点，参阅刘曦林：《徐悲鸿与蒋兆和》，亦参阅马鸿增：《"徐蒋体系"的再认识》，王文娟主编：《全球化与民族化：21世纪的徐悲鸿研究及中国美术发展》，北京：中国人民大学出版社，2014年。

171 刘曦林：《徐悲鸿与蒋兆和》，王文娟主编：《全球化与民族化：21世纪的徐悲鸿研究及中国美术发展》，北京：中国人民大学出版社，2014年，第63页。

172 徐悲鸿对这些姊妹艺术均有关注，参阅徐悲鸿著、徐庆平选编：《奔腾尺幅间》，天津：百花文艺出版社，2000年。

173 曹庆晖：《徐悲鸿美术教育学派刍议》，王文娟主编：《全球化与民族化：21世纪的徐悲鸿研究及中国美术发展》，北京：中国人民大学出版社，2014年，第230页。

174 曹庆晖：《徐悲鸿美术教育学派刍议》，王文娟主编：《全球化与民族化：21世纪的徐悲鸿研究及中国美术发展》，北京：中国人民大学出版社，2014年，第230页。

175 曹庆晖：《徐悲鸿美术教育学派刍议》，王文娟主编：《全球化与民族化：21世纪的徐悲鸿研究及中国美术发展》，北京：中国人民大学出版社，2014年，第231页。

176 曹庆辉：《徐悲鸿美术教育学派刍议》，王文娟主编：《全球化与民族化：21世纪的徐悲鸿研究及中国美术发展》，北京：中国人民大学出版社，2014年，第232页。

177 莫艾：《在现实经验、社会责任与历史困境之间》，王文娟主编：《全球化与民族化：21世纪的徐悲鸿研究及中国美术发展》，北京：中国人民大学出版社，2014年，第109、112页。

178 参阅华天雪：《徐悲鸿的中国画改良》，上海书画出版社，2007年，第110页。

179 徐悲鸿：《古今中外艺术论》，徐悲鸿、徐庆平选编：《奔腾尺幅间》，天津：百花文艺出版社，2000年，第227页。

180 徐悲鸿：《美的解剖》，徐悲鸿、徐庆平选编：《奔腾尺幅间》，天津：百花文艺出版社，2000年，第261页。

181 徐悲鸿：《中西画的分野》，王震、徐伯阳编：《徐悲鸿艺术文集》，银川：宁夏人民出版社，1994年，第370页。

182 徐悲鸿：《新艺术运动之回顾与前瞻》，徐悲鸿、徐庆平选编：《奔腾尺幅间》，天津：百花文艺出版社，2000年，第85页。

183 徐悲鸿：《答杨竹民先生》，王震、徐伯阳编：《徐悲鸿艺术文集》，银川：宁夏人民出版社，1994年，第604页。

184 王震辑徐悲鸿画论、题记选录，王震、徐伯阳编：《徐悲鸿艺术文集》，银川：宁夏人民出版社，1994年，第762页。

185　王震辑徐悲鸿画论、题记选录，王震、徐伯阳编:《徐悲鸿艺术文集》，银川：宁夏人民出版社，1994年，第779页。

186　王震辑徐悲鸿画论、题记选录，王震、徐伯阳编:《徐悲鸿艺术文集》，银川：宁夏人民出版社，1994年，第780页。

187　参阅华天雪:《徐悲鸿的中国画改良》，上海书画出版社，2007年，第110~114页。

188　徐悲鸿:《〈画范〉序——新七法》，徐悲鸿著、徐庆平选编:《奔腾尺幅间》，天津：百花文艺出版社，2000年，第38~39页。

189　除《巴人汲水》《贫妇》等少数作品之外。

190　徐悲鸿纪念馆编:《中国艺坛巨匠——徐悲鸿》，北京出版社出版集团，北京美术摄影出版社，2005年，第203页。

191　北京保利国际拍卖有限公司编:《徐悲鸿作品集》，北京：文物出版社，2007年，第226页。

192　徐悲鸿:《中国今日急需提倡之美术》，徐悲鸿著、徐庆平选编:《奔腾尺幅间》，天津：百花文艺出版社，2000年，第56页。

193　参阅邢莉:《自觉与规范——16世纪至19世纪欧洲美术学院》，北京：中国人民大学出版社，2004年，第60、61页。参阅[德]N·佩夫斯纳:《美术学院的历史》，第三章、第四章，陈平译，长沙：湖南科学技术出版社，2003年。

194　徐悲鸿:《中国艺术的没落与复兴》《新艺术运动之回顾与前瞻》《〈艺用人体解剖学〉序》、徐悲鸿著、徐庆平选编:《奔腾尺幅间》，天津：百花文艺出版社，2000年，第77、84、158、159页。

195　徐悲鸿:《复兴中国艺术运动》，徐悲鸿著、徐庆平选编:《奔腾尺幅间》，天津：百花文艺出版社，2000年，第52~53页。

196　田汉看到了这一点："悲鸿虽然同时标榜着'Realism'（写实主义），而他自己实在也还是一种'Idealist'（理想主义）"。"他所谓'真'仅注意表面描写之真，而忽视目前的现实世界，逃避于一种理想或情绪的世界……他终于深藏在象牙的宫殿中做'天人'的梦。""悲鸿大体一面又主张艺术在'各写其情'，似已走入'Romanticism'的境地，守不牢古典主义。"田汉:《我们自己的批判——我们的艺术运动之理论与实际》上篇，王震编著:《徐悲鸿年谱长编》，上海画报出版社，2006年，第61、63页。

197　郑工:《论徐悲鸿的"古典"理想与写实主义》，王文娟主编:《全球化与民族化：21世纪的徐悲鸿研究及中国美术发展》，北京：中国人民大学出版社，2014年，第76页。

198　参阅John Rewald, *The History of Impressionism*, *the Museum of Modern Art*, New York, 4 th, revised edition, 1973, p.21.

199　王震辑徐悲鸿画论、题记选录，王震、徐伯阳编:《徐悲鸿艺术文集》，银川：宁夏人民出版社，1994年，第782页。

200 徐悲鸿和贝纳尔的实际会面日期是1933年10月21日。参阅[法]菲利浦·杰奎琳:《徐悲鸿和他的法国老师们:一段杰出的艺术历程》,《大师与大师——徐悲鸿与法国学院大家作品》,徐庆平、埃玛努埃尔·施瓦茨、菲利普·杰奎琳策划的大型画展印制图录,北京·中华世纪坛·世界艺术馆展,内部发行,2014年5月8日—8月3日,第31页。

201 [法]尚达·波瓦洛:《阿尔伯特·贝纳尔(1849—1934):与中国艺术家不期而遇》,《大师与大师——徐悲鸿与法国学院大家作品》,徐庆平、埃玛努埃尔·施瓦茨、菲利普·杰奎琳策划的大型画展印制图录,2014年5月8日~8月3日,北京·中华世纪坛·世界艺术馆展,内部发行,第53页。

202 参阅许礼平主编:《徐悲鸿书法集》,香港:香港瀚墨轩出版有限公司,1997年,第85~86页。

203 参阅廖静文:《徐悲鸿一生》,北京:中国青年出版社,1982年,第14页。

204 徐悲鸿:《悲鸿自述》,徐悲鸿著、徐庆平选编:《奔腾尺幅间》,天津:百花文艺出版社,2000年,第18~19页。

205 徐悲鸿:《旅欧记行》,徐悲鸿著、徐庆平选编:《奔腾尺幅间》,天津:百花文艺出版社,2000年,第28页。

206 徐悲鸿:《 游英杂感》,徐悲鸿著、徐庆平选编:《奔腾尺幅间》,天津:百花文艺出版社,2000年,第214页。

207 徐悲鸿:《南游杂感》,徐悲鸿著、徐庆平选编:《奔腾尺幅间》,天津:百花文艺出版社,2000年,第233页。

208 徐悲鸿:《南游杂感》,徐悲鸿著、徐庆平选编:《奔腾尺幅间》,天津:百花文艺出版社,2000年,第234~235页。

209 徐悲鸿:《对泥人张感言》,徐悲鸿著、徐庆平选编:《奔腾尺幅间》,天津:百花文艺出版社,2000年,第125页。

210 徐悲鸿:《真西游记》,徐悲鸿著、徐庆平选编:《奔腾尺幅间》,天津:百花文艺出版社,2000年,第238页。

211 徐悲鸿:《真西游记》,徐悲鸿著、徐庆平选编:《奔腾尺幅间》,天津:百花文艺出版社,2000年,第243页。

212 徐悲鸿:《造化为师》,徐悲鸿著、徐庆平选编:《奔腾尺幅间》,天津:百花文艺出版社,2000年,第250页。

213 1928年,徐悲鸿在福建小住,常到篆刻家、画家陈子奋的"宿月草堂"造访,除与陈讨论艺术外,那里环境幽雅,无俗人烦扰,盛夏炎热,他们喜欢坐在庭院一株紫藤树下乘凉。陈子奋曾在文中记曰:"庭有紫藤,君(按:徐悲鸿)至每坐其下。旬日不至,至则问藤花。印奴造以花开已尽,今独剩此疏枝耳。君因顿足大叫曰:'吾负藤花,吾负藤花!'"参阅方纪龙:《人生得一知己足矣——谈徐悲鸿与陈子奋的深谊》,范保文:《世纪丰碑——新世纪首届徐悲鸿学术研讨会论文集》,天津人民美术出版社,

2004年，第637页。

214 1932年胡愈之主编《东方杂志》，曾发起1933年新年征文《新年的梦想》。征稿信附了两个题目：一个是“先生梦想中的未来中国是怎样（请描写一个轮廓或叙述未来中国的一个方面）”，一个是“先生个人的生活中有什么梦想？（这梦想当然是不一定能实现的）”，徐悲鸿欣然写之：“在西安之西，忽成一八千里周围大湖。俾吾人游历新疆、青海可以航行。湖中有小盗出没。又略卖违禁品，如鸦片之类，而吸者不甚多。溯流南下，直达动庭，以其清澈，使扬子江水及江浙海面，悉成蔚蓝之色。日本既占有北京，即迁都于彼。无端弃其帝制，弃其番语，与中国交涉合并。时白崇禧与蒋介石之孙，俱智勇足备，又同心协力，欲雪旧耻，此时中国已有近世组织，国人又诚心又实力助之。”徐悲鸿：《梦想的中国》，王震编：《徐悲鸿文集》，上海画报出版社，2005年，第55页。

215 徐悲鸿：《中大谈艺录》，王震编：《徐悲鸿文集》，上海画报出版社，2005年，第55页。

216 参阅[古罗马]贺拉斯：《诗艺》，杨周翰译，上海人民出版社，2016年。

217 [法]埃玛努埃尔·施瓦茨：《两次大战期间的巴黎高等美术学院》，《大师与大师——徐悲鸿与法国学院大家作品》，徐庆平、埃玛努埃尔·施瓦茨、菲利普·杰奎琳策划的大型画展印制图录，北京·中华世纪坛·世界艺术馆展，内部发行，2014年5月8日—8月3日，第24页。

218 杨晋：《徐悲鸿绘画印象记》，《浙江青年》，1935年第1卷第11期。

219 参阅潇林（王文娟）：《徐悲鸿的神驹——重返传统与寻找新文化》，杨泓等著：《马的中国历史》，香港：香港商务印书馆，2008年。

220 徐悲鸿：“古典主义的技巧，浪漫主义的构图，印象主义的色彩，社会主义现实主义内容。”王震辑徐悲鸿画论、题记选录，王震、徐伯阳编：《徐悲鸿艺术文集》，银川：宁夏人民出版社，1994年，第785页。

221 徐悲鸿：《悲鸿自述》，徐悲鸿著、徐庆平选编：《奔腾尺幅间》，天津：百花文艺出版社，2000年，第22页。

222 林惺岳：“如果还要追问为什么他（按：徐悲鸿）不撷取20世纪的新绘画，而独注于19世纪的写实主义？答案很简单，因为他适合这样做，也唯有走这条路，他的才华与性格才能充分而有效的发挥。”笔者对林言有不同看法，商讨之。见林惺岳：《我论徐悲鸿的画》，王震编：《徐悲鸿的艺术世界》，上海书画出版社，1994年，第168页。

223 参阅陈英德：《谈徐悲鸿留学法国时的师辈画家》，陈英德：《海外看大陆艺术》，台北：台湾艺术家出版社，1987年，第309页。

224 参阅吴雪杉：《隐蔽的自我：徐悲鸿〈田横五百士〉新解》，《美术研究》，2014年第2期。

225 [法]尚达·波瓦洛：《阿尔伯特贝纳尔（1849—1934）：与中国艺术家不期而遇》，《大师与大师——徐悲鸿与法国学院大家作品》，徐庆平、埃玛努埃尔·施瓦茨、菲利普·杰奎琳策划的大型画展印制图录，2014年5月8日—8月3日，北京·中华世纪坛·世界艺术馆展，内部发行，第52～54页。

226 徐悲鸿:《论中国画》，徐悲鸿著、徐庆平选编:《奔腾尺幅间》，天津：百花文艺出版社，2000年，第61页。

227 徐悲鸿:《与<时报>记者谈艺术》，王震编:《徐悲鸿文集》，上海画报出版社，2005年，第14页。

228 参阅“大师与大师——徐悲鸿与法国学院大家作品”展中“徐悲鸿在传统与创新之间——肖像画、风景画、植物与马”板块的解说词，《大师与大师——徐悲鸿与法国学院大家作品》，徐庆平、埃玛努埃尔·施瓦茨、菲利普·杰奎琳策划的大型画展印制图录，北京·中华世纪坛·世界艺术馆展，内部发行，2014年5月8日—8月3日，第167页。

229 华天雪也有这样的看法。参阅华天雪:《徐悲鸿的中国画改良》，上海书画出版社，2007年，第170、172页。

230 徐悲鸿曾说：“绘画的语言不同于文学的言语。文学写作，洋洋洒洒，落笔千言，不足为奇，它不受时间空间的限制。绘画的创作，只能在一个画面上表现人的思想感情和复杂的事物。这是绘画的特定艺术表现形式。所以要画好一幅创作是困难的，就是很有修养的画家也不是轻易所能做到的。他必须有高超的造型能力，刻画入微的技巧修养，要有敏锐的观察能力，擅于捕捉人物瞬间最有代表性的特点和真情实感。只有这样，才能完成一个画家的职责，创作出一幅好作品。”参阅王震辑徐悲鸿画论、题记选录，王震、徐伯阳编:《徐悲鸿艺术文集》，银川：宁夏人民出版社，1994年，第783页。

231 田汉:《我们自己的批判——我们的艺术运动之理论与实际》上篇，王震编著:《徐悲鸿年谱长编》，上海画报出版社，2006年，第60～63页。

232 杨晋豪:《徐悲鸿绘画印象记》，王震编:《徐悲鸿的艺术世界》，上海书画出版社，1994年，第14～17页。

233 杨晋豪:《徐悲鸿绘画印象记》，王震编:《徐悲鸿的艺术世界》，上海书画出版社，1994年，第17页。

234 谢冰莹:《悲鸿的画》，王震编:《徐悲鸿的艺术世界》，上海书画出版社，1994年，第19～20页。

235 莫艾:《在现实经验、社会责任与历史困境之间》，王文娟主编:《全球化与民族化：21世纪的徐悲鸿研究及中国美术发展》，北京：中国人民大学出版社，2014年，第117页。

236 [美]周策纵:《五四运动史》，陈永明等译，长沙：岳麓书社，1999年，第319、325页。

237 参阅华天雪查阅的中央美术学院档案室存有的针对原国立北平艺专主要职员的《综合材料整理》上披露的信息，这份没有注明日期的材料，据天雪考证，应该是新中国接手北平艺专的军管会时期的1949年2月至4月。华天雪:《徐悲鸿论稿》，济南：山东画报出版社，2014年，第37页。

238 徐悲鸿:《中国今日急需提倡之美术》，徐悲鸿著、徐庆平选编:《奔腾尺幅间》，天津：

百花文艺出版社，2000年，第56页。

239 徐悲鸿:《新艺术运动之回顾与前瞻》，徐悲鸿著、徐庆平选编:《奔腾尺幅间》，天津：百花文艺出版社，2000年，第84页。

240 徐悲鸿“致黎洪模”信，王震、徐伯阳编:《徐悲鸿艺术文集》，银川：宁夏人民出版社，1994年，第746页。

241 徐悲鸿“致陈西滢(一封)”，徐悲鸿著、王震编:《徐悲鸿书信集》，郑州：大象出版社，2010年，第272页。

242 王震编著:《徐悲鸿年谱长编》，上海画报出版社，2006年，第187、188页。

243 吴作人:《刚直不阿的艺术家》，王震编:《徐悲鸿的艺术世界》，上海书画出版社，1994年，第362页。

244 徐悲鸿:《与王少陵谈艺术》，王震、徐伯阳编:《徐悲鸿艺术文集》，银川：宁夏人民出版社，1994年，第306页。

245 徐悲鸿:《与王少陵谈艺术》，王震、徐伯阳编:《徐悲鸿艺术文集》，银川：宁夏人民出版社，1994年，第306页。

246 徐悲鸿:《中国艺术的没落与复兴》，徐悲鸿著、徐庆平选编:《奔腾尺幅间》，天津：百花文艺出版社，2000年，第75页。

247 关于徐悲鸿的现代人文知识分子的身份认同第三章会重点展开论述。

248 尤西林:《阐释并守护世界意义的人——人文知识分子的起源与使命》，郑州：河南人民出版社，1994年，第156页。

249 [英]以赛亚·柏林:《自由论》，胡传胜译，南京：译林出版社，2003年。

250 Lionel Mordecai Trilling, *Beyond Culture: Essays on Literature and Learning*, New York:The Viking Press, 1961.pp.3~30.

251 “1928年4月中旬，(徐悲鸿)赴南京大学中大上课，乘他在南京之隙，夫人蒋碧微雇车到‘南国’把他所有的画具作品全部搬走，并扬言悲鸿就要搬南京去住。因为她认为在‘南国’没有薪金，反对他与田汉搞义务劳动及教育。4月下旬，由南京返沪，(徐)对夫人的行动非常气愤，但既已成为事实，也不便再到南国艺术学院去。”王震编著:《徐悲鸿年谱长编》，上海画报出版社，2006年，第60页。

252 徐悲鸿:《悲鸿自述》，徐悲鸿著、徐庆平选编:《奔腾尺幅间》，天津：百花文艺出版社，2000年，第9~10页。

253 参阅王震编著:《徐悲鸿年谱长编》，上海画报出版社，2006年，第187~188页。

254 郭沫若:《洪波曲》，北京：人民文学出版社，1979年，第41~44页。王震先生补充了第三厅六处第三科的细目情况：徐悲鸿未就职，由油画家倪贻德代理科长。美术科集中了几十位画家，包括叶浅予、力群、卢鸿基、罗工柳、王琦、周令钊、丁正献、王式廓、李可染、沈同衡等。他们结合抗战宣传任务，绘制了大量的宣传画，还组织了漫画宣传队。1938年10月，武汉失守，第三厅的美术工作者，一部分北上去延安，一部分由长沙、衡阳、桂林到重庆。参阅王震编著:《徐悲鸿年谱长编》，上海画报出版社，2006年，第188页。

255 郭沫若:《洪波曲》，北京：人民文学出版社，1979年，第43~44页。

256 艾中信认为:“他之所以没有就任武汉三厅艺术宣传处科长的工作，不是他不愿意，不是嫌官职小。他本来已兴奋地专程从桂林前往武汉准备就任，哪知他找错了门，在陈诚的衙门口坐了几个小时的冷板凳，没有人理睬，他一气之下，就跑回去了。”艾中信:《徐悲鸿研究》，上海人民美术出版社，1981年。这个说法是郭沫若说法的延续。

257 参阅王震编著:《徐悲鸿年谱长编》，上海画报出版社，2006年，第188页。

258 参阅王震编著:《徐悲鸿年谱长编》，上海画报出版社，2006年，第188页。

259 九旬老人马丽生回忆:“（1941年春夏之间）徐大师出国载誉归来，道经保山，然后到下关（即现大理市）…… 当时的司令是赵德恒（字诚伯），这时我就任司令部属下的藤大区防空指挥部主任。司令命我接待徐大师，并嘱我一定要搞好保卫工作并指定徐大师的住所，即下关大商永昌祥的小洋楼。（当时下关地区的西式建筑仅少数几家。）当天，我们做了一幅大布标，上书:‘热烈欢迎徐悲鸿大画师光临大理！’我和副司令陈学舜少将及大理、凤仪两县县长和其他人员前往西站迎接…… 大师笑容可掬地与迎接人员一一握手…… 我和大师改成小车直（去）永昌祥小洋楼。当时即有永昌祥、茂恒两大商号的负责人及其他人员全部约百人排成长队迎接，大师和我们刚进大门，他们就一弯腰、三点头地行礼！大师和我们就进到这座小洋楼，大师说:‘俗不可耐！’我看大师有点不满意，便说:‘请大师先到舍间作个小息如何?’大师应允，于是就步行到我家。当天我们吃鸡油汤圆。大师到我的写画楼，见到写字台上的文房四宝，说:‘你这里两面开窗，空气清新，我住你这里不是很好吗?看样子你也喜爱书画嘛！’我当即说:‘大师的驻地是永昌祥小洋楼。如大师欢喜在我家那我只有报告司令。’我当即用电话报告，司令说:‘是不是你在搞鬼?怎么大师会住你家?’我就把两大商号的迎接情况和徐大师说的‘俗不可耐’等情况进行了汇报，这才得到司令同意住我家。”（马丽生:《忆写与徐悲鸿大师的一段往事》，范保文主编:《世纪丰碑 —— 新世纪首届徐悲鸿学术研讨会论文集》，天津人民美术出版社，2004年，第625、626页）。老人的回忆朴实真实，徐悲鸿的素心清朗也扑面而来，难能可贵！

260 阳翰笙说:“至于第三科，徐悲鸿说，你知道，我是个艺术家，怎么能干这些事情?我不会搞行政工作，画一些抗战的画还可以。”阳翰笙:《第三厅 —— 国统区抗日民族统一战线的一个战斗堡垒（一）》，王震编著:《徐悲鸿年谱长编》，上海画报出版社，2006年，第188页。

261 徐悲鸿“致吴作人（七封）”，徐悲鸿著、王震编:《徐悲鸿书信集》，郑州：大象出版社，2010年，第111、112页。

262 徐悲鸿致舒新城信（1939年5月8日）:“弟与慈之关系，在港与兄晤面时，实间不容发，乃彼知我来新，乃来一从未有过之动人情书，言我命她怎样便怎样，弟答曰:

'倘人因我而有之行动，我完全任之肩上，不诿责于我以之第二人。但我绝不令人如何行动。'其中，慈又获得我冷冰冰下前所发书，她即来一同样温度之函，我气得发晕…… 慈父亲之面貌，似为吾前生身之冤仇。见即话不投机，彼母亲亦落落无丝毫缘感。倘慈不毅然取得办法（此则不可责备，只有任彼如何），弟亦终不能与之有更一步之关系，以较弟之岳父母之情愫相去诚间霄壤！弟至今仍依依于岳父母之深意，老天此段文章巧妙不可思议，弟虽在演出此剧，实惊叹剧本之佳弄死人的东西，世变如此，一切听其自然，若慈真排万难来到弟处，当然弟无条件从其所愿，与共生死，弟顾未有一字叫她来，惨极了，只当作被炸坏四肢脏腑一样难过。"（徐悲鸿"致舒新城"三十四封，徐悲鸿著、王震编：《徐悲鸿书信集》，郑州：大象出版社，第74、75页）。孙多慈迫于父母压力，懦弱不敢行动，不管徐为她已抛下了一切，徐悲鸿的难受确如炸裂了肝胆，徐给孙之决绝信（1939年10月）："到七月（按：1939年7月，武汉未赴任到广西后）有一书全不是那回事，况且还有一个人情所不能强之理由，你不早不晚不先不后，在此时脱离你的父母，你如早来固为之幸运，倘你采用如此苯法，叫我如何接受。于是归根结底，你闪电式之爱情，无论有如何热烈真挚，只可比之镜花水月，而汝安排妥当之实境乃坚固如不可动摇之昆仑山。我于是乎完全绝望…… 说到红豆，他是有他烨烨之光，无论你戴与不戴，况且你虽说接受了我，却从未见你戴过，你以为他不值什么，丢掉好了。"（徐悲鸿"致孙多慈"一封，徐悲鸿著、王震编：《徐悲鸿书信集》，郑州：大象出版社，第183页）。徐孙恋爱，其情复杂，或许亦不能只责备孙多慈一人。1936年4月11日，徐悲鸿在沪访舒新城，以孙多慈两函示舒氏，孙爱徐之热忱溢于言表。而对前次来南京，遭蒋碧微等的责难，亦精神痛苦异常，为避免各方面无谓之纠纷，拟努力十年不与悲鸿通信，以期有成就（参阅王震编著：《徐悲鸿年谱长编》，上海画报出版社，2006年，第166页）。当事者三人，纠葛处理得一塌糊涂，均受伤惨重！不赘。

263 徐悲鸿"致孙多慈（一封）"，徐悲鸿著、王震编：《徐悲鸿书信集》，郑州：大象出版社，2010年版，第183页。

264 徐悲鸿"致孙多慈（一封）"，徐悲鸿著、王震编：《徐悲鸿书信集》，郑州：大象出版社，2010年版，第183页。

265 徐悲鸿"致徐伯阳、徐丽丽、黎洪模"信，王震、徐伯阳编：《徐悲鸿艺术文集》，银川：宁夏人民出版社，1994年，第688页。

266 徐悲鸿：《民族艺术新型之剧宣四队》，徐悲鸿著、徐庆平选编：《奔腾尺幅间》，天津：百花文艺出版社，2000年，第257页。

267 徐悲鸿：《半年来之工作感想》，王震、徐伯阳编：《徐悲鸿艺术文集》，银川：宁夏人民出版社，1994年，第381~382页。

268 1936年，徐悲鸿因为婚外恋情、家庭纠纷，心情抑郁，6月2日，携带部分艺术品由广州乘飞机抵达南宁。其余艺术品，由刘汝醴、徐飞白乘汽船延西江逆流而上直驶南宁。在南宁，受到广西地方当局的欢迎，奉为上宾，被安排在省府里住宿。广西当局为抗日问题通电全国，呼吁南京政府顺从民意，一致抗日，徐悲鸿坚决拥护，被广西省政府聘为顾问，出席政治会议，报纸称徐由画师变“军师”。也出席李宗仁举办的宴会，与十九路军抗日将领蔡廷锴、蒋光鼐同席。在南宁《民国日报》发表文章痛斥蒋介石。精心绘制巨幅油画《广西三杰》，画李宗仁、白崇禧、黄旭初策马扬鞭，齐辔并驰（参阅王震编著:《徐悲鸿年谱长编》，上海画报出版社，第171、174页。参阅蒋碧微:《蒋碧微回忆录》，上海：学林出版社，2002年，第99页）。但徐悲鸿是艺术家，对政治不熟悉，也很幼稚。这段短暂的“从政”生涯，在笔者的理解里，缘起依然是个人情感的难于理清而逃离，但落脚却是素朴的爱国情怀、抗战大业，令人慨叹。作为蒋之丈夫、孙之恋人，徐悲鸿不成功，但国家兴亡、匹夫有责的社会担当，他却是一个可以大笔书写之人！

269 参阅华天雪:《徐悲鸿论稿》，济南：山东画报出版社，2014年，第391页。

270 徐悲鸿“致陈西滢（一封）”，徐悲鸿著、王震编:《徐悲鸿书信集》，郑州：大象出版社，2010年，第272页。

271 1949年1月中旬，徐悲鸿出席傅作义将军召集的北平学者名流数十人的会，向大家提出关于北平“守”“和”的问题。这不是一个一般的问题，说话是要担风险的，当时谁也不敢发言。经过长时间的冷场后，徐悲鸿首先发言，他说：“时至今日，傅将军还有什么值得对蒋先生抱幻想的呢？”并说：“北平是驰名中外的文化古都，不战则可以保存这个名城。”大家才相继发言表态，赞成和平解放北平。北平解放前夕，徐悲鸿坚决保护学校，拒绝南迁，立场鲜明。参阅吴作人:《刚正不阿的艺术家》，王震编:《徐悲鸿的艺术世界》，上海书画出版社，1994年，第359页。参阅王震编著:《徐悲鸿年谱长编》，上海画报出版社，2006年，第311页。

272 1949年12月13日，中央美术学院全体同学和部分教师分四队，分别参加了北京西郊和南郊的土改工作。徐悲鸿因身体不好未被批准。但后来曾到区里看望土改的师生，还激情参加了大红门举行的对恶霸地主的斗争。参阅王震编著:《徐悲鸿年谱长编》，上海画报出版社，2006年，第322页。

273 徐悲鸿曾道（1942年）：“我在中国民国三十一年十月十五日下午三时，发现中国艺术界中一卓越之天才，乃中国共产党之大艺术家古元。我自认不是一个思想有了狭隘问题之国家主义者，我惟对于还没有二十年历史的中国新版画界，已诞生一巨星，不禁深自庆贺…… 古元之《割草》，可称中国近代美术史上最成功的作品之一，吾愿陪都人士，共往欣赏之。”（1943年）：“中国之新雕刻家，俱无良好健康，而小品太不发达，极为憾事。因定件不可强致，且自动之工作，方为艺术家正常生活工作。惜诸公未留心塔纳格拉、麦利纳、汉人、北魏人、隋唐人之作俑者，活泼天真也。吾于是想念木刻家古元。彼谨严而沉着之写实作风，应使其同道者，知素描之如何重要。”徐悲鸿:《全国木刻展》《新艺术运动之回顾与前瞻》，徐悲鸿著、徐庆平选编:《奔腾尺幅间》，天津：百花文艺出版社，2000年，第69、86页。

274 1934年，关于出国展览，"…… 因罗马、英伦、莫斯科，只能举其一，而必弃其二，重要相等，决择綦难，卒以苏联既以国家招待，请而不往，则他日欲去，反为不妙。因放弃罗马、英伦，而应苏联之聘，赴莫斯科。"徐悲鸿：《旅欧记行》，徐悲鸿著、徐庆平选编：《奔腾尺幅间》，天津：百花文艺出版社，2000年，第26页。

275 徐悲鸿曾道（1950年）："吾今欲向人民政府郑重提一建议：即在人民政府下各项工作之英雄（如炼钢英雄或织布英雄以及军队之战斗英雄等），均得请求政府指定雕刻家或画家，描绘其像与事迹，陈列于公共场所，以资表扬与鼓舞；久之此类名贵作品，成为反映此伟大时代之重要文献，必可与古希腊所遗留至今日之当日各邦比武胜利之武士争光。因此类胜利之武士，各邦当日为夸耀本邦比武胜利之起见，必请名雕刻师刻其像像其竞赛时美妙之态，陈于本邦公共场所；今在美术史上艳称之米隆之《掷铁饼者》，与伯拉克希特列斯之Dcripore及Agasias之决斗者等，均此类作品也。历世不朽，而希腊之文化，实蒙其光耀！倘吾中华民主共和国在艰难缔造中建立功勋之各类英雄，得王式廓、古元、邵宇等艺术家之笔精写其形容与史实，则此革命的浪漫主义作风，不特在吾国可垂之久远，抑且将成为举世楷模，使艺术服务人民之正确来路线得到正当发展的办法。此后国家每年举办大艺术展览会中，重要出品必将为中国各地工农兵中出类拔萃之男女英雄之英姿与其事迹；这将成为如何之艺术辉煌之时代！"（徐悲鸿：《介绍老解放区美术作品一斑》，王震、徐伯阳编：《徐悲鸿艺术文集》，银川：宁夏人民出版社，1994年，第541页）。又曾道："我们之中倘有天才，希望他能写出各种英雄（如战斗英雄等）的史实，各种模范的人物凸出着我们幸运遭遇这个伟大时代。"（徐悲鸿：《介绍老解放区美术作品一斑》，王震、徐伯阳编：《徐悲鸿艺术文集》，银川：宁夏人民出版社，1994年，第568页。）

276 参阅曹庆晖：《徐悲鸿美术教育学派刍议》，王文娟主编：《全球化与民族化：21世纪的徐悲鸿研究》，北京：中国人民大学出版社，2014年，第235页。

277 20世纪二三十年代有田汉、杨晋豪、谢冰莹们的对徐悲鸿的批判，新中国成立徐悲鸿也经过了组织考察："政治背景：与国民党在朝高级军政大员关系密切，如李宗仁、朱家骅、胡适之等。其前妻蒋碧微系国民党员，并任国民党参政员等。解放前国民党曾派专机来接他南飞，当时他有些犹豫，后经进步教授进行解释，又因其对艺专有些留恋，及自己的藏画很多，不便搬走，最后决定留下。新中国成立后开始认为思想转变是很容易的事，经过一个时期后才知道不是那么简单了。他在开学的讲话中，对同学自治还是不相信的，现在对军管会的意见表示很愿接受…… 他本身存在着可能改造为新的艺术教育的某些条件，但尚需一个相当长的斗争时期。"（见华天雪查阅的中央美术学院档案室存有的针对原国立北平艺专主要职员的《综合材料整理》上的信息记录，约在1949年2月至4月。华天雪：《徐悲鸿论稿》，济南：山东画报出版社，2014年，第37 页。）可以理解那个以新换旧的时代，理解新中国对收编沦陷区的国立北平艺专应有的审慎。这不是对徐悲鸿一人的审查，而是全部教员。至于徐悲鸿留北平起初有些犹豫的原因，不详。估计像他这样历经晚清民国又留学游历欧洲，和清朝遗老与国民党政界，和田汉们所说的外国资产阶级各方有诸多联系的人士，对新到来的时代和政府虽然热情真诚拥护，但也难免心存忐忑，也能理解吧。不过经过了解，徐悲鸿不是放下了忐忑吗？“新中国成立后的北京，肃清了封建余孽，建立了人民政府，使人觉得豁然开朗。在这巨大的转变中，首先使我感受最显著和最深切的便是我们从事教育工作的人，现在都能够在安定的生活中，努力自己岗位上的工作，和潜心从事业务的研究。而解放前，这种情形是决不可能出现的。那时候，我们十几个国立院校的负责人每月有一次聚会，所谈的是柴米油盐（按：那时候物价飞涨），从来谈不到学术问题……除了照顾到教职员的生活，人民政府同时也健全了学校的组织，每一个学校都成立了有教员职工学生工友代表参加的校务会议，建立民主集中制，重要的决策都由校务会议讨论和通过，这样增加了执行上的正确和顺利。教职员和学生都卷入了学习的热潮，学生大大提高了作业的兴趣，加速了课程的进度，教员也注意和力求业务的改进，真正做到了教学相长的实效。此外如乞丐的被收容、改造，道路的整修，妓院的封闭，倒闭的工厂重新开工，生产事业和手工业蓬蓬勃勃的发展，车祸的减少，看不见气焰嚣张的美国人，这都是与国民党时代判然不同的情形。这使所有的人都体会到北京的解放决不是一个平常政权的转移，而是有起死回生的重大意义的！不合理的现象消除了，痛苦的人快乐了，年老人的变得年青了，呈现在我们面前的是无限光明和希望，我们充满了信心、勇气和力量，一个富强康乐的新中国正在成长，如同由黑暗到黎明，太阳已经升起了。”（徐悲鸿：《我生活在北京解放后一年来的感想》，《光明日报》，1950年1月31日）。徐悲鸿的这份朴实感受、真纯兴奋是由衷的，不是只在唱高调，这是那个时代的人们的共同真纯！徐悲鸿于是会给好友王莹写信（1951年1日7日）：“国中文化事业，非常活跃，幸早归位祖国服务，迟则恐人不见谅也。”（徐悲鸿“致王莹”信，王震、徐伯阳编：《徐悲鸿艺术文集》，银川：宁夏人民出版社，1994年，第701页）。而经过考察，新生的共和国不也愈加对他肯定、赞扬及至今天吗？因此“革命伦理”和“启蒙叙事”不应分途，一个“五四”在本体论意义上不可两分，这是我们在现代性进程中需要提倡和坚持的。

278 方纪龙：《人生得一知己足矣——谈徐悲鸿与陈子奋的深谊》，范保文主编：《世纪丰碑——新世纪首届徐悲鸿学术研讨会论文集》，天津人民美术出版社，2004年，第637页。

279 1929年，国民政府教育部举办第一届全国美术展览会，盛大空前，名誉会长蔡元培，名誉副会长杨铨，会长蒋梦麟，副会长马叙伦、吴震春，总干事陈石珍，总务委员丁衍镛、于右任、王一亭、王济远、江小鹤、朱应鹏、何香凝、狄楚青、李毅士、李金发、李祖韩、李宗侃、林风眠、林文铮、吴湖帆、范文照、徐志摩、徐悲鸿、陈小蝶、陈万里、张聿光、褚民谊、叶恭绰、刘海粟、蔡周峻、钱瘦铁，名誉评判委员蒋中正、谭庭闿、胡汉民、王宠惠、戴传贤、蔡元培、冯玉祥、张继、林森、孙科、陈果夫、宋子文、于右任、经亨颐、李石曾、张人杰、吴敬恒、易培基、何香凝、陈树人、孔祥熙、蒋梦麟，名誉顾问熊式辉、张定璠，虞和德、赵晋卿、冯少由、陈伯鸿、陈德征、史量才、汪伯奇。所展作品有国画、书法、油画、雕塑、工艺美术、建筑、摄影等，参展画家有洪野、何香凝、迩方、郑岳之、楼幸壶、曾熙之、红薇居士、朱子常、李毅士等。徐悲鸿作为总务委员会成员之一，似乎不够积极，譬如1月17日，全国美展委员会总务委员会成立大会在上海举行，徐悲鸿在会前曾致全国美展总务委员会一函，谓人在北平，不能到会办事，故委托总务委员朱应鹏代理。2月23日，徐悲鸿在上海中央研究院出席全国美展第七次总务委员会会议。4月10日，以全国美展总务委员身份，在上海出席了美展开幕式。4月13日，在上海出席了全国美展第14次总务委员会议。4月23日，在《美展》第五期发表《惑》（致徐志摩的公开信），对现代艺术进行了猛烈批判。徐志摩发表《我也'惑'——与徐悲鸿先生书》一文，对徐悲鸿的文章提出异议。4月27日，徐悲鸿函答徐志摩，进一步阐述其美术主张。4月29日再致徐志摩一函，对志摩称他为"古道人"提出反驳。5月1日，李毅士在《美展》第八期发表《我不'惑'》一文，赞同徐悲鸿的观点。5月10日，徐悲鸿在《美展》增刊发表《惑之不解》（二）（致徐志摩的公开信），徐志摩又来长文辩论。编辑杨清罄在《美展》增刊发表《惑后小言》称："自悲鸿兄'惑'其所'惑'后，志摩继其所'惑'，毅士七兄从而不'惑'之。今悲鸿又《惑之不解》矣，是'惑'之天地继长增高予艺人以不少兴奋。与此沉寂次冷酷无情之社会里，散漫而庞杂之艺坛上，忽而'冷火中爆出热栗子来'，实是艺术界大好想象……（徐悲鸿）《惑之不解》（二）付排后，志摩兄又来洋洋大文，计长六千言，本刊地位及时间上均不能容，惟有暂为保密，俟有继续出版之机会再为刊布。"为此次笔战划了句号，遂不了了之。参阅王震编著：《徐悲鸿年谱长编》，上海画报出版社，2006年，第75~83页。参阅王震、徐伯阳编：《徐悲鸿艺术文集》，银川：宁夏人民出版社，1994年，92~116页。参阅陈瑞林：《中国现代美术史教程》，西安：陕西人民美术出版社，2009年。

280 参阅陈英德：《谈徐悲鸿留学法国时的师辈画家》，陈英德：《海外看大陆艺术》，台北：台湾艺术家出版社，1987年，第303、306页。

281 [英]贡布里希：《艺术的故事》，范景中译，北京：生活·读书·新知三联书法，1999年，第503页。

282 参阅陈英德：《谈徐悲鸿留学法国时的师辈画家》，陈英德：《海外看大陆艺术》，台北：台湾艺术家出版社，1987年，第303、306页。

283 参阅[民主德国]W·沃林格：《抽象与移情》，王才勇译，沈阳：辽宁人民出版社，1987年。参阅王文娟：《墨韵色章——中国画色彩的美学探渊》，第五章第二节，北京：中央编译出版社，2006年第五章。

284 关于东方文化现代复兴的西方背景及积极意义参阅[英]赫伯特·里德：《现代绘画简

史》，刘萍君译，上海人民美术出版社，1979年。参阅尤西林：《禅与现代人的主体性》，尤西林：《人文学科及其现代意义》，西安：陕西人民教育出版社，1996年。参阅王文娟：《庄子美学时空观及其现代意义》，《陕西师范大学学报》，1995年3期。

285 [英]赫伯特·里德：《现代绘画简史》（上），刘萍君译，上海人民美术出版社，1979年，第141页。

286 [民主德国]W·沃林格：《抽象与移情》，王才勇译，沈阳：辽宁人民出版社，1987年，第17~18页。

287 （宋）沈括：《梦溪笔谈》，卷十七《书画》。

288 对董源、倪瓒之解读参阅薛永年主编，邵彦编著：《中国绘画的历史与审美鉴赏》，北京：中国人民大学出版社，2000年，第143、261页。

289 徐志摩：《我也“惑”——与徐悲鸿先生书》，王震、徐伯阳编：《徐悲鸿艺术文集》，银川：宁夏人民出版社，1994年，第107、111页。

290 参阅杨作清、王震著：《徐悲鸿在南洋》，乌鲁木齐：新疆人民出版社，1992年，第39页。

291 艾中信：《记徐悲鸿老师》，王震编：《徐悲鸿的艺术世界》，上海书画出版社，1994年，第201页。

292 参阅尚辉：《“写实”背后的暗流——民族文化对徐悲鸿审美心理的影响》，范保文主编：《世纪丰碑——新世纪首届徐悲鸿学术研讨会论文集》，天津人民美术出版社，2004年，第301、305页。

293 徐悲鸿：《梅社首次美展献辞》，徐悲鸿著、徐庆平选编：《奔腾尺幅间》，天津：百花文艺出版社，2000年，第142页。

294 徐悲鸿：《惑》，于王震、徐伯阳编：《徐悲鸿艺术文集》，银川：宁夏人民出版社，1994年，第93页。

295 参阅[英]迈克尔·苏立文：《20世纪中国艺术与艺术家》，陈卫和、钱岗南译，上海人民出版社，2013年。

296 参阅徐志摩：《我也“惑”——与徐悲鸿先生书》，王震、徐伯阳编：《徐悲鸿艺术文集》，银川：宁夏人民出版社，1994年，第104页。

297 参阅王文娟：《对徐悲鸿质疑的几点思考——从一种现代性的角度切入》，《美术》，2013年10期。

298 参阅[德]斯宾格勒《西方的没落》、[德]尼采《偶像的黄昏》、[德]胡塞尔《现象学与哲学的危机》、[德]海德格尔《存在与时间》、[美]列奥·斯特劳斯《现代性的三次浪潮》、[德]阿多诺《启蒙的辩证法》、[德]雅斯贝尔斯《时代的精神状况》、[德]哈贝马斯《现代性的哲学话语》等一系列现代、后现代哲学家的相关论著。

299 徐悲鸿：《悲鸿自述》，徐悲鸿著、徐庆平选编：《奔腾尺幅间》，天津：百花文艺出版社，2000年，第24页。

300 参阅王文娟:《现象学读解: <亚威农少女>及其现代、后现代思潮》,《陕西师范大学学报》, 2002年1期。

301 徐悲鸿:《中国今日急需提倡之美术》, 徐悲鸿著、徐庆平选编:《奔腾尺幅间》, 天津: 百花文艺出版社, 2000年, 第58页。

302 徐悲鸿:《中国艺术的没落与复兴》, 徐悲鸿著、徐庆平选编:《奔腾尺幅间》, 天津: 百花文艺出版社, 2000年, 第77页。

303 徐悲鸿:《美的解剖》, 徐悲鸿著、徐庆平选编:《奔腾尺幅间》, 天津: 百花文艺出版社, 2000年, 第261页。

304 郎绍君:《现代中国美术》, 南京: 江苏美术出版社, 1996年, 第257、258页。

305 徐悲鸿:《惑之不解(一)》, 王震、徐伯阳编:《徐悲鸿艺术文集》, 银川: 宁夏人民出版社, 1994年, 第99页。

306 徐悲鸿被推向神坛, 大概应该是新中国成立前后, 尤其是新中国成立以后的造神运动所致。20世纪五六十年代的徐悲鸿研究就在意识形态的导引和徐悲鸿的学生及同道的回忆歌颂中展开(把曾经在20世纪20至40年代的不同声音几乎全部淹没), 20世纪七八十年代继续延续着这一高调。对此梁江在其《三十年来徐悲鸿研究述略》中有阐明(参阅王震编:《徐悲鸿的艺术世界》, 上海书画出版社, 1994年)。华天雪在《徐悲鸿的中国画改良》中也有详细论述(参阅华天雪:《徐悲鸿的中国画改良》, 上海书画出版社, 2007年)。20世纪80年代中晚期及至90年代, 质疑逆反徐悲鸿声浪汹涌, 不少研究者像烙烧饼, 把徐悲鸿和林风眠颠了个, 在排中国现代美术大师时即把徐悲鸿放在了林风眠后面, 并把中国艺术半个多世纪没有和世界现代艺术接轨的账全算到徐悲鸿头上。其积极意义在于打破僵化的"意识形态脸谱化"的徐悲鸿, 打破艺术一元而寻求多元, 寻求艺术的开放性自律性起到了相当作用。但消极意义也很明显, 在解构"高大全"式英雄的同时, 也有让艺术家替"左倾"意识形态受过之嫌, 情绪化之中, 反而遮蔽对艺术、对徐悲鸿的真正深入探讨。美术界的这一倾向非一家独有, 这与20世纪90年代文学界(以及其他艺术领域一样)对20世纪大师重排座次的景象异趣同工(文学界质疑鲁迅, 抬高梁实秋、林语堂乃至周作人及至"张迷"粉丝绚烂遍地)。笔者认为, 这里不仅仅关乎徐悲鸿、林风眠、刘海粟、庞薰琴、潘玉良等一干画家, 也不仅仅关乎鲁迅、林语堂、周作人、张爱玲等一干文学家, 而实在关乎社会思潮、艺术思潮的巨变, 关乎"积极自由"与"消极自由"的此消彼长(参阅王文娟:《徐悲鸿研究的国内外现状》,《美术研究》, 2014年4期)。

307 参阅尤西林:《关怀公共精神的"积极自由"行动者——鲁迅与现代知识分子》,《学术月刊》, 2000年8期。

308 尤西林:《关怀公共精神的"积极自由"行动者——鲁迅与现代知识分子》,《学术月刊》, 2000年8期。

309 徐悲鸿:《新艺术运动之回顾与前瞻》, 徐悲鸿著、徐庆平选编:《奔腾尺幅间》, 天津:

百花文艺出版社，2000年，第86页。

310 曹庆晖：《徐悲鸿美术教育学派刍议》，王文娟主编：《全球化与民族化：21世纪的徐悲鸿研究与中国美术发展》，北京：中国人民大学出版社，2014年，第240页。

311 华天雪亦认为："经过一年的改造，中央美术学院的教学主流已经不再是徐悲鸿方式了。"华天雪：《徐悲鸿的一九四九年》，华天雪：《徐悲鸿论稿》，济南：山东画报出版社，2014年，第100~101页。

312 曹庆晖：《徐悲鸿美术教育学派刍议》，王文娟主编：《全球化与民族化：21世纪的徐悲鸿研究与中国美术发展》，北京：中国人民大学出版社，2014年，第240页。

313 曹庆晖：《徐悲鸿美术教育学派刍议》，王文娟主编：《全球化与民族化：21世纪的徐悲鸿研究与中国美术发展》，北京：中国人民大学出版社，2014年，第240页。

314 参阅王文娟：《"流美"与"诸野——徐悲鸿书法论》，《中国书法》，2011年5期。

315 参阅臧杰：《民国美术先锋——决澜社艺术家群像》，北京：新星出版社，2011年。

316 参阅王文娟：《对徐悲鸿质疑的几点思考——从现代性的角度切入》，《美术》，2013年第10期。

317 参阅艾中信：《介绍〈徐悲鸿素描集〉》，王震编：《徐悲鸿的艺术世界》，上海书画出版社，1994年，第121页。

318 作为爱国、爱和平、爱艺术、爱教育的徐悲鸿在转换思路、改造自我以完全合上新的时代尚需时日之际，他却英年早逝！但人们却按时代潮流使劲往"左"塑造了他。在20世纪50至70乃至80年代人们的颂扬声中能特别看到这一点。对于徐悲鸿的影响和徐悲鸿学派弟子的边缘化，华天雪有自己的独到看法，也能从一个方面了解艾中信们的骄傲和焦虑感："随着胡一川调到中南，徐悲鸿逝世，中央美术学院的创建阶段就结束了，但这被罗工柳称作'黄金时期'的不太长的岁月，却为中央美术学院打下了很好的基础，除了拥有了一支全国最强大的教师队伍，还在这个时期培养了之后画坛的中坚力量。这些主要在徐悲鸿影响下画了三年素描的画家，在其后的艺术生涯中，大多以造型基础好而立足，并在各自岗位上形成各自的影响，将'徐悲鸿'延展、播散开去，这是教育的魅力，也是徐悲鸿的魅力。但也必须看到，从1950年胡一川创作《开镣》率先开始了中国革命历史题材的创作，到1951年罗工柳的《地道战》《整风报告》，1952年董希文的《开国大典》乃至后来的在全国有很大影响、直接推动了中国社会主义现实主义绘画发展的创作中，却少有徐悲鸿学生们的身影……"华天雪：《徐悲鸿论稿》，济南：山东画报出版社，2014年，第102页。

319 徐悲鸿在1949年3月2日致尹瘦石信说到："弟虽与人民解放军方面无任何关系，但逆知其作风开明，故留平未走，果得军方嘉许，留任现职，且多方协助。弟自问无与人民不合之处，故敢毅然接受此职，惟望足下予以指示。"（徐悲鸿"致尹瘦石"信，王震、徐伯阳编著：《徐悲鸿艺术文集》，银川：宁夏人民出版社，1994年，第713页）。1950年，徐悲鸿在谈到艺术与政治结合，接受遗产，普及和提高的问题时说到："艺术必须与政治结合，必须在启发群众和教育群众上起一定的作用，我们美术工作者应走的道路，无疑的是现实主义的道路，现在服务于各部门的美术工作者，都在积极学习政治，学习马列主义毛泽东思想，但是其中也有若干精通政治者，却少掌握足够应用的美术修养，这种现象是需要改进的，而且也是不难改进的。”（徐悲鸿：《美术工作的意见和经验》，王震、徐伯阳编著：《徐悲鸿艺术文集》，银川：宁夏人民出版社，1994年，第577~578页。）

第三章　徐悲鸿与现代人文知识分子角色

一、徐悲鸿与现代人文知识分子角色

（一）人文知识分子的含义

“知识分子”（或“知识阶层”）是西方近代的名词，最初源于19世纪的俄国（“intellectual”）。[1]

余英时认为，今天西方世界称知识分子为“社会的良心”，认为他们是人类的基本价值（如理性、自由、公平等）的维护者。知识分子一方面根据这些基本价值来批判社会上一切不合理的现象，另一方面则努力推动这些价值的充分实现。“知识分子”一词在西方具有特殊含义，并不是泛指一切有“知识”的人。这种特殊含义的“知识分子”首先也必须是以某种知识技能为专业的人；他可以是教师、新闻工作者、律师、艺术家、文学家、工程师、科学家或任何其他行业的脑力劳动者。但是如果他的全部兴趣始终限于职业范围之内，那么他仍然没有具备“知识分子”的充足条件。根据西方学术界的一般理解，所谓“知识分子”，除了献身于专业工作以外，同时还必须深切地关怀着国家、社会，以至世界上一切有关公共利害之事，而且这种关怀又必须是超越于个人（包括个人所属的小团体）的私利之上的。[2]

余英时认为，从思想史的观点看，西方近代的知识分子起源和18世纪启蒙运动的关系最为密切。康德曾给启蒙运动的精神下了一个简明扼要的界说，即“有勇气在一切公共事务上运用理性”，这句话恰好可以代表近代知识分子精神。[3]

如果说，西方启蒙运动（即斯特劳斯意义的“现代性”第二次浪潮）以来的知识分子所关怀的不但是如何“解释世界”，而且更是如何“改变世界”（如卢梭、伏尔泰、康德、黑格尔、马克思都注重“行动”或“实践”[4]），那么和这种“行动的人生”不同，古希腊意义的西方古代知识分子（以柏拉图、亚里士多德为代表）的理想则是“静观的人生”，他们以“静观默想”现象背后的本体世界为人生的最高乐趣和境界。他们的本体论沉思“不屑于”纷纭万象，更不屑用之于康德所谓的“公共事务”上面。但康德所说的启蒙精神中的道德勇气则又和基督教的传统有渊源。基督教是一种“救世”的宗教，它不但为西方文化树立了最高的道德标准，而且持此标准以转化世界。因此，欧洲中古的教士之中，有人教化了入侵的蛮族，有人驯服了君主的专暴权力，更有人发展了学术和教育。他们和古希腊哲学家不同，他们做的是改变世界的工作，从而具有近代“知识分子”的性格之一面（即改造世界）。但是另一方面，基督教又有严重的反知识、轻理性的倾向；知识必须从属于信仰，理性也必须匍匐于上帝的“启示”之前，这又和近代“知识分子”的精神背道而驰了。[5]

余英时所说的西方近代知识分子，在笔者的理解里，即是现代性理路里的现代人文知识分子。因为他看到，和基督教的传统不同，启蒙运动以来的知识分子的理想世界在人间不在天上。[6]这个世俗化过程，正是本书第一章讨论过的马克斯·韦伯所说的世界的“祛魅”过程，也就是现代性的世界图景，即斯特劳斯所说的“现代性乃是世俗化了的圣经信仰”。[7]毋宁说，人文启蒙与新教伦理相反相成地共同构成为政教分离之后近现代西方社会意义教化的主流内容，同时塑造了近现代人文知识分子新的形象。[8]也就是说，现代人文知识分子做着改变世界的工作，这份使命感近乎于“宗教”承担，但当然是康德意义的“赶走上帝，给信仰留下地盘”的本体论承担。康德所说的理性是实践理性的本体论意义的价值理性，这是现代人文知识分子的基本操守。换句话说，现代人文知识分子改造世界的依据是启蒙意义的人之自由的追求，理性之运用与担当，目的在于阐释世界[9]的同时，也改造世界，是“行动的人生”。

余英时列举了Confino指出的近代俄国知识阶层的五项特征：1.深切地关怀一切有关公共利益之事；2.对于国家及一切公益之事，知识分子都视之为他们个人的责任；3.倾向于把政治、社会问题视为道德问题；4.有一种义务感，要不顾一切代价追求终极的逻辑结论；5.深信事务不合理，须努力加以改正。[10]

Confino所说的显然是人文知识分子。不同于技术操作型的科技专家，如果不涉人文关怀，这种技术操作在特定情况下很容易变成危害丛生的工具理性。

余英时认为，俄国知识分子的五项特征中除了其中第四项之求真精神乃西方知识分子的一般特性外，其余四项则在以“天下为己任”的中国传统知识分子（即“士”阶层）身上都同样找得到清楚的痕迹。[11]即是说，无论中西方，人文知识分子都具有他们的共同性：不隶属于任何经济阶级，遂以信仰与使命感为人生第一要义是中西方人文知识分子的共同特点，即孟子所说的“无恒产而有恒心者，唯士为能”[12]。即何晏所说的：“无爵而贵。”[13]

“以天下为己任”的精神是中国古代知识分子（“士”）的优良传统。这主要体现在儒家精神。孔子是古代“士”之原型，“士不可以不弘毅，任重而道远。仁以为己任，不亦重乎？死而后已，不亦远乎？”[14]孔子之思想在孟子那里得到了充分高扬：“天下有道，以道殉身；天下无道，以身殉道。”[15]有这样的志士之道，遂有屈子虽报国无门、英雄末路，但却

“九死而犹未悔”的天问般追询的上下求索，亦有千年太史公司马迁那铮铮铁骨、浩浩人格，高山仰止般的铁笔千秋；唐代韩愈被贬之后，依然有“欲为圣明除弊事，肯将衰朽惜残年”之为国担当的豪迈气概；北宋范仲淹之“先天下之忧而忧，后天下之乐而乐”被千古传诵，张载则以“为天地立心，为生民立命，为往圣继绝学，为万世开太平”为其学术宗旨；及至明清，顾炎武提出“天下兴亡，匹夫有责”的著名观点，以及黄宗羲、王夫之的著书立说都是这种“以天下为己任”的社会责任感的体现，于是才有鲁迅先生所说的“我们自古以来，就有埋头苦干的人，有拼命硬干的人，有为民请命的人，有舍身求法的人……这就是中国的脊梁”[16]。因此，无论是先秦大儒还是西汉太学生，无论是魏晋名士还是唐朝诗杰，也无论是宋代理学家还是晚明的东林党人、清朝戊戌六君子……这种矻矻以求、前仆后继、不绝如缕之“道统”精神是中国知识分子人文精神的重要内涵。

如果说人文知识分子不论中西都有着他们的共同性，也有着他们各自的特殊性，那么即使同一传统内部的各个阶段，知识分子也呈现为不同的特点，这尤其表现在西方。[17]相比之下，就中国古代知识分子重理性亦重实践而强调“知行合一”来说，他们区别于“静观冥想”的西方古代知识分子；就其深负使命感却不具备超验的宗教性又重知识来说，中国古代知识分子又当然地区别于欧洲中古的教士；就其兼具两重性格而言（即“重理性”但并非只“静观冥想”而具行动实践性），中国古代之“士”毋宁更近于西方近代人文知识分子。[18]当西方近代知识分子不复遵守“凯撒之事归之凯撒，上帝之事归之上帝”的信条时，他们要管的正是凯撒的事，而中国古代知识分子却一直在过问着凯撒的事，[19]即干预政治、“处士横议”，知行合一。余英时认为中国古代之“士”与现代意义的人文知识分子观念有着相当的会通意义。[20]

这种会通意，即人文知识分子的根本性质（责任、使命、公共精神）却遭到了当代学者的强烈质疑。在后启蒙时代，即斯特劳斯所说的第三次现代性浪潮之后的后现代氛围中，西方当代就知识分子的性质和社会意义及功能出现了新一轮的论争，主要是20世纪70年代以后。[21]

福柯认为，普遍的知识分子历史性地消失了，而专家们却有的是。[22]说到普遍的知识分子，福柯心里想的也许是萨特（Jean-Paul Sartre）；说到专家，福柯特别想到的是美国物理学家“原子弹之父”奥本海默（J. Robert Oppenheimer）。[23]萨特代表的是批判社会、介入性、行动性的公共精神的人文知识分子[24]（与前面讨论的西方近代人文知识分子精神一脉相承）；奥本海默代表的是各个行业中有专业特长的专家们，即“专业人士”“学者”“专业学者”等。

福柯两分的普遍知识分子和专家型的知识分子与葛兰西（Antonio Gramsci）两分的传统知识分子和“有机知识分子”有相似之处。[25]只是福柯并不是在痛惜普遍知识分子的消亡，他正是要批判、质疑、解构同一性哲学，以其谱系学方法，解构在他看来不那么招人喜欢的、真理在握的、全知全能的呈霸权样态的知识分子领袖形象与预言职能，[26]这种对普遍知识分子合法性身份的怀疑，正是现代性悖论丛生而激起的反诘颠覆的后现代景象之一。福柯的拥护者甚众，持普遍知识分子消亡论的代表人物还有利奥塔[27]、雅各比（Russell Jacoby）[28]、高尔兹[29]等。

但不一样的声音也同样存在，譬如哈贝马斯和古纳德（Gunad）就对上述观点进行了批判。[30]而爱德华 · W · 萨义德（Edward W. Said）的论说更值得关注。虽然萨义德也共鸣于福柯批判质询的抗拒精神，讲求解构宏大叙事，落脚在个体性上，成为英语世界最有影响的福柯评论家之一。[31]但是他对福柯的欧洲中心论倾向和福柯最后“沉浸于权力的运作，而不够关切抗拒的过程”也颇有怀疑，[32]在萨义德的后期著作中，福柯是一个不可缺少的对手。[33]

针对普遍意义的知识分子的衰退和技术专家的与日俱增成为技术霸

权，萨义德颇为强调知识分子的边缘性、批评性、业余性、说真话。他所说的“业余性”是相对于“专业态度”而言。如果“专业”意指把自己身为知识分子的工作当成为稻粱谋、朝九晚五，一眼盯着时钟，一眼留意什么才是适当、专业的行径……那么“业余者”既不为奖赏也不为实现眼前的职业计划所动，而是献身投入公共空间的观念与价值。他坚持主张，知识分子是社会中具有特定公共角色的个人，不能只化约为面孔模糊的专业人士，只从事他那一行的能干成员。他认为知识分子是具有能力向公众以及为公众来代表、具现、表明讯息、观点、态度、哲学或意见的个人。知识分子的代表是在行动本身，依赖的是一种意识、一种怀疑、投注、不断献身于理性探索和道德判断的意识。知识分子的活动是为了增进人类的自由和知识，他们代表的不是塑像般的偶像，而是一项个人的行业，一股顽强的力量，以语言和社会中明确、献身的声音针对诸多议题加以讨论，所有这些都与启蒙、解放、自由、正义有关。即使后现代时代人文知识分子的这些根本也依然成立。他认为知识分子的声音是孤独的，必须落实在行动的真实体现上，民族的盼望、共同理想的追求，才能得到回响。[34]

萨义德的观点十分亲切，难能可贵！或许可以说这是康德、马克思、萨特、孔子、顾炎武们的思想在后现代的转型式回响。[35]但又毕竟是后启蒙时期的萨义德，他十分审慎地告诉我们，知识分子的介入模式，并不是登上高山或者讲坛，居高临下，慷慨陈词，霸权相向，而是要谦虚地在能被听到的地方发表意见，在进行的实际过程中，比方说，在和平和正义的事业中起到作用和影响。知识分子代表着解放与启蒙，但从不是要去服侍抽象的观念或冷酷、遥远的神祇（按：非伪专名），而从来是关系着、而且应该是社会里正在进行的经验中的有机部分：为民说话、为民喉舌，而且是为穷人、下层社会、没有声音的人、没有代表的人、无权无势的人。[36]

20世纪末叶中国内地也有一场人文精神和知识分子的大讨论。这场讨论是当时的中国最引人注目的文化大讨论之一。讨论者们有站在昔日理想对抗现实，对抗市场经济发展不良效应的贵族主义倾向；也有学术下移，维护市场经济，深化改革，对上述道德理想主义及道德优先性原则误区进行的分析批判，两种声音势均力敌，紧张而激烈。当然也有一部分学者避开交汇锋芒，进行深入理性的研究探索，譬如张岱年等著的《中国知识分子的人文精神》[37]和尤西林师的《阐释并守护世界意义的人——人文知识分子的起源与使命》，[38]即给笔者（也相信给很多人）以启发。前者是老中青三代学者（张岱年、庞朴、汤一介、萧萐父、许纪霖等）从各自的学科角度对中国知识分子人文精神、责任担当进行了阐释。后者是基于人文哲学本体论的高度对知识分子作了东西方溯源，对人文精神和人文知识分子含义作了界定和深刻阐发。当然这里的文字也是高下不一，观点也未必完全一样，但总体，他们坚持人文精神的高贵性，力倡民主政治和文明教化的公共精神之建设，强调为市场经济提供人道主义的目的与动力，塑造当代社会进取健康的理想人格，并对大众文化的价值滑坡给予了警惕。其中有的学者讨论了王朔。

王朔是20世纪90年代在中国大陆走红的作家（即大众文化的代表），当时学界对他有许多讨论和争议。王朔说过这样一段颇为福柯式的话："我的作品的主题用英达的一句话来概括比较准确。英达说：王朔要表现的就是'卑贱者最聪明，高贵者最愚蠢'。因为我没念过什么大学，走上革命的漫漫道路，受够了知识分子的气，这口气难以下咽，像我这种粗人，头上始终压着一座知识分子的大山。他们那无孔不入的优越感，他们控制着全部社会价值系统，以他们的价值观为标准，使我们这些粗人挣扎起来非常困难。只有给他们打掉了，才有我们的翻身之日。"[39]

尤西林师认为，当代中国大众文化正在发掘与表现"老百姓自己的故事"，并显示小人物平凡生活的道德潜力，无疑是有生命力的，也是与中国有待重建的真正的人文意义价值系统内在一致的，[40]与萨义德所说的“为民喉舌”也有相通之处。但是王朔把草根民众和知识分子对立成“翻身”与“打掉”的两大阵营，“却犯了一个常识性的错误”，[41]有沦为痞子文化之嫌疑。痞子文化正是鲁迅先生毕生所批判的“阿Q”式的民族的劣根性之一。“批判痞子文化是中国现代化一项严重的工作。”[42]换句话说就是，中国现代性启蒙的任务远没有结束。

（二）徐悲鸿与现代人文知识分子角色

如果徐悲鸿早生几百年，他一定是中国古代“士”阶层之优秀一员（其实终其一生他不也保留着不少古代“士”之痕迹吗？譬如知恩图报，侠义精神等[43]），但徐悲鸿又终究有幸出生在19世纪末叶的晚清，遭遇伟大的“五四”时代，而终成长为经现代性洗礼的现代人文知识分子之一员，[44]故徐悲鸿对徐志摩称他为“古道人”大为不满，[45]其心路历程可叹可佩！

徐悲鸿1895年6月18日（农历五月二十六日）[46]出生于江苏省宜兴县（市）屺亭桥（镇）一个贫寒人家，原名寿康。祖父砚耕是镇上裁缝，在他六岁时去世。徐悲鸿对祖父应该没有多少记忆：“吾王父砚耕公，以洪杨之役，所居荡为灰烬。避难归来，几不能自给，力作是十年，方得茸椽为庐于桥之侧，以蔽风雨，而生先君。”[47]徐父达章公兼耕作、乡村画师和私塾教师多种方式谋生，勤勉努力，养家糊口。农忙时，徐悲鸿亦帮助父亲作农活，西瓜成熟季节，和父亲在田里搭小窝棚看瓜…… 无奈仍有水灾之年，无以为生的时候，譬如在徐悲鸿十三四岁时，“吾乡连大水，人齿日繁，家益窘。先君遂奔走江湖，余亦始为落拓生涯”[48]，遂随父外出谋生。在与父亲近乎流浪卖艺为生的路途中，所品生活之艰辛，所见人间之不平，所感世态之炎凉，都让他感触良多，却终没有让他哀怨畏惧，反激起他“江南贫侠”（自刻图章）、“神州少年”的英雄情怀，可见徐悲鸿性格中坚韧顽强、豪爽开朗、浪漫幽默的一面。徐悲鸿少年时候在家乡，每天早晨提着打狗棒跑步，无论冬夏都坚持游泳，锻炼身体和意志，幻想有一天能成为路见不平，拔刀相助的侠客。他尤喜欢跟邻居家的孩子一起演戏，将家里的桌椅搭成戏台，每每“戏台上身披红色被面的‘江南贫侠’高举利剑，大叫‘恶贼住手’……”[49]这是他少年时代的欢乐。

但少小时分，徐悲鸿最喜欢的事情，还是看书、画画、上学堂。

学堂是上不了的，因为家贫，惆怅不已：“方吾年十三四时，乡之富人皆遣子弟入学校，余慕之。有周先生者，劝吾父亦遣吾入学校尤笃，先君以力之不继为言。…… 顾此时无奈，仅得埋首读死书，谋食江湖。”[50]

事实上，他读的也非死书也，虽未在学堂，跟着父亲读书，也快乐无比。徐悲鸿是爱师、敬师、崇拜老师之人，对他的第一位老师达章老先生亦是。对这位启蒙老师的性情悠然、和乐平易、淡薄名利、敦厚慈祥、博学多才，徐悲鸿有着无比温暖美好的亲切记忆：“室虽陋，吾先君方自幸南山为屏，塘河为带，日月照临，霜雪益景，渔樵为侣，鸡犬唱答，造化赋与之丰美无尽也。”[51]“先君讳达章（清同治己巳生），生有异秉，穆然而敬，温然而和，观察精微，会心造物。虽居穷乡僻壤，又生寒苦之家，独喜描写所见，如鸡、犬、牛、羊、村、树、猫、花。尤为好写人物，自父母、姊妹（先君无兄弟），至于邻佣、乞丐，皆曲意刻画，纵其拟仿。…… 先君无所师承，一宗造物。故其所作，鲜Convention（俗套）而特多真气。守宋儒严范，取去不苟，性情恬淡，不慕功名，肆忘于山水之间，宴如也。耽吟咏，榜书雄古有力，亦精篆刻，超然自立于诸家以外。先君为人敦笃，慈祥恺悌，群遣子弟从学，习画间问字者至夥。”[52]即使在飘零生涯中，父亲也娓娓不倦地给少年徐悲鸿说古论今，丰富了他不少的历史知识和中国传统绘画的方法和精神。[53]

这样风范的父亲从才学、品德两方面给了徐悲鸿最初的人生奠基。他“六岁习读，日数行如常儿。七岁执笔学书，便思学画，请诸先君，不可。……九岁既毕四子书，及《诗》《书》《易》《礼》，及乃《左氏传》”[54]，之后，父亲才让学画。

徐悲鸿的蒙学教育可谓正宗。其学画前先学文化，以国学奠基，乃其父上乘之教法矣！极好的人生开端，不仅让他学到了知识，更滋育了他热爱文化、热爱艺术的心田，亦开阔了他的人生视野，增长了他求学、走四方、去看地平线以远人生的拼搏勇气！有此勇气，他遂能于1915年6月辞去彭城中学、女子学校、宜兴女子学校碌碌为教、无复生趣的教职，离开农舍、瓜田、耕牛、民间戏剧、传说、乡音习俗萦绕的家乡，只身闯荡上海。去上海也不只是谋生他求，而是求学求知，期望半工助读，纵历经千难万险，几近绝境，经无数友人相助，也要圆他的读书梦！1916年2月，徐悲鸿考取震旦大学法文系即以“黄扶”之名入学，以不忘黄警顽、黄震之两位友人对自己的资助和支持。[55]

1916年是徐悲鸿命运转折的一年。是年3月，上海哈同花园征人画仓颉像，徐悲鸿应征入选。4月被聘为哈同花园的美术指导，兼仓圣明智大学美术教授。7月入住哈同花园，经姬觉弥介绍结识康有为，并执弟子礼居其门下，得纵观康之所藏，亦聆听康之教诲。康有为对徐悲鸿影响甚大，可谓第二位私家老师（按：第一位是徐悲鸿的父亲，第三位是他的法国老师达仰）。康有为对徐悲鸿的提携，为我们所熟知。譬如前文述1917年5月，徐悲鸿东渡日本，康有为给徐悲鸿写了推荐信，去拜访中村不折，听中村介绍了他在法国的留学经历。1917年底，徐悲鸿从日本游学回沪，首先拜访康有为，康说现在欧战正酣，既不能启程赴欧，最好还是先去北京一趟，看看能否得到一个官费留学名额。1917年底，徐悲鸿持康有为介绍信，去见康之大弟子罗瘿公，罗随即介绍徐悲鸿去拜谒教育总长傅增湘，请傅给徐一个公费名额，傅应之，中经坎坷，亦经蔡元培相助，促成徐悲鸿去法留学。[56]去法国后，徐悲鸿又结识了梁启超、宗白华、蒋百里、杨仲子、谢寿康、刘厚等一大批文化人士[57]……

此番经历和交往，徐悲鸿不仅仅只是扩大了交游圈，结识了名人，去了国外，一步登天，而是在与当时中国最优秀的知识分子的交往中，感受了时代风云，感受了灾难深重的国家急需富强，于是把个人的前途和国家命运紧密相连，毕生怀抱艺术救国的理想，毕生期望国家的文艺复兴，也完成着自己的安身立命，终由一个乡间少年、“江南贫侠”成长为“五四”一代启蒙知识分子之一员，一个具有崇高理想的现代人文知识分子！

如果说现代人文知识分子既是阐释世界意义的人，更是改变世界的人，意义超前于现存世界并成为现存社会的自我批判与精神启蒙，而现代人文知识分子改变世界的依据是启蒙意义的人之理性的运用与自觉担当，那么，徐悲鸿哪一条都合得上，猛烈批判科举制度，痛斥文人画末流之荒率枯淡，提倡写实主义，改良中国画，兴办教育，拯救国民性，期待国家的文艺复兴！不是空谈阔论，而是“行动的人生”，这是徐悲鸿与现代人文知识分子角色身份认同之体现。

二、徐悲鸿作为现代人文知识分子的行动体现

以画家论徐悲鸿不足以包涵徐悲鸿意义的全部，就像以文学家论鲁迅不足以包涵鲁迅意义的全部一样。人文知识分子是保持意义境界的公共精神的关怀者。他们是社会的良心。“他们有勇气在一切公共事务上运用理性。”[58]（康德）于是一个设帐受徒而稻粮谋的画家不属于人文知识分子，避席畏闻文字狱的乾嘉学者执著于训诂却并不关注人文意义的时候，他们也不是人文知识分子；而不是从事人文学科的科学家诺

贝尔、爱因斯坦、居里夫人、杨振宁、李四光们在关怀着科学的人道公共精神时，他们却具有了人文知识分子的情怀。因此，无论是在荒原中呐喊了一生的鲁迅，还是艰苦卓绝奋斗了一生的徐悲鸿，都是令人敬仰的人文知识分子的典范。他们为公共精神的启蒙贡献了自己毕生的心血。“山河百战归民主，铲尽崎岖大道平”，“百载沉疴终自起，首之瞻处即光明”，铁肩大义，矻矻以求，“士不可不弘毅，任重而道远”，孔子之言正是徐悲鸿之座右，[59]是儒家的入世情怀，但也更应该理解为康德意义上的“公开运用理性”的现代性精神启蒙。在这样高度责任感的人文关怀下，徐悲鸿在短短26年间（从留学回国到去世），“他所作的工作，所创作的作品、所造成的影响，是任何一个同时代的画家都难以比肩的”[60]。

（一）美术教育

美术教育是徐悲鸿执著一生的事业之一。“一个画家，他画得再好，成就再大，只不过是他一个人的成就，如果把美术教育发展起来，能培养出一大批画家，那就是国家的成就。”[61]

笔者拟从人格品德之教育、广博知识之储备，美术课程体系的改革和学科设置之实践、认真上好每一堂课来谈徐悲鸿的美术教育，正好合得上徐悲鸿崇尚的至今被中央美术学院奉为校训的“尊德性而道问学，致广大而尽精微”[62]的中国古老的哲学智慧。

人格品德、胸襟气魄的教育是徐悲鸿的首重，这也是他及其“五四”一代提倡的国民精神改造之首要。他看他的老师们是从品德看起，譬如对自己的启蒙老师，即他的父亲达章公即赞为：“先君敦笃、慈祥恺悌”；赞他的恩师康有为亦为：“雍容阔达，率直敏锐”；对他的法国老师达仰亦赞：“先生教人之道凡二，曰真率，曰诚笃，内涵、诚笃乃欣赏之源也”，“辞令高雅、态度安详。引掖后进，诲人不倦。”[63]他乡间师长张祖芬送他的两句嘉言，也被他一生铭刻在心："人不可有傲气，但不能无傲骨"[64]……这些鲜活教导，以及他所看的中国古代典籍智慧及法国乃至欧洲文化的熏陶都成为徐悲鸿从善如流铸造自己人格品性的优秀源泉，也是他教育学生的宝贵资源。"研究艺术，务须诚笃"，[65]"作一个画家很不容易，要注重自己的人品，也要注重自己的画品，画品是人品的反映。"[66]这些话在徐悲鸿的文集，及弟子的回忆录里俯仰皆是。

除了这些蔼然之德，徐悲鸿还有高调之志。他常常拿他的老师达仰送给他的话转送给他的学生："艺事至不易，勿慕时尚，毋甘小就。"[67]

也一再鼓励学生：

> 大丈夫立志第一，既往开来，吾辈之责，幸除积习，当仁不让，凡我通道，盍兴乎来。[68]
>
> 我希望以后从事艺术工作的人，第一要立大志，要成为世界上第一等人，作出世界上第一等作品。他的不朽的程度，与中国孔子、司马迁、陶渊明、李白、杜甫，外国的柏拉图、亚里士多德、但丁、莎士比亚、牛顿这一类人等量齐观的。[69]
>
> 最大之作家，多愿力最强之人，故能立大德、造大奇、为人类申诉。[70]

在徐悲鸿看来，只有这样胸襟气魄的人们，才有望建设新艺术，才有望实现国家的文艺复兴。在这样的砥砺奋进中，徐悲鸿从江南贫苦少年成长为一代宗师，循循善诱也高高鼓励教育着学生们。

除了胸襟气魄，徐悲鸿还认为："艺术家应更求广博之知识，以美备齐本业，高尚其志趣与澄清其品格，惟不甚需咬文嚼字之低能而已。"[71]他自己一辈子博览群书，一生收藏中除了绘画作品和其他珍玩，就是大量的书籍了。他也要求学生多读书，并姊妹艺术之聚合（除了绘画，徐悲鸿对书法、雕塑、戏剧、摄影、剪纸、工艺美术等都有涉猎），这是现代艺术教育思想之体现，而不是单打一的中古作坊式教学。

课程体系之改革和学科设置之实践是徐悲鸿美术教育主张落实的关键。

徐悲鸿的美术教育活动，（图3-1、图3-2、图3-3、图3-4）如果从北京大学画法研究会任导师开始（1918年），中经南国艺术学院、中央大学艺术系、北平大学艺术学院、再到中央大学艺术系，及至1953年中央美术学院任上逝世（1953年秋），前后教龄约30余年。尤以中央大学为其重要的教育实施阵地，以北平艺专为其教育改革的重镇。

徐悲鸿毕生怀抱艺术救国之心提倡写实主义，在中央大学艺术学科，他和同道们一起制定的教育方针即是："培植纯正坚实之艺术基础以造就自立发挥之艺术专才"，"养成艺术批评及宣导之人才以提高社会之艺术风尚而陶铸优美雄厚之民族性"，"养成中学及示范学院之各种艺术师资"，[72]教育兴国、艺术兴国之启蒙意义昭然明朗，而且要实现这个方针不仅仅是唱高调，是要付出大量时间、精力、责任、爱心和热情而落实到课堂教育的具体实践。[73]徐悲鸿身体力行之。

1928年3月，徐悲鸿应国立江苏大学（5月即更名为国立中央大学）之聘，兼任该校教育学院艺术专修科美术教授。[74]1929年，中央大学艺术专修科更名为艺术教育科，并将原修业期限从两年改为四年。李毅士为艺术教育科主任。艺术教育科分设国画、西画、工艺、音乐四组，吕凤子主管国画组，徐悲鸿主管西画组，[75]得以较好地在西画教学中实现他的教学理念。

据1934年12月制定的《国立中央大学教育学院艺术科选课指导书》，西画组四学年课程分为必修课与选修课两类，其中，第一学年必修课程有党义、素描、人体解剖学、图案、透视学、国文、基本英文、普通体育、军事训练9门，选修课程有中国文化史1门；第二学年必修课程有素

图3-1　1936年徐悲鸿与中央大学艺术系师生合影（上）

图3-2　1943年徐悲鸿在重庆与中央大学艺术系师生（下）

图3-3　1947年徐悲鸿等国立北平艺专教师合影（上）
图3-4　1950年徐悲鸿任中央美术学院院长（下）

描、图案、风景静物、构图、中国美术史、中国文学、普通体育、军事训练、西洋通史9门，选修课程有外国文（德或法）1门；第三学年必修课程有素描油画、风景静物、美学、图案、构图、西洋美术史、中国文学、普通体育、西洋通史9门，选修课程有外国文（德或法）1门；第四学年必修课程有素描油画、风景静物、构图、西洋美术史、普通体育5门，选修课程有外国文（德或法）1门。[76]黄厚明统计，就此课程体系安排，素描教学贯穿于西画专业四学年的全部教学计划中，数量惊人，四学年的必修课周课时数总和分别为15课时、15课时、16课时、7课时，而素描教学四学年的周课时皆为18课时，超过了其他所有必修课程的周课时总和，这种情形呼应了徐悲鸿关于“素描是一切造型艺术之基础”的观念。[77]黄言之有理，这种教学落实是徐悲鸿写实主义主张的课堂量化的具体诉求和实现。

当时徐悲鸿主管的是西画组，他的教学主张推行到国画组是要到吕凤子离开中央大学艺术系去创办正则女子职业学校，徐悲鸿继李毅士、汪采白、唐学咏之后任艺术系主任之时（1935年至1936年5月）。[78]在国画方面徐悲鸿推行其主张历来不是那么容易的。徐悲鸿曾在1928年被李石增邀请出任北平大学艺术学院院长，力主改革，孤掌难鸣，难而知返。在中央大学，主持西画组成功后，向国画组推进那是比在北平容易多了。上任系主任后，徐悲鸿便将西画组和国画组合并为绘画组，这一变革为他顺利推行写实主义教育体系奠定了学科组织框架。从中央大学1940年度艺术专修科教员所开课程表中知，此时的课程结构已发生了很大变化，原先在国画课体系中占据半壁江山的实象模写课程，仅见于一年级的课程中，而素描教学仍然是艺术系一、二、三年级的必修课程。[79]

这个教学思路被1946年北上的徐悲鸿带到了北平艺专，他对艺专原有教学体系进行了大刀阔斧的改革，让国画学生和其他画科学生一样均先习素描，并把学制“定为五年制。国画、西画、雕塑、图案在第一二年共同修习素描，第三年分班。…… 两年极严格之素描仅能达到观察描写造物之静态，而捕捉其动态，尚须以积久之功力，方克完成。此三年专科中，须学到十种动物、十种翎毛、十种花卉、十种树木以及界画。使一好学深思之士，具有中人以上秉赋，则出学校，定可自觅途径，知所努力，而应付方圆曲直万象之工具已备，对任何人物、风景、动植物及建筑不感束手。新中国画至少人物必具神情，山水须辨地域，而宗派门户，则在其次也。所谓物有本末，事有始终，知所先后者，理宜如是也。…… 素描为一切造型艺术之基础，但草草了事，仍无功效，必须有十分严格之训练，积稿千百纸方能达到心手相应之用…… 尊重先民之精神固善，但不需要乞灵于先民之骸骨也。”[80]这是徐悲鸿在1947年写的《新国画建立之步骤》，是面对三教授罢课事件掀起轩然大波后迎战的近乎于战斗的檄文，但其中所说的教学思路和课程体系安排是理性清醒的，是为达成中国画改良，遵循写实主义的教学理念所作的现代化行进中量化饱满课程的诉求和保证。

三教授罢课事件前文已述，概不兹赘。不管这次冲突的最大原因是不是学术之争，都表明了徐悲鸿所坚持的美术教育主张和顽强守护传统一派的观点不同。这次战斗，以徐悲鸿的胜利而告终，也坚固和奠定了他在北平艺专推行他的教育主张的决心、力度和基础。不管徐悲鸿及其学派有多少局限，但成绩仍然是主要的、第一位的：“可以说，没有素描的坚实功底和写生能力，就没有徐悲鸿、蒋兆和、李斛的人物画，没有李可染的山水画，没有现代中国人物画的繁荣。徐悲鸿说，从叶浅予、宗其香、蒋兆和等诸人之作，‘感觉中国画可开展之途径甚多’。其中一条途径是西方素描造型语言与中国笔墨造型语言的化合，这条途径提高和丰富了中国画特别是人物画的表现力，并成为中国画现代变革的重要流派之一。”[81]

换句话说，徐悲鸿推行的写实主义主张对铲除中国画的流弊（哪怕是矫枉过正）、对师法造化的提倡、对生气的灌注，都使得阴柔遁世的古老中国画焕发了青春的活力。这种积极发展，不仅仅只是艺术的革新，更是国民精神气质的革命，是遥遥接续“天行健，君子自强不息”的古训外，亦是中国现代性启蒙精神之体现。“在20多年持续不断的教育工作中，他培养了五辈人才，绵延至于今日，实际上形成了一个人数众多的美术教育学派…… 他们大多数兼教学和创作，推动并发展了中国的美术事业，首先是美术教育事业”[82]。

艾中信的评价是中肯的，说徐悲鸿培养了五辈人才那是确凿的，说六辈都不为过。但说他20多年持续不断的教学倒是有点小误，因为1933年、1934年徐悲鸿在欧洲办展，1936年因婚外恋情、家庭纠纷迫走广西，1939年至1942年去了南洋，这些时段是不在教学岗位的，但他一分钟也没有耽误画画、写文章、办展览、开展美术活动。因此，徐悲鸿除了是一个有个人伤痛，难免人性弱点的普通人，但也是一个以艺术兴国而奋斗的顶天立地的大写之人。除了是美术老师、教育工作者，他也是一个职业画家、美术活动家、策展人和中外美术交流使者。

但只要徐悲鸿在岗教学一天，他就认真上好每一堂课，他说：“每个画家都有自己的特点，教学也应该因材施教，要看到学生们不同的特点，要看到他们不同的苗头，让他们尽量发挥自己的特长，因势利导，使学生能在自己的基础上，走出自己的道路来。”[83]对此，他的弟子们有许多亲切的回忆：[84]

艾中信言：

徐悲鸿的素描教学很讲方法，但决不是一成不变，他非常反对不用自己的感官去体察造物的作画态度，对人云亦云或一味追求逼真的刻板“死描”，他鄙之谓麻木不仁。他很尊重每个学生的个性特点，如有一点独到之处，他就喜形于色，并且赞扬。只有到实在不开窍时，他才用具体的办法把着手教，一方面仍是在启发诱导，另一方面是免得青年弄得一无所能。[85]

刘勃舒说：

在进行一张素描练习时，按徐先生的要求，作业结束时，不只留下了一张完整的素描，而是更应有更多的成绩。他说："最好开始先用较短时间画一张小幅的素描，扼要地把对象的形体动态大关系画下来，获得一个初步印象，这是一张，然后正式画作业，这是第二张。素描完后，用两小时离开对象背着画，用心的默记，这是第三张。默记完毕后，要对着对象和画面仔细检查一遍，把画错的地方，不具体的地方改正过来，如果时间还有富裕，还可以对同一模特儿取不同的几个角度再画几张速写。"实践证明这样的素描教学使学生理解得深，学得活，收获大，如果不断坚持下去，就能做到以后离开了模特儿，离开了对象也能自如地进行创作。难怪徐先生给我们改画时不怎么看对象，拿起木炭来就能很肯定地纠正画面上出现的形体结构方面的错误，事后和对象一比较，果是一丝不差。[86]

卢开祥道：

徐先生说：我一直主张画家们能为好的小说作插图，更主张在青年学生中以画插图来代替学校中的构图课。这样，学生们画插图他们必然要用功地看小说，理解人物环境及历史背景，使他们思想活跃，抓住要点。练习用绘画表现人物在瞬间思想动态的特点，抓住典型环境和整个画面的气氛，同时还能提高学生们的文化水平，加强艺术修养。……在重庆，当时徐先生的学生戴泽和韦启美两人用木炭笔合画了一套《水浒传》插图，其中戴泽先生画的《李逵斧劈罗真人》比较生动完整，给我的印象很深。徐先生说：读书要背书，画画要默画，这是一样的道理。画插图的基本功，就是要有背画的本领，平时要养成背画的习惯。徐先生规定：在学校的学生，每周的素描作业完成后，要增加半天将本周的素描作业默背出来，要求有大致准确的轮廓和明暗调子。最好画人像也能背出来，日积月累，就会在头脑中有比较丰富的形象资料。徐先生要求我们看戏、看电影以后，能把你认为最好最感人的场面、人物、气氛色调默写。他要求你将看到的认为最美好的风景第一眼印象记住，回来后即将这种印象画出来，如果一个学生对这些要求都能做到，可以肯定他能成为一个很有出息的画家，了不起的画家。有了这些基本功在画插图及搞其他创作时你就得心应手，能画出你所要画的人，你所想画的事和你所需要的一切景物、一切气氛。[87]

冯法祀道：

记得有一次，在课堂上，他对一个学习态度不够严肃而又不去认真观察对象的学生很恼火，他在这个学生一画幅前指着对象问道："你正在画的那个对象，哪儿最亮？"那个学生用手画了个大圈说："这块最亮。"徐悲鸿激动地说："我是问你哪一点最亮！"那个学生经过仔细地观察之后回答出具体的最亮点，徐悲鸿这才满意地点了点头说："对啦，就得这样观察、比较，才有可能看出什么地方最亮，什么地方最暗。"接着，徐悲鸿用手指在他的画上大片地抹、擦，然后用木炭加深暗部，用橡皮提出亮部，于是一幅既有统一的整体，又有突出局部的画完成了。这一课对于像我这样只知抠细部，不注意整体概括的初学素描的学生来说，有很大教益，对于不认真观察对象的人，也是很好的一课……在教学中他要我们眯缝眼睛看对象，首先看整体，看主要的东西。作画时要求突出主体，次要的东西依次减弱，以至消失。徐悲鸿素描上的取舍、省略，表现在他的分面造型时的特有技巧，既有认真分析，又有综合的概括。[88]

在弟子们这些素朴直白真切的言说中，一个鲜活的、不因循守旧的，讲方法、尊重学生个性、启发心智，不仅悉心锻造学生的扎实基本功，也努力培养他们的创造力的美术老师徐悲鸿蓦然凸显在我们眼前！他是也认真也幽默也轻松，不八股气，不温吞水，能喜形于色表扬画得好的学生，也能严肃批评不认真画的学生，是循循善诱也严格要求的老师，是负责任的好老师，是性格鲜明的性情中人！

作为坚持现代性启蒙精神的徐悲鸿，他的美术教育不是贵族象牙塔式的，他自己的画作面对现实固然常有采用隐喻和象征手法的一面，但他总是鼓励学生到鲜活生活中去，譬如吴作人到康藏高原画出了《负水女》[89]（图3-5）等诸多作品，孙宗慰跟随张大千到敦煌临摹了很多壁画，画了很多反映藏族人生活的作品（图3-6、图3-7、图3-8、图3-9、图3-10），齐人在盘溪画了反映华北敌后抗战的《门帘战》，冯法祀画了《长沙大火组画》和《捉虱子》（图3-11），陈晓南到抗日前线画了很多抗日军队的速写（图3-12），张安治画了《一夫当关，万夫莫敌》，黄养辉画了《桂林大撤退组稿》等[90]。笔者还找到了吴作人的《纤夫》（图3-13）、齐振杞的《东单市场》[91]（图3-14）、孙多慈的《女人像》[92]（图3-15）、艾中信的《枕戈待旦》（图3-16）等作品图片，这些都是徐悲鸿弟子对老师教导的很好体会之作。

徐悲鸿是一个心怀宽广的老师，他说："做一个教员要有广阔的胸怀，如果在他教的学生中，没有教出能超出自己水平的学生，说明这个教员是无能的，做老师的也不要怕学生超过自己的水平，青出于蓝胜于蓝，这是必然的。"[93]

图3-5　负水女　吴作人　布面油彩　61cm×72.5cm　1946年

所以，徐悲鸿尽最大可能地找钱、出力、创造机会送他的学生们（及其他美术青年）出国深造，在20世纪三十年代他将吴作人、吕斯百、王临乙、滑田友等几位送往法国、比利时学习绘画和雕塑；为傅抱石争取到日本学习东方美术史、工艺和雕刻；四十年代将陈晓南、张安治、费成武、张倩英等送往英国学习版画和绘画。[94]

这些学生（及美术青年）基本都学成归来，齐聚老师麾下，为写实主义美术，也为中国的美术事业作出了巨大贡献。

因此在徐悲鸿从南京北上，接收北平艺专的师资队伍里，有相当一部分师资是他的弟子和中央大学艺术系的毕业生，譬如任教授的有吴作人（兼西画组主任兼教务主任）、王临乙等（兼雕塑组主任，1949年开始代理北平艺专总务主任），任副教授的有黄养辉（兼秘书），叶正昌、冯

图3-6　敦煌壁画之供奉菩萨
孙宗慰　纸本彩绘壁画底稿
101 cm×60 cm　1941年（上左）
图3-7　敦煌千佛洞唐人壁画——璎珞菩萨
孙宗慰　纸本彩绘壁画底稿
103 cm×70 cm　1941年（上右）
图3-8　蒙藏生活图之对舞
孙宗慰　纸本设色
42 cm×32 cm　1941年（下）

图3-9　蒙藏生活图之歌舞　孙宗慰　纸本设色　42 cm×32 cm　1941年（上）

图3-10　蒙藏生活图之敬茶　孙宗慰　纸本设色　42 cm×32 cm　1941年（下）

图3-11　捉虱子　冯法祀　布面油彩　200 cm×144 cm　1948年
中央美术学院美术馆（上）
图3-12　突击——战地速写之五　陈晓南　钢笔画　1939年（下）

图3-13 纤夫 吴作人 布面油彩 150cm×100cm 1933年

图3-14　东单市场　齐振杞　布面油彩
97.5 cm×162 cm　1948年（上）
图3-15　女人像　孙多慈　布面油彩
57.5 cm×40 cm（下）

图3-16　枕戈待旦　艾中信　布面油彩　1942年

法祀、孙宗慰、艾中信等。讲师有李宗津、宗其香等，他们和原有北平艺专教员（如陈缘督、秦仲文、李智超、寿石工等）以及徐悲鸿从各地新聘教员（如叶浅予、蒋兆和、宋步云、李可染、李桦、李瑞年等）一起共同组成了1946年徐悲鸿接收北平艺专的师资队伍。[95]徐悲鸿采取兼容并包的形式主持了北平艺专既坚定又具开放性、灵活性的写实主义美术的教学活动，为新中国的中央美术学院奠定了良好基础。

笔者以上摘录的当然是一份不完整的名单，据曹庆晖统计，1946年至1966年，先后被北平艺专、中央美术学院聘任的徐悲鸿弟子（中央大学艺术系的毕业生、旁听生）共计22人，他们是：王临乙、吴作人、张安治、李文晋、萧淑芳（女）、黄养辉、陈晓南，夏同光、冯法祀、孙宗慰、文金扬、艾中信、康寿山（女）、齐振杞、梅健鹰、宗其香、李斛、戴泽、万庚育（女）、张大国、韦启美、粱玉龙。[96]他们和"延安学派""苏派"一起合力建设了新中国的中央美术学院，而中央美术学院又引领了全中国的美术教育，可谓蔚然成风，开启了新的时代。

还需要提及的是，徐悲鸿不仅悉心培养了大批在校学生，还无私帮助了许多上门就教求访的画家和美术青年，[97]譬如上述被徐悲鸿送往国外留学的人员名单里的傅抱石、滑田友，他们就都是富有才华而当时贫困的艺术家，徐悲鸿不遗余力地帮他们，为他们争取出国留学的名额和经费。[98]徐悲鸿对蒋兆和的帮助提携亦为我们所熟悉和感佩，蒋兆和自己更是铭记在心："他（按：徐悲鸿）在中央大学校园里专辟有两间房子，以存从欧洲带回的世界美术名作的复制品和大量外国画册，同时他也在这里作画，如《田横五百士》等都是在此地完成的。徐先生安排我住在这个'画库'里，使我能够饱览世界美术名作，开阔眼界，对于提高自己的艺术素养，实获益匪浅。"[99]蒋兆和还两度在徐悲鸿家借住三年多，徐悲鸿让蒋碧微教他法语，也曾为助其赴法留学争取经费为福建省教育厅长黄孟圭画肖像并游说之[100]……甚至连一个遥远的小学生向他写信

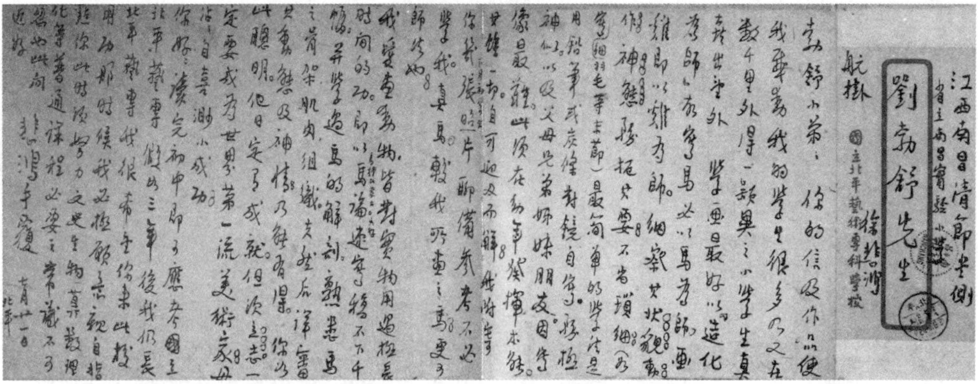

图 3-17　徐悲鸿给刘勃舒的信

请教，徐悲鸿都亲笔回信，这个小学生就是当年的刘勃舒。[101]（图 3-17）

徐悲鸿常常清早起来的第一件事情就是认真回复天南海北的求教者的信。[102]康德认为："必须永远有公开运用自己理性的自由，并且唯有它才能带来人类的启蒙。而我所理解的对自己理性的公开运用，则是指任何人作为学者在全部听众面前所能作的那种运用，一个人在其所受任的一定公职岗位或者职务上所能运用的自己的理性，我就称之为私下运用。"[103]"这种超越事功职业而力求保持意义境界的社会定位，导致了后来韦伯关于'志业'或'天职'（'Beruf'）的著名表述。"[104]因此，"画坛伯乐"、古道热肠、助人为乐想必已不足以说明徐悲鸿助人所蕴含的深刻意义。这种超越公职岗位的看似琐屑却普遍关怀的公共精神意识，当是评判一个现代人文知识分子人格的重要尺度。正如鲁迅在临终前所深深意念的："无穷的远方，无数的人们，都和我有关。"[105]

徐悲鸿所倡导的教育主张及其徐悲鸿学派的奋力实践在中国美术教育史上的成绩巨大，局限亦在，但他投入教育的大爱、无私奉献的公共精神值得我们永远敬仰和怀念！

除了美术教育，徐悲鸿作为现代人文知识分子的行动体现还表现在其他方面。譬如，对美术展览馆建设的呼吁和对艺术批评的介入。作为与知识分子互动共生的现代公共领域，艺术展览馆和艺术评论交往空间都是公共精神得以展开的重要依托之一。[106]徐悲鸿对此倾力良多，分述如下。

（二）美术馆的呼吁

相比我国古代传统的皇家藏品（浩大珍贵的皇家珍藏）和贵族、民间收藏（如寺观、别馆、殿堂、楼阁及贵族庭园）以及在朝在野的士大夫阶层的文人收藏之私有观念（分属私家，秘不示人[107]），中国公共展览馆、博物馆、美术馆的出现是在西方列强船坚利炮打开国门，被迫和国际交往，欲奋发图强，即是中国在现代化进程中涌现的启蒙话语产物。[108]

孙中山先生毕生致力于“天下为公”，郑重提出：“国家要负起责任，唤醒民众成为‘自觉地’公民。于是，这种‘唤醒民众’的决心，促使那些先觉者创造出一系列的组织、技术和程序，以唤起人们的公民身份和民族认同。”[109]孙中山认识到博物馆、图书馆等新型公共机构在吸纳民主国家理念中的政府和公众概念，进而化子民、臣民为国民、公民，重新协调个人与国家关系的重要作用，而开始大力倡导博物馆、图书馆等公共事务建设。[110]

晚清维新派领袖康有为也极其重视博物馆的启蒙精神之建设，他认为：“博物院等项当令其屈之于公，勿据为一己之私。于是任其制度之新奇，以开民智而悦民心。”[111]游历考察欧洲时，康有为对各国博物馆均悉心体察，并写下心得。譬如，游到意大利，他就曾有在博物院观画感的记录：“上层为画院，有希腊画，金璧甚深，然甚古拙，罗马画院甚多，而此院为藏古物之最矣。其对门为藏书楼，夹道之橱，上下两层，并以白板饰金花，如各王宫然。至其上盖藻井之画，借数百年名手作，真是观之不足矣。”[112]

新文化运动的主将蔡元培、鲁迅等也都对公共美术馆、博物馆的现代启蒙之意义有高调发声。

蔡元培言："世界文明进步，无非以向时少数人独享者，普及于人人而已。即就建筑布置而论，最讲究者，为学堂、博物馆、公园，皆为人人可至之地，亦一证也。"[113]"如美术馆、博物院、展览会、科学器械陈列所等，均足以增进普通人之智德，而所费亦皆不甚巨。"[114]

鲁迅说：

> 美术馆　当就政府所在地，立中央美术馆，为光复纪念，次更及诸地方。建筑之法，宜广征专家意见，会集图案，择其善者，或即以旧有著名之建筑充之。所列物品，为中国旧时国有之美术品。
>
> 美术展览会　建筑之法如上。以陈列私人所藏，或美术家新造之品。[115]

文学家朱自清在旅欧期间对所见博物馆亦有以下记录："这些院的建立，固然靠国家力量，却也靠私人的捐助——捐钱盖房子或捐自己收藏的都有。各院或全不要门票，像不列颠博物院就是的；或一礼拜中两天要门票，票价也极低。他们印的图片及专册，廉价出售，数量惊人。又差不多都有定期的讲演，一边讲一边领着看；虽然讲的未必怎样精，听讲的也未必怎样多。这种种全为了教育民众，用意是值得我们佩服的。"[116]

考古学之父李济认为，西方社会"大多数人都承认博物馆是教育中心和研究学术的场所，与学校图书馆以及研究机关同等重要，所以他们国家对于博物馆事业是尽力的提倡，社会人士是尽力地赞助"[117]。

徐悲鸿作为康有为的入室弟子，不仅在康家所见康之丰富收藏，且对康建设公共博物馆、美术馆之想法也一定聆听在耳，并深受影响。徐悲鸿也身处新文化运动的蔡元培、陈独秀、胡适、鲁迅们的北京，现代博物馆建设之思想也就当然地把他带入了时代思潮。譬如，1917年他去日本观光，即“乃镇日觅藏画处观览”，[118]并在认真观览日本文展画作之时，亦对文展会址展馆、东京帝室博物馆的建制，悉心观察。[119]1919年3月启程赴法留学，途中5月8日，抵达伦敦，即参观大英博物馆，见到各种艺术品和古代雕刻。又在国家画院欣赏委拉斯开兹（Diego Velazquez）、康斯太布尔（John Constable）、透纳（William Turner）等杰作及其皇家会展览会作品。5月10日至法国巴黎，舍馆既定，即往卢浮宫博物院顶礼，无奈卢浮宫诸室，悉闭馆，盖其著名杰作，悉在战时运往波尔多城安放。在徐悲鸿八年的留学生涯中，除了巴黎高等美术学院的在校课堂，博物馆、美术馆即是他的课外课堂。课余，他常到博物馆临摹名画，研究美术界各派异同与各家精诣。1921年，学费不至，乃赴德国，问学于康普，并作画日十几小时，寒暑无间，时最爱伦勃朗画，乃往弗烈德里博物院临摹其作。1933年，徐悲鸿应邀赴巴黎举行中国绘画展览。旋旅欧洲，去意大利，过土耳其、去莫斯科。在意大利，参拜巴特农神庙，“觅著名之雅典博物院，如逢旧雨，握手言欢”，那是康有为旅欧游记里记载过的篇章，被康有为记录被徐悲鸿特别提及的还有康斯坦丁堡（即伊斯坦布尔），徐悲鸿在这里观索非亚教堂，察土耳其旧京博物院里的珍藏。在莫斯科，徐悲鸿更是悉心体察了世界四大博物院之一的冬宫博物院，他带去的画展就在冬宫举行。[120]

有这样公共精神的逻辑起点和经验起点，有这样在世界艺术中心的高等美术学院和博物馆求学的教育背景，有这样遍布东西半球、旅痕迹迹的实际考察，徐悲鸿即形成了他具有现代性启蒙思想的美术馆博物馆建设之理念。

他认为“艺术为人类公共语言”（天下之公器），[121]代表“一时代精神，或申诉人民痛苦，或传写历史光荣”，[122]“国家唯一奖励美术之道，乃设立美术馆。因其民众集合之所，可以增进人民美感；舒畅其郁积，而陶冶性灵。”[123]

徐悲鸿对艺术能畅人郁积，有进一步的阐释：“夫民既呻吟、劳瘁于其有涯之生，必当休息、娱乐，以养其操作之力，故为社会教育因利而导之。先正其视听，予以慰抚，宣其情意，使之流畅，习于安和，从容中道，而群以治。”[124]而这群以治在徐悲鸿这“五四”一代人所实行的即是公共精神的启蒙教化与审美陶冶，因此他把这个工作看作是人民程度的水平线：“一国有美术博物院，凡系上帝赋与之天才，均得有所表现，从来维持国家之文明者，本赖提高人民程度之水平线。”[125]又看作是提升到国家文艺复兴的高标线：“考诸邻邦，则一切美术馆、博物馆、音乐会、剧场之设不特昭示其国之文明继长增高，即用以教育人民，乐和大众，于是，生趣洋溢，而国昌盛。”[126]于是他认为：“国家苟不购致之，不特一国之文化一部分将付阙如。即不出世之天才，亦将终致湮灭，其损失不可计尝。”[127]

于是，徐悲鸿把建立美术馆作为平生两大志愿之一：“其一为己，必求能成可自存立之画品（按此殆指名人传世之作）；其一为人，希望能使中国三馆同时成立，一、通儒馆（一作学士院）；二、图书馆、三、画品陈列馆（即美术博物院）。三者不可缺一，有互相维系之功用也。（按巴黎之学士院，共分五部，曰文学，曰美术，曰科学，曰考古，曰政治经济，美术家能与科学家接近，用意至善）。”[128]

徐悲鸿曾殚思苦虑近乎杜鹃啼血般地多次呼吁国家及个人对美术馆建设的重视。[129]譬如，1921年旅德期间，见诸多名画家之作，正值通货膨胀，价格较平日低二十倍，欲购之，怎奈学费积欠，遂鼓起勇气至中国使馆借款，以画抵押，然大使唯唯，未果。又商之宗白华、孟心如及其他好友，仅购得康普两作，其他则绝非力之所逮了。遂慨叹：宗白华又非军阀，手无巨资相假也。因致书康有为等，谋四万金，而成一美术馆。惜乎听之藐藐，未果。1925年秋，徐悲鸿在新加坡经黄孟圭介绍，结识巨商陈嘉庚，徐见其豪士，沉毅有为，投资教育与公益，以数百万计，因劝陈公建一美术馆。惜语言不通，徐又慨叹自己终究艺浅，未能得陈所重，怅怅。[130]

1927年，徐悲鸿赴法留学归来，除了创作与教书外，亦致力于推动美术馆建设："予此行自欧东归，兼从事于劝建博物馆之运动。"[131]并倡议庚子赔款委员会诸君子，为人类防御，助学精研，取出一部分赔款购买罗丹雕塑，以娱国人，[132]但未曾有回响。徐悲鸿亦不放弃，百折不挠，仍如杜鹃呼吁："吾国自革命以还，奠都南京，泱泱大邦，世所瞻视，政府所在，机关林立，独无美术院之设，似今日华夏，不足征焉，诚文明之所羞。于是，民众之游息罔知所向，识者憾焉。同人不敏，窃视为急要之图而为之创。惟念灿烂之花皆以瓣聚，江海之水集自细流。倘蒙大雅君子予以援助，或锡以基金，或付之以名著，匪惟艺林沾溉，亦福利全民者也。"[133]

1935年，徐悲鸿向国家呼吁建立美术馆的愿望愈加强烈，[134]更积极倡言，破釜沉舟："我国在文化方面年费数千万元，但国立美术馆迄今尚付阙如，且亦无人注意及之，殊为极大之遗憾。本人年前出国，不但各国皆有此项设备，且均异常讲究，故回国后即向政府提议在首都建筑国立美术馆一所，盖以地广物博，且又拥有数千年优越之文化历史之古国，对于此种发扬文化之设备，诚不可缺。讵奈当局咸心余而力不足之感。本人为我国艺术界之前途计，现拟以己之力，向各方奔走，而筹募美术馆之基金（预算约十万元）。如美术馆能早日完成，则各国名画展览，即拟在该馆内举行。"[135]

徐悲鸿的铮铮之言，掷地有声，振聋发聩！但这不是徐悲鸿一人的声音，而是他那一代仁人志士在中国现代性进程中的集体愿望！除了思想家如鲁迅，教育家如蔡元培，文学家如朱自清，考古学家如李济，还有美术史家诸如郁剑华亦在呼呼国立美术馆的建立：“使每个人的艺术作品，都在政府的征集下定期展览出来，使每个人珍贵的杰作，都由政府的爱护中而收藏着，使艺术家可以严肃自己的艺术生活。…… 意大利没有一度文艺复兴，现在决不会如此的强盛；而中国艺术园地不是这样沉寂暗淡了几百年，现在也绝不会如此的纷乱，这‘美术馆’的出现，也许就是民族复兴的预兆哩！”[136]发出这种呼吁的美术界人士还有林风眠、颜文樑、刘海粟等。[137]

1936年8月，徐悲鸿们期待已久的中国第一座国立美术馆在南京终于落成，文化精英们的呼吁当然是一种舆论及行动促动，[138]尤其徐悲鸿准备自己筹款募捐来建美术馆的强力呼声怕是让国民政府不容等闲的！经张道藩等政府要员提议，经国民政府会议通过，经法律保障的积极有效的努力，经建筑家、美术家等艺术家们的多方助力，国立美术馆终获成功，[139]标志着中国现代美术馆事业的起步伊始，也标志着中国现代性进程的向前推进。1937年4月1日至23日浩大声势的第二届全国美展，同年5月20日至6月20日的全国首次手工艺展都在此国立美术馆举行，极尽荣光，聚众庆贺！但在半年后的12月13日，日军攻占南京，国立美术馆陈列院墙和馆前园林被炸毁，中国第一座国立美术馆成为国难屈辱的见证！而幸免于难的主体建筑却在1940年后伪中华民国维新政府时代被移作他用。1946年国民政府还都南京，这座国立美术馆先被立法院占用，后移交给国民参政院秘书处，国立美术馆变成了大衙门，[140]徐悲鸿们又有何感想？！泣血乎？泣泪乎？

屈辱沧桑的历史见证，说明浩浩国家美术馆的建立和持久矗立，只有独立主权的国家、民主富强的国家，搞经济也搞文化建设的国家才可能实现！倘若徐悲鸿的在天之灵，能看到我们今天美术馆、博物馆建设的蓬勃发展，该当有多欣慰！

（三）艺术批评的投入

艺术批评是一个西学词汇，真正的艺术批评亦即现代艺术批评，有别于文杜里（Venturi，Lionello）代表的“广义的艺术批评”（即依附混融在哲学、美学、文学、艺术史等大型写作里的泛批评模式）。就其形式、风格和策略而言，现代艺术批评是一个特殊的文类。这个特殊文类出现在18世纪中晚期的欧洲，伴随着市民社会与公共领域的兴起，艺术从教会与宫廷中独立出来，成为面向公众的批评，成为自主的价值领域。[141]换句话说，现代艺术批评的出现是马克斯·韦伯所说的“打破宗教世界图景”的世俗化过程中的“祛魅”成果之一，也即康德更进一步强调的“要有勇气运用自己的理性”的现代性启蒙精神之提倡在艺术领域的体现。

现代艺术批评的标志是公共领域的传播、现实的批评以及批评立场。[142]狄德罗（Denis Diderot）是第一位现代意义的艺术批评家，他对沙龙展中的同时代艺术家的评论，在教化和培养艺术公众中起着关键作用；以及他对未进入沙龙展，而专心描绘了学院派题材最低等级的静物画的平民画家诸如夏尔丹的赞颂，都表明了狄德罗的现实批评观念和启蒙主义立场。

中国古代也有理论者对画家的浩浩评议（如唐代张彦远的《历代名画记》）和画家之间的相互评议，但这些评议多是点评，即多是即兴品评直觉似的，要么是皇家宫廷组织的绘画评议（如北宋的《宣和画谱》），要么是文人雅集、私人案头把玩品赏的直觉式品评，这些珍贵语录式点评是中国古代“艺术批评”的特色，但也是艺术批评的前状态。

徐悲鸿赴法留学八年，如前文述，当时的法兰西第三共和国，以明确而彻底的方式以公共教育机制的确立为核心，每个法国年轻人都有权利也有义务来获取知识、真理、自由、平等、博爱，还有美。即便是规模最小的学校，也会教授学生们书写美文，朗读和运用法语这门美丽的语言进行会话，学唱马赛曲，学习理性精神，以及绘画人的脸部和躯体。而当时最能反映共和国人道主义理念的学校，就是徐悲鸿就学的巴黎高等美术学院。这个时候的巴黎高等美术学院遵循的是18世纪以来延续下来的人校传统，这个传统是狄德罗时代的法国树立的。[143]这个传统之一即是公共领域的自由评论之精神。徐悲鸿自然领会学习熏染浸淫不少。理想主义又刻苦勤奋如徐悲鸿者，一生所操两支笔，一支画笔，另一支文字笔；一方面废寝忘食、积画稿数千盈万，另一方面写了相当数量的中外画史画论及艺术评论的文章。

徐悲鸿的艺术评论虽有文学描述的成分，有即兴随手而来的中国传统古老式画评直觉点评的成分，但他是针对公共领域里的画家评论，是当时代的现实批评，而且具有鲜明的批评立场，即服务于他写实主义的绘画主张和启蒙精神的积极倡导，故而他的艺术评论是现代意义的艺术评论无疑。

譬如，他对毕生提倡的素描一系的写实主义画家一群即作了至高而中肯的赞誉、鼓励和评价：

> 蒋兆和之人物已在中国画上建立一特殊风格，其笔意之老练与墨气之融和，令人有恰到好处之感，惟其负孩之幅，人之上部倘多空五寸白纸，当尤为美满也，但其画之本身则无可非议。[144]
>
> 吴作人之《青海市集》，塞上人一见即证画中之真实气氛，其写中国中亚细亚人熙来攘往，各族人之性格与其披挂，浓艳之服饰与晴空佚荡辉映，成极明媚而活跃之画面，不足更缀以铜器买卖，此为中国油画史上重要杰作，故当大书特书者也。[145]
>
> 艾中信之《枕戈待旦》幅…… 成于抗战期间，不特题旨警惕，而作风尤沉着深厚，与作者平时情调不同。画面阴沉，写出待旦光景，试以作者近作之《溜冰》合观，何其清快明丽。[146]

孙宗慰在十年前，即露头角于南京。抗战之际，曾居敦煌年余，除临摹及研究六朝唐代壁画外，并写西北蒙、藏、哈萨克人生活，以其宁郁严谨之笔，写彼伏游自得、载歌载舞之风俗，与其冠履襟佩、奇装服饰，带来画面上异方情调。其油画如《藏女合舞》《塔尔寺之集会》，皆称佳构。

并曾给孙宗慰《蒙古女子》画上题诗：

或系文姬种，天山之世家；明驼千里足，辉映木兰花。[147]

抱石先生，潜心于艺，尤通于金石之学，于绘事在轻重之际（古人气韵之气）有微解，故能豪放不羁。石涛既启示画家之独创精神，抱石更能以近代画上应用大块体积分配画面，于是三百年来谨小慎微之山水，突现其侏儒之态，而不敢再僭位于庙堂，此诚金圣叹所举“不亦快哉”之一也。抱石年富力强，傥更致力于人物、鸟兽、花卉，备尽造化之奇，充其极，未可量也。大千、君璧之外，又现一巨星也，非盛世将至之征乎？[148]

数年前极为吾称道赵先生之笃志於艺（按：赵望云），艰苦卓绝……赵先生所写山水，笔法生动，无八股气味，遂心志之。于是留意赵君通信写生，大公报之首创也。去年赵君奉命赴江西，写战后残迹，过都下见访，始首次相识，因勉赵君，倘得佳题，必精写之成巨帧，俾永久流传，成一代史征，赵君以为然。年余以还，在其平日通信工作之外，竟能聚精会神，成多量巨制，触目惊心，使人兴起。夫烽火连天，疮痍满目，奔走呼号之文，非不刻画翔实也。顾状天灾人祸，简画优于深文；但画之或不真，状之或不实，如寻常大城报章所见，刻载之饿蜉，类皆烟民赌鬼，或破落户乡绅，其状不但不令人见怜有感于怀，反起人发该死之叱。……赵君画格，昔已真切近情，此又亲赴其地，与共生活且盈年累月，寖贵于是之所积，中国势笔能画者，不下三千人，而能为如此工作者，舍望云先生一人而外，未闻有继起者也。衰亡之国运，乃伟大之艺术时代，顾伟大艺术之产生必俟好学深思宏愿热诚之士，夫有辨别白马非马之灵感，而对同类之死亡，反无所动者，真天下之顽物也。所谓艺术贵有其时代精神者，并非拾人牙慧，逐臭海上，白日见鬼之劳；乃贵其能撷所切身之真实境界，而摹写之画者也。望云先生，庶几其人矣！[149]

对非素描一系的写实但也生动活泼的一群，徐悲鸿也同样给予了极高赞誉和肯定，譬如：

白石翁老矣，其道几矣，由正而变，茫无涯矣。何以知之？因其艺致广大，尽精微也。之两者，中庸之德出。真体内允，乃大用然腓，虽翁素称之石涛，亦同斯例也。具备万物，指挥若定，及其既变，妙造自然，无断章取义。[150]

大千以天纵之才，遍览中土名山大川，其风雨晦冥，或晴开佚荡，此中樵夫隐士，长松古桧，竹篱茅舍，或崇楼杰阁，皆与大千以微解，入大千之胸次…… 盖以三代两汉魏晋隋唐两宋元明之奇，大千浸淫其中，放浪形骸，纵情挥霍，其所挥霍，不尽世俗之所谓金钱而已…… 生于两百年后，而友八大、石涛、金农、华嵒，心与之契，不止发冬心之发，而髯新罗之髯。其登罗浮，早流苦瓜之汗；入莲塘，忍剜朱耷之心。其言谈嬉笑，手挥目送者，皆熔铸古今；荒唐与现实，仙佛与妖魔，尽晶莹洗练，光芒而无泥滓。…… 壬申癸酉之际，吾应西欧诸邦之请，展览中国艺术。大千代表山水作家，其清丽雅逸之笔，实令欧人神往。故其《金荷》藏于巴黎，《江南景色》藏于莫斯科诸国立博物院，为现代绘画生色。[151]

漫画家之观点在捕捉物象之特点性格，从而夸张之，其目的在予人以更深之刺激，此杜米埃（Daumier）之所以伟大也，浅予在漫画上之成功当然握有此种能力；而此种能力，实为造型艺术之原子能！漫画要点，尤在掌握问题核心，而用极简单之方式说出，使之极度明朗……作风之爽利，亦为表现动人之重要功能，浅予笔法轻快，动中肯綮，此乃积千万幅精密观察忠诚摹写之结果！率尔操觚者决不能望其项背，此又凡知浅予之忠勤于艺者，不可忽视之观点也……中国此时倘有十个叶浅予，便是文艺复兴大时代之来临了！[152]此次出陈如《负荷之苗女》之天然轻盈不假修饰。藏女舞蹈，长袖盘髻，设色隐艳，不必想像唐朝人。四川两位“南格劳止”神情活现，令人发笑。而最具讽刺意味者，为一大汉之改装花旦，此不需任何词句解释，画之本身便痛快说明一切，惟画之风格颇有取乎旧日纸马，一看不觉，再看则情调大变，出人意外，不但好笑，且令人吃惊，真杰作也。[153]

徐悲鸿的评论在今天来看，或许并不是那么深入的。但在当时代，徐悲鸿以一个“独持偏见，一意孤行”著称的画家所难有的宽容和气度，“极高明而道中庸”地给各方画家写了评论，也以一个人文知识分子平等蔼然的关怀态度给众多出名与不出名的画家作品写了评论，难能可贵！他的批评立场旗帜鲜明，态度绝不模棱几可。他曾说：“人家往往批评我誉人太过，但是我心中却有分寸；如一人或一物不值得赞美，我就不响，如有一人怀一艺达到前无古人，我便喜欢加重语气赞扬他。像二十年前我写过泥人张一例（天津）。我讨厌温吞水的评奖，反正我的言论我自己负责。”[154]

这些艺术评论配合徐悲鸿的教育事业、美术活动，既配合他写实主义美术主张全面坚定地蓬勃开展，不仅奖掖了后进，关怀了同道，也鼓励了比他年岁大得多的诸如齐白石这样的大师。这种同仁共进，“群策群力，以向一光明之鹄的迈进与展开。其业既立，成功可期”，[155]以促美术之繁荣、[156]文化之昌盛的公共关怀精神，当是中国现代美术评论发轫伊始的公共空间之建设，徐悲鸿功不可没！

三、徐悲鸿与林风眠人文知识分子视角的比较研究

在纪念徐悲鸿以及他那一代大师的今天，徐悲鸿、林风眠之比较研究当是绕不过去的一个话题，更是中国现代美术史研究的大话题。本书限于篇幅只从人文知识分子角度切入。

如果说现代人文知识分子所关怀的不但是如何“解释世界”，而且更是如何“改变世界”，是“行动的人生”的话，那么徐悲鸿和林风眠在这一情怀上有着那么惊人的一致！譬如，他们一样抱着教育救国、艺术救世的浩大责任感和担纲性，一样批“四王”，一样认为中国艺术唐宋以降便渐渐堕落了，及至元明清三代落入颓靡抄袭之窠臼；同样倡导新艺术及其艺术运动，同样呼吁建设博物馆，开展览会，以助中国的文艺复兴；同样喜欢齐白石，聘请他到北平大学艺术学院上课…… 这是作为“五四”一代的他们，具有现代性启蒙思想的共同点。

徐悲鸿的论述大家很熟悉，林风眠的论述也同样需要强调。事实上，在20世纪二三十年代的林风眠在美术的“行动的人生”上也许走得比徐悲鸿还要早一些、强劲一些。

林风眠认为：“元明清三代，六百年来绘画创作了什么？比起前代来实是一无所有；但因袭前人传统与模仿之观念而已。”[157]“中国的艺术界，这些艺术品的供给者们，却自唐宋以降十分地堕落下去…… 中华民族从唐宋以降，就渐渐减低了对于艺术的忠实信仰，而把真正的艺术不自觉地送进牛角尖里去了…… 我们应当负起推进艺术教育的责任，使我们的民族性从恶劣的艺术境界中回转过来；到真正艺术之神的前面

活泼地跳跃着！”[158]

他强力疾呼：“敬爱的艺术家们，请拿出医者圣者的情感，请拿出勇敢奋斗的毅力来，不要徒然对着国人恶劣的趣味一叹，立刻负起艺术运动的责任，培养你的实力，掬出你的慧心，抬出你高贵的作品，要把这些可怜的同胞拯救出来，中国的艺术界才有救！”[159]

他倡导艺术疗救社会：“中国现状是混乱得够了，要救此种混乱的心理状态，唯一办法——至少在我们从事艺术的人，以为只有提倡艺术运动，并且从提倡艺术入手，把中国的文艺复兴运动重新唤醒转来，使成为中国前途一线稀微的光明！”[160]并“致力改造艺术学校之决心，俾能集中艺术界的力量，扶助多数的青年作家，共同奋斗，以求打破艺术上传统模仿的观念，使倾向于基础的练习及自由的创作；更以艺人团结之力，举办大规模之艺术展览会，以期实现社会艺术化的理想。”[161]

他亦提倡建设东方的新兴艺术：“我们始终相信，建设东方的新兴艺术，只有这两部分工作是当务之急：第一要自己多在艺术的制作上用功夫，拿出真的艺术作品来给大家看；第二要努力宣传工作，使艺术的常识充满在同胞们的胸中，由我们的说明使大家的艺术之火从此燃烧起来。”[162]

这些激昂之词和“五四”之子陈独秀们，和美术巨子的徐悲鸿们的批判是多么相似！几乎同声同辙，可谓共同心声！于是陈独秀、徐悲鸿们的局限乃至偏颇林风眠也同样存在。譬如，元明清艺术并没有他们说得那么糟糕，国人趣味也不似林风眠说得那么恶劣，但他们所看到的中国文化中国艺术的劣根性，又是那么有洞见，矫枉过正中“五四”一代的责任与担当之心又是多么可贵！

林风眠的这些倡言旗帜鲜明，热情似火，但他和徐悲鸿一样不流于空谈，而是真实践履，见行动！

1920年林风眠（21岁）赴法国巴黎留学。1924年和留欧同学一起成立“留欧中国美术展览会筹备委员会”，与林文铮等十人被推举为筹备委员，特聘正旅欧的蔡元培为名誉会长。林风眠所呈画作最多，报端评价林画也最富于创造之价值。这是旅欧华人第一次举行中国美术展览，徐悲鸿也在参展之列。1925年冬，林风眠受蔡元培之聘，1926年就任北平国立艺术专科学校校长兼教授之职，就职期间，聘任留法同学，也聘请被北京画家排斥的齐白石任教，整顿教学秩序，改组课程，扩充设备，画模特，走出校门写生，鼓励师生组织各种艺术社团，不间断展览会和音乐会，使学校面貌焕然一新。1927年，发起组织艺术大会，大会口号是:“打倒模仿的传统艺术！打倒贵族的少数独享的艺术！打倒非民间的离开民众的艺术！提倡创造的代表时代的艺术！提倡全民的各阶级共享的艺术！提倡民间的表现十字街头的艺术！全国艺术家联合起来！东西艺术家联合起来！”[163]

从这些口号，可以看出林风眠和他提倡的“艺术运动”的倾向，这倾向与“五四”新文化运动一脉相承，既有普罗青年式的激烈，又有蔡元培式超阶级的美育憧憬，热情大胆！[164]

艺术大会有美术展览，也有演讲会、茶会批评、舞会、毕业生欢送会等。其中美术展览以北平艺专师生作品为主，约3000件，包括绘画、雕刻、图案和建筑设计。参展人员有陈师曾（逝世）、齐白石、萧俊贤、陈半丁、凌文渊、余绍宋、冯臼、邵逸轩、黄怀英、林风眠、王代之、克罗多、彭沛民、李超士、李苦禅、王青芳、王雪涛、王子云等，以及邀请了法国、日本的艺术家参展，盛况空前。但艺术大会遭到强大政治干预，其自由艺术之倡导受到教育部和奉系军阀两方面的指责，林风眠愤而辞职南下，并写下了著名的《致全国艺术界书》。[165]

1927年林风眠提议创建国立艺术大学，经艺术教育委员会通过，蔡元培委任林风眠作院长兼教授。1928年4月，国立艺术院举办开学典礼，

图3-18　人生百态——逃　林风眠　67.5cm×67.5cm　20世纪80年代后期

蔡元培到会讲演。林风眠聘林文铮为教务长，潘天寿为国画主任教授、吴大羽为西画主任教授，李金发为雕塑主任教授，刘既漂为图案主任教授，李树化为音乐主任教授。教师里还聘有蔡威廉（蔡元培之女）、王子云、刘开渠、李超士、孙福熙、方干民、雷圭元等，多留学法国归来。[166]

1929年，国立艺术院改为杭州艺专，林风眠改任校长，直至抗战开始。[167]这就是后来的浙江美术学院，也就是今天的中国美术学院了。林风眠在这里主持任教10年，培养了大批学生，其中就有艾青、赵无极、朱德群、吴冠中等，为中国现代美术教育事业作出了巨大贡献。

这里记录的是前期林风眠，叱咤风云兴办美术教育、开展美术活动的林风眠。但1937年以后，抗战八年的林风眠则基本是辞职隐居状态。

林风眠辞去杭州艺专校长一职的直接原因是：1937年10月，日军逼近杭州，林风眠奉教育部命，率全校师生向内地转移，由浙江到江西，奔湖南长沙。1938年2月，又经常德到沅陵，3月，奉命与南迁的北平艺专合并，统称国立艺专，改校长制为校务委员制，林风眠任主任委员，原北平艺专的赵太牟、常书鸿为委员，但三人合作较为困难，常形成赵、常对林的二比一局面。权力争夺、两校学生的对立情绪，终于在迁校昆明等问题上爆发为"倒林"风潮。林风眠坚请辞职，回上海，去香港（曾拜谒蔡元培，但蔡已无力帮他）、越南、云南、贵州等地，辗转到重庆，挂名国民政府政治部设计委员会委员，独居长江南岸弹子石大佛段的国防部被服厂一间废弃的仓库里，潜心作画。[168]

这算是一次"逃逸"吧，应不是权宜保命，用林风眠的话说是真正体会了平民的人味。[169]在林风眠一生中，他逃了三次（图3-18）：除了1938年这次，还有1951年林风眠从中央美术学院华东分院辞职，定居上海；1977年获准出国探亲，次年定居香港。[170]因此林风眠的一生，前期是斗士（十几年历程），后期是隐士（50多年历史），或许可以说退隐成了他人生的主旋律。

这是林风眠与徐悲鸿的不同，本书拟从人文知识分子样态的不同进行探讨，关于徐、林的艺术创作方法和艺术风格的不同，本书也含在知识分子视角的探讨中一并进行。

隐逸性作为人文知识分子的一种选择，是对主流社会（中心世界）的一种间距化或边缘化，这是东西方共有的现象。孔子说："天下有道则见，无道则隐。"[171]孟子说："古之人，得志，泽加于民；不得志，修身见于世。穷则独善其身，达则兼善天下。"[172]汤因比（Arnold Joseph

Toynbee）说："隐逸可以使这个人物充分认识到自己内部所有的力量。如果他不能够暂时摆脱他的社会劳苦和障碍，他的这些力量就不能觉醒。这种退隐可能是他的自愿的行为也可能是被他所无法控制的环境逼成的；但是不管怎样，这种退隐都是一种机会，也许还是一种必要的条件，促成这个隐士的变容。"[173]

汤因比所说的"变容"或许能在林风眠这里略见一斑。林风眠在重庆隐居期间，作家无名氏曾去拜访，看到：林风眠住在郊外一间破旧的农舍里，低矮的土墙，白木板门上，一片泥污与熏烟代替光亮的髹漆。室内一张白木桌子，一条旧凳子，一张板床，桌上放着油瓶、盐罐，一把切菜刀和一块碇板。假如不是泥墙壁上挂着几幅水墨画，桌上安着一只笔筒，筒内插了几十支画笔，那么谁也不会把这位主人和那位曾经是全世界最年轻的国立艺术专科学校校长联系起来。无名氏后来在回忆中还记下了林风眠这样一段话："当时大官僚刘健群（后任台湾国民党政府立法院长）乘汽车来看我，发现我住在仓库里，不禁愣住了。他说：'住在这种地方，不是白痴，就是得道之人。林先生，你是得道了'。接着，他又说：'在希腊，有个哲学家德摩颉尼斯，坐在木桶里，对亚历山大皇帝吐唾沫：滚开！不要挡住我的太阳！在现代中国，只有你！'我笑笑，不好对他说真话。对大官是不好说真话的。……我倒想说：我不是白痴，也不是得道。我只是一个'人'。正是那间破旧陋室，那张白木旧桌子，那些厨刀、碇板、油瓶、洗衣板，叫我真正变成'人'的。在北平、杭州当了十几年校长，住洋房、乘私人轿车，身上一点'人气'几乎耗光了。你必须真正生活着，能体验今天中国几万万人的生活，身上才有真正'人'味。首先是'人'，彻底'人'化了，作品才有真正的生命的活力。"[174]

对人性的深度开掘是林风眠作品的内涵和深刻力量。这个开掘对林风眠来说不仅仅只是表现优雅美丽的人性一面，还有直面苦难与灾难的勇气和真诚。热爱哲学也钻研过叔本华（Arthur Schopenhauer）哲学的林风眠所具有的对悲剧本质的理解，使他对人生人性的悟得都具有了本体论意义的高度、深度和格外的穿透力。

关于优雅美丽的人性一面我们可以在他的戏剧人物画、仕女画和静物画、风景画即被学界称为美丽的“风眠体”格的一系列作品中看到。[175]（图3-19至3-26）对于直面苦难与灾难的勇气，对于“我入地狱”的信念[176]和悲剧精神我们则可以在他早年的《人道》（图3-27）（1927年）、《人类的痛苦》（图3-28）（1929年）、《悲哀》（1934年）（图3-29）、晚年的《火烧赤壁》（图3-30）（80年代）、《人生百态——孤独》（图3-31）（80年代后期）、《宝莲灯》[177]（图3-32）（80年代）等作品中看到。

林风眠说《人道》“这幅画的创作动机是因为从北京跑到南京老是听到和看到杀人的消息”，[178]后来林又画了《人类的痛苦》，这是一幅尺幅较大、人物较多、横长构图的一幅杰作，画面挤满了受难、受伤、痛苦、绝望的人们，画家以非写实非叙事的手法，不是在描述哪一场真实的屠杀，而是用夸张而稍加变形的人体，用粗犷有力的线条，直白但又象征隐喻地“从正、背、站、坐、俯、仰、欹、侧各个角度，表现出各种内心强烈痛苦的情状。色彩以灰、黑为主，有的女人体用了绿色，真是把痛苦的内心渲染得无以复加，而且似乎又蕴藏着一种待爆发的愤怒与力量”[179]。

据说1931年蒋介石携夫人回奉化小住，路过杭州，参观艺专，林风眠陪同看画，当停在《人类的痛苦》前时，蒋问什么意思，林说：“表现人类的痛苦。”蒋说：“青天白日之下，哪有这么痛苦的人？”[180]戴季陶也曾点名批过这幅画，说林风眠画得像是“新十阎王殿”。据林风眠回忆：“《痛苦》画出来后，西湖艺专差一点关了门。这张画曾经陈列在西湖博览会上，戴季陶看了之后说：‘杭州艺专画的画在人的心灵方面杀人放火，引人到十八层地狱，是十分可怕的。’戴季陶是在国民党市党部讲的，这番话刊登在《东南日报》上，在这之后，政治环境十分恶化

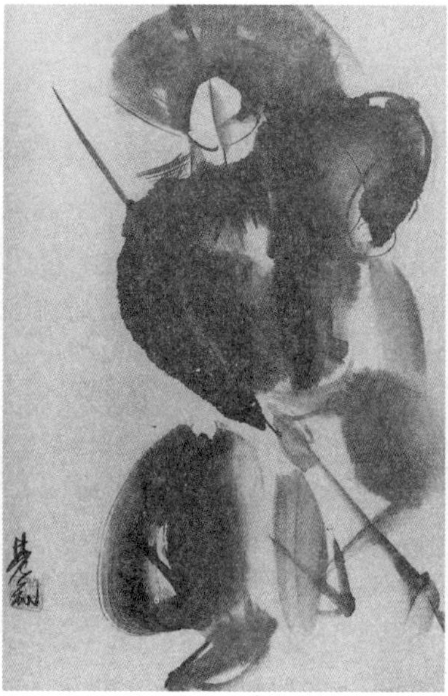

图3-19　笛　林风眠　34 cm×34 cm　20世纪40年代（上左）
图3-20　戏剧人物　林风眠　34.5 cm×21.5 cm　1948年（上右）
图3-21　白衣女　林风眠　69 cm×69 cm　20世纪60年代（下左）
图3-22　荷花仕女　林风眠　约20世纪60年代（下右）

图3-23　仕女　林风眠　39.5 cm×31 cm　1945年（上左）
图3-24　仕女　林风眠　约20世纪60年代（上右）
图3-25　罐　林风眠　约20世纪40年代（下左）
图3-26　秋色　林风眠　69.5 cm×65 cm　20世纪50年代（下右）

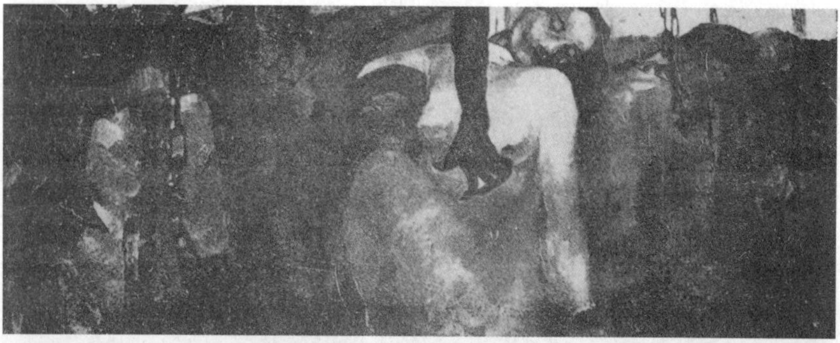

图3-27　人道　林风眠　布面油彩　1927年（上）
图3-28　人类的痛苦　林风眠　布面油彩　1929年（中）
图3-29　悲哀　林风眠　布面油彩　1934年（下）

图3-30　火烧赤壁（局部）　林风眠　136 cm×68 cm　20世纪80 年代

图3-31 人生百态——孤独 林风眠 68 cm×68 cm 20世纪80年代后期（上）

图3-32 宝莲灯 林风眠 约20世纪80年代（下）

了。我就逐渐转到办学方面。”[181]

这些能大片杀人却不懂得艺术，倒也看出林风眠的画关乎心灵内在，却反向理解的高官政客如此看画杀画的事件没有让当时的林风眠引咎辞职，但估计也为日后的隐逸埋下了草灰蛇线。不谙政治也不会与官场周旋是林风眠的特点。

需要更学理地来看。就一般知识分子学理来说，知识分子与政权保持适当距离，是理想也应是常态。无论中国古代传统的“道尊于势”，还是西方中世纪之后的“政教分离”被启蒙思想所发扬，知识分子的相对独立性都已是东西方现代性思考之共识。这样作为“社会良心”的知识分子才能清醒理性地作本体论意义的思考，给社会提供有益的价值理性的尺度。因此，可以是行动的人生，如中国古代知识分子干预政治，处士横议、知行合一。也如现代人文知识分子用理想改变世界（从卢梭到马克思到萨特到萨义德），而这种“行动性”当以教化与政权之间的良性互动为尚（即启蒙的教化与民主的政权之间的良性互动，是艺术与政治关系的最好解读）。

知识分子的相对独立性也当然更可以是隐逸静观的人生。因此与主流社会相间距的隐逸成为人文知识分子的一种生存方式。无论是古代中国的伯夷叔齐还是浪漫庄周，也无论是范蠡、张良等古代之士功成身退、隐逸江湖，还是信奉“建立我们的真自由，更主要的是退隐与孤寂”[182]的西方人蒙田都是这种生存方式的明证。因此林风眠从一个和徐悲鸿一样奔走呼号的斗士变为隐士也可以从这一角度获得理解。

“这是一种深层的退却，退到神圣的个人灵魂的内在城堡之中，这种退却为刚毅和理性所保卫，以至于没有任何东西能够颠覆，伤害它，或打破其平衡。”[183]这是以赛亚·柏林所说的“消极自由”概念：即“在什么样的限度以内，某一个主体（一个人或一群人），可以、或应当被容许，做他所能做的事，或成为他所能成为的角色，而不受到别人的干涉？”[184]柏林所说的“消极自由”指的是个人保有自己的私人生活疆域（个人空间），免受他者干预，这些他者可以是政府、团体或者其他个人。[185]

与“消极自由”相对，以赛亚·柏林所说的“积极自由”概念是指：“什么东西、或什么人，有权控制、或干涉，从而决定某人应该去做这件事、成为这种人，而不应该去做另一件事、成为另一种人？”[186]柏林意义的“积极自由”，是“成为某人自己的主人的自由”，对于这种自由的主体来说，他只做自己愿意做的事情，这意味着假如遇到障碍的话，那么他就要清除阻碍其意志的障碍，不管这些障碍是什么。那么，这类自由至少部分地存在于对普通生命的集体控制之中。[187]

在现代性理路里，主张生命、自由、财产是“天赋人权”的洛克（John Locke）以及霍布斯、边沁（Jeremy Bentham）、穆勒（John Stuart Mill）等是“消极自由”的代表，主张“人是生而自由的，但却无往不在枷锁之中”的卢梭及其后的追寻者则是“积极自由”的维护者。而斯特劳斯所说的第二次现代性浪潮的康德在“积极自由”的启蒙思潮的维护中，又明确说理性要给知性划界则有着明显的“消极自由”的守护性。斯特劳斯说的现代性第三次浪潮中尼采的权力意志是典型的“积极自由”者，而尼采之后的现代西方哲学家对理性罗格斯的质疑批判，对感性个体性的推崇则有着浓重“消极自由”的味道。

“积极自由”的学说具有为理想而奋斗的精神，但极端的时候，也就是“当这种自由的主体由个人而膨胀成某种超人的实体——国家、阶级或民族的话，‘积极自由’的学说会将导致极权、专制的结果”。[188]“消极自由”在保有个人空间的时候，也往往“会导致对自由主义中最能启发灵感的领域——包括个体的自我实现等问题的——放弃”[189]。

因此问题具有相当的复杂性。回到本文主题。

如果说进取奋斗的徐悲鸿（包括前期林风眠）可以看作“积极自由”

的代表人物的话，那么后期林风眠的退隐则可以看作是典型的“消极自由”的体现。而“禁欲主义者、寂静主义者、斯多噶学派、佛门圣徒、以及各种教徒或非教徒所一惯使用的‘自我解脱’（self-emancipation）之途，他们逃离了世界，逃开了社会与舆论的枷锁，其方法是某种深思熟虑的‘自我转变’（self-transformation），这一转变使他们能不再介意那些世俗的价值，能维持自我的孤立，而独立自处于世界的边缘，世界的武器已不再能伤害他们。”[190]

但林风眠这样的隐逸，这样退回到他自己的内在的城堡，必须要有真实信仰作为前提才有意义。那么林风眠的信仰是什么呢？如果我们没有忘记他1930年在给《前奏月刊》作发刊词时所说的两点内容即可来回答这个问题。他说要建设东方的新兴艺术有两个当务之急，第一要自己多在艺术的制作上用功夫，拿出真的艺术作品来给大家看；第二要努力宣传工作，使艺术的常识充满在同胞的胸中。[191]那么他的退隐意味着放弃第二项工作，就惟有努力做第一项工作而好好画画，拿出真的作品了。因此林风眠也不算对自己新艺术建设理想的背叛，而只是择其一，只是以另一种形式来坚持和守护理想，也即逐渐由斗士的心态变容为隐士的钟情，用全幅生命来热爱缪斯女神了！

也就是说，林风眠孤独的艺术探索是以主动与主流社会相间距的代价而获得的，他知道这代价之重，于是加倍进行着艺术探索，并且保持着一个干净清洁的人格生命。箪食瓢饮，躬亲洗浣，苦行僧般把全部的生命投入到艺术创作中，在沉默中他守护的是脱离现象世界而升华的意义世界、美的世界。在此，可以说他是区别于徐悲鸿也是区别于他前期自己的另一个向度为意义世界而奋斗的理想主义者。

作为徐悲鸿的留法同道，[192]作为一样纳西以兴中的大师，林风眠与徐悲鸿选择西洋写实主义来改良中国画不同，林风眠借鉴的却是西方现代派画（不取其狂放颠覆的一面），又直追汉代、唐宋之风，却未取宫廷院体之工细，也未取文人画之程式，而多取壁画、民间皮影、戏曲、青花瓷绘等中国式养料，创造了独特的色彩斑斓又沉郁内敛，浑厚凝重又空灵飘逸，诗情烂漫又安静优雅的“风眠体”。[193]

也许这里应该提一下在林风眠艺术生涯中至关重要的一个人物，那就是他去法国后进入的第一所美术学院即第戎国立美术学院院长杨西斯（Yanesse），这位优秀的浮雕雕刻家非常赞赏林风眠的画，推荐他去巴黎高等美术学院，入柯罗蒙工作室学习。林风眠开始也很是醉心于写实主义（他称之为自然主义），但很长时间没有进步。杨西斯诚恳告诫他：“你是一个中国人，你可知道，你们中国的艺术有多么宝贵的、优秀的传统啊！你怎么不去好好学习呢？去吧！走出学院大门，到东方博物馆、陶瓷博物馆去，到那富饶的宝藏中去挖掘吧！”[194]并说：“你要作一个画家，就不能光学绘画；美术部门中的雕塑、陶瓷、木刻、工艺……什么都应该学习；要像蜜蜂一样，从各种花朵中吸取精华，才能酿出甜蜜来。”[195]林风眠按照老师指点，在东方博物馆和陶瓷博物馆，啃着冷面包，悉心研究中国的雕塑、绘画、陶瓷工艺品，领略中国古代丰富遗存的时候，也逐渐对印象主义各家，以及现代马蒂斯等人的作品，发生了兴趣。[196]

这是一条坦途，相比徐悲鸿所选择的路，这条路从艺术规律上来说要顺畅许多。如前文述，中国古典艺术的写意性、抒情性、抽象性（单纯提炼的概括性）、个体心灵的归宿性，都和西方现代艺术相通。而现代西方艺术也正是在他们的基点上打破西方二元对立的焦点透视并向东方艺术学习借鉴成长起来的艺术样式。

即是说，当西方现代哲学家们对雄霸西方几千年的主客二分、空间外求、逻辑与秩序的思维方式日益呈现弊端，甚至是恶果与灾难进行反思批判的时候，这种被反思批判的思维方式在绘画上的体现即摹拟再现之风也当然地受到了艺术家们的质疑和挑战。譬如，沃林格对三维空间的回避而对平面表现（抽象抽动、“艺术意志”）的提倡，康定斯基抛开理性逻各斯的物质追随占有式的具象思维而讲求抽象意志、“心灵需要”的非具象的抽象主义绘画就是这种质疑和挑战的表现。[197]

沃林格认为：“抽象冲动是人由外在世界引起的巨大内心不安的产物。”[198]他富本体论意味地在东方民族这里看见了与“移情说”相对的“抽象性”带给他们幸福的可能性：“这些民族困于混沌的关联以及变幻不定的外在世界，便萌发出了一种巨大的安定需要，他们在艺术中所觅求的获取幸福的可能……（是）将外在世界的单个事物从其变化无常的虚假的偶然性中抽取出来，并用近乎抽象的形式使之永恒，通过这种方式，他们便在现象的流域中寻得了安息之所。他们最强烈的冲动，就是这样把外物从其自然关联中，从无限地变换不定的存在中抽象出来，净化一切依赖于生命的事物，净化一切无常的事物，从而使之永恒并合乎必然，使之接近其绝对的价值。”[199]他认为在抽象艺术的领域，心灵“创造一种绝对的存在，在这样的事态中心灵才得以摆脱相对性的烦恼，从而获得栖息。同样，也只有在这样的事态中，现象界的迷乱和有机物增长着的变动不居才得以消失，唯其如此，才能指望获得解救”[200]。

想必这就是中国文人水墨画从思想史的角度来说是求心灵的归宿，在绘画形式上是日益讲求符号性、概括性（半抽象化）、程式化的原因。即使非水墨画的中国艺术无论青铜纹饰、汉代石刻、墓葬壁画、陶绘及瓷器纹样等都具有简约概括乃至抽象的因子。

而符号性、简约性、抒情表现性（“心印”）、本体论意义的归宿感是东西方抽象性艺术（和具有抽象因子的艺术）的共通性。这是东方文化现代复兴的西方背景和澎湃呈现：

诸如康定斯基的抽象画是心灵抒情式甚至是书写式的“心印”，印象派、后印象派画家则格外钟情于日本浮世绘木刻画的平面装饰性效果；[201]塞尚的革命在于消除逼真幻觉、焦点透视空间而寻求新的本体论空间深度的努力；毕加索则一反欧洲绘画传统所创作的逼真三度空间的“假象”，把同一物象的几个不同角度的侧面合并起来绘在同一个平面上的时间性表现；马蒂斯（Henri Matisse）、米罗（Joan Mirò）以及霍夫曼（Hans Hafmann）、纽曼（Barnett Newman）等都在平面化的追求中求得超脱尘世的天真快乐…… 即他们都在后退似的寻求家园一般的安宁栖息之地。在打破了焦点透视的对象化二分思路的同时，也打破了时间三维一维性的永恒假象和时间空间化了的深深迷雾。

因此当现代西方哲学家批判质疑对象性思维的时候，也同时是西方哲人和艺术家发现看重东方文化的时代。

质言之，中国古典艺术与西方现代艺术具有内在的哲学相通性。

因此当林风眠说中国绘画的三个特点，即“总括起来，第一个时期，以表现图案装饰性的绘画为代表。第二个时期，以曲线美的绘画为代表。第三个时期，以表现物体的单纯化，及时间变化之迅速化的倾向的绘画为代表”[202]时，很清楚，他概括理解的第一条、第三条和西方现代艺术相通约。第二条也和部分西方现代画家相共鸣。因此，他对西方现代派的借鉴，不是全盘吸收，譬如他不取狂放激越的达达主义、未来主义，而对后印象主义、野兽派、立体主义、巴黎画派倍感兴趣，对塞尚、马蒂斯、毕加索、布朗库西（Constantin Brancusi）和莫迪利阿尼（Amedeo Clemente Modigliani）等情有独钟……[203]

譬如，林风眠在看旧戏迷上画戏曲人物时，就采用了毕加索的方法，他在给友人的信中这样说到（1951年）：“像毕加索有时解决物体，都折叠在一个平面上。我用一种方法，就是看了旧戏之后，一场一场的故事人物，也一个一个把他折叠在画面上，我的目的不是求物、人的体积感，而是求综合的连续感，这样画起来并不难看，我决定继续下去。在旧戏里有新鲜丰富的色彩，奇怪的动作，我喜欢那原始的脸谱，画了一共几十张了，很有趣，这样一画，作风根本改变得很厉害……”[204]

林风眠认为复活中国绘画的可能，最重要的是：“一、绘画上单纯化的描写，应以自然现象为基础。单纯的意义……是向复杂的自然物象中，寻求他显现的性格、质量和综合的色彩的表现。由细碎的现象中，归纳到整体的观念中的意思。二、对于绘画的原料、技巧、方法应有绝对的改进，俾不再因束缚或限制自由描写的倾向。三、绘画上的基本的训练，应采取自然界为对象，绳以科学的方法，使物象正确的重现，以为创造之基础。”[205]

因此，林风眠也主张写生，主张从素描开始学习，但他更主张分析综合，透过现象看本质。他主张融合中西，主张在深入领会东西方艺术精髓的基础上，并入自己内在的生命体验，努力画出“力”与“美”的艺术。

林风眠的人物画，尤其他的仕女画和戏剧人物画，以线条造型，既具有马蒂斯的轻松愉快，也具有莫迪利阿尼的优雅诗意，但不似马蒂斯《舞》中的狂醉和对补色的刺目，也没有莫迪利阿尼的冷艳、忧郁和些微性感颓靡的世纪末情调。[206]林风眠的这一系列的画中女主角清新、典雅、绮丽、俊俏、端庄、飘逸、浪漫、深情、冰雪聪明、温暖人心。这些女子们个个修长、苗条，鹅蛋脸、细长丹凤眼、文鼻、修眉、樱桃小口，典型的中国美人样，但却没有中国古代仕女的落寞幽怨。他的线条也不是文人画中的椎画沙、屋漏痕之类，而是如中国宋瓷、西方速写之类的迅捷流畅的自由笔法，形成了独有的林式线条。色彩也只用了花青、赭色（淡赭）、胭脂（淡色）、藤黄、白粉与水墨等，在深具古典味道（清新意境如宋词、典雅秀丽如梅瓶）的同时，也极具有慧质彤心、明朗健康的现代气息。

对中国艺术的汲取，林风眠曾这样说道：“我非常喜欢中国民间艺术，我自己的画从宋元明清画上找的东西很少，从民间东西上找的很多。我碰上花纹就很注意，我画中的线，吸收了民间的东西，也吸收了定窑和磁州窑的瓷器上的线条，古朴、流利。汉代画像石也很好，不论是战国时期楚国的漆器，还是后来的皮影，我都十分注意学习，都非常喜爱。”[207]

这些经验和成果是珍贵而值得玩味的。林风眠多汲取民间，但其画中人物却脱俗地具有了文人世界的优雅和智慧。他没有汲取文人画的具体画法，却在摒弃文人画的弊端时，拥有了文人画的积极意，即心灵归宿安宁的栖息地，这也应该是艺术的终极意，即“艺术是人间的和平的给予者！”[208]

这种安宁还可以从他喜欢的方形构图上得到印证，郎绍君对此有深入研究。他认为：“方形选择与林风眠绘画题材的转换、心态的变化有很大关系。风景（而非传统意义的山水画）、静物、仕女等，不特别要求卷轴形式，林风眠离开艺专以后渐求平静心理，这在方构图中较容易得到体现。方形的直线与横线，长宽比例一样，垂直轴和水平轴上的力与对角线上的力都是平衡的，具有静态特征，不像立轴或横卷那样富于张力。同时，方构图与林风眠的如下追求也是一致的：强调绘画性而淡化文学性，多用焦点透视而不用或少用‘散点透视’，喜特写式近景描绘而不喜欢全景式大场面，重视平面构成而不特看重纵深表现……他求取的是单纯、明朗、果断、突出，而不是缓慢地叙述和铺陈。当然，方形外框本身不能保证艺术的成功，关键在方形中如何布阵。”[209]

林风眠自己说方构图他是学宋画传统，但从现代意义的心灵栖息地去解读也当然可行。尤其是他这一系列的仕女图与戏剧人物画，这样的方构图里没有战争、没有杀戮、没有冲撞跌宕，只有安宁和谐和美丽，可以让人静静地驻足，安顿疲惫受伤的灵魂。这份美正是林风眠所期待的，“美像一杯清水，当被骄阳晒得异常急躁的时候，他第一会使人马上感到清醒凉爽的快感！美像一杯醇酒，当人在日间工作累得异常疲乏的时候，它使人马上收到苏醒恬静的效力！美像人间一个最深情的淑女，当来人无论怀了何种悲哀的情绪时，它第一会使人得到他所愿得的那种温情和安慰，而且毫不费力。”[210]

这份美与驻足和林风眠的灵魂拷问、“我入地狱”的悲剧性精神相得益彰，共同构成了林风眠绘画对人性开掘的精致和深度，也正是他对艺术理解的两方面内容，即：“艺术的第一利器，是他的美。”“第二种利器，是他的力！”[211]

如果说徐悲鸿的现代性启蒙有着近代化的色彩（这是整个中国现代史都有近代化色彩所决定的），孤独探索的林风眠就是中国现代艺术的先行者。用现代性立场去解读，不妨可以看作是斯特劳斯所说的第二次现代性浪潮和第三次现代性浪潮之别。即林风眠超前于他的时代，在不公正的贬谪、冷遇了半个世纪后，“风眠体”终于获得了至高的肯定，也启发了一大批年轻的艺术家。这就像欧洲哲学史上的同时代人黑格尔和叔本华一样，当时代选择了黑格尔（或者说黑格尔代表了时代精神的时候），叔本华在孤寂多年之后成为现代哲学的开山石。

那么肯定了林风眠是否就要翻过来贬斥徐悲鸿？反之亦然，即肯定徐悲鸿的时候就一定要贬低批判林风眠？此间“烙烧饼”似的怪圈轮转还真就不是艺术生态的理想局面。

从思想史角度来说，徐悲鸿的时代，是反帝反封建的民族复兴启蒙的积极自由的时代，徐悲鸿的英雄情怀、慷慨悲歌、壮士断腕、忧国忧民、艺术救国以求民族富强复兴的精神落实在他以西洋写实主义改良中国画，以融合碑帖但更为贴近碑学而“漫求诸野”的书法并以此入画的实践，非常切合激情洋溢向往新世界的草根民众的欣赏心理，他的展览每每参观者甚众和“决澜社”展览的萧条冷落堪成强烈对比（决澜社作为一个自觉的中国现代美术社团当然自有它存在的价值和意义！[212]）。而林风眠的灵魂拷问——“我不下地狱谁下地狱”的精神对缺少悲剧精神的民族心理也是一下子难以领会的。[213]及至革命伦理一统天下，林风眠的唯美精致和孤独落寞情怀便更是资产阶级、小资产阶级情调要加以批判了，[214]情况是相当复杂的。

从具体的艺术规律来说，徐、林都是纳西以兴中的艺术家，林风眠是在西方现代绘画和中国古典绘画之间走调和之路，他画的是在哲学本体论上有内在相通性的两极，故而顺畅许多，成绩卓著，对中国现代艺术的发展有开创之功。而徐悲鸿则努力用西方写实来改良中国画，他融合的是异质的东西，故而要困难许多，遇到的问题也更多，英年早逝的他也没有来得及全部解决这些问题。但因为融合的是异质的东西，他那大刀阔斧的改造，对中国画的求新求变而扩大开来的发展态势无疑又起到了开天辟地的创新之功，无人企及！

因此，我们今天在肯定林风眠的20年代末30年代初的《人道》《人类的痛苦》《悲哀》等作品的时候，又怎么能否定徐悲鸿在同时期创作的《田横五百士》《九方皋》《徯我后》《风尘三侠》《叔梁纥》《秦琼卖马》？徐悲鸿上下求索的崇高奋斗精神与林风眠对人生悲剧的深刻性揭示一样可贵，弥足珍贵！

同样，在今天肯定驻足林风眠隐逸期间所画的精致剔透的仕女画、戏剧人物画，以及斑斓美丽的风景画和静物画时，又怎么能否定徐悲鸿在同时期所画的《巴人汲水》《愚公移山》《放下你的鞭子》《泰戈尔像》《甘地像》以及奔腾不羁的潇潇骏马？如前文第二章述，固然，在20世纪八十年代后，"积极自由"被走到极端成为文革弊害而遭学界艺术界反思的时候，"消极自由"的个人独白、精致唯美乃至解构放逸便有了存在的相当的合理、合法与合情性。但是这似乎不能反过来就说"徐悲鸿是美盲"！就像人们欣赏了清"四王"的优雅书卷，决不能就去否定"宁拙勿巧，宁丑勿媚，宁支离勿轻滑、宁直率勿安排"的傅山一样！

徐、林都画过《霸王别姬》（图3-33，图3-34），一个是画面叠加压缩并置犹如毕加索的立体主义，具有极强的形式美和装饰性；一个是宏大的史诗叙述性描绘如伦勃朗，那么我们又如何给17世纪的伦勃朗和20世纪的毕加索判高下呢？

历史的分量、人文价值的判断从来不是仅仅用时间延续的进步历史观来论，同一时代的艺术家在艺术风格、方法和审美理念的选择上有较大差异，除了说明艺术家的气质才华艺术趣味的不同，也正是一方面说明了中国现代性进程的艰难性、复杂性，以及时代境遇、个人境遇的复杂性和多变性；另一方面也强烈说明了在艺术的园地里，从来都需要多种艺术形式并存，而不是反复“烙烧饼”。从哈贝马斯所说的“现代性是一项未完成的设计”来看，那么中国现代性的任务就远远没有完成，因此从现代性立场看，无论是徐悲鸿的道路，还是林风眠的道路，都需要延续，需要通过反思审视和总结，来求得更好的发展，而中国画坛也不只是只有徐、林两家，还有其他各家各派，都值得提倡并立而多元存在，共同发展。

“烙烧饼”式的怪圈现象不仅仅出现在美术界，在其他文化艺术领域也一样存在，从思想史的角度，我们可以发问：肯定了林风眠就要“烙烧饼”似的翻过来贬斥徐悲鸿，就像肯定了梁时秋、林语堂是否就要否定鲁迅与瞿秋白？[215]在抗战中写着悠闲文字却也独立翻译了《莎士比亚全集》的梁实秋当被“左翼”作家批评为“抗战无关论”时禁不住自我辩解道：“人在情急时固然可以操起菜刀杀人，但杀人毕竟不是菜刀的使命。”[216]当今天很大程度地肯定了梁实秋的贡献时，又怎么可以否定挡着各种明枪暗箭而拼杀的鲁迅？又怎么可以忘记瞿秋白这样在情急中用“菜刀”去革命，甚至连自己的珠玉之身也扑上去的人？[217]同样，在我们流连痴迷于美丽的“风眠体”的时候，又怎么能忘却徐悲鸿在抗战的炮火烽烟中为艺术为民族上下求索、奔走呼号的丰功？林风眠在土墙漏屋里度艰苦岁月，徐悲鸿也在个人命运极其灾难坎坷中上下求索，这样的艺术旅程，也许更加不易！

图3-33　霸王别姬　徐悲鸿　布面油彩　46cm×58cm　1931年　徐悲鸿纪念馆（上）

图3-34　霸王别姬　林风眠　48cm×54cm　20世纪50年代（下）

关于隐逸，徐悲鸿曾跟学生刘汝澧有过这样的对话，刘汝澧回忆道[218]：

> 记得一九三五年秋，我从东京回上海，专程到南京去探望先生。他（按：徐悲鸿）告我说："自莫斯科回国之后，没有连续三天能在家里安心作过画。"
>
> "何不谢绝一切社会活动？"我说，"集中时间和精力，多事创作吧。"
>
> "与世隔绝起来？！新艺术运动的担子交给谁？"先生反问，我无以言对。

即使今天，我们回看这段对话，徐悲鸿铁肩大义之情怀依然感天动地！

当然，林风眠的隐逸是知识分子干净清洁的隐逸。他和梁实秋是不同的人，作为自由主义派别，梁实秋却始终没有间断同政权的联系，不断发表着各种被鲁迅嗤之以鼻的演说和文章。而林风眠却是在几乎完全和社会隔绝的状态中默默求索，一任别人的误解、冤屈及至被遗忘。林风眠的人格是仁蔼宽厚的，一如他的画，这是被许多的研究者都看到了的！

如果说林风眠是作为人文知识分子学理常态而自觉主动地和主流社会相间距的话，徐悲鸿就是和鲁迅、瞿秋白一样在现实的黑暗和苦难中铁肩大义般介入了革命。这就给人文知识分子问题在学理上造成了一种复杂难解的悖论。事实上，在求民族独立与民族解放的斗争中，投身于革命的社会运动几乎吸引了人文知识分子中最优秀的人（中外历史上不胜枚举的事例足以明证，前期林风眠亦是此行列之一员）。"革命家成为20世纪人文知识分子的典范。"[219]以此我们可以理解徐悲鸿所说的"艺术家即是革命家"[220]的激进之语。他说："救国不论用什么方式，如果能提高文化，改造社会，就是充实国力了。欧洲哪一个复兴的国家，不是先从文艺复兴着手呢？我们不能把自己的责任看得过小。”[221]

因此在学理常态（理想）和非常时期的现实层面，人文知识分子的角色定位就出现了悖论式的张力分化。但无论是隐逸还是革命，只要是在价值理性（即本体论层面）阐释和守护着世界意义（人文意义），人文知识分子就没有失去自己的身份认同。从这个意义来说，林风眠的隐逸也没有什么可指责的，而徐悲鸿的上下求索更是永存光辉！

人文知识分子的角色定位和身份认同，还可以在徐悲鸿1951年构思创作《鲁迅与瞿秋白》中得到体现（图3-35，图3-36）。那时徐悲鸿的身体已经非常虚弱了（离他去世只有两年），但他带病走访了鲁迅与瞿秋白的诸多亲友。这是否可以看作是徐悲鸿对自己一生的总结呢？是否既是对巨匠和先驱的敬仰，也是与他们神交契合的共鸣，同时也是对自己的反思自况和身份认同？作为人文知识分子的鲁迅终生保持独立态度，人文知识分子的瞿秋白在投身革命并罢了领袖后又重返人文知识分子立场著书立说，而徐悲鸿即使在说“艺术家是革命家”的同时，又坚定地说“一定要刻苦地从本分上实干”[222]。这位爱画入骨髓的艺术家在1947年的《中国艺术的没落与复兴》一文里，还希望“以后的政治家，必须稍具审美观念”[223]。因此写实主义被扭曲异化及至出现大规模的文革畸形美术，这恐怕早已超出了徐悲鸿对中国文艺复兴的设想了！也已违背了他的初衷。因此人文知识分子如何从自身这一维度建设政权与教化的良性互动关系，保有社会的良心，正直、爱国、为民，有公共精神，保有人文知识分子的个体纯洁性就是我们每一个人文知识分子（包括艺术家）需要认真思考的问题。艺术自律应是艺术家始终如一的坚持，而艺术与政治、艺术与社会的关系又是不容忽视的重要问题，需理性对待、良性互动，这正是正反两方面的经验已证明了的问题，还需我们加强理解。

图3-35　徐悲鸿创作《鲁迅和瞿秋白》（上）

图3-36　鲁迅与瞿秋白　徐悲鸿　素描　62cm×46cm　1951年　徐悲鸿纪念馆（下）

台湾蒋勋十分肯定徐悲鸿的艺术，曾不妨假说："徐悲鸿当时带回的不是写实绘画，而是马蒂斯以后'形式主义'的绘画，中国的新绘画又会走到什么路上去呢，也许只不过更像一个殖民地罢了！"[224]此言好意甚在，但也未必恰当。

徐悲鸿以写实主义改良中国画，成绩卓著，局限也在。林风眠借鉴西方现代派画，成绩卓著，但美术教育与社会担当或许也是亏欠了一些，这也是实话，也是被研究者们看到了的。[225]

因此对于不是完人的徐悲鸿和林风眠，我们要认真反思和总结，看到他们的局限，但更要看到他们对中国艺术的莫大贡献，并要意识到，"积极自由"和"消极自由"共在，文化多元、艺术多元的坚持才有利于文化生态的健康发展，以及中国艺术、中国美术的繁荣向前。那么我更愿意把徐林两位大师作为两种类型、两种表现形态的人文知识分子，却也都是单纯正直的艺术家来比较：如果说徐悲鸿是黄钟大吕，慷慨以悲歌，在"积极自由"中争取艺术最大贡献的一面光辉旗帜，林风眠就是在"消极自由"中取艺术宁静的一线天而留得青山的静静守夜人。

注释

1 参阅《大英百科全书》，北京：中国百科全书出版社，2007年。参阅[俄]尼·亚·别尔嘉耶夫：《俄国共产主义的起源与涵义》，北京：科学出版社，1990年，第18页。参阅余英时：《士与中国文化》，上海人民出版社，1987年，第1页。

2 参阅余英时：《士与中国文化》，自序，上海人民出版社，1987年，第2页。

3 参阅余英时：《士与中国文化》，自序，上海人民出版社，1987年，第4页。

4 [德]马克思："哲学家从来是以各种不同的方式解释世界；但真正的关键是改变它。"马克思：《论费尔巴哈提纲》（第十一条），[德]恩格斯：《路德维希·费尔巴哈和德国古典哲学的终结》（附录），北京：人民出版社，1997年。

5 参阅余英时:《士与中国文化》，自序，上海人民出版社，1987年，第5、6页

6 参阅余英时:《士与中国文化》，自序，上海人民出版社，1987年，第5、7页。

7 参阅Leo Strauss，“ The Three Waves of Mondernity”，in *An Introduction to Political Philosophy :Ten Essays*，by Leo Strauss，ed. Hilai Gildin，1989. pp.81～98. 参阅王立秋译文。参阅［德］列奥 · 斯特劳斯:《现代性的三次浪潮》，丁耘译，贺照田主编:《西方现代性的曲折和展开》，长春：吉林人民出版社，2002年。

8 参阅尤西林:《阐释并守护世界意义的人 —— 人文知识分子的起源与使命》，郑州：河南人民出版社，1994年，第183页。

9 尤西林师认为人文知识分子是阐释并守护世界意义的人。笔者的学习体会是，意义是超越一己之私利，超越直接功利手段价值（工具理性）的终极目的性评价。意义超前于现存世界并成为现存社会的自我批判与精神启蒙。这种启蒙性旨在表明人文知识分子是保持意义境界的公共精神的关怀者。作为价值理性的精神守护群体，人文知识分子不唯职业的分工，而渊于精神信仰与价值关怀的本体论维度。参阅尤西林:《阐释并守护世界意义的人 —— 人文知识分子的起源与使命》，郑州：河南人民出版社，1994年。参阅王文娟:《墨韵色章 —— 中国画色彩的美学探渊》，北京：中央编译出版社，2006年，第244页。

10 参阅余英时:《士与中国文化》，上海人民出版社，1987年，第3页。

11 参阅余英时:《士与中国文化》，上海人民出版社，1987年，第3页。

12 《孟子 · 梁惠王》（上）。

13 《晋书 · 王衍传》。

14 《论语 · 泰伯》。

15 《孟子 · 尽心》（上）。

16 鲁迅:《且介亭杂文 · 中国人失掉自信力了吗？》，《鲁迅全集》第六卷，北京：人民文学出版社，2005年，第122页。

17 中国“士”之传统自先秦以降大体没有中断，虽则其间历尽磨难和转折。

18 参阅余英时《士与中国文化》自序，第8页。只是笔者在此要特别强调的是，中国古代之“士”与西方近代人文知识分子固然有许多相通之处，但是中国古代人文知识分子道统精神的人间性（即现象、本体互融的人伦实体性特点和近代康德式区分现象和本体（即“实践理性”高于“理论理性”）的思维方式是有重大区别的。

19 参阅余英时:《士与中国文化》，上海人民出版社，1987年，第118、121页。

20 参阅尤西林:《阐释并守护世界意义的人 —— 人文知识分子的起源与使命》，郑州：河南人民出版社，1996年，第29页。

21 ［美］布鲁斯 · 罗宾斯:《知识分子：美学、政治与学术》，王文斌等译，南京：江苏人民出版社，2002年。

22 参阅Michel Foucault，*Language*，*Counter-Memory*，*Practice : Selected Essays and Inter*

views, Edited by Donald F. Bouchard, Ithaca: Cornell University Press, 1977.

23 参阅[美]爱德华·W·萨义德:《知识分子论》，单德兴译，北京：生活·读书·新知三联书店，2002年，第15~16页。

24 参阅[法]让·弗朗索瓦·西里奈利:《20世纪的两位知识分子：萨特与阿隆》，陈伟译，南京：江苏人民出版社，2001年。

25 参阅Antonio Gramsci, *The Prion Notebooks: Selections*, trans.Quintin Hoareand Geoffrey Nowell-Smith, New York: International Publishers, 1971.

26 [美]保罗·博维:《权力中的知识分子——批判性人文主义的谱系》，萧莎译，南京：江苏人民出版社，2005年，第275页。

27 参阅[法]利奥塔:《知识分子的消亡》，巴黎：加利利出版社，1984年。

28 参阅[美]拉塞尔·雅各比:《最后的知识分子》，洪洁译，南京：江苏人民出版社，2002年。

29 参阅[美]布鲁斯·罗宾斯:《知识分子：美学、政治与学术》，王文斌等译，南京：江苏人民出版社，2002年，第35页。

30 参阅[美]布鲁斯·罗宾斯:《知识分子：美学、政治与学术》，王文斌等译，南京：江苏人民出版社，2002年，第37页。

31 [美]保罗·博维:《权力中的知识分子——批判性人文主义的谱系》，萧莎译，南京：江苏人民出版社，2005年，第279页。

32 [美]爱德华·W·萨义德:《知识分子论》，单德兴译，北京：生活·读书·新知三联书店，2002年，第111页。

33 参阅[美]保罗·博维:《权力中的知识分子——批判性人文主义的谱系》，萧莎译，南京：江苏人民出版社，2005年，第282页。

34 参阅[美]爱德华·W·萨义德:《知识分子论》，单德兴译，北京：生活·读书·新知三联书店，2002年，第16、17、22、23、65、85、92、95、103页。

35 "我将论证，萨义德的论点其实是孔子观点的变形"，[美]保罗·博维:《权力中的知识分子——批判性人文主义的谱系》，萧莎译，南京：江苏人民出版社，2005年，第10页。

36 参阅[美]爱德华·W·萨义德:《知识分子论》，单德兴译，北京：生活·读书·新知三联书店，2002年，第11、95页。

37 张岱年等著:《中国知识分子与人文精神》，郑州：河南人民出版社，1994年。

38 尤西林:《阐释并守护世界意义的人——人文知识分子的起源与使命》，郑州：河南人民出版社，1996年。

39 王朔:《王朔自白》，《文艺争鸣》，1993年第1期。

40 参阅尤西林:《阐释并守护世界意义的人——人文知识分子的起源与使命》，郑州：河南人民出版社，1996年，第201页。

41 参阅尤西林:《阐释并守护世界意义的人——人文知识分子的起源与使命》,郑州:河南人民出版社,1996年,第200页。

42 尤西林:《阐释并守护世界意义的人——人文知识分子的起源与使命》,内容提要,郑州:河南人民出版社,1996年,第6页。

43 早在20世纪30年代,杨晋豪就认为徐悲鸿始终憧憬着"天神"与"豪侠"(参阅杨晋豪:《徐悲鸿绘画印象记》,上海书画出版社,1994年,第17页)。华天雪对徐悲鸿具有的中国古代侠义精神亦有充分阐释,并把徐悲鸿的人生与作画的动力源泉都归结为古代侠义精神(参阅华天雪:《徐悲鸿的中国画改良》,上海书画出版社,2007年,第96~99页)。

44 譬如对徐悲鸿的一部《田横五百士》,两种阐释视角都有。田汉批徐悲鸿在为封建道德唱赞歌(参阅田汉:《我们的自己批判——我们的艺术运动之理论与实践》,王震编著:《徐悲鸿年谱长编》,上海画报出版社,2006年,第61页)。当代澳大利亚学者姜苦乐(John Clark)则认为徐悲鸿是在"思考身为一位知识分子应该如何尽一份心力……徐悲鸿把自己表现为一位有道德感的知识分子,探索如何有效地利用欧洲艺术论述来寻找新中国方向。"(姜苦乐:《国家的轨迹:跨亚洲比较中的徐悲鸿与亚瑟·康普》,王文娟主编:《全球化与民族化:21世纪的徐悲鸿研究及中国美术发展》,北京:中国人民大学出版社,2014年,第418页)。

45 徐悲鸿:《惑之不解(一)》,王震、徐伯阳编:《徐悲鸿艺术文集》,银川:宁夏人民出版社,1994年,第98页。参阅王震编著:《徐悲鸿年谱长编》,上海画报出版社,2006年,第80页。

46 徐悲鸿生日不啻一种说法,一说是1895年6月18日(农历五月二十六日),参阅王震编著:《徐悲鸿年谱长编》,上海画报出版社,2006年,第1~2页;另一说是1895年7月19日(农历五月二十七),这是通常各徐悲鸿传记年谱之说法;再一说是1895年7月5日(农历五月二十六日),参阅徐仲年:《寿悲鸿五十》,重庆《中央日报》,1945年7月5日。本书从1895年6月18日的王震之说。

47 徐悲鸿:《悲鸿自述》,徐悲鸿著、徐庆平选编:《奔腾尺幅间》,天津:百花文艺出版社,2000年,第1页。

48 徐悲鸿:《悲鸿自述》,徐悲鸿著、徐庆平选编:《奔腾尺幅间》,天津:百花文艺出版社,2000年,第1~2页。

49 廖静文:《徐悲鸿一生》,北京:中国青年出版社,1982年,第8页。

50 徐悲鸿:《悲鸿自述》,徐悲鸿著、徐庆平选编:《奔腾尺幅间》,天津:百花文艺出版社,2000年,第3页。

51 徐悲鸿:《悲鸿自述》,徐悲鸿著、徐庆平选编:《奔腾尺幅间》,天津:百花文艺出版社,2000年,第1页。

52 徐悲鸿:《悲鸿自述》,徐悲鸿著、徐庆平选编:《奔腾尺幅间》,天津:百花文艺出版版社，2000年，第2页。

53 参阅王震编著:《徐悲鸿年谱长编》，上海画报出版社，2006年，第6页。

54 徐悲鸿:《悲鸿自述》，徐悲鸿著、徐庆平选编:《奔腾尺幅间》，天津：百花文艺出版社，2000年，第2页。

55 参阅徐悲鸿:《悲鸿自述》，徐悲鸿著、徐庆平选编:《奔腾尺幅间》，天津：百花文艺出版社，2000年，第3~7页。

56 参阅徐悲鸿:《悲鸿自述》，徐悲鸿著、徐庆平选编:《奔腾尺幅间》，天津：百花文艺出版社，2000年，第6~11页。参阅王震编著:《徐悲鸿年谱长编》，上海画报出版社，2006年，第16~30页。

57 参阅王震编著:《徐悲鸿年谱长编》，上海画报出版社，2006年，第33页。

58 [德]康德《答复这个问题："什么是启蒙运动?"》，[德]康德:《历史理性批判文集》，何兆武译，北京：商务印书馆，1991年。亦参见余英时:《士与中国文化》，自叙，上海人民出版社，1987年。

59 参阅徐悲鸿:《中国美术之精神——山水》，北平《华北日报·艺术》第3期，1947年1月16日。

60 郎绍君:《论现代中国美术》，南京：江苏美术出版社，1996年，第122页。

61 王震辑徐悲鸿画论、题记选录，王震、徐伯阳编:《徐悲鸿艺术文集》，银川：宁夏人民出版社，1994年，第784页。

62 (汉)郑玄注:《礼记正义·中庸》，李学勤主编:《十三经注疏》(六)，北京大学出版社，1999年。

63 徐悲鸿:《悲鸿自述》《忆达仰先生之语》，徐悲鸿著、徐庆平选编:《奔腾尺幅间》，天津：百花文艺出版社，2000年，第2、8、266页。

64 廖静文:《徐悲鸿一生——我的回忆》，北京：中国青年出版社，1982年，第20页。

65 徐悲鸿:《研究艺术务须诚笃》，徐悲鸿著、徐庆平选编:《奔腾尺幅间》，天津：百花文艺出版社，2000年，第259页。

66 王震辑徐悲鸿画论、题记选录，王震、徐伯阳编:《徐悲鸿艺术文集》，银川：宁夏人民出版社，1994年，第789页。

67 徐悲鸿:《悲鸿自述》，徐悲鸿著、徐庆平选编:《奔腾尺幅间》，天津：百花文艺出版社，2000年，第13页。

68 徐悲鸿:《研究艺术务须诚笃》《造化为师》，徐悲鸿著、徐庆平选编:《奔腾尺幅间》，天津：百花文艺出版社，2000年，第250页。

69 徐悲鸿:《中国艺术的没落与复兴》，徐悲鸿著、徐庆平选编:《奔腾尺幅间》，天津：百花文艺出版社，2000年，第77页。

70 徐悲鸿:《悲鸿自述》，徐悲鸿著、徐庆平选编:《奔腾尺幅间》，天津：百花文艺出版社，2000年，第16页。

71 徐悲鸿:《新艺术运动之回顾与前瞻》，徐悲鸿著、徐庆平选编:《奔腾尺幅间》，天津:百花文艺出版社，2000年，第84页。

72 参阅《国立中央大学教育学院各系科课程标准·艺术科课程标准》,《国立中央大学教育丛刊》，1933年第1卷，第289页。参阅曹庆晖:《徐悲鸿美术教育学派刍议》，王文娟主编:《全球化与民族化：21世纪的徐悲鸿研究及中国美术发展》，北京：中国人民大学出版社，2014年，第225页。

73 参阅曹庆晖:《徐悲鸿美术教育学派刍议》，王文娟主编:《全球化与民族化：21世纪的徐悲鸿研究及中国美术发展》，北京：中国人民大学出版社，2014年。

74 参阅王震编著:《徐悲鸿年谱长编》，上海画报出版社，2006年，第59页。参阅黄厚明:《徐悲鸿美术课程教学观念研究》，毕宝祥主编:《徐悲鸿奖——新世纪第二届徐悲鸿学术研讨会论文集》，合肥：安徽美术出版社，2013年，第117页。

75 参阅中国第二历史档案馆，全宗号648，案卷号3922。参阅黄厚明:《徐悲鸿美术课程教学观念研究》，毕宝祥主编:《徐悲鸿奖——新世纪第二届徐悲鸿学术研讨会论文集》，合肥：安徽美术出版社，2013年，第119页。参阅曹庆晖:《徐悲鸿美术教育学派刍议》，王文娟主编:《全球化与民族化：21世纪的徐悲鸿研究及中国美术发展》，北京：中国人民大学出版社，2014年，第221~222页。

76 参阅《国立中央大学教育学院艺术科选课指导书》(1934年12月)，南京师范大学档案馆馆藏。1929年到1935年中央大学艺术科课程情况梳理参阅黄厚明:《徐悲鸿美术课程教学观念研究》，毕宝祥主编:《徐悲鸿奖——新世纪第二届徐悲鸿学术研讨会论文集》，合肥：安徽美术出版社，2013年，第119~120页。

77 参阅黄厚明:《徐悲鸿美术课程教学观念研究》，毕宝祥主编:《徐悲鸿奖——新世纪第二届徐悲鸿学术研讨会论文集》，合肥：安徽美术出版社，2013年，第119页。

78 参阅黄厚明:《徐悲鸿美术课程教学观念研究》，毕宝祥主编:《徐悲鸿奖——新世纪第二届徐悲鸿学术研讨会论文集》，合肥：安徽美术出版社，2013年，第120页。参阅曹庆晖:《徐悲鸿美术教育学派刍议》，王文娟主编:《全球化与民族化：21世纪的徐悲鸿研究及中国美术发展》，北京：中国人民大学出版社，2014年，第221~222页。

79 参阅中国第二历史档案馆，全宗号5，案卷号12043。参阅黄厚明:《徐悲鸿美术课程教学观念研究》，毕宝祥主编:《徐悲鸿奖——新世纪第二届徐悲鸿学术研讨会论文集》，合肥：安徽美术出版社，2013年，第120页。

80 徐悲鸿:《新国画建立之步骤》，徐悲鸿著、徐庆平编选:《奔腾尺幅间》，天津：百花文艺出版社，2000年，第78~80页。

81 刘曦林:《徐悲鸿的中国画观》，范保文主编:《世纪丰碑——新世纪首届徐悲鸿学术研讨会论文集》，天津人民美术出版社，2004年，第225页。

82 艾中信:《关于徐悲鸿美术教育学派的研究——纪念徐悲鸿老师九十寿辰》，郭淑兰、赢枫编著:《艺坛春秋》，杭州：浙江美术学院出版社，1988年，第214页。

83　王震辑徐悲鸿画论、题记选录，王震、徐伯阳编:《徐悲鸿艺术文集》，银川：宁夏人民出版社，1994年，第784页。

84　由笔者任教的中国人民大学艺术学院艺术学系“社会研究与创新训练”的实践课程（2016年2月—6月）派出了32个学生，两人一组去采访徐悲鸿的亲授弟子们，他们是康寿山、戴泽、杨先让、侯一民、邓澍、叶喆民、李天祥、赵友萍、高潮、刘勃舒、钱绍武、杨辛、周国谨、周荣、雷正民、王震、常沙娜、李树声、华夏等先生，最高龄者康寿山先生已99岁，同学们听到了这些世纪老人的拳拳心声，弥足珍贵！录音已整理，待出版。

85　艾中信:《尽精微 致广大——略论徐悲鸿的素描见解》，王震编:《徐悲鸿的艺术世界》，上海书画出版社，1994年，第249页。

86　刘勃舒:《独到的见解 科学的方法——从徐悲鸿动物画看造型能力训练的经验》，王震编:《徐悲鸿的艺术世界》，上海书画出版社，1994年，第252页。

87　卢开祥:《徐悲鸿先生谈艺录》，王震编:《徐悲鸿的艺术世界》，上海书画出版社，1994年，第462~463页。

88　冯法祀:《艺术大师徐悲鸿》，王震编:《徐悲鸿的艺术世界》，上海书画出版社，1994年，第267~269页。

89　图3-5、图3-11、图3-12乃北京翰海拍卖有限公司当代部主任冯宇女士提供，特此鸣谢！

90　卢开祥:《徐悲鸿先生谈艺录》，王震编:《徐悲鸿的艺术世界》，上海书画出版社，1994年，453页。

91　图3-13、图3-14。图3-16乃中央美术学院曹庆晖先生提供，特此鸣谢！

92　图3-15乃北京徐悲鸿纪念馆唐培勇先生提供，特此鸣谢！

93　王震辑徐悲鸿画论、题记选录，王震、徐伯阳编:《徐悲鸿艺术文集》，银川：宁夏人民出版社，1994年，第784页。

94　卢开祥:《徐悲鸿先生谈艺录》，王震编:《徐悲鸿的艺术世界》，上海书画出版社，1994年，第458页。

95　参阅《北平艺专二十二日开学，各组教授聘定》消息报道，《华北日报》，1946年10月15日。参阅华天雪:《尚付阙如：关于中央美术学院历史上的“第八分班”时期》，华天雪:《徐悲鸿论稿》，济南：山东画报出版社，2014年。参阅曹庆晖:《徐悲鸿美术教育学派刍议》，王文娟主编:《21世纪的徐悲鸿研究及中国美术发展》，北京：中国人民大学出版社，2014年。参阅黄厚明:《徐悲鸿美术课程教学观念研究》，毕宝祥主编:《徐悲鸿奖——新世纪第二届徐悲鸿学术研讨会论文集》，合肥：安徽美术出版社，2013年。

96　参阅曹庆晖:《徐悲鸿美术教育学派刍议》，王文娟主编:《全球化与民族化：21世纪的徐悲鸿研究及中国美术发展》，北京：中国人民大学出版社，2014年，第220页。

97 艾中信："他所关切的，并不限于青年，更不限于学校之内，在全国各地有不少的美术家并不是徐先生课堂里的学生而得到了他的鼓励、教益和帮助。"艾中信：《正直勤劳的艺术家》，王震编：《徐悲鸿的艺术世界》，上海书画出版社，1994年，第75页。

98 参阅廖静文：《徐悲鸿一生》，北京：中国青年出版社，1988年，第113、129页。

99 蒋兆和：《我和〈流民图〉》，中国人民政治协商会议全国委员会文史资料研究委员会会编：《文化史料丛刊》第二辑，北京：文史出版社，1981年，第128~129页。

100 刘曦林：《徐悲鸿与蒋兆和》，王文娟主编：《全球化与民族化：21世纪的徐悲鸿研究及中国美术发展》，北京：中国人民大学出版社，2014年，第51页。

101 刘勃舒：《独到的见解 科学的方法——从徐悲鸿动物画看造型能力训练的经验》，王震编：《徐悲鸿的艺术世界》，上海书画出版社，1994年，第253页。

102 参阅廖静文：《徐悲鸿一生》，北京：中国青年出版社，1988年。

103 [德]康德：《答复这个问题："什么是启蒙运动"》，[德]康德：《历史理性批判文集》，何兆武译，北京：商务印书馆，1991年，第24~25页。

104 尤西林：《关怀公共精神的"积极自由"行动者——鲁迅与现代知识分子角色》，《学术月刊》，2000年第8期。

105 鲁迅：《这也是生活》，《鲁迅全集》第六卷，北京：人民文学出版社，2005年，第624页。

106 参阅[德]尤尔根·哈贝马斯《公共领域的结构转型》，上海：学林出版社，1999年。参阅[英]贡布里希：《艺术的故事》，范景中译，北京：生活·读书·新知三联书店，1999年。参阅尤西林：《关怀公共精神的"积极自由"行动者——鲁迅与现代知识分子角色》，《学术月刊》，2000年8期。

107 譬如英国学者柯律格对中国古物私藏就有这样的看法："中国历史上的知识分子有丰富的收集稀有品的传统，但中国古代的士大夫的'收'经常与'藏'相连——收集的目的在于珍藏，或仅在士大夫之间相互显示，以表明其文化品质、经济能力和社会地位。收藏品的质量和数量因此成为有产和有闲阶级间区别社会等级的标准之一。甚至藏之越深，价值越高。"见C.Clunas. *Superfluous:Material Culture and Social Status in Early Modern China*, Urbana:University of Illinois Press, 1991.pp.22.

108 参阅徐玲：《博物馆与近代中国公共文化》，北京：科学出版社，2015年，第36~37页。参阅向达：《过去图书馆博物馆以及考古工作的检讨》，《大公报》，1950年1月15日。

109 参阅[澳]费约翰：《唤醒中国：国民革命中的政治、文化与阶级》，李恭忠、李里峰等译，北京：生活·读书·新知三联书店，2004年，第11页。

110 参阅徐玲：《博物馆与近代中国公共文化》，北京：科学出版社，2015年，第158页。

111 （清）康有为：《康有为全集》第一集，上海古籍出版社，1987年，第299页。

112 （清）康有为、梁启超、钱单士厘：《康有为：欧洲十一国游记游记二种、梁启超：新大陆游记及其他、钱单士厘：癸卯旅行记·归潜己》，长沙：岳麓书社，1985年，第

130~131页。

113　蔡元培著、高平叔编:《蔡元培全集》第二卷，北京: 中华书局，1984年，第301页。

114　蔡元培:《在北京通俗教育研究会演说词》,《东方杂志》，第14卷第4号，1917年4月15日。

115　鲁迅:《拟播布美术意见书》,《鲁迅全集》第八卷，北京: 人民文学出版社，2005年，第53页。

116　朱自清:《旅欧杂记》，长沙: 湖南人民出版社，1983年，第120页。

117　李济:《博物馆与科学教育》,《博物馆历史文选》，西安: 陕西人民出版社，2000年，第107页。

118　徐悲鸿:《悲鸿自述》，徐悲鸿著、徐庆平选编:《奔腾尺幅间》，天津: 百花文艺出版社，2000年，第9页。

119　徐悲鸿:《日本文展》,《时报》，1918年1月4日。参阅华天雪:《徐悲鸿的日本“观光”之旅》，王文娟主编:《全球化与民族化: 21世纪的徐悲鸿研究及中国美术的发展》，北京: 中国人民大学出版社，2014年，第497页。

120　参阅徐悲鸿:《悲鸿自述》，徐悲鸿著、徐庆平选编:《奔腾尺幅间》，天津: 百花文艺出版社，2000年，第11、14、28、29、30页。参阅王震编著:《徐悲鸿年谱长编》，上海画报出版社，2006年，第31页。

121　徐悲鸿:《中国艺术的没落与复兴》，徐悲鸿著、徐庆平选编:《奔腾尺幅间》，天津: 百花文艺出版社，2000年，第72页。

122　徐悲鸿:《中国艺术急需提倡之美术》，徐悲鸿著、徐庆平选编:《奔腾尺幅间》，天津: 百花文艺出版社，2000年，第58页。

123　徐悲鸿:《 中国艺术急需提倡之美术》，徐悲鸿著、徐庆平选编:《奔腾尺幅间》，天津: 百花文艺出版社，2000年，第58页。

124　徐悲鸿:《近代美术院缘起》，徐悲鸿著、徐庆平选编:《奔腾尺幅间》，天津: 百花文艺出版社，2000年，第51页。

125　徐悲鸿:《学术研究之谈话》，徐悲鸿著、徐庆平选编:《奔腾尺幅间》，天津: 百花文艺出版社，2000年，42页。

126　徐悲鸿:《近代美术院缘起》，徐悲鸿著、徐庆平选编:《奔腾尺幅间》，天津: 百花文艺出版社，2000年，51页。

127　徐悲鸿:《中国今日急需提倡之美术》，徐悲鸿著、徐庆平选编:《奔腾尺幅间》，天津: 百花文艺出版社，2000年，58页。

128　徐悲鸿:《学术研究之谈话》，徐悲鸿著、徐庆平选编:《奔腾尺幅间》，天津: 百花文艺出版社，2000年，第43页。

129　参阅徐悲鸿:《悲鸿自述》，徐悲鸿著、徐庆平选编:《奔腾尺幅间》，天津: 百花文艺出版社，2000年。参阅尚辉:《原国立美术陈列馆的筹建与变迁》,《美术观察》，2000年第4期。参阅王文娟:《徐悲鸿精神的现代性阐释》,《中国人民大学学报》,2005年3期。参阅张熙:《徐悲鸿的美术馆构想探源》,王文娟主编:《中国美术·世界语境:21世纪的徐悲鸿研究及中国美术发展(二)》,北京:现代出版社,2017年。

130 参阅徐悲鸿:《悲鸿自述》,徐悲鸿著、徐庆平选编:《奔腾尺幅间》,天津:百花文艺出版社,2000年,第14~15页。

131 徐悲鸿:《学术研究之谈话》,王震编:《徐悲鸿文集》,上海书画出版社,2005年,第11页。

132 徐悲鸿:《悲鸿自述》《学术研究之谈话》《艺院建设计划》,徐悲鸿著、徐庆平选编:《奔腾尺幅间》,天津:百花文艺出版社,2000年,第22、42、43、46、47页。

133 徐悲鸿:《近代美术院缘起》,徐悲鸿著、徐庆平选编:《奔腾尺幅间》,天津:百花文艺出版社,2000年,第51页。

134 1934年徐悲鸿在莫斯科办展,互赠作品,徐悲鸿对苏方赠送的十几幅作品无处存放:"他们把我送他们的画,系存在国立美术馆里,我们呢,把他们的作品放在哪里?不得已,只好说存在中央大学,因为我说中央大学是三千多人的大学,也是新中国青年的出生之地呢,然而,心头终究有点难为情也。"徐悲鸿:《在北平友人欢迎会上的讲话》,王震编:《徐悲鸿文集》,上海书画出版社,2005年,第73页。

135 徐悲鸿:《对〈朝报〉记者谈话》,王震、徐伯阳编:《徐悲鸿艺术文集》,银川:宁夏人民出版社,2001年,第271~272页。

136 俞剑华:《私祝美术馆早日成立》,《中央日报》,1935年5月27日。

137 林风眠在1927年发表《致全国艺术界书》中就曾说到:"大规模的艺术展览会,也是现在必需的!我们只管说艺术艺术,如果没有个公开的机会,使大家看一看艺术的真像,亲一亲艺术的甘吻,艺术品都藏在艺术家的画室里有什么用?"朱朴编著:《现代美术家画论·作品·生平——林风眠》,上海:学林出版社,1988年,第25页。

138 1935年5月18日,民间性质的"中国博物馆协会"在北平景山绮望楼召开成立大会,这是中国第一个博物馆行业组织,是徐悲鸿作为美术界代表之一在内的67位各界人士的共同努力。参阅徐玲:《博物馆与近代中国公共文化》,北京:科学出版社,2015年,第134~135页。

139 参阅尚辉:《原国立美术陈列馆的筹建与变迁》,《美术观察》,2000年第4期。参阅张熙:《徐悲鸿的美术馆构想探源》,王文娟主编:《中国美术·世界语境:21世纪的徐悲鸿研究及中国美术发展(二)》,北京:现代出版社,2017年。

140 参阅尚辉:《原国立美术陈列馆的筹建与变迁》,《美术观察》,2000年第4期。

141 参阅[意]奥奈罗·文杜里:《西方艺术批评史》,迟轲译,南京:江苏教育出版社,2005年。参阅沈语冰:《20世纪艺术批评》,杭州:中国美术学院出版社,2003年。参阅董红霞:《西方现代艺术批评的起源——18世纪法国沙龙批评研究》,北京:光明日报出版社,2012年。参阅See Malcolm Gee, ed., *Art Criticism Since 1900*, Manchester: Manc

hester Univerisity Press, 1993. 参阅Jacquelin V. Falkenheim, *Roger Fry and the Beginning of the formalist Art Criticism*, Ann Arber, Michigan: UMI Research Press, 1980.

142 参阅董红霞:《西方现代艺术批评的起源—— 18世纪法国沙龙批评研究》，北京：光明日报出版社，2012年，第14页。参阅See Malcolm Gee, ed., *Art Criticism Since 1900*, Manchester: Manchester Univerisity Press, 1993.参阅Jacquelin V. Falkenheim, *Roger Fry and the Beginning of the formalist Art Criticism*, Ann Arber, Michigan: UMI Research Press, 1980.

143 参阅[法]埃玛努埃尔·施瓦茨:《两次大战期间的巴黎高等美术学院》,《大师与大师——徐悲鸿与法国学院大家作品》，徐庆平、埃玛努埃尔·施瓦茨、菲利普·杰奎琳策划的大型画展印制图录，北京·中华世纪坛·世界艺术馆展，内部发行，2014年5月8日—8月3日，第20页 。

144 徐悲鸿:《介绍几位作家的作品》，王震、徐伯阳编:《徐悲鸿艺术文集》，银川：宁夏人民出版社，1994年，第526页。

145 徐悲鸿:《介绍几位作家的作品》，徐悲鸿著、徐庆平选编:《奔腾尺幅间》，天津：百花文艺出版社，2000年，第150页。

146 徐悲鸿:《介绍几位作家的作品》，徐悲鸿著、徐庆平选编:《奔腾尺幅间》，天津：百花文艺出版社，2000年，第150页。

147 徐悲鸿:《孙宗慰画展》，徐悲鸿著、徐庆平选编:《奔腾尺幅间》，天津：百花文艺出版社，2000年，第141页。

148 徐悲鸿:《傅抱石先生画展》，徐悲鸿著、徐庆平选编:《奔腾尺幅间》，天津：百花文艺出版社，2000年，第137页。

149 徐悲鸿:《专写民疗之赵望云》，沈宁:《闲话徐悲鸿》，台北：台湾新创文锐，2013年。

150 徐悲鸿:《〈齐白石画册〉序》，徐悲鸿著、徐庆平选编:《奔腾尺幅间》，天津：百花文艺出版社，2000年，第127页。

151 徐悲鸿:《〈张大千画集〉序》，徐悲鸿著、徐庆平选编:《奔腾尺幅间》，天津：百花文艺出版社，2000年，第135~136页。

152 徐悲鸿:《〈叶浅予之国画》，徐悲鸿著、徐庆平选编:《奔腾尺幅间》，天津：百花文艺出版社，2000年，第145~146页。

153 徐悲鸿:《介绍几位作家的作品》，王震、徐伯阳编:《徐悲鸿艺术文集》，银川：宁夏人民出版社，1994年，第525页。

154 徐悲鸿:《剪纸艺术家陈志农先生》，徐悲鸿著、徐庆平选编:《奔腾尺幅间》，天津：百花文艺出版社，2000年，第156页。

155 徐悲鸿:《梅社首次美展献辞》，徐悲鸿著、徐庆平选编:《奔腾尺幅间》，天津：百花文艺出版社，2000年，第142页。

156 对艺术批评(及其美术史)的注重，在那个时代当然不只徐悲鸿一人，其他重要的美术人物还有林风眠、林文铮、傅雷、邓以蛰、滕固、潘天寿等。其中林风眠就看到当时中国艺术界的弊病，他认为这些弊病首先第一条就是艺术批评的缺失，对此痛加针砭。这是他在1928年在国立杭州艺专纪念周上的演讲："…… 中国艺术界之所以造成这种奇奇怪怪的情形，大概不是没有原因的。就我个人所观察，以为至少有如下几点毛病，要救中国艺术于危亡，非先从这几点下手不可！第一，艺术批评的缺乏。最重要的，没有历史观念的介绍。我们不敢希求中国现在产生像欧洲那些伟大的美学家，如康德，斯宾塞，居约，万龙诸人，用哲学生物学社会学为基础，去批评艺术的批评家。即现在中国艺术界中，觉得最需要的美术史家，都是很少。中国人有一种不求甚解的遗传病，论文艺运动，忘记介绍希腊的神话，和荷马的史诗；谈易卜生，忘了译他主要的作品《伯兰》；谈艺术，亦是如此。塞尚（Cezanue），凡·高（Van·Gogh），马蒂斯（Matisse）等人在他的皮毛上，大吹特吹，埃及，希腊反而没有人介绍。马路上，咖啡店里，自称艺术批评家的，恐怕连菲狄亚斯（Phidias）的名字，都很少听见过，还谈得到卡力克拉特斯（Callicrates），易克泰纳斯（Lctinos），姆内齐克莱斯（Mnesices）诸人吗？这样没有历史观念的瞎谈艺术批评，结果不特不能领导艺术上的创作与时代产生新的倾向，且使社会方面，得到愈复杂纷乱的结果。介绍方面如此，整理方面更没有头绪。比较完密一点的中国美术史，暂时是不能产生的。批评方面没有切实的基础，常影响到作家方面没有新的变更。整理方面没有系统，而所谓新的创作，又将怎样生长出芽来呢？无怪中国艺术流于模仿，而永远不再发生变化了！"林风眠：《我们要注意（1928）—— 国立杭州艺专纪念周讲演》，朱朴编著：《现代美术家画论·作品·生平 —— 林风眠》，上海：学林出版社，1988年，第51～52页。

157 林风眠：《中国绘画新论》（1929年），朱朴编著：《现代美术家画论·作品·生平 —— 林风眠》，上海：学林出版社，1988年，第66页。

158 林风眠：《〈前奏〉发刊词（1930）—— 为〈前奏月刊〉作》，朱朴编著：《现代美术家画论·作品·生平 —— 林风眠》，上海：学林出版社，1988年，第74、75页。

159 林风眠：《徒呼奈何是不行的（1928）—— 国立杭州艺专纪念周讲演》，朱朴编著：《现代美术家画论·作品·生平 —— 林风眠》，上海：学林出版社，1988年，第56、57页。

160 林风眠：《我们要注意（1928）—— 国立杭州艺专纪念周讲演》，朱朴编著：《现代美术家画论·作品·生平 —— 林风眠》，上海：学林出版社，1988年，第54页。

161 林风眠：《致全国艺术界书（1927）》，朱朴编著：《现代美术家画论·作品·生平 —— 林风眠》，上海：学林出版社，1988年，第13页。

162 林风眠：《〈前奏〉发刊词（1930）—— 为〈前奏月刊〉作》，朱朴编著：《现代美术家画论·作品·生平 —— 林风眠》，上海：学林出版社，1988年，第75页。

163 参阅郎绍君：《林风眠》，石家庄：河北教育出版社，2002年，第15、16、17页。参阅朱朴编著：《现代美术家画论·作品·生平 —— 林风眠》，上海：学林出版社，1988年，127～132页。

164 参阅郎绍君:《林风眠》，石家庄：河北教育出版社，2002年，第17页。

165 参阅郎绍君:《林风眠》，石家庄：河北教育出版社，2002年，第17、18页。

166 参阅郎绍君:《林风眠》，石家庄：河北教育出版社，2002年，第19~20页。

167 参阅郎绍君:《林风眠》，石家庄：河北教育出版社，2002年，第19页。

168 参阅郎绍君:《林风眠》，石家庄：河北教育出版社，2002年，第23~24页。

169 参阅郑朝:《抗日战争中的林风眠》，郑朝选编:《林风眠研究文集》，杭州：中国美术学院出版社，1995年，第362页。

170 林风眠1945年被杭州艺专重聘为西画系教授，随校由重庆返校。1950年，国立杭州艺术专科学校改名为中央美术学院华东分校，刘开渠是院长。参阅朱朴:《林风眠先生年谱》，朱朴编著:《现代美术家画论·作品·生平——林风眠》，上海：学林出版社，1988年，第147、148、154页。参阅郎绍君:《林风眠》，石家庄：河北教育出版社，2002年，第180页。

171 《论语·泰伯》。

172 《孟子·尽心》（上）。

173 [英]汤因比:《历史研究》上册，索麦尔节本，济南：山东文艺出版社，1988年，第275页。

174 参阅朱朴:《林风眠先生年谱》，朱朴编著:《现代美术家画论·作品·生平——林风眠》，上海：学林出版社，1988年，第145页。参阅郑朝:《抗日战争中的林风眠》，郑朝选编:《林风眠研究文集》，杭州：中国美术学院出版社，1995年，第362页。参阅郎绍君:《林风眠》，石家庄：河北教育出版社，2002年，第24页。

175 参阅郎绍君:《创造新的审美结构——林风眠对绘画形式语言的探索》，郑朝选编:《林风眠研究文集》，杭州：中国美术学院出版社，1995年，第188~218页。

176 林风眠:《致全国艺术界书（1927）》，朱朴编著:《现代美术家画论·作品·生平——林风眠》，上海：学林出版社，1988年，第13页。

177 《宝莲灯》是林风眠所画最多的戏目。《宝莲灯》是中国戏曲和舞蹈中的一个传统节目，又名《劈山救母》。故事说的是华山三圣母与书生刘彦昌相爱成婚，三圣母之兄二郎神怒其妹思凡不轨，将她压在华山之下。三圣母生子沉香，交与刘彦昌。沉香长成，受仙人点化，脱去凡胎，持神斧打败二郎神，劈开华山，救出母亲。林风眠一再画这个题材，或许与他的童年经历、他母亲的悲惨遭遇和他幻想渴望拯救母亲的英雄梦相关。林风眠1900年11月22日，出生于广东省梅县西阳堡白宫镇阁公岭村。林父林伯恩，继承家传的石匠手艺，能书画。林风眠的母亲阙里亚带是山居的汉族和本地的苗、瑶混合的后代，美丽勤劳。但林父不喜欢她，继祖母也待她不好，从早做到晚，却总受欺侮。在林风眠六岁时，母亲不甘忍受命运的安排，跟了一位临时到村里来染布的青年逃走了。但不久，就让林姓族人抓回，族人打她，游街，还要用汽油把她烧死。当时的林风眠曾拿刀冲出门大叫，要杀死他们，欲救出母亲，很多人把他抱牢了，夺了他的刀，不让他接近母亲。最后，族人商量把林母卖掉了。临别前，林风眠偷跑出去看母亲，母亲抱着儿子大哭一场，从此天各一方。林风眠留学归国后，曾派人回家乡，找寻母亲的下落，但村里人告诉他，他的母亲几经转卖，最后是在尼姑庵当佣人，已经死了。林风眠此生再未回过家乡。母亲的悲惨命运和失去母亲的撕心裂肺的痛苦，对林风眠的影响是终生的。也许林风眠相对内向的性格、一生不能摆脱的孤独感、对苦难的特殊敏感等等，都与这内在的创伤经验有着千丝万缕的联系（参阅郎绍君:《林风眠》，石家庄：河北教育出版社，2002年，第2、3、4、5、164、166、167页。参阅冯叶:《梦里钟声思义父》,《林风眠与二十世纪中国美术国际学术研讨会论文集》，杭州：中国美术学院出版社，1999年，第674、675页）。笔者对林风眠画于20世纪80年代的《宝莲灯》释读如下：在这幅画中，戏曲舞台压缩并置成平面空间呈现，且布阵铺天盖地，不留天头地脚，更加强了紧张浓郁的气氛，画面中央的三圣母长发青衣绿带白袖，美丽坚毅。右边的二郎神黄脸紫衣，凶神恶煞，左边的沉香，几抹黄中着灰绿色衣、瘦雅细长，手握剑柄，却侧头垂目，哪里是二郎神的对手？这样的画面意涵可否解读为是林风眠重现的往事梦境？表现的是林风眠对母亲的怀念和歌唱？依稀表现的还是童年林风眠的无力无助，以及他打不过的残酷的族人林立？这是一幅无法挥去的童年悲剧的隐喻图。

178 李树声:《访问林风眠的笔记》，郑朝选编:《林风眠研究文集》，杭州：中国美术学院出版社，1995年，第169页。

179 郑朝:《林风眠早期的绘画艺术》，郑朝、金尚义编:《林风眠论》，杭州：浙江美术学院出版社，1990年，第101页。

180 郑朝:《林风眠早期的绘画艺术》，郑朝、金尚义编:《林风眠论》，杭州：浙江美术学院出版社，1990年，第103页。

181 李树声:《访问林风眠的笔记》，郑朝选编:《林风眠研究文集》，杭州：中国美术学院出版社，1995年，第169页。

182 [法]蒙田:《蒙田随笔》，梁宗岱译，长沙：湖南人民出版社，1987年，第127页。

183 [英]以赛亚·柏林:《自由论》，胡传胜译，南京：译林出版社，2003年，第347页。

184 参阅[英]以赛亚·伯林:《自由四论》，陈晓林译，台北：台湾联经出版事业公司，1986年，第229~230页。

185 参阅[英]以赛亚·伯林等著，达巍、王琛、宋念申编:《消极自由有什么错？》，北京：文化艺术出版社，2001年，第68页。

186 参阅[英]以赛亚·伯林:《自由四论》，陈晓林译，台北：台湾联经出版事业公司，1986年，第230页。

187 参阅[英]以赛亚·柏林:《自由论》，胡传胜译，南京：译林出版社，2003年，第200页。参阅陈嘉明:《现代性与后现代性十五讲》，北京大学出版社，2006年，第19、20页。参阅[英]以赛亚·伯林等著，达巍、王琛、宋念申编:《消极自由有什么错？》，北京：

文化艺术出版社，2001年，第68页。

188 陈嘉明:《现代性与后现代性十五讲》，北京大学出版社，2006年，第20页。

189 [英]以赛亚·伯林等著，达巍、王琛、宋念申编:《消极自由有什么错?》，北京：文化艺术出版社，2001年，第91页。

190 参阅[英]以赛亚·伯林:《自由四论》，陈晓林译，台北：台湾联经出版公司，1986年，第247页。

191 参阅林风眠:《〈前奏〉发刊词——为〈前奏月刊〉作》(1930年)，朱朴编著:《现代美术家画论·作品·生平——林风眠》，上海：学林出版社，1988年，第75页。

192 关于林风眠的入学说法不一。一说是林风眠于1920年1月与蔡和森等人抵达法国马赛港，2月入法国第戎国立美术学院学习西洋画，经院长杨希斯(Yanesse)的推荐，9月入学巴黎国立高等美术学院进费尔南德·柯罗蒙(Fernand Cormon)工作室学习油画(参阅朱朴:《林风眠先生年谱》，朱朴编著:《现代美术家画论·作品·生平——林风眠》，上海：学林出版社，1988年，第126~127页)。另一说是1919年12月28日林风眠与林文铮与蔡和森、李立三等人乘船赴法，1921年4月，在经过一年多的法文学习后，与同学李金发入第戎美术学院。半年后，入巴黎高等美术学院，进柯罗蒙工作室学习(参阅郎绍君:《林风眠》，石家庄：河北教育出版社，2002年，第11页)。关于徐悲鸿的入学说法也不一。一说是徐悲鸿于1919年5月10日抵达法国巴黎。1920年4月初与我国女画家方君璧同时报考法国国立最高美术学校，4月下旬以优异的成绩录取，在一百名新生中，名列第十四。业余到私立朱立安画院画模特儿(参阅王震编著:《徐悲鸿年谱长编》，上海画报出版社，2006年，第32页)。另一说是徐悲鸿于1919年5月10日抵达巴黎，1919年10月8日、1920年9月24日中国驻巴黎使馆写信支持徐悲鸿入学巴黎高等美术学院，推荐虽未能完全生效，但被弗拉孟在1920年11月15日准允注册入他的画室，也去私立朱立安画院学习素描。1921年4月4日通过严格的入学考试，5月13日被巴黎高等美院录取，老师为弗拉孟先生。弗拉孟生病的时候，柯罗蒙会来代为上课(参阅[法]菲利浦·杰奎琳:《徐悲鸿和他的法国老师们：一段杰出的艺术历程》,《大师与大师——徐悲鸿与法国学院大家作品》，徐庆平、埃玛努埃尔·施瓦茨、菲利普·杰奎琳策划的大型画展印制图录，北京·中华世纪坛·世界艺术馆展，内部发行，2014年5月8日—8月3日，第29、30页)。

193 参阅朗绍君:《创造新的审美结构——林风眠对绘画形式语言的探索》,《林风眠艺术的精神内涵》，冯远:《纳洋以兴中的先行者林风眠》等文，郑朝选编:《林风眠研究文集》，杭州：中国美术学院出版社，1995年。

194 参阅朱朴:《林风眠先生年谱》，朱朴编著:《现代美术家画论·作品·生平——林风眠》，上海：学林出版社，1988年，第126~127页。

195 参阅朱朴:《林风眠先生年谱》，朱朴编著:《现代美术家画论·作品·生平——林风眠》，上海：学林出版社，1988年，第127页。

196 参阅朱朴:《林风眠先生年谱》，朱朴编著:《现代美术家画论 · 作品 · 生平 —— 林风眠》，上海：学林出版社，1988年，第126~127页。

197 参阅王文娟:《墨韵色章 —— 中国画色彩的美学探渊》，第五章第二节，北京：中央编译出版社，2006年。

198 [民主德国]W. 沃林格:《抽象与移情》，王才勇译，沈阳：辽宁人民出版社，1987年，第16页。

199 [民主德国]W. 沃林格:《抽象与移情》，王才勇译，沈阳：辽宁人民出版社，1987年，第17~18页。

200 [民主德国]W. 沃林格:《抽象与移情》，王才勇译，沈阳：辽宁人民出版社，1987年，第136页。

201 参阅[英]赫伯特 · 里德:《现代绘画简史》，刘萍君译，上海人民美术出版社，1979年，第15~17页。里德说，许多印象派画家都受了浮世绘木刻的影响，但只有在凡 · 高和高更的作品中才明显地看出这种艺术的充分影响。凡 · 高甚至用油画颜料而不是用木刻手法模拟日本浮世绘，他试图把日本风格的美学效果转移到欧洲绘画手法上。

202 林风眠:《中国绘画新论(1929)》，朱朴编著:《现代美术家画论 · 作品 · 生平 —— 林风眠》，上海：学林出版社，1988年，第67页。

203 已有不少学者注意到了这一点，并对林风眠给予了充分肯定，据笔者不周之阅读，可参阅的篇章有：郎绍君的《林风眠艺术的精神内涵》《创造新的审美结构 —— 林风眠对绘画形式语言的探索》，吴冠中的《用西方艺术的解剖刀 来解剖中国的艺术》、陶咏白的《关于林风眠的历史思考》、李松的《历史的错位》、丁羲元的《林风眠论稿》、邵大箴的《他走在时代的前面 —— 略谈林风眠的艺术思想》、郑为的《生的奉献》、冯远的《纳洋以兴中的先行者林风眠》、姜德溥的《林风眠 —— 中国现代派绘画的先驱》、翁祖亮的《林画探魂 —— 画出"自己想画的东西"》、苏立文的《林风眠 —— 中国现代绘画的先驱者》等，郑朝选编:《林风眠研究文集》，杭州：中国美术学院出版社，1995年。

204 参阅郎绍君:《林风眠》，石家庄：河北教育出版社，2002年，第95页。

205 林风眠:《中国绘画新论(1929)》，朱朴编著:《现代美术家画论 · 作品 · 生平 —— 林风眠》，上海：学林出版社，1988年，第72页。

206 "莫迪里阿尼的画有种使人轻度中毒的艳美与冷淡，使人情不自禁想亲近，但永远亲近不到…… 看着莫迪里阿尼，会在壁炉前喝红酒抽雪茄，就像一次去天堂的旅行。"卫慧:《上海宝贝》，沈阳：春风文艺出版社，1999年。

207 李树生:《访问林风眠的笔记》，郑朝选编:《林风眠研究文集》，杭州：中国美术学院出版社，1995年，第170页。

208 林风眠:《致全国艺术界书(1927)》，朱朴编著:《现代美术家画论 · 作品 · 生平 —— 林风眠》，上海：学林出版社，1988年，第20页。

209 参阅郎绍君:《林风眠》，石家庄: 河北教育出版社，2002年，第152、153页。

210 林风眠:《致全国艺术界书(1927)》，朱朴编著:《现代美术家画论·作品·生平——林风眠》，上海: 学林出版社，1988年，第19页。

211 林风眠:《致全国艺术界书(1927)》，朱朴编著:《现代美术家画论·作品·生平——林风眠》，上海: 学林出版社，1988年，第19页。

212 决澜社是中国20世纪30年代一个自觉的现代美术社团。(1)成立经过如下: 1930年6月中旬，庞薰琹、倪贻德商议结社，着手草拟简章、征集会员。1931年9月23日，庞薰琹、倪贻德、陈澄波、周多、曾志良五人在上海梅园酒楼开会，决议成立决澜社; 1932年1月6日，庞薰琹、倪贻德、王济远、陈澄波、周多、段平右、梁白波、杨秋人、周糜、曾志良、邓云梯等12人聚会，作为决澜社二次会务会议，选举庞薰琹、倪贻德、王济远为理事，议定修改简章事宜和关于举办一次展览会事宜。(2)关于决澜社宗旨，倪贻德申明强调了艺术自律的基调: 我们不想视艺术为至上万能的东西，也不想宣传以艺术为阶级斗争的工作，更不欲民族主义艺术的高论。我们只想脚踏实地，灌输一点新鲜的、切实的知识于一般爱好艺术的青年，给开辟一条研究的道路，现时也企图能渐渐和真的艺术接近起来。倪贻德的说辞比较温婉，《决澜社的宣言》却很狂飙:"我们厌恶一切旧的形式，旧的色彩，厌恶一切平凡低级的技巧，我们要用新的技法来表现新时代的精神。20世纪以来，欧洲的艺坛实现新兴的气象: 野兽群的叫喊，立体派的变形，Dadaism的猛烈，超现实主义的憧憬……20世纪的中国艺坛，也应当现出一种新兴的气象了。让我们起来吧! 用了狂飙一般的激情，铁一般的理智，来创造我们色、线、形交错的世界吧!"(3)画家们的风格学养多来自于西方现代派化，按照倪贻德的视角，周多"在画着莫迪利安尼的变形的人体"; 杨秋人和阳太阳都在"追求着毕加索和契里柯"; 张弦"从临摹德加塞尚开始，渐渐受到马蒂斯的影响"; 庞薰琹"对巴黎流行的画派，似乎都在作着新奇的尝试"; 而倪贻德自己"最感兴趣的是后期印象派创始人塞尚，对形体体积感的新探索，还有野兽派德兰的古朴坚实的韵味，符拉曼克豪放刚健的笔触，以及郁特里罗市街情调的描写等"。此外，陈澄波对凡·高的热爱，王济远更接近"印象派的朦胧调子"，梁白波"较为接近马蒂斯的简洁明快"等，都使决澜社的艺术趣味丰富庞杂。(4)决澜社四场展览都在上海举行: 1932年10月，决澜社第一届画展在中华学艺社举行。参观人不多。1933年10月10日至17日，决澜社第二届展览在福开森路是世界学院。看画展的人比第一次还少，倪贻德述: 来参观的人主要是上海美专、新华艺专的学生，此外就是我们熟悉的文艺界的朋友。1934年10月10日，决澜社第三届展览在浦石路(今长乐路)留法同学会举行。比前次人多。1935年10月19日至23日，决澜社第四展也是最后一展在中华学艺社举行。来的人更少。(5)尽管决澜社的这种"先锋性"带有太多无奈和尴尬，但它却反映出中国现代美术路途中，留法艺术家和本土艺术家自觉追寻现代性的事实。尤为可贵的是，他们能够全面地借鉴与吸纳现代西方艺术社团的组织模式，通过吸纳成员、发布宣言、结构沙龙、举办展览、主导刊物、策划宣传等多重手段，发声立言，提倡艺术，表现自我，显现了那个时代的艺术为业的知识分子在营构公共文化空间，推动现实进步和现代化进程所作的努力。参阅臧杰:《民国美术先锋——决澜社艺术家群像》，北京：新星出版社，2011年，第2、3、4、5、16、17、233、234、235、239页。参阅庞薰琹:《就是这样走过来的》，北京：读书·生活·新知三联书店，2005年，第134页。参阅倪贻德:《决澜社的一群》，林文霞编:《倪贻德美术论集》，杭州：浙江美术学院出版社，1993年，第244页。参阅谢海燕:《倪贻德画集·序》，《倪贻德画集》，上海人民美术出版社，1981年。

213 郎绍君也有类似的看法，参阅郎绍君:《林风眠艺术的精神内涵》，郑朝选编:《林风眠研究文集》，杭州：中国美术学院出版社，第104页。

214 譬如1961年米谷在北京看了“上海花鸟画展览”之后，应中国美术家协会之约，撰文《我爱林风眠的画》，热情赞赏林风眠的画，“像一杯杯醇香的葡萄酒”，叫人“陶醉于美好的艺术享受与想象中”，“像艺术万宝箱中的一颗碧玉，也像百花园里的一朵奇花”。1964年《美术》第4期上，有人提出《为什么陶醉》的责难，批评林风眠“作品中那种荒凉、冷落的情调和社会主义时代人民群众的感情意趣是格格不入的”，同时也批评米谷“这种欣赏口味是很不健康的，对这样的作品作这样的宣扬是非常错误的”。《美术》编辑部为这篇文章加按语说:“本刊一九六一年第五期的《我爱林风眠的画》一文是有错误的。这篇文章的发表，我们有责任，文章发表后，曾经引起读者的不满和指责，我们没有及时组织讨论，也是不对的。”参阅朱朴:《林风眠先生年谱》，朱朴编著:《现代美术家画论·作品·生平——林风眠》，上海：学林出版社，1988年，第151、152、153页。

215 20世纪80年代以降，扬林抑徐现象非美术界一家独有，这与20世纪90年代文学界（以及其他艺术领域）一样对20世纪大师重排座次，质疑贬低鲁迅，抬高梁实秋、林语堂乃至周作人、张爱玲……是同题景象。

216 参阅梁衡:《觅渡，觅渡，渡何处》，王剑冰主编:《百年百篇经典散文》，武汉：长江文艺出版社，2002年，第480页。

217 参阅梁衡:《觅渡，觅渡，渡何处》，王剑冰主编:《百年百篇经典散文》，武汉：长江文艺出版社，2002年，第480页。

218 刘汝醴:《徐悲鸿先生的艺术道路》，王震编:《徐悲鸿的艺术世界》，上海书画出版社，1994年，第472页。

219 尤西林:《阐释并守护世界意义的人——人文知识分子的起源与使命》，郑州：河南人民出版社，1994年，第156页。

220 徐悲鸿:《与王少陵谈艺术》，王震、徐伯阳编:《徐悲鸿艺术文集》，银川：宁夏人民出版社，1994年，第306页。

221 徐悲鸿:《与王少陵谈艺术》，王震、徐伯阳编:《徐悲鸿艺术文集》，银川：宁夏人民出版社，1994年，第306页。

222 徐悲鸿:《与王少陵谈艺术》，王震、徐伯阳编:《徐悲鸿艺术文集》，银川：宁夏人民出版社，1994年，第306页。

223 徐悲鸿:《中国艺术的没落与复兴》，徐悲鸿、徐庆平选编:《奔腾尺幅间》，天津：百花文艺出版社，2000年，第75页。

224 蒋勋:《中国近代写实绘画的奠基人 —— 徐悲鸿》，王震编:《徐悲鸿的艺术世界》，上海书画出版社，1994年，第223页。

225 譬如陶咏白认为:“如果林风眠不躲进茅屋，能把自己融中西的艺术目标，在参与时代变革中进行积极的转化，那么中国的现代美术史也许将是另外一种写法了。遗憾的是他放弃了他早年为‘实现社会艺术化’‘俾能集中艺术界的力量，扶助多数的青年作家，共同奋斗’的雄心抱负，又退到他早年曾检讨过的光致力于‘个人创作一方面’了。他成了孤家寡人的奋斗。徐悲鸿却始终不懈地培育与团结着他的学生与同道，成为一支实力雄厚的队伍；而以林风眠为代表的‘新画派’成了群龙无首的散兵游勇，显得势单力薄。林风眠的‘隐退’，是不是可以说是个历史性的失误呢?当然，个人无法驾驭历史的发展，时代的选择也不以人的主观意志为转移，但也不排除个人如果能掌握契机，也可能存在另一种转化的可能性，或势均对峙，或多样并存。”陶咏白:《关于林风眠的历史思考》，郑朝选编:《林风眠研究文集》，杭州：中国美术学院出版社，1995年，第120页。

第四章　后殖民时代的徐悲鸿意义

一、后殖民时代及后殖民理论

自“五四”以降，中国现代化与民族化的矛盾始终体现在启蒙与救亡的双重性上。及至今日中国的现代化转型（现代性行进），我们面临的依然是传统与现代、民族化与西化、本土化与全球化的焦虑。虽然我们不再处于半个多世纪乃至一个世纪前被西方帝国主义进行军事、政治侵略，国家主权被横加干涉暴虐和控制的殖民时代，但随着现代化的深入，随着与世界接轨的行进，“全球经济一体化”似乎成为一种“不可阻挡的趋势”。于是西方中心论者延续他们传统的优越凌驾于东方之上的“东方主义”立场，以他们的经济优势霸权对第三世界进行文化心态、价值观念的渗透与霸权控制，这就是我们所面临的“后殖民”时代，也就是“文化帝国主义”时代，“媒介帝国主义”时代。[1]

“文化帝国主义”大约是20世纪60年代出现的激进的批判社会的术语之一。汤林森（John Zomlinson）认为下列的定义相当合适：“运用政治与经济权力，宣扬并普及外来文化的种种价值与习惯，牺牲的却是本土文化。”[2]他用“解读唐老鸭”“收看《豪门恩怨》”以及迪斯尼、卡通等消费文化为例说明“媒介帝国主义”消费文化至上的甜美炸弹之效应，他援引多夫曼（A. Dorfman）及马特拉（A. Mattelart）的观点给予进一步说明：“迪斯尼卡通能够成为美国帝国主义的强大意识形态之工具，原因也在于它在小孩观赏之际显得无害而有趣……他们的手法掀开了无邪的金玉外衣，暴露了意识形态的败絮内里，他们说明了这些卡通故事很有可能使得西方资本主义的种种社会关系，让人觉得很自然正常。”[3]

文化的强力挺进在于经济的强盛，对有关世界新的政治经济秩序，萨义德援引了最引人注目的哈利马格多夫（Harry Magdoff）、三好正男（Masso Miyoshi）和阿里夫·德里克（Arif Dirlik）的观点加以描述：在这一全球化的体系中，少数经济强国将自己的力量扩展到全球，抬高商品和服务的价格，将财富从低收入地区（通常是在非西方世界）重新分配到高收入的地区。与此相随，出现了一种新的跨国秩序：国家之间再也不存在什么边界，劳动力和收入只受全球化经营者的支配，于是南方臣服于北方，殖民主义死灰复燃。[4]这里说的殖民主义即是冷战后的后殖民景观。

就我们而言，20世纪七八十年代以来，国门再度打开，在引进西方先进的生产技术设备的同时，也随之引进了大批的文化产品。以可口可乐、麦当劳、好莱坞电影、迪斯尼、动漫、多媒体等具有象征意义的美国文化为典型代表，一方面，改变着我们的生活方式、也改变了我们的生活观念；而另一方面，它们也极大地冲击着我国的文化工业。[5]毫不危言耸听，在这场没有硝烟的殖民中，民族传统文化面临着失语变种和同化殖民的巨大危险。

因此，国际关系的新格局需要了解，我们在世界的坐标点也亟需建立并加强。后殖民理论便格外值得关注。后殖民理论是一种多元文化理论，主要研究殖民时期之“后”，宗主国与殖民地之间的文化话语权力关系，以及有关种族主义、文化帝国主义、国家民族文化、文化权力身份等新问题。[6]换句话说，风靡全球的这一后殖民主义文化理论不仅成为第三世界与第一世界“对话”的文化策略，而且使边缘文化得以重新认识自我及其民族文化的前景。也就是说如何在经济、政治、文化方面摆脱帝国主义的文化殖民统治，从而获得自身相对独立的健康发展，成为后殖民理论家必须面对的问题。

关于后殖民理论兴起的时间，学界有不同的看法，一般认为萌发于19世纪后半叶，是在1947年印度独立后开始出现的一种理论，其自觉和成熟的标志是萨义德《东方学：西方对于东方的观念》(1978)的出版。萨义德之外，最重要的后殖民理论家还有美国的斯皮瓦克(Spivak)、霍米·巴巴(Homi Bhabha)、周蕾(Rey Chow)，英国的约翰·汤林森(John Tomlinson)、比尔·阿什克罗夫特(Bill Ashcroft)、加雷斯·格里菲斯(Govreth Griffiths)、海伦·蒂芬(Helen Tiffin)，还有西方马克思主义的特里·伊格尔顿(Terry Eagleton)、弗雷德里克·杰姆逊(Fredric Jameson)等。[7]

萨义德，1935年出生于耶鲁撒冷，后随父母移居黎巴嫩，1951年到美国，博士毕业于哈佛大学，执教于哥伦比亚大学英文系。他在著名的《东方学》中从东方学的范围、东方学的结构和再结构、东方学的现状等方面对历史悠久的"东方学"作了从古罗马到文艺复兴、启蒙时代及19、20世纪乃至当代情况的细致梳理。在肯定"东方学"所取得的巨大学术成就外，也尖锐指出了"东方学居高临下凌驾于东方之上""敌视东方"的西方中心主义立场。他认为东方学是"文化和政治的现实""帝国主义传统的建构"，是"西方用以控制、重建、君临东方的一种方式"，"东方学在研究体制和内容上获得巨大进展的时期正好与欧洲急剧扩张的时期相吻合"，即"东方学"是对西方殖民主义的推波助澜。"在后启蒙时期，欧洲文化正是通过这一学科以政治的、社会学的、军事的、意识形态的、科学的以及想象的方式来处理——甚至——创造东方的。"[8]无一例外的，无论老东方学家还是新东方学家，都把东方当作落后的、贫弱的、异国情调、无以发声、不能表达自己的东方。萨义德强烈呼吁消除这种西方霸权的误读而正读东方，呼吁东方找到自己的文化身份认同，倡导平等基础上的东西方对话交流。

斯皮瓦克，1942年生于印度加尔各答，1963年移居美国。博士毕业于哈佛大学，执教于美国哥伦比亚大学，任阿维龙基金会人文学科讲座教授。她将后殖民主义理论、女权主义、结构主义、西方马克思主义、心理分析学紧密相连，以自己的“边缘”姿态和“权力”分析的策略，分析了东西方女性所遭受的权力话语被剥夺的处境及“东方”被看的地位境遇。[9]

霍米·巴巴，1949年出生于印度孟买，哈佛大学英美文学与语言讲座教授。他标举边缘的文化立场，运用符号学和拉康的精神分析，对外在的强迫权力如何通过心理因素扭曲人性由压迫感、屈辱感到逐渐适应加以描述。他认为，被压制的、非主流的“弱势文化”，完全可以对占主导地位的殖民文化进行政治、经济、文化权力、文化策略和价值批判方面的“改写”，使得第三世界文化获取自己的合法性，不至于继续恶化。[10]

这些具有第三世界血缘的优秀学者在文化多元和文化差异论的基点上，谋求第三世界的文化身份认同，以及建构第三世界自身历史的新叙述逻辑，并争取第一世界和第三世界的平等对话交流。

没有第三世界血缘的西方马克思主义者，譬如，杰姆逊（Fredric Jameson）与上述后殖民理论家有可相通的观点，为后殖民理论注入了活力。他的视点始终集中在全球文化后现代与后殖民处境中的第三世界文化的变革与前景上，期望第三世界文化真正与第一世界文化进行对话，以打破第一世界文化中心权力话语的霸权窠臼。[11]

但坚持西方中心论者的后殖民理论家们犹在，他们坚持西方霸权主义，却在极力掩盖他们的强权目的，诸如，汤林森在其《文化帝国主义》一书中就一味突出“全球化”的文化宿命而否定“民族性”，甚至认为“国家民族是想象出来的社群”。[12]他的西方中心论立场，使他否认利奥塔、布希亚德（Baudrillard）和杰姆逊的后现代媒介批判理论，他固执地认为，媒介只是中性地、平等地传播而不是“强加意识形态”于第三世界。他没有看到（或者是在有意抹平）一种不断灌输的话语已经不单是“语言”，而是一种“权力”的方式，一种植换意义、抹平差异的权力话语。

问题显得较为复杂。回到本文主题。

二、徐悲鸿的文化建设和文化输出对后殖民时代的启示

“五四”时代的徐悲鸿，固然有痛批古老文化、崇拜西洋文化之时代烙印，但他不是弱者的民族自卑，而是援引输入西方文化的同时，亦寻求民族强盛之根，毕生坚持文化建设，提倡国家的文艺复兴，并坚持文化输出，强力改写中国文化在世界上的弱势乃至失声状态，加强民族自信。这使得徐悲鸿极富“后五四”时期的当代意义，对我们极富启发。

在炮火烽烟的殖民时代，抵抗是我们面对坚船利炮的帝国主义军事、政治侵略的唯一出路。“反抗的历史就是东方现代化的历史”，[13]同时反抗也是我们民族化得以保持的唯一出路。如前文述，徐悲鸿固然不是投笔从戎的战士，但他却以画笔代刀枪，以一个艺术家的方式进行了抗战（图4-1[14]）。1939年到1941年间，在抗战最艰难的时候，也是徐悲鸿个人命运多舛之时，他毅然四次去东南亚举办筹赈画展，后又在印度两次举办画展，他将这些画展的全部收入都捐助国家抗战。在其后的岁月里，他在国内举办的个人画展的大半收入也捐助了抗战。这永远是我们艺术史和民族史上可歌可泣的功绩，这和前方浴血奋战的抗日将士们一样令我们无限敬仰。

除了这种硬性抵抗外，徐悲鸿在后殖民时代的意义更凸显在文化建

图4-1　20世纪30年代末徐悲鸿在南洋赈灾

设和文化输出上。他看到了艺术（作为大文化建设一部分）的根本重要性："艺事固不足以御英国，攻日本，但艺事于华人，总较华人造枪炮、组公司、抚民使外等学识，更有根底。"[15]于是在引入西方文化的同时，他又拳拳坚持自己的民族文化根底，并以此输出，以世界性的眼光坚持民族文化身份认同，并借以提高中国文化在世界上的地位，坚持自身的文化传统，并和第一世界努力建设对话关系。

在青年徐悲鸿及其他的老师康有为的时代，亚洲是东亚病夫，是被帝国主义列强瓜分之地，也是"现代东方学"强盛发展的时代，殖民者长驱直入，东方学相伴随行（"现代东方学一直是帝国主义和殖民主义的一个组成部分"[16]），诸如，与文学的歌德、拜伦、雨果、福楼拜等人的东方猎奇著作相伴的是美术的德罗克洛瓦、提埃·波罗以及法国和英国许多其他画家作品对东方的描绘，[17]包括徐悲鸿的法国老师们，譬如贝纳尔所描画的东方集市和阿尔及利亚的马都是现代东方学视域中的相关内容。东方的亚洲、非洲等地的落后、野蛮、神秘、贫弱和富饶，愈加验证了西方的强势和殖民的野心。即使在今天，一如萨义德、斯皮瓦克、霍米·巴巴等后殖民理论家所指出的那样，在西方话语中心者看来，东方的贫弱只是西方强大优势的一个验证，在他们的眼中充满了原始神秘的“东方舞台深处蕴藏着一组异常庞大的文化上的‘保留节目’”。[18]这种“想象性”的丰富而扭曲的东方被沦为西方人“被看”的“他者”形象。

而在当代中国表现旧时代的“小脚”“烟枪”“红灯笼”“黄金甲”“金陵十三钗”等影视作品，以及“傻、大、呆、丑”的绘画群氓像恰似神秘“奇观”正使东方中国给了西方中心论者以“被看”的佐证。

这正是后殖民理论家周蕾对贝纳尔托·贝特鲁（Bernardo Bertolucci）的《末代皇帝》电影分析所揭示的那样：[19]

> 《末代皇帝》最初的几个镜头向我们展示了三岁的溥仪登基以后的一些日常生活片段。小男孩溥仪由一群极力想巴结讨好他的太监们围着，俯视着一个紫禁城的缩小模型。他的玩友，一个太监，用手指点着，把模型同“现实”等同起来，告诉他皇帝殿下是在何处受到加冕的。在何处居住，现在什么地方，等等。这个模型起了为小皇帝提供“方向”的工具的功能。用当代心理分析学批评的语言来说，在这个场面里，我们看到一个“镜像阶段”。在镜像阶段里，儿童通过一种表述结构而获得自己“认同”。把儿童观看的一刹那与发生在他周围的混乱的、动荡的事件联系起来。这种自我识别的功课引起了小溥仪不停地嘻笑。……当溥仪的乳娘出现在门口时，场面达到了高潮。溥仪一见乳娘，扔下了游戏，奔跑着向她扑去，一边哭喊着，“我要回家，我要回家。”
>
> 慈禧太后临终前说的话：除了皇帝之外，没有男人可以在天黑以后在紫禁城内居住，而“那些别的男人——他们不是真正的男人，他们是阉人”。然而，与这种溥仪掌有皇权的首要视觉秩序相交叉的是另一

个秩序，在那里，溥仪是完全被动消极的。"要求"别人关注变得与处处被监视和跟踪的经验没有区别。……第二视觉秩序的复杂性构成了本电影的"凝视"（gaze）……它揭示了作为一个人所处的孤独境遇之深层。……如果我们把"女性主体"改换成"溥仪"，这个陈述就变成关于溥仪面对摄影机时所占据的空间的最好描述。事实上，这个空间是一个女性化了的空间。溥仪被描写成一个永远长不大的孩子，在转喻的意义上他与他的母亲们的恒古和无言的世界（即：时间和语言上的"他者"）结成同盟。

如果我的"中国等于女性"这种阅读法是站得住脚的话，那么，欧洲导演对溥仪这个"女性"所采取的有趣的保护姿态便可以被阅读成一个寓言，斯皮瓦克在另一个语境中曾说这种寓言是"白种男人从棕色男人手里拯救棕色妇女。"

摄影机的凝视，与窥视有关，是"男性的"；而银幕上的形象，处于被看和被色情化的位置，是"女性的"。

也就是说，在贝特鲁奇的镜头"凝视"里，中国形象成了阴性、软弱、畸形、被占有、被摆弄的第二性的"女性"形象，被动而耻辱。

然而半个多世纪前的徐悲鸿却高度自觉地意识到了文化输出一定不能沦于这种"被看"的耻辱。他说："假如我们的艺术作品要参加一次国际展览，只要稍不小心，一定会有千篇一律山水，或者尽是花鸟，或者画面上竟完全看不到地大物博的中国，现代力求自强的中国，这岂不是现代中国画家的耻辱。"[20] 据此，他在选择介绍西方画家的同时，也在动荡不定的艰难中整理着国故，在批判董王摹古柔靡之风后，他推重吴道子的"高妙奇美"，举徐文长为"近世画祖"，为"范中立《溪山行旅图》的大气磅礴沉雄高古"而倾倒[21]……在创作中他以西方写实技法为基础却又顽强坚守着中国画的笔墨精髓，并始终如一地以博大精深的中国文化精神为底蕴，从而总体地形成了一种雄强挺秀、金石铿锵而气贯长虹的中国气派和中国特性之美的绘画风格。前文第一、二章中均有讨论，概不兹赘。

徐悲鸿不是出世情怀，因此他的作品不像林风眠那样是旁若无人的沉浸，他的入世与担当，都使他的作品是有对象性的。这个对象一方面是中国人，另一方面是外国人，这样两组人群，构成了他作画的内在两个视角。因为有这样的内在凝视，他愈加要避免阴柔屈辱的“被看”，愈加要彰显“天行健，君子以自强不息”的中国雄强精神，愈加要表现我们有不输于希腊雅典的上古传统，有不畏艰难险阻、不怕来犯之敌的勇气和斗争的精神，愈加要表述我们有坚贞不屈的民族气节，有幽默颖睿的中国式智慧……他遂有取材于《列子》象征着中国人勇敢无畏而开天辟地的《愚公移山》；取材于《史记》而歌颂“威武不能屈，富贵不能淫”的《田横五百士》；取材于《书经》渴望民主光明的《徯我后》；取材于《列子》的睿智《九方皋》……除此史诗般的作品外，人物、山水、花卉、动物徐悲鸿无所不及，那“与天地参”的伟岸《古柏》，那逸气逼人而奔腾不羁的潇潇骏马，都已成为徐悲鸿的人格象征……以这样的作品输出就不再是东亚病夫式弱者的“被看”，他的中国画“是很好的现实主义的绘画……是为旧的中国增加了新的东西，显示出成长和生命”[22]。这是徐悲鸿在欧洲举办现代中国画展后美国达格尼·卡特（Dagney Carter）1934年在纽约发表的评论。美国梁庄艾伦（Ellen Laing）认为，20世纪30年代，“在西方宣传中国画最重要的人物就是徐悲鸿。他在1933年至1934年间在法国、比利时、德国、意大利、苏联主办了中国画展，这是最早在欧洲举办的现代中国画展。通过组织这些画展的努力，也通过他一系列文章，向法国、德国、意大利及俄国的观众们介绍这些展览的意义。”[23]（图4-2）

艾伦说的没有错，徐悲鸿除了艺术创作与美术教育外，还不遗余力

图4-2　1934年徐悲鸿在苏联列宁格勒举办"中国绘画展"

地组织了中国画的国际巡展，用今天的话说就是美术策展人。他在1933年所写的《记巴黎中国美术展览会》一文中，详细记述了该次展览发起之远因、会址之商借、会期之决定、会前之困难、画展之赞助人、开幕之盛况、画展出品人、古画之精采、展览期内中国情形、画展之成功、舆论一斑、余响、经费举告等13个部分，向我们报告了历经各种艰险困难，画展终获成功的喜讯！（图4-3，图4-4，图4-5[24]）此展值得浓墨重彩，故摘录徐悲鸿文章如下：[25]

徐悲鸿记的画展"开幕之盛况"为：

中华民国二十二年五月十日下午三时，巴黎中国美术展览会正式开幕，中国代表顾维钧公使，顾夫人，萧参赞，赵颂南先生，及组织人刘大悲，张凤举，徐悲鸿，中国男女同学几皆到会，尤以中国女子，于是日大放光明丰采，法报多有特载之者。法国政府教育部长特蒙齐，美术次长饱腊埃（Bollaeot）各博物院院长，美术观察员、政界名流、著作家、学者、贵族及美术家，莅会者凡三千余人，同人到处应接，疲于奔

图4-3 1933年徐悲鸿重访巴黎高等美术学院（上）
图4-4 巴黎中国美术展览会展标（下左）
图4-5 巴黎中国美术展览会展厅一角（下右）

命。满耳贺语，穷于置答，其最为感动之祝贺，当无逾甘米叶莫葛雷先生（Camille Maudair）。先生为欧洲文艺批评家泰斗，著作等身，半世纪以来作家，多受其月旦。彼频行从人丛中觅得我，既相见握手，乃言曰，我即甘米叶莫葛蕾，以真诚向君祝贺，此展览会实至华美，尤以大作为所敬佩。我乍闻其名，即深震动，对此嘉誉，喜出望外，半年苦心，悬忧方释。除向之称谢外，不能更作一语。翌日，即为文刊Figaro报，大张中国美术，后凡三四次，为中国美展护法，不特感荷无尽，尤不能不谓之奇缘也。

参展的画家即"画展出品人"有：（图4-6，图4-7）

彭汉怀、郑曼青、郑伯、郑午昌、腾白也，方药雨、冯超然、高飞、高奇峰、江新、黄宾虹、胡佩衡、胡万鹭、许士骐、许竹珊、许正华、贺天健、李祖韩、李秋君、凌直支、林风眠、吕凤子、刘海粟、吴仲熊、吴湖帆、吴待秋、吴秉彝、吴似兰、王一亭、王梦白、王贤、王传焘、王师子、汪东、汪亚庄、汪英宾、潘天寿、沈乙斋、商笙伯、宋君方、宋芝宜、萧厔泉、萧谦中、谢公展、周湘、张善孖、张聿光、张大千、张红薇、张光宇、张坤仪、张书旂、张天奇、张琴、张钟萱、陈树人、陈半丁、陈小蝶、陈摩、陈封可、诸闻韵、朱应鹏、钱瘦铁、经亨颐、齐白石、秦淦、汤定之、颜元、俞寄凡、叶季英、徐悲鸿。

徐悲鸿记"画展之成功"谓：

画展入门券五法郎，合华金一元，吾人意在宣传中国文化，觉其大贵，且吾国留学生去会，不应纳费，该院当事人因允吾人之议，凡中国人往观，持有学证，便不纳费，实则以后凡东方人往，便昂然直入，寻

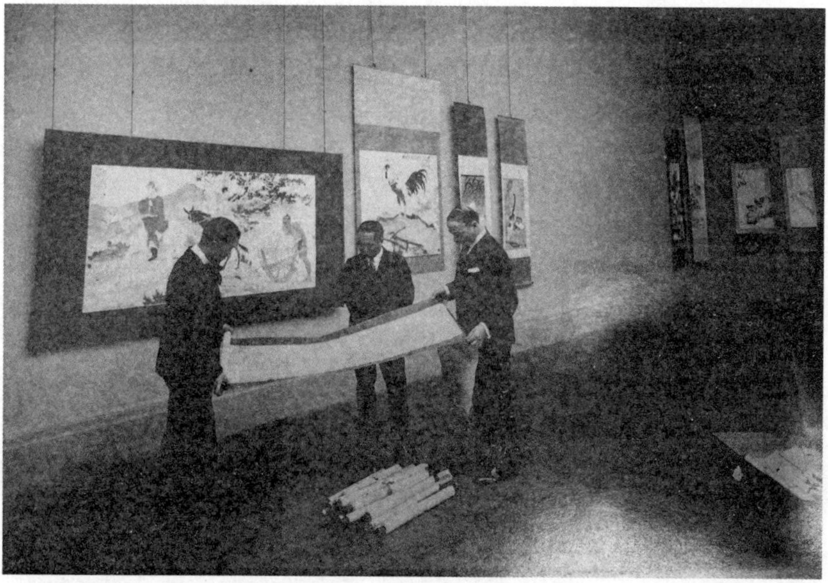

图4-6　1933年徐悲鸿巴黎中国美展布展（一）（上）
图4-7　1933年徐悲鸿巴黎中国美展布展（二）（下）

常参观者往并不减价，因巴黎同时展览会有十余处，均五法郎入门，来者自来，不来者虽不出资亦请不来也。闭幕期近，觉观者犹拥挤，当事者请于吾求延期一星期，后又延八日，吾皆允之。凡开四十五天，入门统计凡三万余人，目录售价十法郎，印之三版，可谓盛矣（苟吾人纳租金三万，目录自出资印，则一切经济俱操之于我，吾人意不在利，故未及此。）刘大悲张凤举两先生与吾始见该博物院院长léZarrois也，其气殊傲，言1929年，该院举行之日本美展成功甚大，凡获盈十万法郎云，意言中国美展难以比也，实则当时世运方隆，恐慌未起，人民康乐成功为易，今则举世惶惶，若大祸之将降临，五年相去，如有霄壤，吾人亦之不若，不存奢望，讵料此会终了，为该院详计盈余，其数殆尤过之，此公相见，表示欣悦，但不若该院守护者言 Vous Aves sueeoi fou 之真切也。

悲鸿原意倘该院以法国国家名义购求吾人作品，即建议法国国教部，交换Rodin作品，曾见其部长特蒙齐先生表示此意，先生深以为善，及见罗丹博物院院长，乃知此院不受国家约束，至多由法国往购作品时，有一对折而已，遂大失望。盖悲鸿六年前曾建议中法庚款委员会成立—— Musée Rodin于中国，未蒙采纳，故中国至今未见真正欧洲美术交换作品，故悲鸿赴欧最大之目的，兹又难成，心滋戚戚。但最终之希望未死，或者得由法外部赠一铜铸罗丹杰作铜器时代或亚当于中央，未可知也。

法国国立近代外国美术博物院鉴于参观中国画展之热烈，决选购其中陈列之作品十二幅，他日陈列一室，计方药雨《小鸟》、郑曼青《墨葵》、王一亭《达摩》、高奇峰《帆船》、齐白石《棕树》、陈树人《芭蕉》、汪亚尘《消夏》、张大千《荷花》、经亨颐《兰石》、张聿光《翠鸟》、张书旂《桃花》、徐悲鸿《古柏》。

徐悲鸿记国内外新闻报导即他说的“舆论之一斑”为：

《巴黎时报》5月12日米莱发表《两千年之中国历史》一文中说中国之生存，犹之生物之增长，必需罗受痛苦而后方能发达者。故其内乱也，饥荒也，遭人之侵略也，适足以为彼之思想家，神秘派艺术界之兴奋剂。以古证今，莫不如此。近观其美术展览会之组织，吾人更难信此令人感动之中国已到最后之呼吸也。

在彼国难期中，筹办中国画展，本极艰巨之工作；然中央大学教授徐悲鸿君，及中法大学代表刘厚君，竟能敏捷以成之。此种活动，非能世代保存固有之精神之民族，曷克臻此。

《巴黎时报》五月十二日，卢海多在《宣得堡姆之中国画展》一文中说：

中国现处困难之秋，虽不能运其古代名画来法，然观其生气勃勃，令人注意之近代画展，已大可为吾人赞叹不置之开端。盖中国画之各种作风，及其各种趋势，均于此有极高价值之代表著也。…… 吾人于中央大学教授徐悲鸿君携来之现代著作，宜格外加以敬礼，徐君乃中国现在绘像之最著名者。吾人又于高奇峰君之《帆船》，王一亭君之《猛烈的达摩》，国民党中央委员陈树人君之《瀑布》，及其使人有流动感觉之《桃花带雨》一作，潘天寿君之《莲》，及叶季英君之《庐山风景》，吾人均不得不特别赞誉。然诸如此类尚多，吾人又不能不自恕其未能一一详及之也。

《法国驿使杂志》六月十五日，玛吉连文曰：

宣得堡姆美术馆现开中国古代及近代画展。此种画展，必为一般专家及爱美者所重视，以其既可为此类之对于一种精细的美术的引导，复可为彼辈增补已有之知识也。此会由中法大学各机关所发起，以美术家徐悲鸿及中法大学代表刘厚二君为主干，而副以卢浮宫美术馆东方美术部之洒君及色吕支中国美术馆馆长葛色君助之。其古画之部，乃得卢浮宫奇梅及法比各收藏家之假借，自汉至明，共七十幅。…… 而今画之部，竟有一百八十幅，皆古代沿袭之笔法，极可引人入胜者也。此近代之画，大都系观察自然或草木鸟兽之研究。其结构之细巧，与着笔之精妙，实足为吾人目中之佳馔。如徐达章及其子徐悲鸿本人之一幅，其图画是何等的纯净。又如徐悲鸿本人之画，任伯年之《九老图》，经亨颐之《兰草》，陈树人之《竹与小鸟》，以及齐白石之作品，其结构皆充分表现其性格及其人生者。而齐白石同时为画家、诗家、雕刻家，为中国近代美术家之最强干而最奇特者，亦为绘禽兽花木草虫之最能摄取真理者。……

《国民美术建筑杂志》六月号，猛独哇虹文曰：

在宣得堡姆美术馆第一层之光亮室中，近展览中国古今美术。我独论其古画者，因欧洲人自来以绘画之术，为其独具之秘密，今观中国古画，恰予我人一相反之教训，而使我人领略一羞耻之课程也。

我参观中国画展之感想，有萨耳、及赫里欧两人之言可以包括：

有一年少之士，新由北平来法，曾语萨耳曰：在此若干图画之中，君其知予之所取者也？及装饰之野牛肖像是也。

赫君则谓其赞赞中国美术之处，在其为反映一种极文明的思想之一切娇艳，一切色彩，一切精细之反映也。

我于数日之间，两度赴会参观，盖第一次心绪热烈，又恐被此六月佳美之晨光所影响者，想近于皮相，然第二次鉴赏，仍得同样之愉快。

中国画之特别方法，不论Dessin cerne re mqlissGes Coloris Feur les Inquiet et Ieselements Principauté壁画丝画，或纸画，可以一言蔽之，在于能作素描极精严。其敷色也，在人身或其他主要部分，皆得其当。

至于中国近代作家，如任伯年之《芭蕉》，实为灵巧而稳健之著作。又如陈树人、齐白石、张书旂者均极佳。而徐悲鸿之《古柏》及《雄鸡》，生气勃勃，我恨不得获其原著，乃购一印片为纪念。又林风眠之

《鸡》，殊有近世风味。

我于中国画展之评论，果适当乎？读者如能牺牲一时前往参看，即知本志对于此种奇特之展览，对于此十三世纪令人惊诧而又仅为少数人所认识之美术，不得不为文以介绍。

《世界画报》六月三日，克伦在《中日交战》（徐注：本年六月中国在巴黎宣得堡姆美术馆开画展时，日本亦在公谷画室开日本画展，与吾竞胜。此文题曰：《中日交战》，盖诙谐而又甚合实际也。）一文中曰：

伫立于中国美术之前，观者无不肃然而敬爱。其汉唐宋元明清诸代之杰作，固无论也，而近代美术之灿烂，尤足令人大惊异。最特别者，为近代著名画家徐悲鸿君之《六朝人诗意》。又如张大千君之《东坡图》中，见一孤寂之人，立于危岩，沉思瞻望，而围以孤松，诚仙境也。又如张聿光之Lotus et Oiseau，其鸟如昆虫般之红嘴，唱于蝴蝶花被之下，而以莲叶为毡，亦极精妙。盖每阅一画，应攫取中国美术各种特有而未欧化之秘密。中国美术所保存之真确之特性，即在其有缥缈之灵性，及逸乐之思想也。在此近亚拉伯式，在此灰色或赭色之发网式，在此小小事故的各种美术之中，即一一简简单单将欲发散之花枝，不知已含有若干之意向，若干不言而喻之事实，及予灵魂上以何等之战栗；而作者之题名，及其如花之笔调，则又仿佛语观者曰："尔自接续下去，成尔自去终结可也。"

《黎明报》五月二十一日，敢峦颜在《中国绘画》中曰：

宣得堡姆美术馆近所表现（指中国美术）竟能勾引无数参观者，不仅以其为本季时事之一，实因一般中国美术之后觉者，从中出来，无不被其惊骇，被其眩惑也。日本美术与吾人之亲密，恰等于中国美术与吾人之疏远，盖此间无人不识日本之印画也。中日之美术区别甚大，倘若混为一谈，乃大谬误。盖日本美术是轻的，架空的，有诗及新鲜之印象的；中国美术，则具壮丽之气象，所重在精神，而不在物质，又是抽象的，恰与此巍然不动之佛，蹲踞脚跟，张其长眼，俯视人之朝拜者相契合。虽然如此，但中国美术，对于人生问题，又能写实，如使多葛蕾所收藏的《狂饮图》及卢浮宫美术馆所藏之《佛口身给饿狮图》是也。……中国近代美术家乃印有庄严美术的过去之后裔，而为诸大世纪（指唐宋元明清）之高傲与威荣所压服者，然能恪守成训，用同样之法则，绘同样之题目，是又善继其血统者也。兹取其能代表者为证，如郑曼青、方药雨、黄宾虹、徐悲鸿、吕凤子、王一亭、张大千、张聿光、齐白石、经亨颐、陈树人诸君是也。盖以中国之现状，对于美术之出产，颇非良善之时期，彼等竟有如此之作品，我人绝不可忽视之。可惜欧洲之影响渐侵入，即立方体亦传去，此虽无害于已往之盛世，然实可使我人渐渐地失其古传之优，中国近代美术诸公，固已知之甚深，而又觉其能克制……者也。……

《巴黎晨报》文章说：

入昨日在宣得堡姆美术馆开幕之中国美术展览会，见各壁悬挂着绘于磁或绢的画，略加意视，即可证明此等绘画异于他者。盖吾人觉其有显著的观察，细致深浅，及独创之特质，及天赋之图案意味也。

此中国古画之珍贵标本，使我人对该展览会之惊异，远东艺术家如表现自然；及观其近代作品，使我人得见其深刻的变迁；而现代中国画家，已有采用欧画者。该会是中国艺术之伟大的启示我欧洲艺术家，借此将引起一个创作欲。

《巴黎日报》文说：于宣得堡姆美术馆之可注意的中国美术展览会，由代萨峦、克胡随及徐悲鸿教授努力而成，将于明日由特蒙齐部长及中国驻法大使顾维钧两氏开幕，此会惹起许多美术家之热烈兴趣，盖该会实一方集中国古画之伟大，一方受惠于徐悲鸿教授，将近代中国美术家之不辱其祖先的作品，亦陈列于一室。

中国画章法之创造，远自汉代；汉画已是自然主义，如其时之雕刻，及中国之文字，是其明证也。Tenxis史述及写实物如生之可叹服的名人如Laon Pao包括原野的作品，令人一见惊凛凛寒风，自北而来，吹满大地，又如曹弗兴误落墨于屏，而改涂蝇如实物，皇帝见而拂之以袖，觉其真也。又如荒诞神话屡谈及中国古代画家画龙飞去等等故事，不一而足。

在宣得堡姆六画室陈列中国古代之惊人的名笔画于绢或纸或麻布为Pelliot所发现于敦煌者，有宋代之花卉禽兽，而使吾人知中国之古画，诚理智（聪明）之艺术也。至元代之梅花道人之画梅，又使人惊叹之妙品。

新中国艺术之地位如何？在此亦建其纲要。我人深觉其努力于国粹之保存，但不能不承认徐悲鸿教授所序其忧郁的结论谓："中国艺术之地位，尚是暧昧一种毫无价值的外国藜藿派侵入吾人之画室，使吾固有的理智主义已十分退化。"

《前途日报》五月二十八日，毕黎在《中国美术》一文中说：

现在有两个展览会，均为一般鉴赏者，或惯游著名之美术馆者所注意，此两馆皆在"公果"之场，门面相仿佛，盖一即宣得堡姆馆之中国画展，一即橘园馆之沙道喜的画展是也。余请先论其前者。中国画展，乃中国各大学各机关所发起，而为中国之徐刘诸君，法国之德萨葛诸君等所组织者，中分两部，一为自唐朝至乾隆时代之古典画，一为自清末至近今七十五家之今画。

古画仅六十余幅，然较二百幅之今画尤重要。盖今画者，不过沿用其祖传之古典式之绘法，以表现趋于实际之艺术，间杂以欧洲美术之影响耳，然而近代美术，果以何事称著乎？余以为一则着笔灵巧，一则有诗意之表示，故其艺人，俱为不可忽视者。其主要之作，厥多为风景画，大约方药雨之画有实力，而又有空间性；黄宾虹，吕凤子之画，则装饰有节；高奇峰、张大千Ou Houfan Ou Dzonchon Suen Tsirsen Tchar

图4-8　1934年德国柏林美术会为徐悲鸿举行个人画展

> Sats其情愿极其简单，均近乎古人，至于翎毛花卉与人物，则郑曼青、张聿光、经亨颐、齐白石、徐悲鸿、王一亭及Tchan Honn夫人诸家均显著，而经亨颐之灵敏，而易感觉；齐白石之奇，人所注目，然而余独仍爱追溯其过去之诸世纪，而熟玩其祖师之好教训。余为此言，余料彼等数十人之中，无一人敢怪余言之为讽也。（译文系刘大悲、冯延安两先生笔，悲鸿志）

这样的展览成功，当然不是向西方人“献上”的阴性图宠之“被看”的“他者”材料，而是阳刚大气、儒雅端庄而美丽的中国艺术之馨香，这是足以和西方艺术相媲美而交流对话的中国艺术之骄傲！薛永年认为：以美术的方式让世界了解中国，从来为有责任感的中国美术家所重视。远在70年前，亦即1931年至1933年间日寇侵华的国难方殷之际，徐悲鸿就开始着手于中国美术在欧洲的推广，取得了良好效果。比之当年徐悲鸿对外宣传中国美术，在全球经济一体化、政治多极化和文化多元化的今天，把发展中的大国建设为发达的强国，是不尽相同的历史任务，又不乏一脉相承的动人力量。[26]张长虹认为：1933年“巴黎中国美术展览会”和1934年“柏林中国美术展览会”（图4-8），使中国画一跃进入国际艺术舞台，呈现了中国艺术的独特价值。从私人收藏家珍藏到公共美术馆的展示，近代中国画的观览模式，经历了从“触觉的”到“视觉的”方式的转变。展览无论是在中国文化的国际宣传上，还是重塑中国的国际形象上，都起到了一定的积极意义。因此，“巴黎”“柏林”两展是中国画在追求“现代性”道路上具有里程碑意义的事件。[27]

这些画展在欧洲引起强烈震动。报刊杂志发表的赞扬评论文章达两百余篇，法国政府购藏中国画十五幅，有徐悲鸿、齐白石、张大千、高奇峰、王一亭、陈树人、王亚尘、吕凤子等人的作品，并在国立外国美术馆辟专室陈列。在意大利，还把画展盛况拍摄成电影在全国放映，甚至被称为“是继马可·波罗之后，中意文化交流的又一个高潮”[28]。

穿过漫长的半个多世纪的时空隧道，当时画展的盛况足以给后殖民时代的我们以重新的鼓舞和启示，要想不沦为“被看”的弱者性的“他者”存在，要想冲破西方霸权而倡导东西方真正的对话交流，只有以我们自身的自尊、自豪和光荣的文化为基础。正如埃伦·普利斯特（Alan Prist）对徐悲鸿的马大加赞叹的那样：“那马带着随风飘动的鬃毛，给人以极大的喜悦。一系列的大笔线条特别使马脱纸而出……对任何观众都有即刻的吸引力。这匹粗毛的小马扬着头，面对疾风，平静然而机敏，就像疾风本身一样充满了活力。”[29]美国梁庄爱伦在20世纪80年代也说：“徐悲鸿通过他充满自豪、尊严和毅然的马表达出他艺术表现上的原则性和坚定性。”[30]

当代美国学者苏文惠（Stephanie Su）也给我们提供了最新资讯，她在《在世界史语境下重构中国艺术典范——试论徐悲鸿在法国发表的

〈中国绘画史〉一文》[31]中特别提到，徐悲鸿为配合展览，除写就《巴黎中国美展开幕前》与《记巴黎中国美术展览会》等文章在国内发表外，还在同年（即1933年）5月于法国期刊《古今艺术评论》（La Revue de l' art ancien et moderne）发表了法文文章《中国绘画史》（"Peinture chinoise"），[32]而学界至今尚未讨论这篇文章的重要性。文惠认为，作为一名策展人，徐悲鸿面临的挑战不只是解决经费问题，向各美术馆与收藏家商借作品展出，更重要的是如何透过展览让法国民众认识到中国艺术的成就与价值，其成功关键是两者之间必须产生有意义的关联，如此才能让展览达到效果。

徐悲鸿的这篇法文文章不长，在16页的文字中交代了从汉至20世纪初期的中国绘画史。文惠认为，这篇短文之所以特别重要的原因之一在于，关于民国时期中国美术史著作，至30年代中叶已有数本出版，如姜丹书的《美术史》、陈师曾的《中国绘画史》、滕固的《中国美术小史》《唐宋绘画小史》、潘天寿的《中国绘画史》、郑武昌的《中国画学全史》、傅抱石的《中国绘画变迁史》等，[33]但这些书目都是针对中国读者书写，而徐悲鸿的文章则是针对外国读者写的中国美术史，与20世纪初在中国出版为中国读者写就的著作在观点和视角上都有所不同，他必须考虑到如何从法国读者的角度切入，寻找共鸣，来肯定中国艺术的价值。徐悲鸿在文中多次将中国艺术与欧洲艺术、埃及艺术作比较，并提及对东亚各国与日本艺术的影响，显示其世界史的思考框架。文惠认为，徐悲鸿笔下的中国艺术史，即使呈现的是一个理想化甚至简化的中国艺术史，与他个人艺术史观与创作理念有很大的关系，难免有偏颇之处，但无疑的是徐悲鸿将中国艺术史的重要性带入一个全新的架构，思考中国艺术与欧洲艺术相似与相异之处，重新建构典范，从世界史的观点思考中国艺术对东亚的贡献，同时打开另一个视野让中西方艺术交流有更多可能性。

文惠所说有两点值得我们关注：

第一，徐悲鸿写作本文时“考虑到如何从法国读者的观点切入，寻找共鸣，然后肯定中国艺术的价值”。这里徐悲鸿不是把自己的文化图宠献媚地“贡献”出去，成为法国人的猎奇、谈资与“被看”，他寻找的是两国文化的共鸣点，是在交流对话中，来肯定中国艺术的价值，故而不是异化的“他者”，而是主体的自信与和平交流的愿望。这在他和法方协商展品时颇能看到这一点。这是文惠首先看到的：1933年5月，徐悲鸿与法国策展人André Dézarrois 共同策划的展览“中国美展”，在巴黎外国美术馆即今日位于协和广场的Musée Jeu de Paume正式开幕。为了这场展览，徐悲鸿与法方策展人及各文化单位，来回三年，反复协商。开始法方展览默认主题为当代中国艺术史，但徐悲鸿坚持也要展出古代艺术品，协调法国卢浮宫、吉美美术馆、私人收藏家与画商商借作品，同时请中国国内画家参展，将古代与当代绘画一起展出。[34]

坚持同时展出古代艺术品，这对于除旧布新的徐悲鸿来说，多么难能可贵！他在改良中国画时坚持的一贯准则是“借助他山，必须自有根基，否则必成为两片破瓦，合之适资人笑柄而已”[35]。那么走出国门，他首先要坚持的也是这根基。这是文化交流中难得的底气、自信及理性！有了这份自信，文化输出才是一种自尊自豪的光荣输出，而不至沦为被看扭曲的弱性“他者”存在。我想，这是徐悲鸿策划的法国中国美展乃至欧洲巡展巨大成功的根本原因之一。

第二，文惠看到徐悲鸿具有了从“世界史的宽阔视角”来考虑中国美术和东亚的话题，这是非常值得赞许的作为先行者的徐悲鸿在“全球化”的今天他深复启发的当代价值所在。文惠的博士生导师美国芝加哥大学巫鸿（Wu Hung）教授亦有此看法。下文述。

三、徐悲鸿对民族文化的保藏和守护在后殖民时代的意义

在现代性立场上，在徐悲鸿的时代，他就可贵地具有世界性的思路，引进西学，却又坚定地守护本民族的优良传统。他对于中国画古法佳者的守之继之，决定着他对于民族优秀文化传统的热爱也许不亚于任何一个顽强固守国粹的人。这在“五四”新文化运动彻底打烂旧传统的呼声中，似乎有点“守旧”。这种“守旧”除了如生命般热爱护佑书画，还表现在他几乎终其一生用优美的文言、半文言写作（无论是中西画论、随笔、散文、游记、还是艺术评论和书信）。他那美仑美奂如丝竹管弦，亦如铁骑长风，更如金石铿锵的文字，今天读来真是久违的美的享受。这里绝不是发思古之幽情，而是关乎今日思想界对“五四”新文化运动负面性作检查反省的大话题。

徐悲鸿在坚持文言写作的同时当然也提倡“国语”（1926年），只是他认为国语普及问题，与提倡白话无关，[36]此论令我们倍加想起建筑学家梁思成建设新北京、守护老北京的亲切思路。异曲同工，南京政府在1928年、1929年欲拆南京明城墙时，舆论大哗，徐悲鸿亦拍岸而起，撰文《对南京拆城的感想》，痛斥南京政府“欲毁世界第一等之巨工，溯其谋乃利其砖”乃“西湖雷锋塔”之倒塌之“续貂之举”，“呜呼！刘伯温胡不推算，令朱元璋多制亿兆大砖，埋之于今国民政府所欲建造之地，而使我四万万人拱戴之首都，失其低徊咏叹，徜徉登临，忘忧寄慨之乐国也。”[37]

反思中国传统在20世纪的失落是今日不仅大陆学界、思想界也包括海外汉语文化圈共同检省新文化运动负面效应的浩大工程。[38]因此在当时对于绘画革新者的徐悲鸿来说有这样的“守旧”坚持毋宁在一片激进中显出了一种“独持偏见”的固执与“国粹”，但他的主张却在今天日益凸显了其卓越远见，我们甚至可以看作是他在民族根底的守护中对新文

化运动负面性的些许纠偏尝试。[39]“语言是存在之家。”[40]徐悲鸿的文言写作一定对他的绘画创作的中国气派、中国味道有深刻影响。更深的意义则在于，徐悲鸿用文言写作来创作他的中国画，在笔者的理解里，实在足以提醒我们怎么来认识、把握、保藏与鲜活经典。关于“古典型”的含义，关于经典的当代性，迦达默尔（Hans-Georg Gadamer）曾指出，承载着传统的“经典”，乃是某种对抗历史批判的东西，它的那种负有义务要去流传和保存价值的力量，都先于一切历史反思并且在这种反思中继续存在，因此“经典”也是“一种无时间性的当下存在，这种当下存在对于每一个当代都意味着同时性”[41]。因此经典的当下性就使得经典不只是供人敬仰的纪念碑，或者是可以放进故纸堆让人去瞻仰的博物馆的文物。换句话说，传统经典文献和传统文化精神应活在我们的血脉和气质中。徐悲鸿对经典的态度也使他的艺术成为了经典，并具有了鲜活的当代性，历久弥新。

徐悲鸿对经典文化的熟悉、守护还体现在一则颇显戏剧性的事件上。这就是同在1947年10月，当北平国立艺专上演抗议徐悲鸿摧残中国画的“三教授”罢课事件，引得轩然大波的时候，“天津文化复兴会”（一个集商界、军界、晚清遗老、民国才俊具有极深传统文化的交游圈）却视徐悲鸿为同道，在他缺席之下仍被推举为理事，[42]徐悲鸿在与其中理事譬如石松亭的通信及其石松亭周围国学团体对他的接纳来看，都能确凿看到徐悲鸿对古代典籍的长期关注与研究。[43]

徐悲鸿对儒家思想推崇备至，1929年在与徐志摩的对话辩论中就曾说道：“弟崇拜孔子（孔子是弟理想中巨人一名词），因为有大道之行礼运大奇，书之真伪所弗计。要说得出这句话者（虽汉人唐人都弗妨）。便算得巨人孔子。”[44]1943年徐悲鸿创作孔子讲学的《论语一章》（图4-9），是再次希望复兴儒家精神。[45]并赞叹“吾国五千年来之神话、之历史、之诗歌，蕴藏无尽也”[46]。

图4-9　论语一章（讲学）　徐悲鸿　纸本水墨（设色）　109 cm×113 cm　1943年　徐悲鸿纪念馆

在徐悲鸿高调提倡的以西洋写实改良中国画的“独持偏见，一意孤行”的背后却是“极高明而道中庸”的古老中国哲学诸如儒家“天下兴亡、匹夫有责”的担当！徐悲鸿的矛盾复杂性也或许正是他的高明处和生长点。不仅对“五四”时期的艺术救国有相当意义，也对后启蒙、后殖民的当代今天，在和世界接轨，又要保持民族性坚守的今天深富启发。

对民族经典文化的守护还体现在徐悲鸿毕其一生之力以最大可能也以最大代价收集流散各地的国画珍宝，即使在他最困难的时候也节衣缩食孜孜以求。[47]其中《八十七神仙卷》传奇历险的收藏经过至今令我们感怀不已。[48]他收藏的国画珍品多达千余件，是对中国民族文化的一份巨大贡献。[49]徐悲鸿去世后，廖静文先生根据徐悲鸿的遗愿把他的作品1200多件，他一生节资收藏的唐、宋、元、明、清及近代名家的作品1100多件，图书、图片、碑帖等近万件，全部贡献给了国家，[50]令人敬仰！

只是关于徐悲鸿的收藏理念和实践，还需要作一点说明。徐悲鸿是本着写实主义的绘画观进行收藏的，[51]也以写实观念即中国画改良主张，对收藏作品有“美备”之追求而情不自禁作修改的，这是周积寅经过研究而特别注意到的问题（尽管徐悲鸿一再自谦“不能自已，罪过”，但“知我罪我全不计”[52]）：譬如，徐悲鸿依照他“古法之不佳者改之”的理念，对收藏作修改的作品有髡残的《幽壑烟云图》；依照“未足者增之”作修改的有郑板桥的《竹石图》；依照“受损者补之”而改之的有郑板桥的《衙斋听竹图》、文徵明的《秋到江南图》等。对此，赞同者有之，批评者亦有之。周积寅认为这是徐悲鸿与古人的“合作”，是绘画收藏史上绝无仅有的“创举”，是徐悲鸿之胆略和自信。这一观点值得商榷。也许，徐悲鸿的独特收藏实践，只能看作他作为那个时代的杰出人物想改良中国画、改造旧传统的迫切，其情复杂，不可一语论断。

四、徐悲鸿的亚洲足迹及其全球化意义

美国芝加哥大学的巫鸿（Wu Hung）认为，徐悲鸿的贡献是多方面的，从美术史的角度看，徐悲鸿不仅改变了自己的画风，甚至改变了美术史的视角，具有了全球性的主体性视野，他的足迹不仅在巴黎，还遍及日本、印度、东南亚，把他看作中国的艺术家很重要，但也要看作全球化的艺术家，并在两个方面找到他恰切的位置。通过研究徐悲鸿，我们有了更大的责任，来考虑怎样书写全球化的20世纪、21世纪的艺术的历史 。[53]

巫鸿先生所言甚是。

徐悲鸿的足迹遍及欧亚，意义非凡。巴黎是他赴法留学八年的地方，在那里（以及他在欧各国的考察游历），汲取的是西方文明中的优秀因子，目的是为了改良中国画，艺术救世，艺术兴国。虽然有

“五四”一代视西方文化为优越的时代局限，但徐悲鸿亦可贵的是不忘中国本根文化，努力寻求自己文化中不输于西方的优秀文明来重建中国现代美术，因此在学习西方的同时，是对话交流而不是佐证“被看”。

不自卑也不服输的心理在徐悲鸿考察日本时亦有更突出的体现。如前文第一章述，[54]明治维新的成功使日本迅速强大，脱亚入欧，加入列强的队伍，不断殖民扩张，尤其做着殖民中国乃至亚洲的迷梦。徐悲鸿对日本的态度即是那个时代的人们对日本国度普遍的一种态度。譬如，他1917年去日本半年就是观光、思考、借鉴和选择道路，不是朝拜，不是什么都扑上去，观光中也就带着审视之眼，有肯定、共鸣、赞赏，也有冷眼、不屑、警惕与颇不以为然。徐悲鸿在中村不折们那里看到也共鸣于东方艺术汲取西方文明而走改良之路的希望，但他却始终保持着对日本国度的警惕和竞争，也始终坚定中国绘画之正宗乃日本古典绘画之源头的看法。1933年去欧洲办中国画展对日本的警惕亦是如此（前文已述不赘）。到了1947年，在《当前中国之艺术问题》中，徐悲鸿依然慷慨陈词：“若此时再不振奋，起而师法造化，寻求真理，则中国虽不亡，而艺术必亡；艺术若亡，则文化顿黯无光彩。起而代之者，将为吾敌国之日本人在世界上代表东方艺术！诸位想想，倘不幸如果是，我们将有何颜面以对祖宗！”[55]也是1947年，在谈《中国艺术的没落与复兴》时，他坚持的依然是这样的态度：“须知要晓得我们的敌人日本，既解除武装，只有覃精文治，他们以后全国人都是中学毕业，知识水准提高，又能集中精力于艺事，他们又有普遍的爱好，丰富的标本，不像我们只藏得有几张四王、恽、吴山水。在世界文化界角逐起来，我们要不要警惕！”[56]并在同一篇文章谆谆告诫青年：“千万勿甘心于一种低能的摩仿一家，近似便怡然自足，若是如此，可算没出息，若真如此的话，吾人热烈期待文艺复兴便无希望，恐怕我们以往的敌人，倒完成他们的文艺复兴了。这是多么需要警惕的事呀！”[57]殖民时代的对抗是中国面对侵略性霸权而激奋的现代性觉醒和图强发展的必由之路。

但徐悲鸿一生又把爱好和平的日本艺术家当作友人，临去世那一年（1953年5月5日），他还参加了北京举办的“日本人民艺术家木刻展览会”，并致尾崎清次信：“参观了包括您在内的日本人民艺术家的木刻作品，对你们在木刻作品中反映日本人民生活和斗争所作的努力，谨表敬意。”[58]

尾崎清次（1893—1979）乃日本版画家，毕业于京都府立医科大学，任职于京都帝国大学小儿保健所等儿童保健机构，1929年至1936年从事版画创作，出版有5卷《儿童玩具版画集》，为中日版画交流作出过贡献。[59]

也是在1953年，徐悲鸿还曾大力关照和促成了赤松俊子夫妇的《原子弹轰炸图》在北京的展出（图4-10）。赤松俊子（1912—2000），日本著名西画家，1938年留学莫斯科。1945年，她的丈夫、画家丸木位里的故乡广岛遭原子弹轰炸，他们回到故乡广岛市参加救援活动，目睹原子弹轰炸后惨绝人寰的景象。1948年起，赤松俊子与丈夫一起创作画集《原子弹轰炸图》，并在各国巡回展出，1952年荣获国际和平文化奖。赤松俊子对徐悲鸿充满了感激，曾写道：“我们来到北京，承蒙徐悲鸿先生的大力支持……《原子弹轰炸图》得以在中国顺利展出……后来，我们惊悉徐悲鸿先生辞世的噩耗，也许是由于先生为《原子弹轰炸图》能在北京展出而多方奔走，最终积劳成疾，我们感到内疚……”[60]

说徐悲鸿的辞世是因为帮着这幅画展出而积劳成疾那是国际友人的情谊之说，不免客气夸张，但徐悲鸿对日本国度和爱好和平的日本人民的清醒态度又给后殖民时代的我们以深刻启发。如何处理和理性建设中日关系依然是我们今天面临的任务之一。

南洋是徐悲鸿的重镇。[61]譬如，华天雪对徐悲鸿最后一次去南洋曾作如下述：“徐悲鸿从1939年1月9日抵达新加坡，到1942年1月6日离

图4-10　1953年5月徐悲鸿与《原子弹爆炸图》的作者松赤俊子女士合影

开，整3年时间，年龄从45至48岁，正值壮年；足迹遍及新加坡、印度、马来西亚；活动包括举办画展、写生、创作、演讲、交游、旅行等，可谓丰富多彩。学界通常将徐悲鸿的这三年称为'南洋时期'或'星马时期'，它无疑是徐悲鸿的重要时期，甚至可以说是徐悲鸿美术活动最频繁、交游最广、作品最多最精的时期。"[62]天雪所言甚是。但在笔者的眼里，南洋又首先是徐悲鸿为生计筹款、逃难、失意而后退的宿营地。譬如，1925年冬徐悲鸿第一次赴新加坡即是留学期间，官费断续，生活困顿，炊粮将绝之际，经同在欧洲留学相识的黄孟圭介绍去新加坡，黄请弟弟黄曼士介绍徐悲鸿与富商画像以求报酬……譬如，上述天雪说的1939年1月是徐悲鸿第 6 次赴新加坡，笔者也曾在前文第二章述，那是徐悲鸿告别一塌糊涂的个人生活，绝别与恋人孙多慈长达近十年的旷世苦情，亦告别与妻子蒋碧微诸年累积如冰山的不快、隔膜与纠葛，那时候下南洋的徐悲鸿是无家可归、失恋绝望而困境苦痛的徐悲鸿！但即使这样下南洋，他在这块土地上，依然砥砺创作了诸多作品（譬如《愚公移山》《放下你的鞭子》《珍妮小姐》（4-11）、《唐诗意》、《喜马拉雅山》、《喜马拉雅三树》（图4-12）、《伐椰》、《红叶》、《侧目》、《鹅》、《斗鹰》、《奔马》、《河畔》、《野食余兴》、《课余》、《妆》、《大吉岭》等），亦举办多次画展（把所得款项捐给国家抗战），积极进行文化建设与艺术交流活动（譬如，关怀新加坡华人美术会、识拔青年画家、在新加坡教育界做各类演讲、情注交游星洲各界，筹办赴美画展）等等[63]……把个人的哀伤放之于时代的洪流、艺术的高堂、民族的伟业，令人敬仰！

但徐悲鸿的南洋之旅亦留下了许多难解之谜。

这些谜从欧阳兴义在他《悲鸿在星洲》的编后记中的疑问中可见一斑：

> 读廖静文的回忆说，1942年新加坡沦陷前，徐悲鸿的40多幅油画精品，沉下一所华侨小学的井里，十分可惜。但我不尽相信，这批油画精品，就此在世上消失了，香港友人在家中向我展示的油画《喜马拉雅山》，不正是那批油画中的一幅吗？1984年我到新加坡一家中文报馆工作，工余翻查了1942年新加坡沦陷前，几乎所有的南洋商报与星洲日报，抄下那些有关徐悲鸿的报导。写这些报导之一的星洲日报美术编辑，正是我夫人从小就熟悉的徐君濂先生，他后来任新闻社总编辑时，和我岳父薛子江是一墙之隔的好友。他历劫沧桑，还保存着徐悲鸿在星洲拍摄的珍贵图片，看着照片中正当盛年、潇洒、风度翩翩的徐悲鸿，他在新加坡有些什么故事？让我心头攒动。黄葆芳先生是徐君濂多年的好友，他家里也有徐悲鸿委托陈晓南先生（他是我的铜版画教授）从新加坡带回部分愚趣园藏宝时在新加坡的留影。和这一切有关的，都是我

图4-11　珍妮小姐　徐悲鸿　布面油彩　134.5cm×96cm　1939年

图4-12　喜马拉雅三树　徐悲鸿　布面油彩　92 cm×59 cm　1940年

图4-13　放下你的鞭子　徐悲鸿　布面油彩　144 cm×90 cm　1939年

熟悉的人物。1985年，另一幅油画《放下你的鞭子》"辗转美国等地又回到新加坡"的"消息"，刊载在我工作的报章上。查寻消息来源，判断这不过是藏画者出售前放的消息。不久，这幅徐悲鸿在新加坡的重要作品果然求售了，开价是5万新元…… 我给廖静文馆长写信希望她提供多一点沉画井下的资料，可惜没能收到回音。但我寻访多年与徐悲鸿有交往的前辈：吴作人、李曼峰、杨善深、刘抗、黄葆芳、赵少昂、邱贞珍祥、钟青海、韩歧丰、艾中信、马骏、陈振夏、姚义夷、广治法师等…… 访问也并非那么顺利，当年藏宝与挖宝的当事人，崇文小学的校长钟青海先生，在我五番七次求见后，才答应我谈罗弄泉枯井藏画的事，他一直收藏着徐悲鸿的画《愚公移山》，我认同他的说法，这是徐悲鸿感谢他三年又八个月，冒着被日军杀害的危险枯井藏画，在战后写信让他挑选的纪念品。黄曼士等对1949年中国政权的变化持观望态度，并没有把徐悲鸿当年藏宝的全部送还中国，廖静文1990年1月3日在新加坡的记者招待会上说：陈晓南只带回三幅油画，一些水墨画和几十本书。三幅油画是罗弄泉所藏的女人体和肖像，及徐悲鸿临摹蒲鲁东的《正义与复仇在追赶凶手》……《放下你的鞭子》被博物馆拒绝后，陈之初先生在交易日的前一晚去世了，这幅徐悲鸿在新加坡的重要作品终流出新加坡……[64]

这些谜在谢和赓的一篇旧作《徐悲鸿与王莹与〈放下你的鞭子〉》中再见一斑。[65]笔者在这篇文章里重温了王莹女士上演《放下你的鞭子》高达两千多场，轰动国内及南洋的盛况，重温了滞留新加坡的文化名流（如郁达夫、胡愈之等人）、侨胞（从领袖到平民）对此剧以及对徐悲鸿同题画作（图4-13）的盛赞，看到了徐悲鸿画此作的抗日热情和徐王甚笃的挚友情谊，以及作为地下党人的谢和赓和王莹受周恩来指示去美国学习，让他们团结一切可团结的国际友人宣传抗战，而徐悲鸿所画的这幅"王莹像"却漂泊海外几十载，故人盼归的期待之情……

这些谜在华天雪新作《一段确定与不确定的历史——徐悲鸿在星马》中又见一斑。[66]在该文中，天雪对1939—1941年间的徐悲鸿“星州行”进行了着力研究并猜测：徐悲鸿此行除了筹赈外办画展，何以连瓷器这类极不适宜长途跋涉的收藏以及早年的速写练习乃至带着“一所美术馆”的辎重（他全部的家当）四处奔波？……这很容易令人推断他或许有逃离出去，长期居留甚至一去不返之类的念头！但这只是猜测，现有材料还无法给出确定的答案。或许我们还可以推测：徐悲鸿此行作了“返”与“归”两手准备，再加上出门在外，往往计划赶不上变化，只能随机而动。[67]徐悲鸿的亲授弟子杨先让撰文《也谈徐悲鸿1938—1941年的经历》[68]与华天雪商榷。在史实的梳理中，杨先让看到了绝非圣人而普通人的徐悲鸿在那几年，离不了婚又结不了亲，漂泊天涯，无奈孤独中失了阵脚，饥不择食地选择伴侣，屡屡被朋友劝阻的尴尬一面。但他认为，徐悲鸿同中国“五四”前后的那批文人学者一样，他们对祖国对中华民族文化的热衷与责任可歌可泣，这是今天的一些知识分子很难去理解的。这样的争鸣，笔者不看作是两方观点人的争执，而是在问题情境中各抒己见的认真讨论。

只是讨论未果，徐悲鸿的南洋之行却愈加扑朔迷离，有待于学界方家继续深入研究。

然而无论怎样迷离深远，在南洋的徐悲鸿，虽是爱画、爱美、爱自己、爱友人，更是爱国抗日刻苦奋斗的徐悲鸿，是与海内外多方人士联合一起和强力霸权砥砺相拼、情系祖国的徐悲鸿，这恐怕是什么时候也改变不了的徐悲鸿的主旋律！

最后在本节“徐悲鸿的亚洲足迹”里，还应提及的是徐悲鸿的印度行，[69]在徐悲鸿交游甚广的朋友里，还应提及的是徐悲鸿和泰戈尔的伟大友谊。

1940年，徐悲鸿应印中文化协会主席、印度诗哲泰戈尔之邀赴印度国际大学讲学。与徐悲鸿数次下南洋不同的是，他来印度是作为被邀请的文化使者身份。徐悲鸿在泰戈尔这位享有世界声誉的诗人这里感受了强烈的和平美好、恳挚穆雍的东方精神。（图4-14，图4-15）

泰戈尔一生创作了大量的诗歌、戏剧和小说，共有50多部诗集（其中8部是英文散文诗集，5部是孟加拉语散文诗集），12部长、中篇小说，百余篇短篇小说，20余种戏剧。1913年他的诗集《吉檀迦利》获得诺贝尔文学奖，这是东方人第一次在欧洲得到的荣誉。1915年的《新青年》杂志最早向中国读者介绍了泰戈尔的作品。泰戈尔也是印度现代最伟大的作曲家之一，有歌曲三千余首，徐悲鸿说：凡印度识字之人，未有不能歌泰翁之歌曲者。他1912年创作的歌曲《人民意志》，后来被定为印度国歌。泰戈尔亦是印度现代的著名画家。六十多岁开始画画，及八十岁时，成画两千余幅，曾在巴黎、伦敦、莫斯科皆曾展览之，脍炙人口，不亚于其诗。[70]

徐悲鸿热烈赞颂这位"举世尊为圣人之泰戈尔诗翁，翁年七十九，须发全白，惟不健步，而工作终日不倦，谈笑往往亘数小时。饮食简单，而量不减恒人，其亲爱慈祥之容，能泯灭见者一切贪鄙之念。"[71]"翁一生时间，大半沐浴于大自然之中，与日月星辰、山川草木、鸟兽鱼虫、奇花异卉相习，具有美之机心，而与自然同化。"[72]

泰戈尔为徐悲鸿开了欢悦美丽的欢迎会：少女以鲜花制成之项圈戴在泰戈尔先生之颈上，并亲其足，再依次给徐悲鸿及陪同的谭云山先生及夫人，仪式之华美高贵，令徐悲鸿惶恐，也幸福无比。徐悲鸿看见诸女郎皆服印度曼妙婉转美丽简雅之服饰，顿觉欧洲妇女太重人工。泰翁则穿广大长袖之黑衣，戴黑帽，徐悲鸿说如他藏画中任伯年所画的白乐天，容色皎白光润，鹤发童颜，徐悲鸿灵感大发："我必写之，我要写之像维摩诘，以如我愿"，而徐悲鸿自己，"则穿深青粗布铜纽大袖之长袍，比穿西装似乎好看些"，[73]是浓郁的印度风情、东方风格情调让徐悲

图4-14　泰戈尔像　徐悲鸿　纸本水墨（设色）　51 cm×50 cm　1940年（上）

图4-15　徐悲鸿与泰戈尔合影（下）

鸿深醉其中，兴奋感怀不已，也愈加感觉意识到自己是东方中国人！

泰戈尔为徐悲鸿的画展亲笔写了序："美的语言是人类共同的语言，而其音调毕竟是多种多样的。中国艺术大师徐悲鸿在有韵律的线条和色彩中，为我们提供一个在语忆中已消失的远古景象，而无损于他自己经验里所具有的地方色彩和独特风格。我欢迎这次徐悲鸿绘画展览，我尽情地欣赏了这些绘画，我确信我们的艺术爱好者将从这些绘画中得到丰富的灵感。既然旨趣高奥的形象应由其本身来印证，多言反是饶舌的。这样，我卷起语言的帷幕，来引导观众走向一席难逢的盛宴。"[74]

徐悲鸿亦盛赞泰戈尔之绘画作品，并应邀为其选画："二十九年十一月，余向翁辞行，欲返南洋时，翁病初愈，偃于卧椅，郑重谓余曰：汝行前，必须为吾选画。于是吾与囊答拉·波司先生（国际大学美术学院院长），箕踞其厅事，整两日，将其各类作品，细检一通，得精品三百余幅，最精者七十幅，将由'国大'出版。"[75]

泰戈尔称徐悲鸿"为沟通文化之使者"，"历述中印文化沟通之重要，并论东方文化之精神，与欧洲之缺乏此种精神，以演成无穷尽之屠杀，故东方人实负有重大任务，以其精神拯救世界"[76]。

泰戈尔曾在1914年，第一次世界大战爆发时，与世界文化名人一起组织反战和平团体，呼吁一切国家反对战争、相亲相爱，共同创造人类统一的理想王国。泰戈尔对中国人民一贯友好，1924年访问中国时，对当时苦难深重的中国表示深切的同情。回国后出版了散文《在中国的谈话》。[77]他亦深切同情中国的抗日战争，申诉侵略者。徐悲鸿忆念这位蔼然长者"爱好和平……如此激昂鼓舞我们之为自由而战，为正义而战，为人类之光明而战，我们就可以认识道德之判断，是如何一回事。你看那些失败主义者，投机的败类，是如何的可耻可鄙，至于汉奸，更是畜牲都不如的东西，提到便足以污辱我们祖先，我们的民族，然则泰戈尔先生被人尊为圣不很明白了么。"[78]

图4-16　甘地像　徐悲鸿　速写　20cm×23.8cm　1940年　徐悲鸿纪念馆

泰戈尔还曾亲自将徐悲鸿介绍给印度民族解放运动的领导人，印度国家大会党领袖圣雄甘地，并建议举办徐悲鸿的画展，甘地欣然应允…… 徐悲鸿感激兴奋之极，在拥挤的人群中，用短短几分钟，廖廖几笔给甘地画了一幅速写像（图4-16），传神备至，甘地先生兴致勃勃地在画上郑重签上了自己的名字。[79]徐悲鸿还创作了多幅《泰戈尔像》，并在印度完成了《愚公移山》《喜马拉雅山》等大型作品和令自己终于满意了的奔马图…… 尤其在印度大吉岭完成的巨著《愚公移山》采用了当地健壮魁伟的裸体模特，以击石垦壤，开天辟地的迫人力量而震撼人心！（前文有此作品分析，不赘）。在祖国生死存亡之际，徐悲鸿是以愚公之精神鼓舞中国人抗战到底，并坚信中国必胜！

也许这已不能仅仅看作徐悲鸿与泰戈尔的个人友谊了，这应该是东方人联合起来对西方霸权的抵抗。泰戈尔不仅期待东方亚洲的解放与和平，回顾中印先祖的友好往来，亦回顾东西方之间曾经共享大文艺复兴朝暾之光辉，遂期待世界各民族的共同和平，心灵相亲，这是东方文化的真正声音。这正是在徐悲鸿于印度国际大学美术院的画展上（1939年12月20日），泰戈尔亲自主持画展开幕典礼并致辞所说：[80]

> 吾人欢迎足下为中国大文化之使者；君携来印度与吾人者则为精神上之同情，该礼品于无数世纪前已与我辈之先祖间发生联系矣。中国与印度共同分享过大文艺复兴之朝暾，即使今日政治上之沧桑，而其铭感难忘同志之光尚遗存无恙。
>
> 真实文明之再生，不来自紧紧追逐于离间与毁灭之权利，而来自心灵之表现；如斯之表现，博大而常新，使在人类之大冒险中而亲友善邻。
>
> 吾人与圣蒂尼克坦努力维持内在精神之了解，而其工作之完整则导之以理想与服务人类相系结，我人相信此殆亚洲贡献与文明者也。足下以艺术之景象来予我人，并与之以真理灵敏之吁请，则其将战胜惨绝人寰之环境必无可疑；足下之来游此，特增益吾人之力量，使得我人之从事底于完成。我以无限愉快，期待一于吾人之邻邦间有极浓厚亲睦之纪元到来，并以东方历史之上事实为依据，则其必能救我人全体出于近倾之黑暗也。

之所以特别提到这一点是因为当代后殖民理论家的代表人物主要是美籍的亚洲人：譬如，爱德华·W·萨义德，生于耶路撒冷的美籍巴勒斯坦人；佳娅特丽·C·斯皮瓦克，生于加尔各答的美籍印度人；霍米·巴巴，是在印度成长起来的美籍波斯人后裔；周蕾则是美籍中国香港人。他们因为第三世界血缘在西方世界处于边缘地位，因此能深切感受并揭露文化帝国主义的霸权与西方中心论，并进而想为臣属的文化重新“命名”[81]。但作为“夹缝人”，他们一方面在西方处于劣势的边缘状态，但对东方他们又有着西方人的优越感。事实上，他们在批判殖民文化的同时自身也有被殖民的危险。正如张京媛所说：“仅举一例：一位旅居美国的著名印度批评家在美国讲演时总是身着传统的印度服装，以高度的表演技巧和纯熟的理论来道出‘不同的声音’。而同一个批评家在印度的大学讲演西方理论时则身着西式服装，让听众把她看作是‘美国男性白人’。这位理论家的用意是要向听众讲解文化空间移位之后的问题的复杂性，使听众意识到在‘后殖民’的文化环境中权力结构所起的作用。”[82]

因此他们为东方发声就只是问题的一方面。他们的贡献要看到，他们的局限也要看到，但首先要看到的应该是他们的贡献所在。

譬如，萨义德对伊斯兰世界和第一世界关系的研究就有着较高建树。他在《东方学》长篇后记里即说到：他的研究，是一种批判性研究，而不是对一种出于无可救药的对抗状态的自我确认。他希望读者们能通过阅读他的书产生自己的新的研究，用一种宽容的、可行的方式阐明阿拉伯和其他民族的历史经验。他认为20世纪80年代开始出现的优秀的后殖民理论的优秀著作，都关乎民族解放、对历史和文化进行重新审视，其中一个重要主题是对欧洲中心论和西方霸权进行不懈的批评。而期望东方世界和西方世界在平等对话的基础上展开交流。[83]

譬如，周蕾和斯皮瓦克对克里斯蒂娃（Julia Kristeva）的批判亦有着相当的道理。周蕾认为：虽然克里斯蒂娃以一种感兴趣和“同情的”的方式来看待中国，但是实际上她的论证并不是关于中国的。她所提议的并不是要从不同的文化那里学到一课，而是要在西方之内获取一种不同的阅读方式，因为，那些被称为是“独属于”中国的事物只能被理解为是西方话语里的“否定”或“受压抑”的一面，克里斯蒂娃把中国“他者化”和“女性化”，难道不是在重复她所想要批判的形而上学吗？特别是因为她仔细地阐明了西方女性与象征秩序之间的过剩关系，我们也许可以按照她的方式来说，“克里斯蒂娃—西方—中国”的三角实际上是按照“人—上帝—女性”这个三角进行运作的。在这两个三角关系中，最后的一位总是处于“被排斥”的地位。[84]斯皮瓦克也因此认为克里斯蒂娃对于中国问题的研究带有殖民主义者乐善好施的症状。[85]

因此徐悲鸿、泰戈尔们的今日意义便昭示眼前，徐悲鸿为自己的文化立言，上下求索，东西奔走，力求让自己民族的文化及艺术焕发生机而强盛兴国，但他和泰戈尔一样呼唤和平，并热爱一切爱好和平的东西方人们，以及蕴含真善美的可以让世界共享的艺术作品，从而启示今天的我们，让东方发声而不成其为验证西方强大霸权的“他者”形象，以倡导东西方真正对话交流的东方代表首先应该是东方本土自己的声音。

当然东方发声也包括一切友好关注东方与世界和平对话、健康发展的人们，这是“全球化”语境中，世界范围内爱好和平人们的砥砺共进！

这些声音合奏才能使东方各民族的文化成为世界多元文化并存中之重要存在，中国文化亦是这多元之中的重要一维。

这意味着本文主题的徐悲鸿不仅属于中国、亚洲，也属于世界；不仅属于过去、现在，也属于未来。

注释

1 参阅[英]汤林森:《文化帝国主义》，第一章、第二章、第三章，冯建三译，上海人民出版社，1999年。

2 参阅[英]汤林森:《文化帝国主义》，第三章，冯建三译，上海人民出版社，1999年，第4、5页。参阅A. Bullock and O. Stallybrass (eds.) *The Fontana Dictionary of Modern Thought*, London: Fonana, 1977, p.303.

3 参阅[英]汤林森:《文化帝国主义》第三章，冯建三译，上海人民出版社，1999年，第81页。参阅A. Dorfman and A. Mattelart, *How to Read Donald Duck: imperialist ideology in the Disney Comic*, NY: Internationa l General Editions. 1975, p.279.

4 [美]爱德华·W·萨义德 :《东方学》，王宇根译，北京：生活·读书·新知三联书店，1999年，第449页。

5 参阅郭剑英:《文化帝国主义抑或全球化》(代出版说明)，[英]汤林森:《文化帝国主义》，冯建三译，上海人民出版社，1999年，第3页。

6 参阅王岳川:《后殖民主义与新历史主义文论》，济南：山东教育出版社，1999年，第9页。

7 参阅[美]爱德华·W·萨义德:《东方学》，北京：生活·读书·新知三联书店，1999年。参阅张京媛主编:《后殖民理论与文化批评》，北京大学出版社，1999年。参阅王岳川:《后殖民主义与新历史主义文论》，济南：山东教育出版社，1999年。

8 参阅[美]爱德华·W·萨义德:《东方学》，王宇根译，北京：生活·读书·新知三联书店，1999年，第3、4、17、20、125页。

9 参阅[美]佳·查·斯皮瓦克:《在国际框架里的法国女性主义》《三个女性的文本与帝国主义批判》，张京媛主编:《后殖民理论与文化批评》，北京大学出版社，1999年。参阅王岳川:《后殖民主义与新历史主义文论》，济南：山东教育出版社，1999年。

10 参阅Homi K. Bhabha, *The Location of Culture*, London & New York: Routledge, 1994, p.26. 参阅王岳川:《后殖民主义与新历史主义文论》，济南：山东教育出版社，1999年，第65、66页。

11 参阅Jameson, F. "Postmodernism and Consumer Society", in Hal Foster ed. *The Anti-Aesthetic: Essays on Postmodern Culture*, Port Townsend, Washington: Bay Press, 1983. 参阅 Jameson, F. *The Political Unconscious*, Cornell University Press, 1981.

12 参阅[英]汤林森:《文化帝国主义》，第三章、第五章、结语，冯建三译，上海人民出版社，1999年。

13 [日]竹内好:《何谓现代——就日本和中国而言》，张京媛主编:《后殖民理论与文化批评》，北京大学出版社，1999年，第448页。

14 图4-1乃徐悲鸿纪念馆唐培勇先生提供，特此鸣谢!

15 徐悲鸿:《古今中外艺术论》，徐悲鸿著、徐庆平选编:《奔腾尺幅间》，天津：百花文艺出版社，2000年，第227页。

16 [美]爱德华·W·萨义德:《东方学》，王宇根译，北京：生活·读书·新知三联书店，1999年，第159页。

17 [美]爱德华·W·萨义德:《东方学》，王宇根译，北京：生活·读书·新知三联书店，1999年，第159页。

18 [美]爱德华·萨义德:《想像的地理及其表述形式：东方化东方》，张京媛主编:《后殖民理论与文化批评》，北京大学出版社，1999年，第37页。

19 [美]周蕾:《看现代中国：如何建立一个族群观众的理论》，张京媛主编:《后殖民理论与文化批评》，北京大学出版社，1999年，第327、328、329、333、335页。

20 徐悲鸿:《中国艺术的贡献及其趋向》，徐悲鸿著、徐庆平选编:《奔腾尺幅间》，天津：百花文艺出版社，2000年，第68页。

21 徐悲鸿:《论中国画》《中国艺术的没落与复兴》《故宫所藏绘画之宝》，徐悲鸿著、徐庆平选编:《奔腾尺幅间》，天津：百花文艺出版社，2000年，第62、63、75、87页。

22 [美]达格尼·卡特:《现代中国画家》,《亚洲》杂志，第34期（1934年），第224~229页。

23 [美]梁庄爱伦:《浅谈1986年以前在美国留存的徐悲鸿的画作》，徐芳芳译，《美的呼唤——纪念徐悲鸿诞辰100周年》，北京：中国和平出版社，1995年，第80页。

24 图4-4，图4-5乃上海大学张长虹先生提供，特此鸣谢！

25 参阅徐悲鸿:《记巴黎中国美术展览会》，王震、徐伯阳编:《徐悲鸿艺术文集》，银川：宁夏人民出版社，1994年，第223~237页。

26 参阅薛永年:《中国美术海外推广刍议——从徐悲鸿在全欧宣传中国美术的启示谈起》，王文娟主编:《全球化与民族化：21世纪的徐悲鸿研究及中国美术发展》，北京：中国人民大学出版社，2014年，第367、368页。

27 参阅张长虹:《“发扬国光”行动—— 1993年“巴黎中国美术展览会”研究》，王文娟主编:《全球化与民族化：21世纪的徐悲鸿研究及中国美术发展》，北京：中国人民大学出版社，2014年，第399、402、404页。

28 参阅徐悲鸿著、徐庆平选编:《奔腾尺幅间》，天津：百花文艺出版社，2000年。参阅蒋碧微:《蒋碧微回忆录》，上海：学林出版社，2002年。参阅廖静文:《徐悲鸿一生》，北京：中国青年出版社，1982年。

29 [美]埃伦·普里斯特:《现代中国画》，大都会艺术博物馆报，新篇第一期（1943年2月），第196页。

30 [美]梁庄爱伦:《浅谈1986年以前在美国留存的徐悲鸿的画作》，徐芳芳译，《美的呼唤——纪念徐悲鸿诞辰一百周年》，北京：中国和平出版社，1995年，第82页。

31 [美]苏文惠:《在世界史语境下重构中国艺术典范一试论徐悲鸿在法国发表的〈中国绘

画史〉一文》，王文娟主编：《中国美术 · 世界语境：21世纪的徐悲鸿研究及中国美术发展（二）》，北京：现代出版社，2017年。

32 Ju Péon，"Peinture chinoise，" La Revue de l' art ancien et moderne（May 1933），pp. 193～206.

33 关于现代中国绘画史的研究，见郭卉博士论文，Guo Hui，*Writing Chinese Art History in Early Twentieth Century China*（Leiden University，Institute for Area Studies，2010），及"Canonization in Early Twentieth Century Chinese Art History，" *Journal of Art Historiography*（June 2014）.

34 [美]苏文惠：《在世界史语境下重构中国艺术典范——试论徐悲鸿在法国发表的〈中国绘画史〉一文》，王文娟主编：《中国美术 · 世界语境：21世纪的徐悲鸿研究及中国美术发展（二）》，北京：现代出版社，2017年。

35 徐悲鸿著、徐庆平选编：《奔腾尺幅间》，天津：百花文艺出版社，2000年，第114页。

36 徐悲鸿：《学术研究之谈话》，徐悲鸿著，徐庆平选编：《奔腾尺幅间》，天津：百花文艺出版社，2000年，第44页。

37 徐悲鸿：《对南京拆城的感想》，王震编：《徐悲鸿文集》，上海画报出版社，2005年，第22页。

38 参阅张君劢、牟宗三、徐复观、唐君毅：《为中国文化敬告世界人士宣言》，1958年分别在香港和台湾发表于《民主评论》和《再生》杂志。亦参阅章清：《传统：由"知识资源"到"学术资源"——析20世纪中国文化传统的失落及其成因》，《中国社会科学》，2000年4期。

39 这是笔者对徐悲鸿的今日读解，或者说是徐悲鸿思想所呈现的当代意义之一。他的这一尝试在当时应是直觉性收获，而非超时代地针对性地对新文化运动进行纠偏。

40 参阅[德]海德格尔：《诗 · 语言 · 思》，彭富春译，北京：文化艺术出版社，第1991年。

41 参阅[德]迦达默尔：《真理与方法——哲学诠释的基本特征》第1卷，洪汉鼎译，台北：台北时报文化出版公司，1993年，第292～294页。参阅章清：《传统：由"知识资源"到"学术资源"——简析20世纪中国文化传统的失落及其成因》，《中国社会科学》，2000年4期。

42 参阅徐悲鸿给石松亭的信，华天雪：《关于徐悲鸿致松亭的信函》，徐悲鸿：《徐悲鸿论稿》，济南：山东画报出版社，2014年，第120～121、123～125页。参阅天津《大公报》，1947年10月15日新闻"文化复兴会国学科开始报名"。

43 徐悲鸿致石松亭的信："兹寄奉十万元，请饬人寄《论语正》一部与南京考试院戴院长亲收，再《论语正》两部南京教育部朱部长亲收，皆书名弟址'徐悲鸿寄'。余款，请惠寄《庄子正》《论语正》《大学正》《中庸正》《礼运正》各一部并附一发票（三部寄南京者除外），书明'国立北平艺术专科学校'。"华天雪：《关于徐悲鸿致松亭的信函》，华天雪：《徐悲鸿论稿》，济南：山东画报出版社，2014年，第121页。

44 徐悲鸿：《惑之不解（一）》，王震、徐伯阳编：《徐悲鸿艺术文集》，银川：宁夏人民出版社，1994年，第98页。

45　苏文惠的观点值得参考："康有为带给徐悲鸿的影响很大，两人不但同样将写实主义视为改正文人画弊端的方法，并且对儒家思想相当推崇……康有为于维新运动即提出孔教运动构想……康有为提倡孔教思想，是为了区别中国与西方文明之不同，在资本主义强调物质性时，孔教提供精神生活的可能性。此一思想为中国传统文化找到一个足以基督教为代表的西方文明对抗的平衡点。康有为对儒家思想的推崇成为五四新文化运动主要攻击对象，胡适提出打倒孔家店，陈独秀、章太炎等人批判儒家思想都隐隐指向康有为的主张。在此时出发前往法国留学的徐悲鸿对当时其他知识分子的诉求，感受必定特别深刻。徐悲鸿对孔子与儒家思想的捍卫一直持续，40年代的水墨画作品，如《孔子讲学》（1943年）也是再次希望复兴儒家精神。从这个角度来看，徐悲鸿在《田横五百士》与《徯我后》所欲传达的讯息不只是历史，而是儒家价值观与道德观。画中隐含的儒家思想，也就是中国历史类题材与西方历史画的最大差异点，对徐悲鸿来说儒家精神代表了中国传统精神文明。这两件作品看似继承西方古典历史画传统，在徐悲鸿笔下转化为定义中国文明与现代性的绘画。"苏文惠：《徐悲鸿、儒家思想与现代中国》，《大师与大师——徐悲鸿与法国学院大家作品》，徐庆平、埃玛努埃尔·施瓦茨、菲利普·杰奎琳策划的大型画展印制图录，北京·中华世纪坛·世界艺术馆展，内部发行，2014年5月8日—8月3日，第35页。

46　徐悲鸿：《美的解剖》，徐悲鸿著、徐庆平选编：《奔腾尺幅间》，天津：百花文艺出版社，2000年，第262页。

47　参阅蒋碧微：《蒋碧微回忆录》，上海：学林出版社，2002年，第24、25页。参阅廖静文：《徐悲鸿的一生》，北京：中国青年出版社，1982年，第391、413页。

48　关于《八十七神仙卷》传奇历险的收藏经过可参阅徐悲鸿所写的两则题跋。

（1）《八十七神仙卷》跋一

此诚骨董鬼所谓生坑杰作，但后段似为人割去，故又不似生坑。吾友盛成见之，谓其画若公孙大娘舞剑，要如陆机、梁翾行文无意，不宣而辞采娴雅，从容中道。傥非画圣，孰能与于斯乎？

吾于廿六年五月为香港大学之展，许地山兄邀观德人某君遗藏，余惊见此，因商购致。流亡之宝，重为赎身，抑世界所存中国画人物，无出其右，允深自庆幸也。古今画家才力足以作此者，当不过五六人，吴道玄、阎立本、周昉、周文矩、李公麟等是也。但传世之作如帝王像平平耳，天王像称吴生笔，厚诬无疑，而李伯时如此大名，未见其神品也。世之最重要巨迹，应推此人。史笃葛莱藏之《醉道图》可以颉颃欧洲最高贵之名作，其外顾恺之《女史箴》有历史价值而已，其近窄远宽之床，实贻讥大雅。胡小石兄定此为道家三官、图，前后凡八十七人，尽雍容华妙，比例相称，动作变化，虚阑干平板，护以行云，余若经幡明器、冠带环佩，无一懈笔，游行自在。吾友张大千欲定为吴生粉本，良有见也。

以其失名，而其重要性如是，故吾辄欲比之为巴尔堆农浮雕，虽上下一千二百年，实许相提并论，因其惊心动魄之程度，曾不稍弱也。吴道玄在中国美术史上地位，与菲狄亚斯在古希腊相埒。二人皆绝代销魂，当时皆著作等身，而其无一确切之作品以遗吾人，又相似也。虽然，倘此卷从此而显，若巴尔堆农雕刻裨益吾人想象菲狄亚斯天才于无尽无穷者，则向日虚无缥缈复绝百代吴道子之画艺，必于是增其不朽，可断言也。为素描一卷，美妙已如是，则其庄严典丽、煊耀焕烂之群神，应与菲狄亚斯之上帝、安推挪同其光烈也。以是玄想，又及达·芬奇之伦敦美术之素描，安娜与拉斐尔米兰之雅典派稿，是又其后辈也。呜呼！张九韶于云中，奋神灵之逸响，醉予心兮予魂，愿化飞尘直上，跋扈太空，忘形冥漠，至美飚举，盈盈天际，其永不坠耶，必乘时而涌现耶！不佞区区，典守兹图，天与殊遇，受宠若惊，敬祷群神，与世太平，与我福绥，心满意足，永无憾矣。廿六年七月悲鸿欢喜赞叹题竟并书一绝：

得见神仙一面难，况与伴侣尽情看。人生总是葑菲味，换到金丹凡骨安。

八十七神仙卷

高三十公寸，

长二公尺八十八公寸，

卷之上端亦经割损三四公寸矣，所以称残卷。

武卷，据罗岸觉先生跋，为权量局尺，

长二丈三尺八寸，

高一尺八寸三分云。

悲鸿又志

（徐悲鸿著、徐庆平编选：《奔腾尺幅间》，天津：百花文艺出版社，2000年，第93~94页。）

（2）徐悲鸿《八十七神仙卷》跋二

是年，吾应印度诗翁泰戈尔之邀，携卷出国，道经广州，适广州沦陷，漂流西江四十日，至年终乃达香港。翌年走南洋，留卷于港银行铁箱中，虑有失也，卒取出偕赴印度，曾请囊达拉·波司以盆敢文题文。廿九年终，吾复至南洋为筹赈之展，乃留卷于圣地尼克坦。卅年欲去美国，复由印度寄至槟城，吾亲迎之。逮太平洋战起，吾仓皇从仰光返国，日夜忧惶，卒安抵昆明。熊君迪之馆吾于云南大学楼上。卅一年五月举行劳军画展。五月十日，警报至此，画在寓所，为贼窃去，于是魂魄无主，尽力侦索终不得。翌两年，中大女生卢荫寰告我曾在成都见之，乃托刘德铭君赴蓉，卒复得之，惟已改装，将‘悲鸿生命’印挖去，题跋及考证材料悉数遗失，幸早在香港付中华书局印出。但至卅五年胜利后返沪，始及见也。

想象方壶碧海沉，帝心凄切痛何深；

相如能任连城璧，负此须眉愧此身。

既得而愧恨万状，赋此自忏。

卅七年十月重付装前书

（徐悲鸿著、徐庆平编选：《奔腾尺幅间》，天津：百花文艺出版社，2000年，第95页。）

49 关于徐悲鸿的收藏还亟待研究，尤其那些流失作品并未全部浮出水面。譬如，徐悲鸿曾数度去新加坡，随身带去大批画作，包括他的名作收藏，另外徐悲鸿还曾在广西七星岩洞存放过三十多箱藏画，对于这些炮火烽烟中辗转幸存乃至流失民间的收藏，连同徐悲鸿自己的作品下落，都是那么传奇迷离，给徐悲鸿收藏研究和徐悲鸿书画市场以极大期待。学界对此的研究还远远不够，有待加强。近年来关于徐悲鸿收藏研究的成果，据不完全统计有：周积寅《徐悲鸿中国画收藏观》（《中国书画》2004年4期）、张帮俊《倾注悲鸿生命的〈八十七神仙卷〉》（《当代人》2012年12期）、窦忠如《徐悲鸿与一幅古画的悲欢离合》（《中外文摘》2012年18期）、杨益群《徐悲鸿七箱藏画遗落广西之谜》（《东方收藏》2012年7期）、董三军《目光如炬 独树一帜——徐悲鸿书画鉴藏往事》（《收藏》2013年17期）、王志军《徐悲鸿、齐白石、张大千绘画作品的欣赏、收藏与投资》（《收藏 》2014年1期）等。参阅王文娟：《徐悲鸿研究的国内外现状》，《美术研究》，2014年4期。

50 参阅廖静文：《徐悲鸿的一生》，北京：中国青年出版社，1982年版，413页。参阅徐悲鸿纪念馆编：《中国艺坛巨匠——徐悲鸿》，北京出版社出版集团，北京美术摄影出版社，2005年，第391页。

51 徐悲鸿收藏有唐宋元明清画家作品1200余幅，影印其中最精品140余幅。1.人物画有唐人《八十七神仙图》；宋人《朱云折槛图》《罗汉像》；明陈洪绶《仙侣图》《高士图》《采菊图》《长生图》、明人《梅妃写真图》《右军书扇图》《神像》《明妃图》；清黄慎《麻姑图》、任熊《绣龙图》、沙馥《芭蕉美人图》、任伯年《女娲炼石图》《钟馗图》《柳溪迎春图》《小红低唱我吹箫图》《隐逸图》《松下高士图》《胡公寿夫人图》《梅妃图》《西施浣纱图》《赏鸡图》《采菱图》《梅下人物图》《东山丝竹图》、方梅《八仙图》、倪田《钟馗图》、徐达章《课子图》、华冠《山居图》、毕臣周《桐前小憩图》等。2.山水画有明沈周《秋江图》《松下观景图》《山水图》册（十二开）、文徵明《秋到江南图》、黄道周《疏林水屋图》、盛丹《雨山图》、蓝瑛《山阴道中延妙楼图》《水村图》；清髡残《清溪茂林图》《幽壑烟云图》《禅机自在图》、查士标《柳荫独钓图》、高简《寒山行旅图》、袁江界画山水扇面五幅、金农《风雨归舟图》、龚旭斋《隐者图》等。3.花鸟画有宋人《双鹤图》；明汪肇《芦雁图》、吕纪《芦雁》、赵备《竹石图》、明人《鹰逐绶带图》；清牛石慧《鸭图》、高其佩《仙鹤图》、陈南楼《梅柳渡江春图》、蒋廷锡《万利图》、朱伦瀚《松鹤图》、高凤翰《竹菊图》、边寿民《菊花图》《芦雁图》、黄慎《梅花水仙图》、郑板桥《衙斋听竹图》《竹石图》《蕉山之竹图》、吴熙载《枇杷园》、李方膺《竹林图》、童钰《荷花图》、任熊《画眉宣花图》、虚谷《松图》《枇杷图》、胡远《兰图》《松芝园》《菊石园》、朱偁《芙蓉山雀图》、居廉《荔枝与蝉图》《螳螂花卉图》《蝈蝈花卉图》《石芝图》《扁豆蚱蜢图》、任熏《岁朝图》、任颐《牧人及牛图》《牡丹飞雀图》《南粤冬色图》《荷花图》《紫藤翠鸟图》《山鸡图》《凌霄图》《群鸭图》《枇杷图》《木棉与雀图》《柳溪鹅戏图》、李吉寿《玉米图》、关蔚熙《菜花图》等。参阅《徐悲鸿藏画选集》，天津人民美术出版社，1991年。参阅周积寅：《徐悲鸿中国画收藏观》，《中国书画》，2004年4期。

52 参阅周积寅：《徐悲鸿中国画收藏观》，《中国书画》，2004年4期。

53 参阅巫鸿在“全球化与民族化：21世纪的徐悲鸿研究及中国美术的发展”国际学术研讨会开幕式的演讲，研讨会于2013年8月24—26日在北京召开，由中国人民大学徐悲鸿艺术研究院主办。

54 也是笔者和贾方舟、华天雪、裔萼、张楠木、美国苏文惠等学者的共鸣所见。参阅贾方舟：《徐悲鸿与日本近代美术》（王震编：《徐悲鸿的艺术世界》，上海书画出版社，1994年），华天雪：《徐悲鸿的日本“观光”之旅》、[美]苏文惠：《徐悲鸿在日本：现代中国绘画再思考》、张楠木：《徐悲鸿早期写实美术教育思想中的日本美术嬗变因素》等（王文娟主编：《全球化与民族化：21世纪的徐悲鸿研究及中国美术发展》，北京：中国人民大学出版社，2014年）。裔萼：《徐悲鸿写实教育体系的形成与内容》（范保文主编：《世纪丰碑——新世纪首届徐悲鸿学术研讨会论文集》，天津人民美术出版社，2004年）。

55 徐悲鸿：《当前中国之艺术问题》，王震编：《徐悲鸿文集》，上海画报出版社，2005年，第139页。

56 徐悲鸿：《中国艺术的没落与复兴》，徐悲鸿著、徐庆平选编：《奔腾尺幅间》，天津：百花文艺出版社，2000年，第72~73页。

57 徐悲鸿：《中国艺术的没落与复兴》，徐悲鸿著、徐庆平选编：《奔腾尺幅间》，天津：百花文艺出版社，2000年，第77页。

58 徐悲鸿“致尾崎清次”信，徐悲鸿著、徐庆平选编：《奔腾尺幅间》，天津：百花文艺出版社，2000年，第307页。

59 [日]松谷省三：《徐悲鸿大师与日本艺术家的交往》，刘幸宇译，王文娟主编：《全球化与民族化：21世纪的徐悲鸿研究及中国美术发展》，北京：中国人民大学出版社，2014年，第478页。

60 [日]松谷省三：《徐悲鸿大师与日本艺术家的交往》，刘幸宇译，王文娟主编：《全球化与民族化：21世纪的徐悲鸿研究及中国美术发展》，北京：中国人民大学出版社，2014年，第481页。

61 徐悲鸿在南洋的历程参阅徐悲鸿著、徐庆平编选：《奔腾尺幅间》，天津：百花文艺出版社，2000年。参阅王震编著：《徐悲鸿年谱长编》，上海画报出版社，2006年。参阅杨作清、王震：《徐悲鸿在南洋》，乌鲁木齐：新疆人民出版社，1992年。参阅[新加坡]欧阳兴义：《悲鸿在星洲》，新加坡：艺术工作室出版，1999年。徐悲鸿在南洋的研究成果参阅华天雪：《徐悲鸿论稿》，济南：山东画报出版社，2014年。

62 华天雪:《徐悲鸿论稿》,济南:山东画报出版社,2014年,第257页。

63 参阅杨作清、王震:《徐悲鸿在南洋》,乌鲁木齐:新疆人民出版社,1992年;参阅[新加坡]欧阳兴义:《悲鸿在星洲》,新加坡:艺术工作室出版,1999年。

64 [新加坡]欧阳兴义:《悲鸿在星洲》,新加坡:艺术工作室出版,1999年,第225、226、227页。

65 谢和赓:《徐悲鸿与王莹与〈放下你的鞭子〉》,《新文化史料》,1995年第3期。

66 参阅华天雪:《徐悲鸿论稿》,济南:山东画报出版社,2014年。

67 参阅华天雪:《徐悲鸿论稿》,济南:山东画报出版社,2014年,第138、139页。

68 杨先让:《也谈徐悲鸿1938—1941年的经历》,王文娟主编:《全球化与民族化:21世纪的徐悲鸿研究及中国美术发展》,北京:中国人民大学出版社,2014年。

69 徐悲鸿在印度的研究篇章参阅[美]安雅兰:《徐悲鸿与泰戈尔》、[美]罗纳德·大冢:《徐悲鸿在印度:〈愚公移山〉及其作品》,王文娟主编:《全球化与民族化:21世纪的徐悲鸿研究及中国美术发展》,北京:中国人民大学出版社,2014年。在印度的历程参阅徐悲鸿著、徐庆平编选:《奔腾尺幅间》,天津:百花文艺出版社,2000年。参阅杨作清、王震著:《徐悲鸿在南洋》,乌鲁木齐:新疆人民出版社,1992年。[新加坡]欧阳兴义:《悲鸿在星洲》,新加坡:艺术工作室出版,1999年。

70 参阅徐悲鸿著、徐庆平选编:《奔腾尺幅间》,天津:百花文艺出版社,2000年,第199页。参阅杨作清、王震:《徐悲鸿在南洋》,乌鲁木齐:新疆人民出版社,1992年,第112页。参阅[印]克里巴拉尼:《泰戈尔传》,倪培耕译,北京:人民文学出版社,2011年。参阅刘驰:《生如夏花:泰戈尔传》,南京:江苏凤凰文艺出版社,2015年。参阅侯传文:《泰戈尔传:寂园飞鸟》,石家庄:河北人民出版社,2012年。

71 徐悲鸿:《我自觉不胜惶恐之欢迎会》,王震、徐伯阳编:《徐悲鸿艺术文集》,银川:宁夏人民出版社,1994年,第393页。

72 徐悲鸿:《泰戈尔之绘画》,徐悲鸿著、徐庆平选编:《奔腾尺幅间》,天津:百花文艺出版社,2000年,第199页。

73 徐悲鸿:《我自觉不胜惶恐之欢迎会》,王震、徐伯阳编:《徐悲鸿艺术文集》,银川:宁夏人民出版社,1994年,第394、395页。

74 参阅杨作清、王震:《徐悲鸿在南洋》,乌鲁木齐:新疆人民出版社,1992年,第119页。

75 徐悲鸿:《泰戈尔翁之绘画》,徐悲鸿著、徐庆平选编:《奔腾尺幅间》,天津:百花文艺出版社,2000年,第199页。

76 徐悲鸿:《我自觉不胜惶恐之欢迎会》,王震、徐伯阳编:《徐悲鸿艺术文集》,银川:宁夏人民出版社,1994年,第393页。

77 参阅杨作清、王震:《徐悲鸿在南洋》,乌鲁木齐:新疆人民出版社,1992年,第112页。

78 徐悲鸿:《悼念诗圣泰戈尔》,王震、徐伯阳编:《徐悲鸿艺术文集》,银川:宁夏人民出版社,1994年,第404页)。

79 杨作清、王震:《徐悲鸿在南洋》，乌鲁木齐：新疆人民出版社，1992年，第114页。

80 参阅杨作清、王震:《徐悲鸿在南洋》，乌鲁木齐：新疆人民出版社，1992年，第117页。

81 参阅G. C. Spivak，*In Other World*，New York: Routledge，1988，p. 228，p. 267. 参阅王岳川:《后殖民主义与新历史主义文论》，济南：山东教育出版社，1999年，第54页。

82 张京媛主编:《后殖民理论与文化批评》，前言，北京大学出版社，1999年，第6页。

83 参阅[美]爱德华·W·萨义德:《东方学》，王宇根译，北京：生活·读书·新知三联书店，1999年，第434、435、436、450页。

84 [美]周蕾:《看现代中国：如何建立一个族群观众的理论》，张京媛主编:《后殖民理论与文化批评》，北京大学出版社，1999年，第324页。

85 [美]佳·查·斯皮瓦克:《在国际框架里的法国女性主义》，张京媛主编:《后殖民理论与文化批评》，北京大学出版社，1999年，第84页。

附录一　徐悲鸿年表[1]

1895年（清光绪二十一年　乙未）1岁

7月19日，徐悲鸿生于江苏宜兴屺亭桥镇，[2]塘河之畔的小屋为祖父徐砚耕劳作10年所建。

悲鸿之父徐达章是当地著名画家，诗书篆刻，都有精深造诣。他不慕功名，独喜描绘日常所见，人物、山水、花鸟均有独到之处，其《课子图》曾展出于在欧洲举办的中国绘画展，并有国画《雪景》《龙》《荆溪十景》，篆刻《飞花入砚池》等存世杰作。

徐悲鸿是家中长子，原名寿康，下有弟妹五人，在“半耕半读半鱼半樵”的生活中，徐悲鸿度过了他的童年。

1901年（清光绪二十七年　辛丑）6岁

祖父去世。他开始随父读书习字，想学画，父亲不许。他便悄悄描画屋畔河边的鸡鸭猫犬，自得其乐。

1904年（清光绪三十年　甲辰）9岁

已读完《四子书》《诗》《书》《易》《礼》和《左传》，开始随父学画。每日课完，便临摹一幅时事插图画家吴有如的画，吴有如是清末杰出的画家，《点石斋画报》成了徐悲鸿的启蒙教材。父亲还教他作人物写生，画弟妹及邻人肖像。一次，徐达章外出归来，问何人来过，徐悲鸿将来客肖像默画在掌心，使父亲一目了然，表现出捕捉人物特征的非凡才能。

1905年（清光绪三十一年　乙巳）10岁

随父亲乘舟赴溧阳，他在途中即景成诗：“春水绿弥漫，春山秀色含，一帆风信好，舟过万重峦。”其时已能为父亲作品着色，为人书写春联，以才华闻名乡里。

1908年（清光绪三十四年　戊申）13岁

由于宜兴连年水灾，徐悲鸿与父亲赴邻近各县，画翎毛、花卉、山水、祖先像，刻图章，写春联，开始了流浪卖艺的生涯，养成了笔不离手的习惯。

1912年（民国元年　壬子）17岁

由于父亲重病而返回故乡。徐悲鸿已成为宜兴知名画家，在和桥彭城中学担任美术教师。

1914年（民国三年　甲寅）19岁

父亲去世。徐悲鸿向父亲挚友陶麟书借钱埋葬父亲之后，决定去上海寻找半工半读的机会。但由于找不到工作，他只得返回宜兴。在和桥彭城中学、宜兴女子师范学校、始齐小学等三校教授美术。

1915年（民国四年　乙卯）20岁

再赴上海，以画插图和广告维持生活，并开始卖画。高剑父、高奇峰兄弟对其作品《马》高度赞赏，认为“虽古之韩干，无以过也”。该画由上海审美书馆印出，为徐悲鸿发表的第一张画。

1916年（民国五年　丙辰）21岁

考入震旦大学攻读法文，课余仍勤奋作画。3月，哈同花园建立明智大学，征求仓颉像。徐悲鸿以巨幅水彩中选，被明智大学聘请去作画和讲学，因此得识康有为、王国维等著名学者。康有为视徐悲鸿为艺苑奇才，请他为自己、亡妻何旃理及朋友们画肖像，尽出所藏碑帖供他观赏，并一一讲解。徐悲鸿对康有为持弟子礼。通过反复临摹《经石峪》《攀龙颜》《张猛龙》《石门铭》等名碑，得宗碑派真髓，广闻博见，书艺精进。

1917年（民国六年　丁巳）22岁

得明智大学稿酬，东渡日本研习美术。康有为赠横幅题额“写生入神”为他送行，旁注小字：“悲鸿仁弟于画天才也。”

徐悲鸿饱览日本美术藏品，觉日本花鸟画家能脱出旧习，但尚少韵味。又结识日本著名书画家、收藏家中村不折，得见中国流失的许多珍贵碑帖。中村不折并将他所译的《广艺舟双楫》托徐悲鸿转交康有为。

1918年（民国七年　戊午）23岁

赴北京，发表《文华殿所藏书画》《画之美与艺》并以充满生气、力图变法的作品崭露头角，与陈师曾等被蔡元培聘为北京大学画法研究会导师，他积极投身“五四”前夕的新文化运动，带北京大学学生到香山写生，居碧云寺，作有《西山古松柏》《晴岚翠嶂》等画。在画法研究会开学典礼上，他大力提倡吸收西洋绘画之长，创造新的风格，并为《绘学杂志》撰文，指出中国绘画在该时代的陈腐颓败，号召画坛有志之士奋起革新，他在《中国画改良论》中，还明确指出：“古法之佳者守之，垂绝者继之，不佳者改之，未足者增之，西方绘画之可采入者融之”，成为中国画家中革新派的代表。

1919年（民国八年　己未）24岁

在蔡元培、傅增湘的帮助下，徐悲鸿获得赴法留学的公费。船到英国，他在大英博物馆惊叹希腊巴底降神庙残刻的精美华妙。10月15日，到达巴黎，居索母拉尔路7号。先到各大美术馆研究西方艺术之长，然后入朱里安画院（Academie de Julian）学习素描两月，又考入欧洲著名美术学府巴黎国立高等美术学校，入弗拉孟（Flameng）画室。课余，则到陈列古今艺术瑰宝的卢浮宫和卢森堡美术馆临画和比较各派异同。在古代大师中，他最喜提香（Titien）和里倍拉（Ribera）；近代大师中则喜库贝尔（Courbet）、米勒（Millet）、德拉克洛瓦（Delacroix）和巴里（Barye）。

1920年（民国九年　庚申）25岁

识法国大画家达仰（Dagnan-Bouveret）。达仰早年学于19世纪大师柯罗（Corot）之门，后来成为法国国家画会的领袖之一。他最擅描绘布列塔尼渔民和农民的生活。其《祝福的面包》《壮丁》和《饮马》等画早使徐悲鸿倾心不已。从此，徐悲鸿每个星期天都持作品到希基路65号达仰画室求教，并参加该画派画家在该处的茶会，在与梅尼族（Muenier）、阿米克（Amic）、倍难尔（Besnard）等名家的交往中受到极大的教益。

1921年（民国十年　辛酉）26岁

徐悲鸿因整天参观法国国家美展，流连忘返，闭馆时才知天降大雪。他饥寒交迫，得了严重的肠痉挛病。在病痛发作时，他常以努力作画来转移注意力。

为上海《晨光》杂志撰文，介绍欧洲绘画。

国内政局动荡，断绝学费。徐悲鸿赴柏林，居康德路画室，问学于柏林美术学院院长康普（Kampf）。

1922年（民国十一年　壬戌）27岁

徐悲鸿感到在法所见虽广，仍有局限。丢勒（Diirer）、荷尔拜因（Holbein）、门采尔（Menzel）和塞冈蒂尼（Segantini）皆令他赞叹不已。他每天作画达10小时，在博物馆临摹了伦勃朗（Rembrandt）的作品，天气晴朗时，便到柏林动物园作狮的速写。

1923年（民国十二年　癸亥）28岁

返巴黎，继续在巴黎国立高等美术学校学习，并在达仰指导下精研素描，在蒙巴纳斯各画院画了大量的人体习作。对油画人体，则作分部认真刻画和发挥默写能力。

以油画《老妇》第一次入选法国国家美展。

移居巴黎弗利德兰路。

1924年（民国十三年　甲子）29岁

为中国领事赵颂南夫人写像，从容不迫，力求简约，造型设色得心应手，并胸有成竹地预见画完时的旨趣。苦学5年已见硕果，有佳作《抚猫人像》《萧声》《马夫和马》和《远闻》问世。

1925年（民国十四年　乙丑）30岁

赴新加坡，为侨界领袖陈嘉庚及其创办的厦门大学作画。冬天，回到中国。

1926年（民国十五年　丙寅）31岁

春，为康有为、黄震之写像。在上海展出历年所作，引起文化界极大关注。康有为称赞徐悲鸿作品："精深华妙，隐秀雄奇，独步中国，无以为偶。"在上海中华书局出版《悲鸿绘集》。

3个月后，重返欧洲，深入对于全欧艺术的研究。他先赴比利时布鲁塞尔临摹约尔丹（Jordaens）的作品，又赴安特卫普观鲁本斯（Rubens）杰作，惊其天才之大。尤喜其《希腊人战阿马戎女骑士》一画的奔腾活跃，妙丽动人。

1927年（民国十六年　丁卯）32岁

赴瑞士欣赏荷尔拜因和勃克林（Bocklin）之作，对荷尔拜因融会安格尔（Ingres）与丢勒之长赞叹不已。在瑞士又转赴苏黎世，观看莱茵河左岸大师霍德勒（Hodler）之作。

遍游意大利名城，在达·芬奇（De vinci）《最后的晚餐》、拉斐尔（Rapael）《雅典院》、波提切利（Botticellii）的巨幅壁画、米开朗基罗（Michel-Ange）的西斯廷天顶画、提香的《圣母升天》前长久徘徊，不忍离去。

该年，徐悲鸿送选9幅作品全部入选法国国家美展，以精湛的技巧和独特的东方韵味获巨大成功，享誉法国画坛。

徐悲鸿带着复兴中国绘画的决心回到久别的祖国，居上海霞飞坊，与田汉、欧阳予倩共同创办南国艺术学院，以培养"能与时代共痛痒，而又有定见实学的艺术运动人才，以为新时代之先驱"。

1928年（民国十七　戊辰）33岁

居南京丹凤街，名其居为"应毋庸议斋"。任南国艺术学院美术系主任和南京中央大学艺术教授。开始创作取材《史记》的大幅油画《田横五百士》。暑假，赴福州作油画《蔡公时被难图》。在上海，与任伯年之女任雨华后人吴仲熊过从颇密。吴仲熊将伯年父女遗作未裱者数十幅相赠，为徐悲鸿生平最快意事之一。

年底，赴北平担任北平艺术学院院长。

1929年（民国十八年　己巳）34岁

在北平艺术学院努力进行艺术教学的革新，聘齐白石任该院教授，但遭到保守势力的重重阻挠。

作中国画《六朝人诗意》。

在美展会刊上发表文章推崇和宣传现实主义艺术，由上海中华书局出版《悲鸿素描集》。

应挚友苏州美专校长、著名油画家颜文梁邀请，前往讲学。

帮助吴作人赴法国留学。

1930年（民国十九年　庚午）35岁

在《良友》杂志发表《悲鸿自述》，以自己的坎坷经历鼓舞有志青年。作油画《诗人陈散原像》。经过两年的工作，完成油画力作《田横五百士》，歌颂"富贵不能淫、威武不能屈"的高风亮节。

1931年（民国二十年　辛未）36岁

在法国里昂和比利时布鲁塞尔举行徐悲鸿画展。完成大幅中国画《九方皋相马》，以抒写发掘人才的渴望。

赴天津南开大学讲学。

游岱宗。

为齐白石编画集并作序。

访问杰出的民间艺人——天津泥人张和南昌范振华。撰文《对泥人张感言》，盛赞其高超的技艺，认为他们均可与世界著名的艺术大师相提并论。

作欧阳竞无白描肖像。帮助傅抱石赴日留学。

1932年（民国二十一年　壬申）37岁

由南京丹凤街迁入傅厚岗6号，取名“危巢”，以经石峪字集联“独持偏见，一意孤行”悬于画室。

作中国画《雄鸡一声天下白》《沉吟》，油画《月夜》。

出版《悲鸿画集》，与颜文梁举行联合画展。

编《画范》以中外美术佳作供教学参考借鉴。共撰写《新七法》：一、位置得宜，二、比例准确，三、黑白分明，四、动作或姿态天然，五、轻重和谐，六、性格毕现，七、传神阿睹。

1933年（民国二十二年　癸酉）38岁

完成取材《书经》的大幅油画《徯我后》，表现被压迫人民渴求得到解放的迫切心情。

为提高中国绘画的国际地位，作赴欧宣传中国艺术的筹备工作。

5月至6月，在法国国立外国美术馆举办中国绘画展。徐悲鸿以《九方皋相马》《古都回忆》《颟顸》《枇杷》《雄鸡》《湖畔》《鸭》《六朝人诗意》《水牛》《庐山五老峰》《马》《狮》《群鹅》《南京一多》《猫》共15幅作品参展。《古都回忆》一画尤其受到法国报纸的赞美，其柏树被称为“堪与巴比松画派大师卢梭的橡树相媲美”。法国文豪保尔·瓦洛里（Paul valery）专门撰文介绍画展，名画家沙巴（Chabas）、倍难尔、德尼（Maurice Denis）、朗杜斯基（Landwski）均参加画展组织委员会，各界著名人士3000人出席了开幕式。应观众要求，展览延长15天，目录印至3版。法国政府从画展中选购12幅，于巴黎国立外国美术馆成立中国绘画展室，成为中国绘画在欧洲影响最大之事。

画展期间，徐悲鸿为倍难尔作了速写像。

随后，徐悲鸿赴比利时布鲁塞尔举行个人画展，并游荷兰海牙、阿姆斯特丹，访伦勃朗故居。

赴意大利米兰举行中国绘画展览，纪录片在全意放映，被称作马可·波罗之后最重要的意中文化交流。

1934年（民国二十三年　甲戌）39岁

应德国柏林美术会邀请，到柏林和法兰克福举行徐悲鸿画展，获巨大成功。50多家报纸杂志发表了赞誉文章。

经希腊赴苏联。途中，游雅典巴底隆神庙遗迹。

5月到7月，在莫斯科和列宁格勒举行中国近代画展，盛况空前，成为“在苏联举行的最成功的外国展览”。徐悲鸿的《六朝人诗意》尤受观众喜爱。与苏联著名艺术家交换了作品。回国后，作中国画《新生命活跃起来》《巅顶》，油画《鸡鸣寺途中》。

1935年（民国二十四年　乙亥）40岁

10月，带学生到天目山写生，作油画《天目山风景》。

游峨眉山，作中国画《惟石岩岩》。赴广西，作国画《漓江野渡》《鱼鹰》《墨猪》《桄榔树》《虎与兔》。

促成在南京和上海的苏联版画展，并为展览撰写序言。

1936年（民国二十五年　丙子）41岁

4月，登黄山天都绝顶。

为张大千画集作序。

离南京，再赴广西。居桂林、阳朔，放舟于漓江之上。作具有强烈时代感情的《逆风》《船夫》，以及向往和平宁静生活的《雪景》《古柏》《牧童》《村歌》。

1937年（民国二十六年　丁丑）42岁

在香港、广州、长沙举行徐悲鸿画展。从香港一位德籍夫人手中购回中国人物瑰宝《八十七神仙卷》。

在桂林创作了大写意山水《漓江春雨》和向往光明的中国画《风雨鸡鸣》。

随中央大学迁重庆，作表现人民痛苦的《巴人汲水》《贫妇》。

1938年（民国二十七年　戊寅）43岁

暑假，主持广西全省中学美术讲师讲习班，作《牛浴》《光岩》《负伤之狮》《象鼻山》。

1939年（民国二十八年　己卯）44岁

赴新加坡举行徐悲鸿画展，将卖画收入全部捐献祖国灾民。

以著名街头剧为题材，作油画《放下你的鞭子》。

1940年（民国二十九年　庚辰）45岁

在印度国际大学和加尔各答举行徐悲鸿画展，泰戈尔盛赞其作品（具）旨趣高奥的形象及有韵律的线条和色彩独具民族风格。

为泰戈尔作油画、素描、速写像十余幅，并作著名中国画《泰戈尔》和《群马》。由泰戈尔介绍，为圣雄甘地作速写肖像。

作有大量杰出的速写作品：《河畔》《野食余兴》《课余》《妆》《大吉岭》《喜马拉雅山》等，居喜马拉雅山大吉岭，用油画、水墨尽情描绘雄伟壮观的群山。

在大吉岭完成气势磅礴的油画和中国画巨作《愚公移山》，在民族生存死亡的时刻，以愚公坚韧不拔的精神鼓舞人民。

离印前，为《泰戈尔画集》选画。

1941年（民国三十年　辛巳）46岁

作巨幅《奔马》，寄托对祖国奋起的渴望。在槟榔屿、怡保、吉隆坡举行画展，收入仍全部捐献祖国难民。

1942年（民国三十一年　壬午）47岁

从云南回国，在昆明举行画展，全部收入捐献劳军。

返重庆中央大学任教。居沙坪坝，开始筹备中国美术学院。

作国画《鸡足山》《灵鹫》《六骏图》、油画《庭院》。

在《全国木刻展》一文中，热烈赞扬解放区的木刻家。

1943年（民国三十二年　癸未）48岁

居重庆磐溪中国美术学院。暑假，带学生赴青城山，在天师洞道观作《紫气东来》《孔子讲学》，以《九歌》为题材的《山鬼》《国殇》。

5月，完成隐喻抗战必定胜利的大幅中国画《会师东京》。肖像画杰作有《廖静文像》《李印泉像》。风景画有油画《银杏树》《青城山》，中国画还有《双饮马》《梅花》《鹰扬》《十二生肖图》。

1944年（民国三十三年　甲申）49岁

有杰作《天寒翠袖薄》《日暮倚修竹》《月色》《飞鹰》问世。

夏末，患严重的高血压和慢性肾炎，住医院半年。

1945年（民国三十四年　乙酉）50岁

病渐愈，身体虚弱，但仍为中央大学艺术系的学生上课。

1946年（民国三十五年　丙戌）51岁

从重庆经南京、上海到达北平，就任北平艺专校长。聘请了一批有影响、有能力的艺术家到校任教，建立了完整的教学体系，并担任北平美术作家协会名誉会长，推动现实主义艺术运动。

1947年（民国三十六年　丁亥）52岁

迎击腐朽、保守势力，[3]为阐明艺术主张而向记者发表题为《新国画建立之步骤》的书面谈话。

提倡直接师法造化，描写人民生活。在教学中规定各科学生都学习两年极严格的素描，然后学10种动物、10种花卉、10种翎毛、10种树木与界画，以达到对人物、风景、动物及建筑不感束手，离开学校后能自觅途径发展。

秋，迁居东受禄街16号，名之为“静庐”及“蜀葵花屋”。

在上海举行徐悲鸿画展。

1948年（民国三十七年　戊子）53岁

撰写《中国美术的回顾与前瞻》书稿。发表《复兴中国艺术运动》一文。

1949年（民国三十八年　己丑）54岁

作为中国代表，出席在布拉格举行的第一届保卫世界和平大会。回国即以《在保卫世界和平大会听到南京解放》表达对新中国诞生的喜悦之情。

全国政协确定参加中华人民共和国国旗、国歌的工作。

被任命为中央美术学院院长，当选为全国美术工作者协会主席。

为许多杰出的学者和文学艺术家作了素描肖像，如田汉、丁玲、洪深、张奚若、郑振铎、翦伯赞、邓初民、马寅初、肖三、戈宝权等。

1950年（庚寅）55岁

作油画《骑马英雄部喜德像》、素描《苟富荣像》《戎冠秀像》《李长林像》。大幅中国画《九州无事乐耕耘》。完成《鲁迅与瞿秋白》的素描稿。

发表赞扬民间艺术家的文章《剪纸艺术家陈志农先生》。为《任伯年画集》撰写《任伯年评传》。

1951年（辛卯）56岁

赴山东导沭整沂水利工程工地体验生活，收集素材。作《工程师张瑨像》《农民任继东像》《劳动模范吕芳彬像》。

准备创作反映新时代人民改天换地精神的《当代愚公》，不幸在构图时患脑溢血。

1952年（壬辰）57岁

卧病在床，但一直关心国内外的艺术活动和中央美术学院的教学工作，并计划编写《爱国主义教育挂图》，拟将历代重要艺术珍品集中编印。

1953年（癸巳）58岁

渐能起床活动，便到美术学院为毕业班学生讲课和指导教师油画和素描进修班。作《首之瞻处即光明》和《铲尽崎岖大道平》奔马图。

9月23日，担任全国文艺工作者代表大会执行主席，脑溢血症复发，于9月26日2时52分逝世，享年58岁。周恩来总理赴医院向他的遗体告别。

应美术学院师生的要求，徐悲鸿的遗体在中央美术学院大礼堂停放，让来自全国各地的文艺界代表和各界人士一千余人进行悼念，然后，由他们护送，安葬在八宝山革命公墓。

12月，中国美术家协会、中央美术学院联合举行徐悲鸿纪念会和徐悲鸿遗作展。展出油画、国画、素描、粉画共226件。观众为祖国失去这样伟大的画家而感到痛惜。周恩来总理在展览会上指着徐悲鸿所书的对联“横眉冷对千夫指，俯首甘为孺子牛”说：“徐悲鸿就有这种精神。”他赞扬徐悲鸿的作品融会了古今中外的一些技法，油画和素描都有民族色彩，是他生活年代的一位杰出的艺术大师。

家属根据徐悲鸿的遗愿，把他的作品1200多件，他一生节资收藏的唐、宋、元、明、清及近代名家的作品1100多件，图书、图片、碑帖等近万件，全部贡献给国家。

次年，徐悲鸿故居被辟为徐悲鸿纪念馆，展出有关他的生平和艺术活动的资料以及各个时期的代表作品。周恩来总理题写了“悲鸿故居”匾额。

1983年，建于北京新街口北大街53号的“徐悲鸿纪念馆”新馆落成，并长期对国内外观众开放。

注释

1　摘自徐悲鸿纪念馆编：《中国艺坛巨匠》，北京摄影出版社、北京出版社出版集团，2005年，第382～391页。

2　笔者按：徐悲鸿生日不啻一种说法，一说是1895年6月18日（农历五月二十六日），参阅王震编著：《徐悲鸿年谱长编》，上海画报出版社，2006年，第1～2页；另一说是1895年7月19日（农历五月二十七），这是通常各徐悲鸿传记年谱之说法；再一说是1895年7月5日（农历五月二十六日），参阅徐仲年：《寿悲鸿五十》，载《重庆中央日报》，1945年7月5日。

3　笔者按：关于1947年北平艺专"三教授罢教"事件，本书第二章有述。记李树声先生言："这次争论得到了媒体和社会各界相关人士的关注和参与，是最初因艺专教员不满学校教学安排所产生的具体事件，逐渐发展成为涉及国画理论观点的论证和不同政治背景下团体间的相互对立，言辞之激烈，涉及人物之众多，成为轰动一时的社会新闻。这场历时数月之久的论战，实际上是'五四'以来关于中国画改革讨论的延伸，同时也成为中国现代美术史上一段重要的经历。"（邵大箴、李松编著：《20世纪北京绘画史》，北京：人民美术出版社，2012年，第202页）。笔者以为，与该年表措辞相比，李树生对这一事件的表述相对客观公允。

附录二　徐悲鸿研究的国内外现状[2]

近年来，对于徐悲鸿，无论国内外，质疑声浪不绝如缕，但研究者们也终究多了一些冷静，学理性增强，辩证肯定者日众。总体来看，虽然国内研究依然缺少方法论意识，但公允地说，徐悲鸿研究近年来也取得了一定的成绩，有了一些突破。分以下几个方面来看。限于篇幅，亦限于见闻，笔者在此一定不是全面的研究综述，挂一漏万，还请诸位方家敬谅。

一、年谱重修

年谱整理是进入研究者的第一门户。李松的《徐悲鸿年谱》应是最早的具学术价值的徐悲鸿年谱。[2]王震集一生之力研究徐悲鸿，贡献卓著，成果丰厚，其中即著有相当功夫的年谱长编，[3]至今仍是所有徐悲鸿研究者的基本必读书目。但其中也存在被研究者指出的一些不确之地。近年来，年谱重修的工作，一些学者（譬如北京大学朱青生等）集众人力物力，在王震年谱的基础上重新修订编辑，待付梓成书，参加其中工作的陈圣燕、杨惠涵、任川在《〈徐悲鸿艺术档案〉与〈徐悲鸿年谱〉的编辑方法与相关问题》一文中[4]（2013年），介绍了自2009年3月开始编纂的徐悲鸿艺术档案项目的基本情况，年谱编撰，即是此档案工作的阶段性成果。年谱重修的工作华天雪也正在做。她已付梓出版的篇章有《徐悲鸿南洋时期年表》(2014年)。[5]天雪在该年表说明里述曰:徐悲鸿从1939年1月9日抵达新加坡,到1942年1月6日离开,整3年时间,年龄从45至48岁,正值壮年;足迹遍及新加坡、印度、马来西亚;活动包括举办画展、写生、创作、演讲、交游、旅行等,可谓丰富多彩。学界通常将徐悲鸿的这三年称为“南洋时期”或“星马时期”,它无疑是徐悲鸿的重要时期,甚至可以说是徐悲鸿美术活动最频繁、交游最广、作品最多最精的时期。此年表以此期为主要考察对象,同时为事件的连贯,也涉及相关史实的前伸与后延。该年表重点参考了王震编著的《徐悲鸿年谱长编》、欧阳性义编著的《悲鸿在星洲》、[6]王震编《徐悲鸿文集》[7],但补充丰富了不少相关史实,并对上述著述中的一些谬误作了校正,是对徐悲鸿年谱工作的贡献与推进。

近年来与年谱相关的探索徐悲鸿生平所历的新著述(包括编著)有:中华书局出版的《中华书局藏徐悲鸿书札》[8](2012年)、傅宁军的《悲鸿生命——徐悲鸿的生前死后》[9](2013年)、沈宁的《闲话徐悲鸿》[10](2013年)等。其中傅宁军在书中提到,他曾亲眼见到徐悲鸿批注的石印教材:“在南师大美术学院的资料室,保存着徐悲鸿亲笔批注的石印教材,这是美术学院引以为自豪的珍贵文物。我去采访时,资料员抱出一大包来,深灰的封面,遒劲的书法,原教材的题目与徐悲鸿的批语浑然一体。《吴昌硕画册》:‘须深会此意,不可仅徒以貌求之。’《吴兴金北楼画册》:‘绿肥红瘦,可称佳作。’《郎世宁画乾隆皇帝春郊试马图》:‘虽无韵致不失精。’《某山水画集》:‘恶劣’,《某花卉合册》:‘秀色可餐’,《某仕女花鸟草虫合册》:‘略有可取’。”[11]令我们仿佛身临其境。沈宁论著也无意于勾勒中国现代美术对当代美术影响进程中的宏大话语研究,只在静静的历史文献中,在记忆的碎片,在不被人注意乃至几近忽略的地方着墨,视角独特,文心沉潜,以史学家的严谨态度钩沉补遗史实，但也不乏学人应有的正直与人文激情和现实关怀，是近年来有心得的徐悲鸿研究的成果之一。作者除了对1947年围绕“三教授罢教”引发的“国画论争”的两大对立团体（即“北平市美术会”和“北平美术作家协会”）之复杂组建进行细致考略，给我们打捞了不少尘封史料并努力重新认识，以免以讹传讹之外，亦对历史发生的个案给予了深入细察。譬如，作者述及鲜为人知的徐悲鸿与一代名伶赛金花、名艺术家王青芳（王子云弟）、国学大师胡适、画家齐振杞、赵望云、版画家李桦及音乐家（名篆刻家）杨仲子等民国人物的交往，力图借助挖掘出的文献，发现历史的真相，还原历史人物的真面貌，纠正以往历史论述中的偏颇、阙失和误读。其中给人留下较深印象的篇章之一（篇首文章《从‘徐悲鸿天价假画事件’谈起》），即通过2010年6月北京九歌国际拍卖有限公司的春拍中，成功拍出的名为《人体蒋碧微女士》的“徐悲鸿油画”事件，想到70多年前（1936年6月）蒋碧微为徐悲鸿画作打假之事，不胜唏嘘！作者体察，当时“正是徐孙之恋殃及婚姻之际……徐悲鸿辗转滬、港、粤、桂各地，没有在南京居住。就在这样的情景之下，蒋碧微尚能挺身而出，以法律的手段，维护画家权益，终究不是当时社会环境下多数女性所能办到的，勇猛若‘高山巨瀑’（孙寒冰评语），不能不为之击掌赞叹！”[12]作者不禁为扭转我国艺术品市场混乱的现状进言。作者披露徐悲鸿当年为贫病交加的赛金花赠画四幅，不禁让我们慨叹赛金花之潦倒和徐悲鸿赠画落款为“东海王孙”的仁厚和狭义！作者也为不幸被医生玩忽职守，让才华横溢的年轻画家齐振杞惨死于英年，徐悲鸿扶病上法庭作证的历史一幕作了回顾，声明徐悲鸿曾掷地有声地痛责：“抛开齐是年轻人，艺术上最有成就的。今天这完全是从我良心上发出的话，像他那样有成就的作品，拿出来在全中国也不过有五个人。这实在是个艺术界的大损失！所以我要是大夫，法庭即使不判我罪，我也得自杀！”[13]作者充分肯定“作为美术教育家的徐悲鸿先生那颗爱惜、培植艺术人才一片炽热之心；作为有社会责任感的艺术家面对社会黑暗现象挺身而出的无畏之举”，[14]作者也补充辑释了各种徐悲鸿文集尚未收录的徐悲鸿佚文《艺术家齐振杞遭暗杀》[15]《专写民疗之赵望云》[16]《民以食为天：为全国木展而作》[17]《题杨仲子近刊〈西南漂泊集〉》[18]，给徐悲鸿研究提供了宝贵的第一手资料。

二、走下神坛的徐悲鸿

徐悲鸿被推向神坛，大概应该是建国前后，尤其是新中国成立以后的造神运动所致。20世纪50至60年代的徐悲鸿研究就在意识形态的导引和徐悲鸿的学生及同道的回忆歌颂中展开（把曾经在20世纪20至40年代的不同声音几乎全部淹没[19]），20世纪七八十年代继续延续着这一高调。对此梁江在其《三十年来徐悲鸿研究述略》中有阐明，[20]华天雪在《徐悲鸿的中国画改良》中也有详细论述。[21]20世纪80年代中晚期及至90年代，质疑逆反徐悲鸿声浪汹涌，不少研究者像烙烧饼，把徐悲鸿和林风眠颠了个，在排中国现代美术大师时把徐悲鸿放在了林风眠后面，并把中国艺术半个多世纪没有和世界现代艺术接轨的帐全算到徐悲鸿头上。其积极意义在于打破“意识形态脸谱化”的徐悲鸿，打破艺术一元而寻求多元，寻求艺术的开放性、自律性起到了相当作用。但消极意义也很明显，在解构“高大全”式英雄的同时，也有让艺术家替“左倾”意识形态受过之嫌，情绪化之中，反而遮蔽对艺术、对徐悲鸿的真正深入探讨。美术界的这一倾向非一家独有，这与20世纪90年代文学界（以及其他艺术领域一样）对20世纪大师重排座次的景象异趣同工（文学界质疑鲁迅，抬高梁实秋、林语堂乃至周作人及至“张迷”粉丝绚烂遍地）。我想，这里不仅仅关乎徐悲鸿、林风眠、刘海粟、庞薰琹、潘玉良等一干画家，也不仅仅关乎鲁迅、林语堂、周作人、张爱玲等一干文学家，而实在关乎社会思潮、艺术思潮的巨变，关乎“积极自由”与“消极自由”的此消彼长。

王文娟曾撰文《徐悲鸿精神的现代性阐释》认为（《中国人民大学学报》2005年2期，2013年修改），把中国艺术半个多世纪没有和世界现代艺术接轨的帐全算到徐悲鸿这里是对艺术家的不公正。大而言之，中国艺术半个多世纪没有和世界接轨，和这半个多世纪（冷战气候下）的世界和中国的政治文化的大背景密切相关。这不是哪个艺术家所能决定的（即使他是艺术领袖）。小而言之，“文革”畸形美术是集权吞并教化而形成的如中世纪政教合一的产物，这不仅是艺术家们的不幸，更是我们民族史上的大不幸。对这大小两方面的进一步反思，需要我们从艺术思想史内部也需要专门思想史家的深入探讨。艺术自律应是艺术家始终如一的坚持，而艺术与政治、艺术与社会的关系又是不容忽视的重要问题，需理性对待、良性互动，这已是正反两方面的经验已证明了的问题，还需我们加强理解。

近年来，对于被诸种情况遮蔽而被歌颂，又被诸多人们所质疑诟病的徐悲鸿，不少学者基于清醒理性的认识，愈回到“走下神坛”的真实徐悲鸿。其中华天雪所著《徐悲鸿的中国画改良》（2007年）值得关注，尤其该书第一章“徐悲鸿研究的研究”对1915年至2005年近乎100年的徐悲鸿研究的历程作了徐悲鸿“生前”“身后”两大部分的探讨，重点钩沉和梳理了各类有价值的观点，并对它们作了简要的评述，这是一项难得不易的浩大工程，是对徐悲鸿研究的一项贡献。近年来华天雪还陆续写了《徐悲鸿的1949》《关于徐悲鸿致松亭的信函》《一段确定与不确定的历史——徐悲鸿在星马》《尚付阙如：关于中央美术学院历史上的“第八分班”时期》《齐白石的知己：徐悲鸿》《关于徐悲鸿与傅抱石的相识问题》《徐悲鸿的日本“观光”之旅》《关于一篇徐悲鸿有所参与的文章：〈我们对北平各界代表会议感想〉》等多篇文章，这些文章（部分发表在2013年）结集在天雪2014年出版的《徐悲鸿论稿》中[22]进一步阐发了作者的观点，这是2014年度徐悲鸿研究的一部力作。其中在篇首文章《徐悲鸿的1949年》里，作者分“去留之间：一个命运的节点”“军管期间”“军管前后的国立北平艺专”等几个方面述说了徐悲鸿及中央美术学院在新旧更替之际，翻天覆地、火热兴奋不平静甚或心惊动魄的内涵极为丰富复杂的1949年。天雪以她特有的敏锐犀利纵横铺陈，虽然一些观点有待商榷，但她视野之开阔，探讨问题之深入，尤其到中央美术学院档案室，开掘出了不少尘封的原始资料，值得关注。在《尚付阙如：关于中央美术学院历史上的“第八分班”时期》中，天雪梳理了抗战胜利后，徐悲鸿应教育部之聘，接管当时“日伪的北平艺专”，即“北平临时大学补习班”，并对其改造革新的历史经过。徐悲鸿人生的最后八年就是与这个机构的交接中开始的。天雪逐页解析了一份由“民国三十五年度毕业班会”编制的《教育部特设北平临时大学补习班第八分班教职员同学录》，通过比较研究其“序”（第1页）、“沿革”（第2~3页）、“同学录”（第4~11页）、“教员录”（第12~14页）、“职员录”（第15~17页）和“后记”（第18页）共6个部分的材料，提出徐悲鸿自掌校后，通过约两个多月的甄审、裁留和重聘，对原（伪）艺专教职员等作了一次较为彻底的“大换血”。天雪认为，这场人事变动预示着“新”艺专的“创建”将大大多于“承续”，其办学方向亦将与“旧”艺专判然有别。也正因此，徐悲鸿被推到了敏感的人事问题的风口浪尖，后来的“三教授罢教”纷争或许与此次人事变动有一定渊源。在《一段确定与不确定的历史——徐悲鸿在星马》中，天雪对1939年至1941年间的徐悲鸿“星州行”进行了研究，并猜测：徐悲鸿此行除了筹赈外办画展，何以连瓷器这类极不适宜长途跋涉的收藏以及早年的速写练习乃至带着“一所美术馆”的辎重（他全部的家当）四处奔波？……这很容易令人推断他或许有逃离出去，长期居留甚至一去不返之类的念头！徐悲鸿的亲授弟子杨先让撰文《也谈徐悲鸿1938—1941年的经历》(2013年)与华天雪商榷。[23]在史实的梳理中，杨先让看到了绝非圣人而普通人的徐悲鸿在那几年，离不了婚又结不了亲，漂泊天涯，无奈孤独中失了阵脚、饥不择食地选择伴侣，屡屡被朋友劝阻的尴尬一面。但他认为，徐悲鸿同中国“五四”前后的那批文人学者一样，他们对祖国对中华民族文化的热衷与责任可歌可泣，这是今天的一些知识分子很难去理解的。这样的争鸣，笔者不看作是两方观点人的争执，而是在问题情境中各抒己见的认真讨论。这比一种观点一统天下的话语霸权恐怕要好得多。潘敏钟也有别主旋律对徐悲鸿的定位，在《徐悲鸿印学事迹考察》(2013年)中[24]认为“1935年至1945年的研究，很多研究者把本是徐对蒋对孙的情愫扯成徐对国家命运的情感，值得商榷”。对潘文的观点，笔者认为需要讨论。王文娟曾撰文《对徐悲鸿质疑的几点思考——从一种现代性的角度切入》(《美术》2013年10期)认为，清醒的态度很重要，不能向“左”转地把徐悲鸿继续捧作神，也当然不能向右转地让徐悲鸿走下神坛的时候，又把徐悲鸿的光辉意义都解构掉而把他委琐化，那样我们就会从对徐悲鸿的一种遮蔽走向另一种遮蔽。

三、徐悲鸿艺术本体研究

（一）巩固式研究

老一辈学者的巩固式研究依然是今日徐悲鸿研究的扛鼎之作，不完全统计的成果有：李树声的《从百年中国画的发展谈中国画之改良思想》(2013年)、王镛的《徐悲鸿改良中国画的历史贡献与当代意义》(2013年)、陈瑞林的《国画复活运动与徐悲鸿改良中国画的努力》(2013年)、刘曦林的《徐悲鸿与蒋兆和》(2013年修改)、马鸿增的《“徐蒋体系”的再认识》(2013年修改)，[25]还有邵大箴、薛永年、李福顺、王震、陈传席等先生别一视角的研究，放在下面相应板块分别综述。

李树声认为：徐悲鸿在改良中国画时能提出“古法之佳者守之，垂绝者继之，不佳者改之，未足者增之，西方绘画之可采者融之”这一科学观点的原因有三：1. 家学；2. 与康有为的交往；3. 对日本美术的考察。王镛认为，徐悲鸿中国画改良的理论与实践在新时代的意义在于：1. 要全面认识和继承中国画传统的精华，加强传统文化素养；2. 坚持师法造化；3. 继续深入探讨中西融合的道路；4. 要提倡艺术的多元复古，对保守、激进、折中的思潮都应该予以正确的认识。陈瑞林认为：作为“国画复活运动”的积极参与者，徐悲鸿改良中国画的主张和实践对当时和之后的中国文化界产生了巨大影响。看似折中温和的“融合中西”成为现代中国画发展的主流，众多优秀的中国画家和中国画作品涌现，为20世纪后期的新中国画建设开辟了路向、奠定了基础。刘曦林认为：蒋兆和继承了徐悲鸿致力于中国人物画教育和拓展的使命，又大胆地调整和改变了徐悲鸿的教学原则，以“造型基础课”概念代替“素描”，使之更接近于徐氏发展中国人物画的初衷，使“徐蒋体系”更富有了生命力。马鸿增认为：“徐蒋体系”包含了现实主义艺术精神和写实为主的艺术语言两个层面，有四个要点：1. 真善美相统一的艺术价值观；2. 关注人生的人物画创作观；3. 惟妙惟肖、形神兼备的造型美学观；4. 开创融西入中的水墨写实语系和人物画教学体系。

中青年学者阐发徐悲鸿的当代意义也是一股生气勃勃的力量。不完全统计的成果有：宋晓霞的《论徐悲鸿艺术的当代意义》(2013年)[26]、郑工的《论徐悲鸿的“古典”理想与写实主义》(2013年)、甄巍、季海洋的《徐悲鸿艺术的当代意义》(2013年)、陈浩的《徐悲鸿艺术对当代的启示》[27]、毕宝祥的《徐悲鸿艺术思想的当代意义》(2013年)、李昌菊的《徐悲鸿的写实与中国画本土化》(2013年)、李宏、薛墨的《全球艺术史视野下的徐悲鸿》(2013年)、李时兵的《徐悲鸿对新中国现实主义美术体系的贡献》（2013年）、[28]毕宝祥的《徐悲鸿写实主义的中国情结》（2015年）、屈波的《徐悲鸿：寓言的写实与写实的寓言》（2015年）、丁方的《徐悲鸿艺术的线性与体量》（2015年）、高毅的《徐悲鸿提倡的写实观对中国画变革的影响》（2015年）、陈圣燕的《徐悲鸿早期国画改良观分析》（2015年）、陈浩波的《东方、西方，信马由缰——论徐悲鸿中国画作品中透视法的运用》（2015年）、李文秋的《论徐悲鸿创作风景油画的主要动因》（2015年）[29]等的锐意陈言。

宋晓霞认为：如何在顺应现有语法、资本推动和价值秩序之外达成一种突围，最终走出一条通向我们自己未来的道路是值得思考的问题。这与徐悲鸿当年所处的环境极其相似，徐悲鸿在法国对于身边风云起伏的各种艺术现象的看法和他的艺术选择是有参照性的。徐悲鸿所提出的写实在当时的中国是一种现代转型的探索。郑工认为：在观念上与徐悲鸿冲突激烈者，多为国画家。他与其他油画家的观念冲突，往往也在中西融合的问题上，这里涉及个人对传统和现代的理解，也从另一方面说明了徐悲鸿的“古典”情怀与异质文化观。甄巍、季海洋认为：徐悲鸿的艺术反映了艺术家对自身所处环境与社会的关怀，启发人们审视艺术当代性的核心问题——艺术与社会的关系问题。毕宝祥认为：徐悲鸿对中国美术创作和美术教育的深远影响，主要有四个方面：1. 推行以写实为基础的美术教学；2. 倡导现实主义的艺术创作；3. 主张兼收并蓄的学习态度；4. 指出百花齐放的发展方向。他认为徐悲鸿选择用写实主义来改良中国画出于两点原因，一是基于对当时中国国情和美术现状的实情考虑；二是基于徐悲鸿的中国情结。这些情结是：1. 写实主义在表现手法上契合于中国古典的自然主义，徐悲鸿借用西方写实主义的概念，其目的是要复兴中国古典的自然主义；2. 徐悲鸿倡导写实主义是立足于弘扬民族艺术之上的，其借鉴西画的目的，是为了发展和完善中国画；3. 徐悲鸿评价绘画的主要标准是真善美，中国绘画也是力求真善美的，包括文人画。只不过文人画的“真”，主要追求的是主观情意上的“真”，而忽略客观物象上的“真”。因此要通过写实主义来加以改善。屈波通过解读徐悲鸿作品《愚公移山》里的印度人形象，认为徐悲鸿打破中国绘画传统，选择以现实人物为模特的做法本身就是一个寓言，表明了作为现代知识分子的徐悲鸿在美术创作、教育、社会活动中对写实主义的坚守。他认为，在中国建构现代民族国家的进程中，科学和民主的理念是两面大旗，而在建构中国现代美术体系的进程中，科学风尚和写实风格在某种程度上是这种理念在美术领域的具体化。因此可以说，徐悲鸿的写实主义，既是他个人的兴趣与风格，也关乎民族国家的宏大叙事，是一种视觉化的双重寓言。

丁方通过比较以荆、关、李、范为代表的北派山水画作品与徐悲鸿的人物画作品在艺术特点上的共性，提出徐悲鸿在线条上吸收了中国传统高峰艺术的营养，在造型上不仅学习了法国学院派的写实技法，还将国画中北派山水的多层皴法与体量感融于其中，体现了徐悲鸿对中西方艺术的创化吸收。他认为徐悲鸿在出国留学期间逐渐对东西方文艺复兴的成果形成了较为全面的认识，这是他中国画改良论的重要思想来源。陈浩认为：长期以来徐悲鸿的艺术被冠以“写实主义”“现实主义”与“革命现实主义”等等主义，如果徐先生有在天之灵，一定会对地上的把戏不太以为然。他认为，徐悲鸿留给我们的诸多遗产之中，笔墨与造型的高度结合是一笔可以使中国画流传百代并为世界各民族所珍赏的宝贵财富。高毅通过比较中央美术学院徐蒋写实教育体系培养出的几代水墨人物画家的作品，论证了徐悲鸿写实体系对中国画坛产生的深远影响。她认为，写实主义是徐悲鸿改良中国画的第一步，而并非他的终极目的。如果徐悲鸿没有过早离世，一定会提出更多对艺术的促进措施，这一点从他对陈老莲、任伯年作品的赞赏就可以看出。高毅通过明清人物画作品论证了徐悲鸿在1918年《中国画改良之方法》中提出的“中国画不能尽其状，此为最逊欧画处”以及“臂腿如直筒，身不能转使，头不能仰面侧视，手不能向画面而伸”等中国画的弊端。并通过对比新中国成立以后，在中央美术学院写实精神的培养下涌现出的李天祥、钱绍武、李斛、周思聪等具有坚实造型能力的画家的作品，梳理了几代艺术家从学习苏派、提高造型能力和对色彩的把控能力，到超越自然主义写实、成功地塑造出个人艺术语言的成长过程。

陈圣燕通过梳理、考证徐悲鸿《中国画改良之方法》一文的刊载时间及思想源流，提出该文虽然是徐悲鸿国画改良体系中最具代表性的言论，但它并不像其标题或后世学者认为的那样系统完整。他认为该文中谈及的艺术理念较为杂乱，与徐悲鸿后期明确的、系统的国画改良论存在很大不同。徐悲鸿的这篇文章更像是为了呼应时代精神而发表的艺术宣言，体现了徐悲鸿在康、陈改良思潮的影响下对中国画发展的认识。该言论发表时，徐悲鸿尚未接受系统的西画教育，还不能使用中国画体系之外的方法和理念来改良中国画，此时，源自家学的朴素求真精神才是其最核心的艺术主张。他认为徐悲鸿成熟的中国画改良体系是在留学回国后，在长时间的摸索和实践中逐步完善、构建起来的。陈浩波以徐悲鸿绘画作品中最常描绘的“马”为切入点，提出徐悲鸿对中国画改良的首要方式，就是在传统中国画的表象系统中融入了具有内在统一性的纵深空间结构。他认为，徐悲鸿作品中方位感的凸显以及精确深度空间的塑造，体现出其对西方古典主义艺术中理性原则的认可和运用。传统国画中的散点透视依照二维平面上物象间的相互位置组织序列，画中事物的秩序与观看者的视点处于平行的均匀状态，而透视法的引入体现出一种认知模式的变化，它承认并接受了一个完全异于自我的他者的存在。因此，徐悲鸿所画的“马”反映出伴随社会心理认知结构的变化而产生的趣味变革，这是对新的文化气象所酝酿出的集体观念的呼应，是对有理性有真知，具备国际视野而富于远见的新型国民意识的召唤。李文秋结合《漓江春雨》等具体作品，通过图像对比分析，提出徐悲鸿创作风景油画的主要动因有三：1. 为了变革中国山水画；2. 为了锤炼绘画语言，尤其是在写生中锻炼对色彩语言的掌握和表现能力；3. 部分风景油画是为大型人物画创作搜集素材。

（二）对徐悲鸿艺术实践大于理论口号的认识

对徐悲鸿写实主义坚持肯定陈说的尚属多数，质疑此说的也不在少数，综合两说，能更为全面理性而"同情理解"地从当时语境与当代语境双向发声的学者亦在涌现。不完全统计的成果有：曹庆晖的《徐悲鸿美术教育学派刍议》（2013年修改）、莫艾的《论民国前期徐悲鸿"写实"主张的内涵、现实指向与实践形态》（2013年修改）、王菡薇的《"情境分析"视域下的徐悲鸿写实主义》（2013年）[30]、王文娟的《对徐悲鸿质疑的几点思考——从一种现代性的角度切入》（《美术》2013年10期）等。

曹庆晖在文章中认为，长期以来，美术界对徐悲鸿存在太多脱离近现代中国美术具体情境的简单化理解，把徐悲鸿和素描捆绑得结结实实。他认为，徐悲鸿的写实主义并非从素描出发，而是建立在"惟妙惟肖"基础上海纳百川的粗放式格局。他认为，如果对方能够惟妙惟肖地呈现形象和境界，徐悲鸿才不在意他会不会西洋素描、是不是言必称古呢，必将热情拥抱而抬举之。齐白石、张大千不就是被他奉为座上宾、到校示范即给教授干薪、与西洋素描并不搭界的朋友吗？秦仲文、陈缘督、李智超等人的作品不也被他评为精能、天成、老到吗？即使以素描入中国画的蒋兆和，能让他摈弃嫌隙聘其为兼任教授，不也是凭着《流民图》惟妙维肖的表现吗？莫艾文章认为，徐悲鸿的"写实"主张长期以来成为其最具代表性与影响力的核心观念。一旦将探讨放置回对象所处的历史语境，探析此主张与其根本的艺术理解间的内在关联，揭示其由此产生的现实针对性，探究此理解涉及的艺术史典范、语言形态的规定性及所对应的实践形态，就能打开更为丰富的理解空间，呈现徐“写实”主张的特殊性与复杂性。在更大的视野中，徐氏的“写实”主张及相关状况，或许还可能对理解中国现代艺术的“现代性”方面具特别的启发意义。徐悲鸿“写实”主张的指向，意在突破西方现代艺术已经形成强大导向的局面，突破后者倾向于个体表达、艺术自律及主观抒情的道路，追求绘画的启蒙功能、道德教化影响与建构民族认同的历史责任。这一体认与同时期的西方艺术间发生着时间“错位”，体现了中国和西方现代进程固有的差异性。不应无视这一历史发生的基本前提，以西方作为标准来理解、要求中国的现代艺术进程。虽然徐的实践及认知状况体现了限制性、含混与诸种不成熟的特性，但在整体上，徐的道路与同时期国内其他艺术探索取向（包括现代派）一道，共同构成中国现代艺术艰苦的“现代”探索。这一主张不应被视为承袭已经“过时”与“落后”的历史传统与价值，而被理解为针对中国的现实状况与社会责任体认而生发的，具革新性与现代性意义的探索。王菡薇也强调：如果忘记诸如根基于“内蕴”的写实、力挽画坛时弊的努力、当时社会思潮的影响等等“原境”，单纯地理解“素描为一切造型艺术之基础”和“写实主义”就难免背离徐悲鸿的初衷。王文娟认为：徐悲鸿说“素描是一切造型艺术的基础”时，并没有包含他自己的艺术实践全部，“形象大于思想”、艺术实践大于理论口号对于画家徐悲鸿而不是理论家的徐悲鸿来说，也未尝不是不可以理解的事。事实上，强调素描的同时，徐悲鸿还强调其他，譬如，书法。对书法倾尽心力的关注坚执是徐悲鸿在以西润中改良中国画面临诸多悖论问题时，能保持纠偏而尽显中国画风骨底蕴的生命线。

（三）对徐悲鸿多方面艺术实践的拓宽研究

徐悲鸿一生有着多方面的艺术实践，但学界缺乏全面研究。对徐悲鸿绘画研究已汗牛充栋，但对其书法乃至印章等的研究却是徐悲鸿研究的弱项。关于徐悲鸿书法，老一辈学者有黄养辉、杨辛、叶喆民等先生的文章，近年来也有不少的文章在此着墨，不完全统计有：黄慰的《艺苑奇才徐悲鸿的书法艺术》（《收藏界》2010年1期）、董家鸿的《徐悲鸿书法与国画创作关系刍议》（《国画家》2010年5期）、王文娟的《"流美"与"诸野"——徐悲鸿书法论》（《中国书法》2011年5期）、张华的《浅析徐悲鸿书法艺术成就被掩盖之原因》（《吉林艺术学院学报》2012年4期）、李天飞的《中华书局所藏徐悲鸿信札》（《书法》2012年10期）、陈传席的《徐悲鸿书法研究》（2013年修改）、向彬、李雯的《徐悲鸿书法形态研究》（2013年）[31]，马军的《遗世独立，御风而行——简析徐悲鸿书法艺术中的性格因素》（2013年）、徐海东《徐悲鸿书法美学思想及书法风格浅析》（《书法赏评》2013年6期）、王晓光、钟耕民的《元气淋漓，真宰上诉——徐悲鸿书法艺术探析》（2013年）[32]、黄厚明的《作为书法家与国画家的徐悲鸿》（2015年）、向彬的《徐悲鸿书画作品中的"悲鸿"款识研究》（2015年）[33]等篇章。关于徐悲鸿印章研究则有潘敏钟《徐悲鸿印学事迹考察》（2013年）、蒋谨琦的《徐悲鸿用印》（《文艺生活（艺术中国）》2013年4期）等。

陈传席认为：徐悲鸿的书法气魄雄大、深沉浑厚、风采动人。他的书法为当时第一，至少为第一流。究其原因：1. 他的胸襟怀抱高于一般，不同于流俗；2. 他的学识不同一般，自幼就读了四书五经，诗词歌赋，并融于胸怀；3. 功力深厚，既有幼功，又勤奋终身；4. 广师百家、融合碑帖、吐纳古今。王文娟从艺术文化学、艺术本体论等方面论述了徐悲鸿书法的艺术风格特点和思想史意义。认为徐悲鸿书法碑帖同重，内擫与外拓同构，"流美"与"诸野"同在。其书法的当代意义在于启示我们对书画同源的重新重视，也在于书法文化身份意识的确认，以及艺术心性与书法人格教育之重要。向彬、李雯指出，徐悲鸿书法笔力遒劲、线条质朴、形态可掬，随意经营而整体协调。这些形态特征主要是徐悲鸿师法魏碑、以画入书和“性”“象”结合的审美奇趣所致。黄厚明通过比较研究晚清以来中国画近代化的过程当中，以徐悲鸿为代表的知识分子和艺术精英在传统文化资源和外来文化思潮中所选择的不同立场、不同的取法观念以及不同策略，把作为书画家的徐悲鸿放置在彼时中国金石学传统这样一个大的文化格局中，来反观他后来的艺术选择与改良实践，提出徐悲鸿的书法观和国画观之间存在着重要的、互为佐证的内在联系。他阐述了徐悲鸿对李瑞清、赵之谦、吴昌硕、何绍基等人所持有的、从中国本土文化资源内部来突破旧有传统、创造新风格的艺术理念的批判，提出徐悲鸿对晚清金石学领域的反思是促成其留学归来后，选择通过引入外部资源来改良中国画，将中国艺术与西方艺术有机融合为一个整体的“绘画科”，并最终构成一种世界性艺术的重要原因。向彬根据徐悲鸿不同时期书画作品中“悲鸿”款识的不同形态和风格特点，重新论证了相关作品的创作年代。他认为，徐悲鸿早期（37岁以前），在书写“悲”“鸿”二字时，上下有牵丝连接，使“悲鸿”成为一个整体，其中，徐悲鸿20岁左右时的落款大多采用魏碑楷体书写；大致从37岁开始，徐悲鸿将“悲”“鸿”二字开始采用笔断意连的方式书写，两字之间看不到明显的牵丝连接；而从45岁开始直到徐悲鸿去世，其款识形态没有很大变化，一直延续他37岁至45岁时期形成的款识形态特征，多采用行楷书写，笔画很少牵丝连笔。但45岁以后的“悲鸿”款识落笔更为老练自然，达到了无意于佳乃佳的艺术效果。向彬认为，不同时期“悲鸿”款识的形态变化可以作为推断其书画作品年代的重要依据。

（四）徐悲鸿作品的个案研究

个案研究始终是深入细致走进艺术家的重要通道。近年来徐悲鸿作品的个案研究成果据不完全统计有，葛泓志《品读徐悲鸿〈春山十骏〉图》（《苏州教育学院学报》2011年8期）、刘骏的《论徐悲鸿油画作品〈奴隶与狮〉的创作理念及艺术风格》（《文学界：理论版》2012年3期）、侯晓晨的《意境与气势的追求——徐悲鸿八骏图之写意美》（《青年文学家》2012年24期）、邵大箴的《释〈九州无事乐耕耘〉》（2013年）[34]、王震的《〈徐悲鸿刘海粟恩仇记〉谈起》（2013年修改）、李福顺的《艺术批评风格之一解》（2013年）、王旭晓的《徐悲鸿艺术的当代意义——从〈逆风〉谈起》（2013年）[35]、公丕普的《一叶一菩提——论〈漓江春雨〉的美术史价值》（2013年）、吕猛的《徐悲鸿中国画作品图式中的“西化”——以愚公移山为例》（2013年）[36]、秦谨的《简析徐悲鸿〈八骏图〉的创作特色》（《芒种》2014年6期）、王朋春《浅析徐悲鸿的〈愚公移山〉》（《中国科教创新导刊》2014年3期）、李东昱的《徐悲鸿油画〈田横五百士〉的构图分析》（《大舞台》2014年1期），吴雪杉的《隐蔽的自我：徐悲鸿〈田横五百士〉新解》（《美术研究》2014年2期）、童铧彬的《论徐悲鸿〈田横五百士〉》的风骨和诗意》（《新美术》2014年5期）、华天雪的徐悲鸿《作品释读》（2014年）[37]、以及郑工的《可为或不可为——也谈“历史画之困难”》（2015年）[38]、王文娟的《徐悲鸿马的图像学阐释》（2015年）、王菡薇的《基于传统“写实”的一个方面——从〈徐悲鸿选画范·动物〉收录任伯年作品谈起》（2015年）、吴雪杉的《会师东京：徐悲鸿的抗战象征图》（2015年）等篇章。[39]

邵大箴用图像学方法，首先对《九州无事乐耕耘》作了前图像志的描绘，又作了图像志的溯源，最后作了图像学的分析，认为徐悲鸿以赠画的方式赞扬郭沫若为保卫世界和平所作的卓越贡献，用北宋政治家、文学家欧阳永叔的诗意歌颂新中国社会的安宁，表明爱好和平的中国人民随时准备抗击来犯的侵略者。李福顺在文中说到，他最突出的感受，就是徐悲鸿不仅是杰出的美术家、美术教育家、社会活动家，还是卓有成效的美术批评家、散文作家。作者认为他为画家画展写得评论极有风采，构思独特、行文潇洒，能根据画家不同风格把原本的应景文章写得活灵活现，处处体现出作品的特征。吴雪杉细致爬梳探索了《田横五百士》画作人物的现实原型（乃徐悲鸿及其家人、朋友、学生、工友等），独辟蹊径地提出此作存在着有别于惯常解释的另一种观看方式，也就能得出另一种阐释结果，即徐悲鸿对田横的认同，是对自己孤高不群的暗示，而在田横之外，徐也塑造了一个关于家庭的理想，这些超出"历史画"之外的微妙部分，是徐悲鸿将自己描绘为一个悲剧英雄，该画就是用历史写就的徐氏"自传"。华天雪从徐悲鸿的《十二生肖》谈及徐悲鸿的动物画，并释读了《奴隶与狮》《燕燕于飞》《落花人独立》等作品，也解读了几件徐悲鸿作品的款题。

郑工就徐悲鸿在1939年发表的《历史画之困难》一文作出了解读。该文是徐悲鸿对陈振夏《〈田横五百士〉之我见》中批判观点的回应。二人讨论的焦点是如何处理历史题材绘画中历史真实与艺术想象之间关系的问题。陈振夏对《田横五百士》作出了一番史学考证，依据汉代服装制度提出徐悲鸿画中人物冠、巾、衣着等存在"与时代相左"的问题。徐悲鸿在《历史画之困难》一文中对此阐述了自己的观点：1."大抵一切艺术品之产生，皆基于热情，考据自不可忽，但止于相当深度"；2."且严格之考据，艺术家皆束手"；3."人之生活，有常与非常之别，社会状态亦然"；4."余欲令全幅入于沉郁，而人人有殉义之气，故必有赋色之自由"。郑工认为，徐悲鸿的回应表明，对画面整体气氛的把握不应受细节所拘泥，历史素材只有被当下意义所激活才能焕发生机，而这往往是历史学家所忽视的。王文娟从图像学的三个层面阐释了徐悲鸿的马：1.徐悲鸿的马基本为纸本写意水墨之马。重以线条勾勒，讲求中国画笔墨，亦重写生，汲取西画的焦点透视，不仅具有雕塑感，也极富音乐性，激越动人、妙趣横生，充满了“令人动情”的“表情性品质”。2. 徐悲鸿画马是出于酷爱勇猛的天性，出于家学渊源，更是出于青春的“五四”一代人告别“东亚病夫”而憧憬强力人格、强力中国的现代性企盼，故而师以造化，东西求索；徐悲鸿的马亦是他的心情日记，可谓堪托死生的宿营地；他的法国老师给予了徐悲鸿画马的写实主义表现手法及象征性的灵感源泉，但他在东西方之间上下求索的胸襟气魄和画马风格却有别于并超过了他的法国老师。作者认为关于徐悲鸿的法国老师基本是国内外美术史的弱项甚至盲点所在。关于徐悲鸿的写实主义以及他提倡的“素描为一切造型艺术的基础”都有必要重新理解。作者认为，如果说徐悲鸿的一些大型历史画还有着他法国老师的矫饰“摆拍”之痕迹，或者说，像他的法国老师贝纳尔（Albert Besnard）因为“崇尚理智”而损折了些浪漫天性一样，徐悲鸿的绘画生涯也多少存在着因为“写实主义”的提倡而束缚了他的浪漫天性之嫌疑，但是，徐悲鸿留学以后的马却无可挑剔，奔腾飘逸、浪漫天成，成为东西方画马的典范之作。3. 徐悲鸿的马不是现实世界的马，而是“天神”“豪侠”和神驹，代表着他的理想情怀、人格气质与审美愿望，因本体论的寄寓而超越了时代性，具有了各个民族、各个时代、各个有志气的个体之人都可欣赏汲取的积极向上的感情力量。王菡薇从原国立中央大学藏1939年出版的《徐悲鸿选画范 · 动物》及其该书收录的两幅任伯年作品谈起，就徐悲鸿对写意画家任伯年“中国式写实”观念的理解与肯定，以及任伯年对徐悲鸿绘画生涯的影响等问题作出了论证。王菡薇认为，徐悲鸿艺术中尤为令人赞叹的、基于传统的“写实”风格的形成，与任伯年有着密切的关系。徐悲鸿的“画范”中所收录的众多国外名家的写实动物作品突显了其“新七法”中的“比例正确”“黑白分明”“动态天然”“轻重和谐”“性格毕现”；而徐悲鸿所选的两幅任伯年作品则显示出“新七法”中“位置得宜”与“传神阿堵”的追求，这一方面表明徐悲鸿在中国画学习中兼收并蓄的态度，另一方面也充分说明了任伯年“中国式写实”观对徐悲鸿的影响。吴雪杉通过比较徐悲鸿狮子题材作品中题跋和图像形式的变化，探讨了其所画狮子从个人喜好到民族国家象征的转变过程。徐悲鸿在德国柏林期间常去动物园写生猛兽，尤其爱画狮子。回巴黎后，其开始以狮子为题材进行油画创作。1926，徐悲鸿在《小说月报》发表了一副以狮子为主题的油画，用以向国人介绍其留学欧洲的成果。在上述阶段，徐悲鸿画狮子更多是因受法国浪漫主义艺术的影响而形成的个人喜好。吴雪杉认为，这一图像含义的转变发生在1933年，当时的《大众画报》刊发了徐悲鸿在法国留学期间的旧作《狮子》，并添加了说明：“怒吼，不能抑制的开始了，醒来的雄狮已迈步向前，这不是你的写照吗？中国”。到1936年，徐悲鸿在《新中华》发表作品《狮》，从其题跋“飞将军从天而下”就可以看出徐悲鸿此时已经开始自发地将自己所画的狮子与国家命运关联起来。他认为，据此思路，两幅《会师东京》在构图和题跋上的变化，体现出徐悲鸿对抗战时局的态度的转变。

四、徐悲鸿美术教育研究

徐悲鸿美术教育一直是学者研究的热点话题，近年来有突破成绩。不完全统计的成果有：曹庆晖的《徐悲鸿美术教育学派刍议》（2011年）、裔萼的《徐悲鸿写实教育体系的形成及内容》（2013年修改）、张楠木的《徐悲鸿早期写实美术教育思想中的日本美术嬗变因素》（2013年）[40]、孔繁明的《徐悲鸿精神对当代中国美术教育的现实性启示》（2013年）、黄厚明的《徐悲鸿美术课程教学观念研究》（2013年）、万新华的《也谈国立中央大学师范学院艺术学习的中国画教学》（2013年）、李宏、薛墨的《全球艺术史视野下的徐悲鸿》（2013年）、尚莲霞的《徐悲鸿时期中央大学美术教学特色及其影响》(2013年)[41]以及张楠木的《差异与融合:徐悲鸿美术教育课程体系研究》(2015年)等文章。[42]

曹庆晖在文章中认为,“徐悲鸿美术教育学派”,是在近现代中国美术的具体情境中,酝酿于国立中央大学、聚集于国立北平艺术专科学校、内化于中央美术学院的一个具有艺术共识性的教育实践与艺术创作群体,其正式命名出现甚晚,主要得自徐悲鸿、吴作人的学生艾中信在20世纪80年代对徐悲鸿及其追随者进行的总结性阐释……曹庆晖认为,“徐悲鸿美术教育学派”不仅包括对徐悲鸿本人的思想阐释和方法归纳,也包括对以此为基础的群体性实践经验与智慧的总结。“徐悲鸿美术教育学派”在20世纪中国美术史上的显现,既与徐悲鸿新中国成立前团结才俊在美术事业上的筚路蓝缕有关,也与他的艺术思想与方法在新中国成立后不断地被作为阐释对象用之于实践、讨论和总结有关。作者认为,梳理“徐悲鸿美术教育学派”的发展脉络,要把它放在自身主导建构的“写实主义”美术教育体系和参与创建的“现实主义”美术教育体系中进行观察,以“徐悲鸿美术教育学派”为核心,探究它以及与它同行的各家各派在美术教育体系建构中的角色、作用乃至历史局限,关键的不是通过认识体系建构的局限性而否定学派及其历史作用,而是希望结合历史经验与教训,在自觉平衡或者克服局限性的时代进程中,逐渐发展出开拓、推动美术教育体系的新学派。没有新学派与新思维,美术教育体系的生命力何来?裔萼认为,徐悲鸿以西画的写实精神改造中国画的教学实践,对中国画的发展产生了积极的影响,冲击了传统中国画对形似的过于废弃和对程式的过分追求;使写生的、阳刚的、入世的现代美术取代了临摹的、阴柔的、遁世的传统文人画;尤其促动了中国人物画的发展空前繁荣。黄厚明切实到具体课堂,细致梳理了徐悲鸿教育生涯中的课程设置情况,尤其着墨于徐任教20年的中央大学,在1934年制定的《国立中央大学教育学院艺术科选课指导书》里,黄文统计,素描教学四学年的周课时超过了其他所有必修课的周课时总和，认为这种情形呼应了徐关于"素描是一切造型艺术之基础"的观念，显示出中国美术教育现代化过程中"量化"课程内容的现实诉求。张楠木提出，徐悲鸿的教育思想和艺术观念最直接的体现在其主导的课程建制上。他通过分析徐悲鸿1928年在北平大学及1935年在南京中央大学设立的学科建制，提出其主导的课程体系是"交叉融合式"，其特点是立足本土文化，造型与笔墨并重。作者指出，通过研究徐悲鸿主导的课程建制可以发现，其倡导的素描并不是全盘西化的素描，而是在白描基础上的素描；写实也不是全盘西化的写实，而是在中国求真精神基础之上的写实。徐悲鸿的美术教育课程体系充分融合了中西方艺术的精华。

五、史学中的徐悲鸿研究

史学中的徐悲鸿研究是近年来涌现的学人新视角，不仅有着方法论意味，也是研究者们静心沉潜的学术标志。据不完全统计的成果有：华天雪的《尚付阙如:关于中央美术学院历史上的"第八分班"时期》(2015年)、《齐白石：徐悲鸿的知己》(2015年)、法国菲利普·杰奎琳的《回忆和历史之间：巴黎国立高等美术学院有关徐悲鸿留法历程(1919—1927年)的档案重见天日》(2015年)、王平的《"悲鸿精神"的史学价值与现代启示》(2015年)、莫艾的《艺术获得现实表达与历史叙述的可能——对徐悲鸿民国前期形式探索的再观看与理解》等篇章。[43]

华天雪文上述已述不赘。菲利普·杰奎琳的文章通过解读保存在巴黎国家档案馆的巴黎国立高等美术学院1919年到1927年间的档案资料，还原了徐悲鸿留法历程中的许多细节。留法期间的徐悲鸿不仅效仿他的先驱们(如吴法鼎[1883—1924]和李超[1883—1971])，进行一系列围绕美术学院的相关实践，他还身体力行着其他额外的社会活动，例如和美术学院之外的法国艺术大师们保持紧密联系，在沙龙和画展中的屡屡现身，投身于各类社团等。作者认为，通过梳理、还原徐悲鸿当时的社会关系，我们能够看出徐悲鸿和同期其他巴黎美术学院学生之间的区别：他志向更为广阔，是一位成熟的艺术家，一位艺术运动的重要领袖和组织者，而非普通的运动追随者。王平认为徐悲鸿不仅是一位杰出的艺术宗师和伟大的爱国者，更是一位伟大的教育家。早在1920年，他就在《中国画改良论》中明确地提出："古法之佳者守之，垂绝者继之，不佳者改之，未足者增之，西方画之可采入者融之。"这个艺术理念既反对了民族保守主义，也反对了民族虚无主义和形式主义，同时体现出徐悲鸿在艺术上的创造精神、科学精神和现代主义精神。作者指出，"悲鸿精神"绝不仅指在逆境中奋进的精神，更应该包含其教育思想、艺术主张、悲悯情怀等诸多内涵。莫艾在文章中认为：徐悲鸿在民国前期的创作，处于充满变动与开放性的探索实验之中。他在表现手法与借鉴资源上呈现出多样性、暧昧性、过渡性，甚至存在自相矛盾之处。如何为这样的探索进行历史定位，是徐悲鸿研究中最为核心，同时相对困难的工作。困难之一在于，应该以怎样的视角与眼光去对待这些探索，如何还原出最客观全面的、最贴近历史真实的参照因素与文化语境。莫艾从三个方面展开了讨论：1. 揭示此阶段徐悲鸿形式探索的实验性状况，特别是其艺术语言中观看视角与表现方法的游移；2. 追溯此阶段对徐悲鸿产生过重大影响的西方资源，特别探究相关历史时段的艺术状况及时代课题；3. 将对徐悲鸿的形式探索放置于同时期中国与西方艺术发展状况的整体视野之中，进一步思考其道路选择的特殊性与必然性。

六、艺术思想史视角的徐悲鸿研究

近年来徐悲鸿研究出现了突破惯常几十年的歌功颂德和在艺术理

念、思潮的纷纭争执，而从文化研究角度，从艺术思想史角度进行学理冷静地探讨，这是把徐悲鸿研究引向深度并推向高度的一股力量。据不完全统计的成果有：尚辉的《民族文化对徐悲鸿审美心理的影响》[44]（2013年修改），王文娟的《徐悲鸿精神的现代性阐释》（《中国人民大学学报》2005年2期，2013年修改）、《对徐悲鸿质疑的几点思考——从一种现代性的角度切入》（《美术》2013年10期）、孔令伟的《徐悲鸿与“东方文艺复兴”》（2013年）[45]、杜月的《徐悲鸿的“自由”观对当代中国美术精神的指导意义》（2013年）、宋舒曼的《徐悲鸿艺术的文化理念及当代价值》（2013年）[46]、陈浩的《徐悲鸿及其艺术中的批判性思维》（2015年）、王文娟的《徐悲鸿和“两个五四”说》（2015年）、邵晓峰的《“徐悲鸿学”的建构与价值》（2015年）、王洪伟的《我们应如何理解苏立文对徐悲鸿等中国画家的评价？》（2015年）等篇章。[47]

尚辉认为：作为20世纪美术革新派的代表人物，徐悲鸿的艺术理念无疑最能体现“五四”新文化运动“科学”与“民主”的思想。但他所处的文化环境却是中国历史上空前绝后的新旧交替、中西交织的时代，他的知识结构和审美心理也不只是西方文化和欧洲美术，他比他的后继者具备更多的中国传统文化的知识和素养，因此，他这个看来是“中国画的革新者”“写实主义美术的倡导者”还带有比他的后来者更为浓厚的传统文化色彩和民族审美心理。他的艺术创作由此而具有两面性：一面是追寻西方科学文化求真的精神和确立写实主义的造型观念；另一面则是中土文化资源和民族心理结构像磁力一样把他造型审美的眼睛转向中国画。这种两面性为他的创作心理带来巨大的裂变，并由此形成了其创作心理的矛盾和冲突。在徐志摩看来，徐悲鸿“是一个——现世上不可多见的——热情的古道人”。尚辉认为，这“古道”是因为徐悲鸿“坚持的抱守着你独有的美与德的准绳”，这“美”与“德”无疑正是中国传统文化观念的浓缩与透视，这的确是个由文化人格决定的富有意味的选择。孔令伟在文中提到“东方文艺复兴”有两层含义，其一指19世纪欧洲学者提出的一个现代文化概念；其二指发生在中国大地上的“古学复兴”运动。后者与中国的国粹思想相互应和，并为艺术家提供了创作灵感。而借助西学来研究国学，或借助西方艺术重新表达中国古典历史、古典文学，正是近代中国艺术史中最富有创造性，时代性的新成就，徐悲鸿是这一成就的代表人物。透过“东方学”，西方学者意识到，希腊和罗马并非西方历史的起点，而是一系列成熟的东方文明的继承者。他们在埃及、两河流域、印度和中国的古代文明中找到了西方文明的源头和发展的动力，这个发现被称作“东方文艺复兴”。作者认为，结合徐悲鸿的历史画创作理论阐述，我们可以看出徐悲鸿在近代画坛上又一次复兴了古老的“人物故事”画的传统，与任伯年等传统画家不同的是，徐悲鸿在做这项工作时是“同时拿起了毛笔和刮刀”。当然，徐悲鸿在法国的留学经历是他在回国后坚持“古典题材”艺术创作的主要原因，但更重要的是，我们还应该看到当时的中国的确存在着这样一种风气、一种需求——如蔡元培先生曾力倡此类创作，以为培养文化自豪，推进社会启蒙助力。徐悲鸿在个人选择和社会现实需求之间达成了和谐。

王文娟在文章中认为：1. 中国现代性进程的复杂性使徐悲鸿在今天遭到了多方面质疑，文章对此进行了“现代性”问题纠缠的学理性清理。认为现代性启蒙是徐悲鸿纳西以兴中选择写实主义画风的思想史基础，写实主义在今天作为多元艺术流派之一依然具有其拓展深入的生命力。2. 以社会为己任，以公共精神的关怀者和推动者阐释和守护世界意义是画家徐悲鸿的现代人文知识分子的角色认定。并在此角度展开徐悲鸿、林风眠之比较研究：认为徐悲鸿是在“积极自由”中争取艺术最大贡献的一面光辉旗帜，林风眠则是在“消极自由”中取艺术宁静的一线天而留得青山的静静守夜人。3. 在后殖民时代，徐悲鸿的意义凸显为：在输入借鉴西方文化的同时坚守民族文化的根底，以世界性的眼光坚持和维护民族文化身份，并以自豪尊严光荣的文化输出提高了中国文化在世界上的地位。这在“文化帝国主义”对第三世界进行文化渗透西化移植的后殖民今天，鼓舞和启示我们在民族化和现代化、本土化和全球化的二律背反的焦虑中，加强民族自信，再次寻找和坚定自我的文化身份认同，让东方发声而不成其为验证西方强大霸权的“他者”形象，以倡导东西方真正的对话交流，使中国文化成为世界多元文化并存中重要的一维存在。王文娟认为：现代性话题也许是研究徐悲鸿的逻辑起点和努力要穿过的艰难瓶颈。中国现代性进程的复杂性使徐悲鸿的写实主义遭到了来自四方面的抵制和质疑。一方面是当时国粹派画家们的抵制；第二方面的抵制是针对徐悲鸿对待西方现代派绘画的态度；第三方面的抵制是写实主义后来被定为绝对一尊及至对“文革”畸形美术的反思也对徐悲鸿画派构成了强烈质疑；第四方面是对徐悲鸿的艺术主张、艺术实践及艺术作品本身的质疑。作者得列奥·斯特劳斯《现代性的三次浪潮》启示，对近半个世纪以来对徐悲鸿的这四方面质疑作出了较为深入的剖析和思考。

陈浩认为徐悲鸿作为中国现代美术与教育的奠基人，其超前的批判性思维为今天的艺术及艺术教育的实践与理论开创了先河。他通过列举1928年徐悲鸿极力保护南京明城墙、1929年与徐志摩等人就当时的中国应该借鉴西方古典写实主义还是现代主义所展开的争论、1932年其撰写《危巢小记》等事例，并结合徐悲鸿对《芥子园画谱》中千篇一律的样式主义画风的强烈批判，提出徐悲鸿对艺术与人生的批判性思维既体现了其为人的睿智与道德水准，也体现了其贯穿一生的“为人生而艺术”“洋为中用”的创新发展民族艺术的理念。陈浩认为，这种以“德”为准绳与动机，以对时代、对同仁和对更广大群体的“大我之爱”为出发点的批判性思维是值得今天的艺术界学习和发扬的。邵晓峰在尚辉于2013年江苏宜兴徐悲鸿学术研讨会上首次提出“徐悲鸿学”的概念，并在徐庆平师对此概念的肯定和王文娟对此推动的基础上，撰文提出了自己对“徐悲鸿学”的建构想法，他认为“徐悲鸿学”应以徐悲鸿年谱研究、徐悲鸿书法研究、徐悲鸿中国画研究、徐悲鸿素描研究、徐悲鸿油画研究、徐悲鸿作品个案研究、徐悲鸿艺术评论研究、徐悲鸿诗歌研究、徐悲鸿图像学研究、徐悲鸿交游研究、徐悲鸿书信研究、徐悲鸿策展研究、徐悲鸿收藏研究、徐悲鸿作品市场研究、徐悲鸿作品真伪研究、徐悲鸿研究组织的研究、海外徐悲鸿研究、徐悲鸿美术教育思想研究、徐悲鸿爱国主义思想研究、徐悲鸿伯乐思想研究、徐悲鸿中国画思想研究、徐悲鸿中国美术史思想研究、徐悲鸿外国美术史思想研究、徐悲鸿中西美术比较思想研究共计二十四项内容为基础的“徐悲鸿学”的整体框架和研究体系。他认为，“徐悲鸿学”的创立与发展对于繁荣当代画坛、展示中国艺术的特质、复兴中国优秀传统文化并推动其走向世界具有重要意义。王洪伟认为英国学者苏立文对徐悲鸿等中国画家所作的评价有着“一层相当个人化的底色”。这种“底色”来自三个方面：1.苏立文认同中国近代艺术的“衰退观”，并将“西方的冲击”作为中国艺术变革的根本起因，他认为早期出国留学的中国画家身上背负着沉重的民族屈辱与救国理想，这让他们不可能理性地从艺术的本质与发展规律上，去深入地理解和学习西方艺术；2.苏立文重视中国艺术在“现代化”进程中与社会变革、政治时局和意识形态等外在因素之间的特殊关联，他认为，西方艺术对于20世纪的中国艺术家而言，不仅仅是一个视觉表现的新技巧问题，更是不断地促使他们以新的艺术媒介和形式去表达他们的现实感受，并日益将自己的人生命运和艺术创作与国家存亡、政治立场紧密地联系在一起的推动剂；3.苏立文作为倡导“视觉革命”和“外来影响”观念的西方学者，为了改变西方社会对20世纪中国艺术变革的长期偏见，他更加看重一些中国艺术家在形式与意蕴方面的综合性探索。

七、中外美术比较视域下的徐悲鸿研究

中外美术比较视域下的徐悲鸿研究是近年来学者愿意投入的话题，除了下述薛永年、张长虹的文章外，其他成果据不完全统计的还有：丁方的《经典的诞生与文明的相遇》（2013年）、邵晓峰的《徐悲鸿的中国现代艺术史情结》（2013年）[48]、王德彦的《徐悲鸿与米勒：精神的对话——以〈九州无事乐耕耘〉与〈晚钟〉为例》（2013年）[49]、张长虹的《艺术知音：徐悲鸿与蒋彝》（2015年）、唐培勇的《徐悲鸿留学期间艺术方向选择今析》（2015年）[50]、范文道的《徐悲鸿绘画语言的中西方交融因素》（2015年）等篇章。[51]

丁方选取了公元前20世纪的一尊希腊雕塑和徐悲鸿画于1924年的一幅画作对比，论证了在当时整体社会潮流是以形式主义为主要追随方向的情况下，徐悲鸿则以经典为学习的方向。徐悲鸿留法期间，多次参观文艺复兴时期的优秀作品，饱含着对经典理念的向往。受经典影响的素质始终潜藏在他的作品中，成为滋养他的重要养料。徐悲鸿先生是在20世纪初由中国走向世界的艺术家，他与经典相遇并将其吸收进自己的创作，换句话说，对古希腊经典的回顾与徐悲鸿的笔韵相通，这是对徐悲鸿精神的现代延伸。邵晓峰发现了徐悲鸿研究中的一个空白：1948年1月1日徐悲鸿致苏立文的法文信，透露“开始独自撰写一部有关中国现代艺术史的书”，表明了徐悲鸿的中国现代艺术史情结。邵晓峰认为，当时的徐悲鸿并非一时心血来潮，而是具备研究中国现代艺术史的理论基础与个案基础，并符合徐悲鸿倡导中国美术革新事业的理论需要，也与他就任北平艺术专科学校校长以来的北平艺坛氛围密不可分。这封短信为后人真实了解在当时的艺坛背景下徐悲鸿的艺术使命感与社会责任感提供了重要史料。张长虹从1953年6月徐悲鸿寄给时在英国的蒋彝的一张一寸照片，及照片背面徐悲鸿用铅笔写的“我病在床上，四个月没

有割须，特奉仲雅兄留念，悲鸿，一九五三年六月”谈起。通过一系列信札论证了徐、蒋二人自1925年夏初相识后近30年的深厚友谊。在这些通信中，徐、蒋二人广泛讨论了中外艺术问题，其中不乏一些颇具价值的论述，比如“中国无断代之艺术”“近代标榜一主义者仅弟之写实主义”等。张长虹认为，从二人的通信中可以看出他们共同关注着中外文化交流中的中国美术定位以及其未来发展道路的问题。但由于战乱等客观原因的限制，徐悲鸿一些具体的艺术规划未能完全实现，这些信札是我们了解徐悲鸿艺术思想体系的重要补充资料。徐悲鸿、蒋彝的艺术理想也有助于我们从不同侧面观察、思考近代中国的艺术生态。

还有一些学者展开了徐悲鸿与同时代画家的比较研究，进一步细化深化了中外美术比较视域下的徐悲鸿研究，不完全统计的成果有：于鹏的《林风眠与徐悲鸿中国画教学改革思想之比较》(《安徽文学》2010年7期)、程明震的《略论徐悲鸿与林风眠比较研究的理论价值与意义》(《南京艺术学院学报》2011年2期)、赖卉悦的《中西融合，东西互补——徐悲鸿、林风眠、潘天寿对待中西美术交流的观点异同分析》(《现代装饰》2012年3期)、冯民生的《殊途同归的艺术追求——论徐悲鸿与林风眠艺术主张与审美趋同的异同及其意义》(《陕西师范大学学报》2013年1期)、杜亚璇的《谈西方绘画对当代中国画家的影响——以徐悲鸿、张见、陈林为例》(《芒种》2013年 第5期)、王娅楠、赵文龙的《试论徐悲鸿和林风眠在现代中国画语言变革中的不同作用和意义》(《祖国：教育版》，2013年第5期)、陈传席的《林风眠和徐悲鸿的艺术主张之异同》(《美术》2013年10期)等。

陈传席认为：林风眠系统中最杰出的画家是画西洋画的，他们发展的是西洋画，其次是不中不西画，但基础仍是西洋画；而徐悲鸿系统中最杰出的画家是画中国画的，他们发展的是中国画。这和徐、林二人的艺术主张不同有关。徐悲鸿和林风眠都认为20世纪中国的国画“颓败”，必须用西方素描的方法加以改进。林要拆毁、推倒中国画的围墙；只要画得好，无所谓是否是中国画；徐则要加强中国画的围墙，强调要发展的一定是中国画。事实证明，林风眠系的画家如朱德群、赵无极等人成为法国科学院院士，他们的作品证明了西洋画有一定的发展潜力。徐悲鸿系统的画家，包括蒋兆和李可染等人的作品，证明了中国画同样有一定的发展潜力。可见，徐、林之艺术主张不同，其影响、结果亦大不相同。程明震从一元与多元、专横与兼容、后顾与前瞻三方面展开讨论，对徐悲鸿与林风眠的艺术观念、艺术思想、作品定位进行比较分析和价值判断，有利于重新看待中国与世界的关系。

八、徐悲鸿收藏研究

徐悲鸿的成就除了书画创作、撰写文章、美术教育、策划展览之外，还毕其一生之力以最大可能也以最大代价收集了流散各地的国画珍宝，即使在他最困难的时候也节衣缩食孜孜以求。徐悲鸿曾数度去新加坡，随身带去大批画作，包括他的名作收藏，另外徐悲鸿还曾在广西七星岩洞存放过三十多箱藏画，对于这些炮火烽烟中辗转幸存乃至流失民间的收藏，连同徐悲鸿自己的作品下落，都是那么传奇迷离，给徐悲鸿收藏研究和徐悲鸿书画市场以极大期待。学界对此的研究还远远不够，有待加强。近年来关于徐悲鸿收藏研究的成果，据不完全统计有：周积寅的《徐悲鸿中国画收藏观》（《中国书画》2004年4期）、张帮俊的《倾注悲鸿生命的〈八十七神仙卷〉》（《当代人》2012年12期）、窦忠如《徐悲鸿与一幅古画的悲欢离合》（《中外文摘》2012年18期）、杨益群的《徐悲鸿七箱藏画遗落广西之谜》（《东方收藏》2012年7期）、董三军的《目光如炬 独树一帜——徐悲鸿书画鉴藏往事》（《收藏》2013年17期）、王志军的《徐悲鸿、齐白石、张大千绘画作品的欣赏、收藏与投资》（《收藏》2014年1期)、华天雪的《徐悲鸿南洋时期年表》[52](2014年)等篇章。

1941年12月7日日军偷袭珍珠港，并向新加坡进攻。在新加坡沦陷前，徐悲鸿匆忙间仓皇离开，经海路至缅甸，临行前将四十多幅油画精品交付崇文小学(华侨小学)保管。事实上，徐悲鸿存留在新加坡的远不止这些画，“经商议，存放在黄曼士家的物品分存于崇文学校附近一间废弃的亚答屋后一口枯井的皮蛋缸里(包括绘画、书籍、印拓、陶瓷、印章和几十幅油画)、愚趣园后面山坡上(包括陶瓷、书画、玉器、图章)和百扇斋。”[53] 这四十多幅在廖静文先生的著述中说到“全部遭到毁坏”的精品油画，[54]却成了千古之谜。新加坡欧阳兴义就表示过疑惑：“我不尽相信，这批油画精品，就此在世上消失了，香港友人在家中向我展示的油画《喜玛拉雅山》，不正是那批油画中的一幅吗？”[55]他还去访问了当年藏画挖宝的当事人，崇文小学的校长钟青海先生：“在我五番七次求见后，才答应和我谈罗弄泉枯井藏画的事。他一直收藏着徐悲鸿的油画《愚公移山》，我认同他的说法，这是徐悲鸿感谢他三年又八个月，冒着被日军杀害的危险枯井藏画，在战后写信让他挑选的纪念品。”[56]廖先生所写传记中的说法想必应该是在徐悲鸿一再写信问询，并委托路经新加坡的学生陈晓南取回这些油画(及其他书画物品)时新加坡友朋方给徐悲鸿的说法。但当这些画作陆续在市场上一件一件浮出水面时，廖先生是沉痛并期盼的。当年徐悲鸿知道自己四十多幅油画精品毁坏，其被沉重打击的悲怆神情和绝望话语可想而知。廖先生说：“悲鸿说这番话时的凄苦眼神和那低沉悲伤的声音，至今留存在我耳畔。我盼望悲鸿的那些油画能有一天面世，不管是谁收藏了，我绝不追索。只要能保存在人世，我能见到一面，或能见到照片，便能在心中告慰于悲鸿。”[57]徐悲鸿的这些油画精品包括《远闻》《泪》《泉》《绿孩》《马和马夫》《碧云寺》等。[58]对此谜团，华天雪快刀揭秘：“崇文学校为免为徐悲鸿抗日筹款的连累，将罗弄泉藏物尽毁于井中，成为拒绝物归原主的推托之辞。实际上，1945年8月日本战败后，罗弄泉枯井藏物被挖出后，便由黄曼士作主，将一些被视为弥足珍贵（按：弥足珍贵？）的素描、油画、拓本和一些钤有‘暂属悲鸿’印章的画册书籍、到苏联展览的《中国绘画》俄文图录等，分送施香沱、施寅佐、刘抗、钟青海等旧友知交，这些物品在他们去世后，其中部分陆续在艺术市场上出现。”[59]天雪的说法未注出处。如若这些珍贵书画，真是被徐悲鸿视之为知己亲朋、呼之为“二哥”的黄曼士作主分掉，不管个中缘由是什么，理由有多少，都是令人唏嘘遗憾的事！而徐悲鸿委托愚趣园保管的物品，韩槐准父子却如数全部挖出归还。[60]欧阳兴义认为：“隐藏了半个世纪，兵临城下，枯井藏宝，红毛丹园藏宝的故事情节，虽已在1985年公之于世。但新闻的发展仍在继续，天翻地覆的大时代传奇的谜底尚未解密。”[61]欧阳兴义的说法早于天雪8年。或者徐悲鸿的南洋之谜，还有待我们继续跟踪探索。

回到本栏探讨的收藏主题。

关于徐悲鸿的收藏理念和收藏实践，周积寅的文章值得关注。他认为徐悲鸿不仅将写实主义作为创作方法运用到中国画、油画、素描创作中去，而且也渗透到他的绘画评论和收藏中，形成了他特有的绘画收藏观。譬如徐悲鸿中国画改良方针的“古法之不佳者改之”用在收藏修改的有髡残的《幽壑烟云图》，“未足者增之”的有郑板桥的《竹石图》，“受损者补之”的有郑板桥的《衙斋听竹图》、文徵明的《秋到江南图》等，作者认为这是徐悲鸿与古人的“合作”，是绘画收藏史上绝无仅有的“创举”，是悲鸿先生之胆略和自信，为一般画家甚至大师们所不敢、不能为者也。这一观点值得商榷。也许，徐悲鸿的独特收藏实践，只能看作他作为那个时代的杰出人物想改造旧传统的迫切，其情复杂，不可一语论断。杨益群在文中指出，长期以来，围绕徐悲鸿抗战期间遗落在广西七箱藏画的下落，众说纷纭。杨文整理了有关言论，钩沉历史线索，寻访了几乎能找到的所有当事人，认为这七箱画仍然遗落广西，提请广西有关部门高度重视。杨文不仅复现了当时战争中辗转抢救藏画险象环生的历程，也如福尔摩斯般给我们留下了许多的悬疑猜想和线索。

九、徐悲鸿作品市场研究

徐悲鸿作品早在民国时期，尤其20世纪30至40年代，影响极大，市场表现就十分强劲。近十余年来的市场更是火爆，无论海内外的拍卖价格都不断攀升，有的实为天价。

徐悲鸿作品2000年以来的拍卖成交价格据不完全统计，简述如下：[62]

2000年5月，《木桧下自画像》成交价 202.5万港币，香港苏富比拍卖。

2000年11月，油画《愚公移山》成交价人民币250万元人民币，嘉德在线网站成交。

2000年《双吉图》成交价75.9万元人民币，北京翰海拍卖会。[63]

2000年《双喜图》成交价69.3万元，北京翰海拍卖会。[64]

2001年10月，油画《风尘三侠》，成交价664.5万元港元，香港拍卖。

2002年《裸琴》成交价165万元人民币，中国嘉德拍卖。[65]

2002年《戴花环的女子》成交价132万元，上海崇源拍卖。[66]

2002年《凭桌》成交价286万元，中国嘉德秋季拍卖会。[67]

2002年4月，《自画像——跃起的雄狮》成交价205.5万港 币，香港佳士得拍卖。

2003年11月，《春山十骏图》成交价627万元，中国嘉德秋季拍卖会。

2003年11月，油画《浴》成交价599.5万元人民币，广州嘉德拍卖会。

2003年12月，《春之歌》成交价346.5万元人民币，荣宝秋季拍卖会。

2004年5月，《高瞻远瞩》成交价451万元人民币，中国嘉德春季拍卖会。

2004年6月，《柳荫双骏》成交价198万人民币，上海朵云轩拍卖。

2004年6月，《奔马》图轴成交价187万人民币，广州嘉德春季拍卖会。

2006年6月，《愚公移山》成交价3000万元人民币，由北京市文物局出资，交由徐悲鸿纪念馆收藏。[68]

2006年11月，《奴隶与狮》成交价5388万港币，香港佳士得拍卖会。[69]

2007年4月，《放下你的鞭子》成交价7200万港币，香港苏富比春季拍卖会。[70]

2010年12月，《巴人汲水图》成交价1.7136亿元，北京翰海秋季拍卖会。[71]

2011年11月，《珍妮小姐画像》成交价5750万元人民币，中国嘉德秋季拍卖会。[72]

2011年12月，《九州无事乐耕耘》成交价2.668亿人民币，北京保利秋季拍卖会。[73]

2012年《诗经小戎》成扇，成交价270.25万人民币，北京诚轩秋季拍卖会。[74]

2013年1月，1944年作《憩马图》，立轴，水墨纸本，成交价2070000人民币，北京保利国际拍卖有限公司。[75]

2013年3月，1944年作《立马图》，立轴，设色纸本，成交价291750美元，佳士得纽约有限公司。[76]

2013年3月，甲申（1944年）作《雄鹰图》，立轴，纸本，成交价920000人民币，中国嘉德国际拍卖有限公司。[77]

2013年5月，乙亥（1935年）作《钟馗》，立轴，设色纸本，成交价2242500人民币，中国嘉德国际拍卖有限公司。[78]

2013年5月，1942年作《奔马》，立轴，水墨纸本，成交价4025000

人民币，北京翰海拍卖有限公司。[79]

2013年5月，1950年作《奔马》，立轴，水墨纸本，成交价5750000人民币，北京翰海拍卖有限公司。[80]

2013年6月，1942年作《立马》，立轴，设色纸本，成交价4255000人民币，北京保利国际拍卖有限公司。[81]

2013年6月，1935年作《雄狮猛醒》，镜心，设色纸本，成交价16100000人民币，北京保利国际拍卖有限公司。[82]

2013年6月，1938年作《钟馗图》，立轴，设色纸本，成交价9430000人民币，北京保利国际拍卖有限公司。[83]

2013年6月，石膏头像《拉弓男人》，纸本、素描，成交价460000人民币，北京保利国际拍卖有限公司。[84]

2013年6月，1943年作《鹰击长空》，立轴，设色纸本，成交价1955000人民币，北京保利国际拍卖有限公司。[85]

2013年10月，《猫石图》，立轴，设色纸本，成交价2185000港币，中国嘉德国际拍卖有限公司。[86]

2013年10月，节临《曹全碑》，扇面，水墨纸本，成交价40250人民币，北京保利国际拍卖有限公司。[87]

2013年11月，致张安治书札，成交价345000人民币，中国嘉德国际拍卖有限公司。[88]

2013年12月，1945年作《迥立向苍苍》，立轴，设色纸本，成交价10925000人民币，北京保利国际拍卖有限公司。[89]

2013年12月，1950年作《立马图》，立轴，设色纸本，成交价2300000人民币，北京保利国际拍卖有限公司。[90]

2014年5月，甲申（1944年）作《雄鸡》，立轴，设色纸本，成交价1725000人民币，中国嘉德国际拍卖有限公司。[91]

2014年5月，1945年作《立马》，立轴，设色纸本，成交价2645000

人民币，中国嘉德国际拍卖有限公司。[92]

2014年5月，1945年作《奔马》，立轴，设色纸本，成交价8970000人民币，中国嘉德国际拍卖有限公司。[93]

2014年5月，致王少陵信札，成交价115000人民币，中国嘉德国际拍卖有限公司。[94]

2014年5月，致黄养辉信札，成交价402500人民币，中国嘉德国际拍卖有限公司。[95]

2014年5月，信札及中央美院1952年过节费清册，成交价86250人民币，中国嘉德国际拍卖有限公司。[96]

2014年5月，1939年作《鹰击长空》，镜框，水墨纸本，成交价1960000港币，佳士得香港有限公司。[97]

2014年6月，1937年作《哀鸣思战斗》，立轴，设色纸本，成交价6325000人民币，北京保利国际拍卖有限公司。[98]

2014年6月，致刘勃舒信札一通，成交价207000人民币，北京匡时国际拍卖有限公司。[99]

2014年8月，《三鹅图》，镜心，设色纸本，成交价5750人民币，北京翰海拍卖有限公司。[100]

2014年10月，1945年作《竹石图》隶书《孟子》句，成扇，设色纸本，成交价517500人民币，北京翰海拍卖有限公司。[101]

2014年10月，1942年作《奔马》，立轴，水墨纸本，成交价4025000人民币，北京翰海拍卖有限公司。[102]

2014年11月，1942年作《奔马》，镜框，水墨纸本，成交价7240000港币，佳士得香港有限公司。[103]

2014年12月，魏碑《秋鹰吟》，立轴，纸本，成交价1552500人民币，北京匡时国际拍卖有限公司。[104]

2014年12月，1946年作《十二生肖册》，册页，纸本，成交价

46,000,000人民币，北京匡时国际拍卖有限公司。[105]

2014年12月，《耕牛图》，立轴，设色纸本，成交价1092500人民币，西泠印社拍卖有限公司。[106]

2015年5月，壬申（1932年）作《行书五言联》，立轴，水墨纸本，成交价1150000人民币，中国嘉德国际拍卖有限公司。[107]

2015年5月，壬午（1942年）作《立马》，立轴，设色纸本，成交价2070000人民币，中国嘉德国际拍卖有限公司。[108]

2015年5月，关于蒋碧薇、徐悲鸿离婚事宜往来通信，成交价230000人民币，中国嘉德国际拍卖有限公司。[109]

2015年6月，1935年作《醒狮图》，镜心，设色纸本，成交价17825000人民币，北京保利国际拍卖有限公司。[110]

2015年6月，1947年作《奔马图》，立轴，水墨纸本，成交价3680000 人民币，北京保利国际拍卖有限公司。[111]

2015年6月，《愚公移山人物画稿》，册页，水墨纸本，成交价437000 人民币，北京保利国际拍卖有限公司。[112]

2015年7月，1940年作《喜马拉雅》，立轴，水墨纸本，成交价1610000 人民币，西泠印社拍卖有限公司。[113]

2015年7月，1933年作徐悲鸿有关“巴黎中国美术展览会”的信札，成交价264500人民币，西泠印社拍卖有限公司。[114]

2015年10月，1948年作《迴立向苍苍》，镜框，设色纸本，成交价5600000 港币，香港蘇富比拍卖有限公司。[115]

2015年12月，致黄孟圭书信，镜框，水墨纸本，成交价312500 港币，佳士得香港有限公司。[116]

2015年12月，1944年作《落花人独立》，立轴，设色绢本，成交价30475000 人民币，北京保利国际拍卖有限公司。[117]

2015年12月，1942年作徐悲鸿有关《八十七神仙卷》被窃一事致警察局长信札，成交价299000 人民币，西泠印社拍卖有限公司。[118]

2016年1月，1941年作《雄狮》，镜心，设色纸本，成交价218500人民币，北京保利国际拍卖有限公司。[119]

2016年3月，1940年作《奔马》，设色纸本，镜框，成交价112500美元，佳士得纽约有限公司。[120]

2016年4月，1943年作《奔马图》，立轴，设色纸本，成交价21004000港币，保利香港拍卖有限公司。[121]

2016年4月，《牛》，镜框，设色纸本，成交价875000港币，香港苏富比拍卖有限公司。[122]

2016年6月，徐悲鸿致邵力子信札，成交价195500人民币，北京保利国际拍卖有限公司。[123]

2016年6月，1935年作《猫石图》，镜片，设色纸本，成交价1840000人民币，西泠印社拍卖有限公司。[124]

2016年6月，《人体》，纸本、素描，成交价368000人民币，西泠印社拍卖有限公司。[125]

史树青主编、吴海滨撰文的《现代书画投资：徐悲鸿卷》（2005年）一书，[126]在第二部分中作了徐悲鸿书画作品的价格走势与市场分析。作者认为，徐悲鸿的艺术作品进入市场较早，在新中国成立前民间收藏就已经形成了一定的规模。徐悲鸿为了抗战募捐，曾在南洋等地举办展览会，因此不少作品流散海外。自20世纪30年代以来，徐悲鸿在艺术创作上取得了令世人瞩目的成就，其成熟的绘画风格得到了人们热情赞扬，而他的一些小品，生动传神，雅俗共赏，满足了社会各阶层的需要，他的作品也就具有了很强的社会购买力，由此造就了高昂的市场价格。自20世纪80年代开始，徐悲鸿的作品就已经进入了海外的拍卖市场，一些有代表性的作品更成为整个拍卖现场的焦点和中心。因此在同时代的画家中，徐悲鸿作品的价格一直是名列前茅的，甚至具有了标志性意义。20世纪90年代以来，中国大陆艺术品市场逐渐成型。而以回顾的眼光加以观察，流入近十余年拍卖市场的徐悲鸿作品已达1000余件，总成交率为57.35%，总成交金额则超过了亿元。总体而言，徐悲鸿作品的价位一直以来居高不下，投资者皆以徐悲鸿作品作为低风险、高收益的投资品种，因为市场的结果已经充分证明了其作品回报率的乐观。作者具体分析了中国嘉德、北京翰海、香港佳士得、香港苏富比、北京中贸圣佳、天津文物、上海敬华、上海朵云轩、北京华辰、上海崇源等十余家拍卖公司，自1993年至2004年以来的拍卖数据，可以得到更直观的结论。譬如，1994年春、秋两季，进入拍卖市场上的徐悲鸿作品共有23件。春季拍卖会的平均价格为4.3万元/平方尺，成交率为83.33%；秋季拍卖会的平均价格为4.6万元/平方尺，成交率为88.24%；1995年的春季拍卖，投放市场的作品共有35件，平均价格为5.1万元/平方尺，成交率却降为57.14%。秋季拍卖会，拍卖价格涨到5.9万元/平方尺，成交率回升到81.82%。1996年的春季拍卖会成交率达80.95%；1997年亚洲金融危机对于全球艺术品市场都是一场灾难，影响波及面很广。新加坡、香港地区受到了直接的打击，冲击波也间接地冲击了中国大陆、中国台湾市场。故1997年秋拍成交率只有48.6%，价格随即进入了一个沉寂调整的时期；1998年，徐悲鸿作品的拍卖情况有所回暖，在春季拍卖会上的成交率提到56.3%，平均价格回升到6.96万尺/平方尺；1999年春、秋两季，徐悲鸿作品的拍卖整体形势与1998年的情况基本相同，但平均拍卖价格却再次拐头而回探低点。究其原因，则是1997年到1999年间，普遍被认为是中国市场的重要调整期，不仅投资者的心态因调整而渐趋理性，而热中市场炒作的所谓“热钱”也逐渐因国家政策法规不断地出台，而渐渐远离了这个市场。假画的泛滥也是让投资者望而却步的原因之一。2000年春季拍卖中，平均价格又站在6万尺/平方尺的价格线以上。2001年秋拍中，平均价格则成功突破了10万元/平方尺的价格线，成交率则回升到了60.6%，数据之好，令人瞩目……总之，在拍卖市场中，徐悲鸿作品的价格一直处于高位，大量的数据已经充分证明了徐悲鸿的作品具有稳定而扎实的价格定位，并且随着经济的走向而保持着持续发展。作者认为，随着中国大陆经济发展，本土收藏群体的扩大，坚信徐悲鸿作品仍存在着足够的价格发展空间。

吕友者在其《徐悲鸿书画作品市场探究》(《收藏》2013年8期）一文中梳理了徐悲鸿从民国卖画伊始，到20世纪30、40、60年代初再到如今市场的行情，也对徐悲鸿画作近十年来的拍卖数据进行分析，认为其国画作品平均价格的变化幅度较大，整体呈上升趋势。其油画作品已成为油画市场的“龙头股”，投资者皆以徐悲鸿作品为低风险、高收益品种，这是因为徐悲鸿作品在人物价值（徐悲鸿的地位）、艺术价值（艺术魅力）、市场价值三方面皆很稳定，故其作品的市场价格较为合理。但令人担忧的是出现在拍场的徐悲鸿作品伪作较多。吴明娣、朱小钧的《中国艺术市场生态报告》(《艺术市场》2011年13期）指出，徐悲鸿画作真伪所引发的争议，导致了拍卖市场的信任危机。作者正言，近几年艺术市场火爆带来了巨大暴利，使得部分拍卖行与“卖家”甚至“专家”“画家家属”串通，进行虚假鉴定，出示伪证，作品拍得天价的背后却是并不光彩的“利益链”，可谓是艺术市场“繁荣”之下的悲哀。该文认为，我国现行拍卖法并未要求拍卖行、委托人对拍卖标的真伪承担相应责任，免责条例成为了虚假鉴定的免死金牌，但荒谬的事实一经曝光之后，颜面与良心何存？

沈宁在《从“徐悲鸿天价假画事件”谈起》(2013年）[127]一文中亦认为：扭转我国艺术品市场混乱现状的思路，应从改变观念开始，从个人投资者、经营机构，到政府主管、监督部门和法规制定者，都要对艺术品市场所涉及的利害关系重新认识。针对目前出现的新情况，及时修订与文物鉴定有关的法律制度，如文物保护法、拍卖法、国家文物鉴定委员会管理规定、职业技能规定等，以利于艺术品市场健康发展并兼顾各方合法利益。对相关拍卖机构应进行行业规范，专家或鉴定机构及个人，要赋予承担社会责任和法律责任的义务，以确保投资、收藏者的合法权益。从收藏、投资艺术品者方面论，需加强艺术修养，提高对艺术品的鉴赏能力。对创作者的经历、作品产生时代及艺术风格要有所了解，练就一双辨伪求真的火眼金睛，不盲从，不轻信，何患卑鄙的欺诈者原形不毕露？

对徐悲鸿作品市场更多的是个案探究，譬如，对于《放下你的鞭子》就有针锋相对的两种意见。范胜利在《天价艺术品的收藏与流转——徐悲鸿〈放下你的鞭子〉》（《雕塑》2010年3期）一文中，挖掘和厘清了对徐悲鸿这一天价艺术品的世纪收藏与流转漂泊海外的故事，得以从一件艺术品的市场分析管窥历史事件、历史人物之间的交织，肯定这幅作品的天价所在。梓封在其博客文章《再谈徐悲鸿〈放下你的鞭子〉》的高价成交与未来中国艺术品市场分析》[128]（2007年）中认为，此画的拍卖价格完全超出了徐悲鸿在现阶段所应有的价值，认为在此画的表现上不及他前几张上拍的作品，譬如造型能力上不及《奴隶与狮》，色彩把握上不及《珍妮小姐》，表现手法上不及《赁桌》，思想意识上不及《愚公移山》，唯美角度也不及《出浴》，支持该博文的人不在少数。在看诸种观点交锋中，笔者找到谢和赓的一篇旧作《徐悲鸿与王莹与〈放下你的鞭子〉》（《新文化史料》1995年第3期），重温了王莹上演《放》剧两千多场，轰动国内及南洋的盛况，重温了滞留新加坡的文化名流、侨胞对此剧及徐悲鸿同名画作中所饱含的抗日热情的盛赞……不禁令笔者动容，掩卷深思。也许抗战文艺的价值不仅仅只在艺术价值，也许其历史意义以及这一画作饱含传奇与跌宕的故事本身也构成了拍卖收藏的节点？

分析徐悲鸿艺术品市场的散篇文字较多，浩如烟海，但留于现象和拍卖信息的多，深度分析的少。本文篇幅所限，无法一一道来。

十、徐悲鸿油画修复研究

中国油画的保护是汲汲可危的大问题。迄今中国油画保护最好的是徐悲鸿的油画，但对此的研究非常少。中国人民大学艺术学院本科生张恬的毕业论文《徐悲鸿油画作品的流传与修复》（2014年）在此着墨，难得。其他成果据不完全统计还有徐冀的《从徐悲鸿油画修复探索中国油画的保管与维护》（2015年）、栗壮志的《基于绘画的时间价值—— 再谈绘画的材料与保存修复》（2015年）。[129]

张恬基于与徐庆平师的访谈，梳理的徐悲鸿作品的主要修复工作如下：1.1953年和1982年徐悲鸿亲授弟子戴泽对《徯我后》的两次修复；2.《愚公移山》的油画稿一稿，上拍前在中国台湾被修复；《奴隶与狮》上拍前在瑞士进行了修复；《放下你的鞭子》早在新加坡被一位中国油画家完成修复；3.1999年至2009年法国著名国家博物馆油画修复专家娜塔丽·宾卡斯女士一行对徐悲鸿纪念馆馆藏30幅油画进行了修复。法国专家的修复工作成绩显著，但也暴露了国内目前大量重要修复项目对国外专家的依赖。修复期间，法方人员不允许徐悲鸿纪念馆人员进行任何图像和文字记录，中方协助人员仅有徐庆平之子徐冀。如何打破国外专家对重要修复项目的“垄断”，如何培养我国修复人才是我们亟需建设的任务。

徐冀以《田横五百世》和《愚公移山》为例，介绍了徐悲鸿油画作品的修复情况。由于徐悲鸿油画作品年代久远，又被长期存放于终年阴暗潮湿的故宫南朝房，缺乏维护，因此损毁严重。对于这批作品，徐悲鸿纪念馆采取的是以保护为目的的抢救性修复。徐冀提到，因为徐悲鸿在创作油画时所采用的程序、所选用的材料都严格遵循了他在欧洲习画时的老师达仰、弗拉孟等大师的教导，因此徐悲鸿纪念馆在俄罗斯修复专家和法国国家博物馆修复专家中选择与后者合作，共同展开修复工作。修复全程遵循了被文物界公认的布兰迪三原则：可逆性（可去除性）、兼容性和可辨识性。徐冀进一步提出，修复并不是保护油画的最好办法，采取控制温度、湿度、光线等预防性措施；有计划地对油画进行清理加固；定期更换保护光油层；改善国内油画作品的保存环境、展陈环境、运输环境；对材料技术正确的选择、运用；有效的、科学的管理方式，都对油画作品有积极的保护效果。

栗壮志在文中提出，徐悲鸿的油画作品由于特定的历史原因而损坏严重，比如《毛主席在人民中》，由于存放时被卷得太紧，大部分颜料粘连，而导致无法打开。徐悲鸿最为重视材料，所用颜色多是法国巴黎进口，因此可以推断问题出在特殊时期不当的保存方式上。由此可见，“材料”与“保存”是绘画物理特性得以持久的两大要素。栗壮志指出，传统绘画的保存与待修复年限大约为75至100年，而现今的作品随着新材料和新技术的运用，其修复周期或多或少会提前很多年，这表明作品的可保存与可修复性也是艺术家的主要责任。绘画的精神文化内涵要通过对材料、技法的正确合理的运用而承载流传，这是艺术家、博物馆、修复者之间的接力棒，是油画作品得以长久保存的缺一不可的综合因素。

十一、展览研究

（一）徐悲鸿作为策展人的研究

徐悲鸿除了艺术创作与美术教育外，还不遗余力地进行中国画的国际推广，用今天的话说就是美术策展人。对此的研究还刚刚起步。据不完全统计，在此着力的成果有：薛永年的《中国美术海外推广刍议——从徐悲鸿在全欧宣传中国美术的启示谈起》（2013年）、张长虹的《“发扬国光”行动——1933年“巴黎中国美术展览会”研究》(2013年)[130]、刘鹏的《徐悲鸿在欧洲中国画巡展中所表达的中国画观念》(2013年)[131]、美国苏文惠的《在世界史语境下重构中国艺术典范——试论徐悲鸿在法国发表的〈中国绘画史〉一文》[132](2015年)等篇章。

薛永年认为以美术的方式让世界了解中国，从来为有责任感的中国美术家所重视。远在70年前，亦即1931年至1933年间日寇侵华的国难方殷之际，徐悲鸿就开始着手于中国美术在欧洲的推广，取得了良好效果。比之当年徐悲鸿对外宣传中国美术，在全球经济一体化、政治多极化和文化多元化的今天，把发展中的大国建设为发达的强国，是不尽相同的历史任务，又不乏一脉相承的动人力量。张长虹也在文中说到：1933年“巴黎中国美术展览会”和1934年“柏林中国美术展览会”，使中国画一跃进入国际艺术舞台，呈现了中国艺术的独特价值。从私人收藏家珍藏到公共美术馆的展示，近代中国画的观览模式，经历了从“触觉的”到“视觉的”方式的转变。在这些展览中，传统的中国画作品进入了大型的公共美术馆展示，除了立轴式作品采用悬挂形式之外，手卷等特殊形式如何陈列，限于资料，还不清楚当时是如何解决的。但作者认为，“巴黎中国美术展览会”和“柏林中国美术展览会”两展是中国画在追求“现代性”道路上具有里程碑意义的事件。

苏文惠认为对于作为艺术家、教育家的徐悲鸿，学界有较多深入讨论，但对于徐悲鸿作为策展人的身份学界却了解不多。文惠在文章中述，1933年5月，徐悲鸿与法国策展人André Dézarrois 共同策划的展览“中国美展”，在巴黎外国美术馆即今日位于协和广场的Musée Jeu de Paume，正式开幕。为了这场展览，徐悲鸿与法方策展人及各文化单位，来回三年，反复协商。原先法方展览默认主题为当代中国艺术史，但徐悲鸿坚持也要展出古代艺术品，协调法国卢浮宫、吉美美术馆、私人收藏家与画商商借作品，同时请中国国内画家参展，将古代与当代绘画一起展出，规模之大前所未见。5月10日展览开幕后，广受好评，法国新闻媒体与艺术杂志纷纷撰文报导。1933年，徐悲鸿为该展分别在中国国内发表两篇文章《巴黎中国美展开幕前》（1933）与《记巴黎中国美术展览会》（1933）[133]，提及办展的心路历程，文末并翻译部分法国媒体报导文字，对展览成功颇为自豪，然而徐悲鸿却只字未提他为配合展览，在同年5月于法国期刊《古今艺术评论》（La Revue de l' art ancien et moderne）发表的法文文章《中国绘画史》（Peinture chinoise），[134]因此学界至今仍未讨论这篇短文的重要性。文惠认为，作为一位策展人，徐悲鸿面临的挑战不只是解决经费问题，向各美术馆与收藏家商借作品展出，更重要的是如何透过展览让法国民众认识到中国艺术的成就与价值，其成功关键是两者之间必须产生有意义的关联，如此才能让展览达到效果。30年代除了徐悲鸿策划的巴黎中国美展，后来至全欧洲巡回展出，1932年开始刘海粟也积极与德国方面合作筹办柏林中国美术展览会，1935年伦敦也举办中国艺展。徐悲鸿的展览因文献保留完善，也有他本人为展览撰写的文字，提供了好例子让我们更深入讨论当时海外中国美展所面临的挑战、考虑与契机。因此，文惠认为，徐悲鸿的这篇不长的法文文章之所以特别重要的原因之一即在于，关于民国时期中国艺术史著作，至30年代中叶已有数本出版，如姜丹书的《美术史》、陈师曾《中国绘画史》、滕固《中国美术小史》《唐宋绘画小史》、潘天寿《中国绘画史》、郑武昌《中国画学全史》、傅抱石《中国绘画变迁史》等书，[135]然而这些书目都是针对中国读者书写，而徐悲鸿的文章则是针对外国读者而写的中国美术史，与20世纪初在中国出版为中国读者而写的著作在观点和视角上都极为不同，他必须考虑到如何从法国读者的观点切入，寻找共鸣，然后肯定中国艺术的价值。徐悲鸿在文中多次将中国艺术与欧洲艺术、埃及艺术作比较，并提及对东亚各国与日本艺术的影响，显示其世界史的思考框架。文惠认为，徐悲鸿笔下的中国艺术史，即使呈现的是一个理想化甚至简化的中国艺术史，与他个人艺术史观与创作理念有很大的关系，难免有偏颇之处，但无疑地他将中国艺术史的重要性带入一个全新的架构，思考中国艺术与欧洲艺术相似与相异之处，重新建构典范，从世界史的观点思考中国艺术对东亚的贡献，同时打开另一个视野让中西方艺术交流有更多可能性。文惠的文章值得我们关注。

（二）徐悲鸿作品展览现状

除了关注徐悲鸿研究的文字成果，笔者也关注到了近几年来在海内外的徐悲鸿作品的展览活动，据不完全统计，综述如下：[136]

1. 2009年3月，炎黄艺术馆举办了“中国现代美术奠基人系列·徐悲鸿大型艺术展”。

2. 2009年4月，无锡博物院举办了“悲鸿故乡行主题艺术展”。

3. 2011年6月，辽宁博物馆举办了“永恒的艺术——徐悲鸿绘画精品展”。

4. 2011年10月，美国丹佛美术馆举办了“徐悲鸿——现代中国绘画的开拓者”大型展。

5. 2012年1月 ，西安美术馆举办了“魂系长安 艺坛巨匠——徐悲鸿精品展”。

6. 2012年5月，广州举办了“艺术巨匠徐悲鸿师生画展”。

7. 2012年9曰，福建博物院举办了“徐悲鸿绘画精品展”。

8. 2014年4月，成都武侯祠美术馆举办了“神骏踏春又归来——徐悲鸿在四川”展。

9. 2014年5月至2015年4月，在北京中华世纪坛、河南博物院、上海艺术宫，举办了“大师与大师——徐悲鸿与法国学院大家作品联展”。

10. 2015年9月，北京园林博物馆举办了“南来飞燕北归鸿——纪念徐悲鸿诞辰120周年纪念展”。

其中要特别提到的是2012年在广州举办的徐悲鸿师生展，共展出徐悲鸿不同时期作品60幅，还有徐悲鸿学生的作品，包括徐悲鸿第一代、第二代、第三代弟子的作品以及傅抱石、杨之光等著名画家作品共101件，这对理论界讨论的“徐悲鸿学派”是极大的艺术实践支持。

再要特别提及的是2011年10月在美国丹佛美术馆举办的徐悲鸿展，就像展览策划人之一的徐芳芳（徐悲鸿女儿）所说[137]：这是第一个为徐悲鸿在美国举办的大规模、综合性个人画展，也是丹佛艺术馆第一次为一位著名的中国画家举办的国际艺术展。徐悲鸿纪念馆收藏的61幅徐悲鸿代表性的油画、国画、素描、粉画和书法作品第一次展现在美国观众的面前，得到了美国观众的热情喜爱，有一位60多岁的美国妇女说，她已经来参观徐悲鸿的画展多达14次了，问及缘由，她说是因为徐悲鸿的作品感动了她的心灵。1941年，徐悲鸿在新加坡时，接到美国援华总会的邀请，曾计划在美国举办画展，在积极筹展准备赴美之际，因日军偷袭珍珠港，徐悲鸿无法成行而被迫取消画展。在酝酿了四分之三个世纪之后，徐悲鸿的艺术终于来到了美国。

还需要特别提及的是，2014年5月至2015年4月在北京、河南、上海举办的“大师与大师——徐悲鸿与法国学院大家作品联展”，这是中法建交50周年文化交流活动的重要展览。

其中2014年5月在中华世纪坛的展览为笔者所亲历观摩。该展将徐悲鸿毕生所作的60幅（组）代表作品与其法国老师及其他学院派大家的59幅作品同台展出。展览分六个板块：1.徐悲鸿的选择：法国与法国学院派绘画；2.徐悲鸿在巴黎高等美术学院：法国学院派绘画的继承；3.土地与人体：徐悲鸿作品与法国学院派绘画之间的主题性比较；4.徐悲鸿与他的法国老师们各类型创作及代表作品的呈现；5.徐悲鸿在传统与创新之间：肖像画、风景画、植物与马；6.法国老师们的代表作品：介于自然主义和象征主义之间。

展览极富创意，让我们在立体交叉而又整体协调的网状系统中，清晰看到了徐悲鸿在法国求艺的心路历程，以及与他的法国老师们及其教学谱系之间的承继关系。我们在具体作品中更能细致入微地体察到这种关系，譬如，徐悲鸿的《九州无事乐耕耘》与亨利·皮耶尔·杜高斯德拉海耶（Pierre-Henri Ducos de Laille）的《在农夫牵着两头大牛犁的沟外，幸运之神与富足之神正喜悦地奔来》之间的图式关系；徐悲鸿的《愚公移山》与玛德琳娜·拉凡图尔（Madeleine Lavanture）的《你要用额头的汗水来赚得面包》的图式联系；徐悲鸿的《奴隶与狮》与奥黛特·波维尔（Odette Pauvert）的《圣雷南的传说》隐喻间的联系与共鸣……当然我们也能看到徐悲鸿在学习法国学院派的时候，怎样悉心转换成中国笔墨、中国味道和中国气派，这个旅程不是那么简单的，还需我们继续聚焦切近地研究。

十二、徐悲鸿博物馆建设之研究

徐悲鸿把建立美术馆（他称之为美术博物院[138]）作为平生两大志愿之一，曾殚思苦虑近乎杜鹃啼血般地多次呼吁国家及个人对美术馆建设的重视。对徐悲鸿这一思想研究者们时有关注，在文章和著作中也多有提及（譬如，尚辉早在《原国立美术陈列馆的筹建与变迁》中就对徐悲鸿关于美术馆建设的话题作了较为细致的钩沉探讨，富资料爬梳和观点启发之意义。《美术观察》2000年第4期），但学界对此话题的专门著作和专门研究文章则较为少见。张熙博士的《徐悲鸿的美术馆构想探源》[139]（2015年）能聚焦集中研究，难得。

张熙认为，美术馆观念的传播是中国近代文化运动的一部分。徐悲鸿是这项事业的重要推动者之一。他的美术馆建设构想在不同阶段呈现出了不同特点：新文化运动前夕，他撰文宣传美术馆启蒙民智、服务大众的公共价值；留法回国后，他着重强调美术馆的藏品建设和辅助教学功能；欧洲巡展归来，他从展览策划的角度，提出美术馆建设能够促进中外文化交流和中国美术事业的发展。其先后论及的收藏保护、教育科研、展览交流等功能系统地搭建出了现代美术馆的雏形。作者从上述三个角度出发，对徐悲鸿的美术馆建设构想进行了梳理和考察。

十三、 国外徐悲鸿研究

随着东西方文化交流的日益扩展与深入，国外徐悲鸿研究也在推进，近年来成果不完全统计，综述如下。

美国哈佛大学王德威（David Der-wei Wang）对二徐之争进行了当代意义的探讨[140]（2001年）。他认为徐悲鸿的问题不在于他所倡导的现实的观点，而是在于他不了解或者没有认识到当时欧洲现实主义面貌多变与综合的实质。徐悲鸿对西方现代主义艺术家的偏见显示了他对西方艺术思潮的矛盾心理。徐悲鸿之“师法造化”将自己局限在了维多利亚时代的品味中。他认为，二徐争论在某种程度上指向了文本与视觉之“重建”和政治机构施政间的辩证性。重新审视二徐之争有助于重启多元视角下现代中国之解读。2014年王德威著书认为，[141]在林风眠和徐悲鸿之间，林风眠更抓住了中国的抒情传统，但他又非常肯定徐悲鸿为国家民族的艺术之心，是一种可尊敬的纪念碑性。相比13年前，他对徐悲鸿的看法有一些改变。哈佛大学汪悦进（Eugene Y. Wang）通过徐悲鸿和常玉两位艺术家迥然不同的人生轨迹（2001年）[142]，探讨了20世纪二三十年代背景下“传统主义”与“现代主义”“东方”和“西方”“激进主义”和“保守主义”这些概念间相互融合或冲突的关系。汪悦进指出常玉的绘画中的沉静感链接了中国山水中的平淡之趣和西方现代主义艺术家关注内心“性灵”、厌弃工业社会的情绪。徐悲鸿对写实的倡导则是基于救亡图存的愿望和中国急需改变社会背景，他在创作上的转向追求，是一种出于艺术表达、社会交往和爱国主义需求的应急性的策略性选择。2014年，汪悦进从徐悲鸿早期作品《天女散花》中独具慧眼，提请我们思考徐悲鸿画风转向的正负面意义。[143]

Weihong Du提出“反向的东方视角”（2010）[144]。1930年左右，在殖民入侵带来的西方文化的影响之下，什么才是中国本土文化的象征，中国该如何向国际社会展现自己，成为当时中国所面临的亟需解决的问题。在此期间，中国政府派遣知识分子和留学生远赴重洋学习西方模式，并希冀借此获得迈入现代国际社会的通行证。然而，以徐悲鸿为代表的这一批人却并非简单的吸收西方文化，而是同时向西方输出和展示了中国文化和中国艺术。由于西方媒体往往聚焦于西方观众所欣赏和喜欢的部分进行深入报道，中国媒体再将这些报道转引回来，从而使中国读者能够从他们所熟悉的艺术形式中发现“新奇”的一面，并因此获得反向的、以西方审美为参照系的、重新认识自己的视角。Hu Lingling从福柯的权力理论视角切入（2011年），[145]认为“五四”时代的中国是典型的福柯在《规训与惩罚》中提到的“规训”（Discipline）时代，在这个时代中主导话语权利的是“科学”，因此，作者将“五四”时期称为“科学规训”时期。他认为，正是在此思想的指导下，康有为、陈独秀、蔡元培直至徐悲鸿等文化大师才先后提出引进西方写实主义绘画的理念。科学的美院教育培养了大批采用写实主义创作的艺术家，以徐悲鸿为代表的一批艺术家持有的集体主义的国家意识（不同于林风眠等艺术家着重强调个人情感的理念），是写实主义之所以成长为权力话语的两大支撑。

美国俄亥俄州立大学安雅兰（Julia F. Andrew）、美国加州大学圣地亚哥分校沈揆一（Kuiyi Shen）对以下问题展开了论述（2012年）[146]：在个体与国家、区域与全球、过去与现在的碰撞中，什么才是中国现代艺术？怎么定义中国现代艺术的“现代性”？“传统”与“现代”在新中国文化构建中分别承担着什么样的角色？作者正是以这些问题为出发点，遵循着历史的发展线索逐渐展开论述。在“20世纪20年代的新文化运动”“20世纪30年代国画发展的黄金时代”“1937年至1949年：战争中的艺术”三个专题的研究中，对徐悲鸿与新国画运动、徐悲鸿与中西融合体系、自然主义与写实主义以及徐悲鸿与中西文化交流等问题进行了极具参考价值的探讨。

徐芳芳（Fangfang Xu）和美国丹佛美术馆罗纳德·大塚（Ronald Y. Otsuka）编选的*Xu Beihong: Pioneer of Modern Chinese Painting*（《徐悲鸿：中国现代绘画的开拓者》）[147]（2012年），收录了包括水墨画、油画、素描等在内的共61幅徐悲鸿大师的作品，也记录了2012年丹佛艺术博物馆举办徐悲鸿画展的盛况。书中收录的作品大部分从未在美国展出过，有些甚至从未在国外展出。这些作品涵盖了徐悲鸿的整个艺术生涯，从早期的山水画、在欧洲留学时创作的素描，到他最具代表性的题材“马”等。该书也收录了部分美国学者对徐悲鸿作品的研究成果。Jiyuan Wang（2013年）认为[148]：以徐悲鸿等艺术大师为代表的第一阶段的油画创作奠定了之后中国油画发展的基础。他们自由且自然地结合了中西艺术，充分表达了中国艺术家的生活理念和审美理想。作者从“画面结构”“视觉形象”“较平坦的着色”和“散点的视角”等方面出发，论述了传统艺术精神在中国油画创作中的体现。Pedith Chan（2013年）[149]采用布迪厄的理论，从场域（Field）的角度提出徐悲鸿等大师对传统国画的改良及近现代中国艺术呈现出的特点不仅受到西方文化的影响，或由艺术本体、艺术家和受众所决定；同时也是“艺术场”（批评家、艺术史学家、出版商、博物馆、画廊、学院、美术协会等所有艺术活动参与者）共同作用的结果。

美国芝加哥大学的巫鸿（Wu Hung）认为（2013年）[150]，徐悲鸿的贡献是多方面的，从美术史的角度看，徐悲鸿不仅改变了自己的画风，甚至改变了美术史的视角，具有了全球性的主体性视野，他的足迹不仅在巴黎，还遍及日本、印度、东南亚，把他看作中国的艺术家很重要，但也要看作全球化的艺术家，并在两个方面找到他恰切的位置。通过研究徐悲鸿，我们有了更大的责任，来考虑怎样书写全球化的20世纪、21世纪的艺术的历史。沈揆一在《徐悲鸿和历史画——兼谈徐悲鸿和中村不折》中提到（2013年），[151]对于直接经历了推翻清王朝、建立民国和"五四"思想启蒙运动的这一代知识分子来说，回顾和反思自己的历史在重新建构民族国家和确立思想文化的过程中是至关重要的。作为艺术家的徐悲鸿亦将创作历史画作为一项艺术使命。这一想法在他赴欧之前就已确立，并贯穿在他回国后几十年的绘画实践，尤其在30年代开始的民族救亡运动中。这一想法的确立对于他赴欧学习时艺术观念和风格的选择有着决定性的影响。1917年他去欧洲学习前短暂的赴日访问似乎在其中起到某种重要的影响。而中村不折，这位徐悲鸿在日本时认识的同样从巴黎习画归来并专注于历史题材的日本画家对其产生了重要影响。美国肯塔基大学修华静（Huajing Maske）在题为《徐悲鸿，现代中国艺术教育的奠基者》一文中讲到（2013年）：[152]自1990年代开始中国艺术家进入当代艺术阶段。艺评家、收藏家、和艺术爱好者惊艳于中国年轻艺术家精致成熟的技法和构思能力。中国的艺术家是如何学习到对他们来说是如此西方的艺术语言呢？事实上促使90年代中国艺坛大放异彩的原因是来自于五十年前打下的根基。而徐悲鸿在建立现代中国艺术教育中扮演着关键性的角色。

澳大利亚悉尼大学姜苦乐（John Clark）在题为《国家的轨迹：跨亚洲文化比较中的徐悲鸿与康普》一文中指出（2013年），[153]徐悲鸿在1920到1930年留欧期间，从达仰和康普两位画家那里学到不同的东西。从达仰身上学到的是构图和绘画技巧，劳工阶级的高贵和动物的雄伟；从康普和门泽尔处学到的是人物画的表现技巧，历史性的主题，以及对国家主义的歌颂。而几乎与徐悲鸿同时到达法国的潘玉良，虽然一直想回中国，也认同苏联共产党的思想，但却未像徐悲鸿那样执著于思考中国绘画的未来。姜苦乐认为徐悲鸿为了不被市场掌控而专注于表现他的道德感和爱国情操，却也同时牺牲了艺术形式表现的可能性。而潘玉良则选择将国家作为符号学的场域，艺术家可自由地将自我需求和客居异乡的情况投射到画面内容中，"中国性"也因此成为一组抽象的指涉和去国界的论述场域。

法国里尔三大—夏尔·戴高乐大学在读博士菲利普·杰奎琳（Philippe Cinquini）在题为《徐悲鸿与法国学院派绘画》的文章中（2013年），[154]梳理了徐悲鸿和法国学院派绘画的师承和汲取的历程，也注意到了"反学院派"的立场由来已久，譬如从苏立文（Michael Sullivan）的视角，徐悲鸿在西方艺术中对于法国和学院派绘画的选取，是一种失败。菲利普却未见得这么看。他认为，徐悲鸿向法国老师学习，促成了自己的"作风"。他和法国老师的交往关系是一种"内隐"的空间，经由这一空间，徐悲鸿得以从一种文化中汲取到另一种文化所需要的要素，并将其从法国移转向中国。

国外还有安雅兰、罗纳德·大塚等对徐悲鸿在印度的研究，美国芝加哥大学苏文惠（Stephanie Su）以及日本徐悲鸿研究会会长松谷省三等对徐悲鸿在日本的研究。[155]

安雅兰在《徐悲鸿与泰戈尔》一文中认为：[156]泰戈尔的画和徐悲鸿的画在风格上几乎毫无相似之处，但是老诗人和徐悲鸿在艺术上和人道上又是互相尊敬的。这是因为他们在知识、艺术上的关联微妙复杂。安雅兰特别提到的"亚洲国家的美术界"的说法，在今天格外令人深思。罗纳德·大塚在其《徐悲鸿在印度：〈愚公移山〉与其他作品》一文中提到（2013年）：虽然徐悲鸿停留印度时间不长，但是他的画作激发了许多印度艺术家表现国族认同的艺术追求。徐悲鸿从印度回国之后十几年间，中国和印度的政治情况都历经许多转变，进一步研究徐悲鸿的印度之旅能让我们了解徐悲鸿在20世纪中国艺术发展过程中所扮演的角色，无论是地域性的、区域性的或是全球性的。

徐悲鸿在日本是2013年无论海内外的徐悲鸿研究热点。[157]日本松谷省三在《徐悲鸿大师与日本艺术家的交往》一文中（2013年修改），介绍了徐悲鸿与四位日本艺术家的交往，其中与中村不折的交往对徐悲鸿留学法国以及其后的艺术生涯产生了影响；与尾崎清次的通信体现了两国艺术家的诚挚友情；对旅居北京的矢崎千代二的关照以及徐悲鸿与赤松俊子的合照这些资料的发现填补了迄今对这些经历无文字记载的空白。美国苏文惠在《徐悲鸿在日本：现代中国绘画再思考》一文中（2013年）认为，对于徐悲鸿，学界一般集中关注他在巴黎学习的经历，以及法国学院派艺术对他的影响。至于他前往巴黎之前，旅居东京这半年的经历则较少人研究。作者重新检视徐悲鸿自述中对他在日本这段经历的描述，深入了解他所提及的两位日本艺术家寺崎广业（革新东方艺术传统的日本画家）和中村不折（学院派油画家与书道家），并同时对比当年日本艺术界出版的期刊和展览会等讯息，尝试建构并思考徐悲鸿在日本的学习经历，以及他后来在巴黎所作的艺术抉择两者间的关联。文惠追问徐悲鸿在东京看到了什么？日本的这段经历对他艺术创作的重要性是什么？她的结论是：形式移植、技巧风格的激励启示、概念启发。文惠认为，这段日本经验启发了徐悲鸿思考中国画如何现代化，以及属于西方媒材的油画又如何中国化。

徐悲鸿在法国，是2014年徐悲鸿研究的热点。尤其2014年5月在中华世纪坛举办的展览"大师与大师——徐悲鸿与法国学院大家作品联展"及其印制图录，格外重要，也许这是国内第一次展示这么多作为徐悲鸿留学母校的巴黎高等美术学院师生的信息，值得特别关注。画展中除了巴黎美术学院师生的作品外，还在图录中附有多位当代法国学者的理论著述，不完全统计有：埃马努埃尔·施瓦茨（Emmanuel Schwartz）的《两次大战期间的巴黎高等美术学院》、菲利普·杰奎琳（Philippe Cinquini）的《徐悲鸿和他的法国老师们：一段杰出的艺术历程》和《弗朗索瓦·弗拉孟：叙事性绘画的名家》、多米尼克·洛布斯坦（Dominique Lobstein）的《自然主义：老主题，新观点》、尚达·波瓦洛（Chantal Beauvalot）的《阿尔伯特·贝纳尔（1849—1934年）：与中国艺术家不期而遇》、多米尼克·布瓦耶（Dominique Boyer）的《吕西安·西蒙（1861—1945年）：其人，其作》等篇章。[158]

埃马努埃尔·施瓦茨在文中说到两次世界大战期间的巴黎高等美术学院，正值法兰西第三共和国时期，国家以明确而彻底的方式建立了共和国的理念框架，这又以公共教育机制的确立为核心。每个法国年轻人都有权利、也有义务来获取知识、真理、自由、平等、博爱，还有美。即便是规模最小的学校，也会教授学生们书写美文，朗读和运用法语这门美丽的、伏尔泰和让·德·拉封丹的语言进行会话，学唱《马赛曲》，学习理性精神，以及绘画人的脸部和躯体。学生当中最优秀的一部分还能获得由其所在城市或由国家颁发的奖学金，让工人或农民子弟也能成就为学者、讲师、作家或艺术家。当时最能反映共和国人道主义理念的学校，就是巴黎高等美术学院：它在全法国有着高知名度，同时也逐渐在世界的其他远近国家为人所知晓。徐悲鸿留学即是在这一时期（1919年至1927年）。作者从巴黎和法国、学校的教学及实践活动、绘画和文学等三个方面来勾画介绍了这一时期巴黎高等美术学院的情况。作者述曰，20世纪初巴黎美术学院的教学精神是："我们热爱学院的学生、他们的激情和冲动，因为我们知道，有心人也能察觉，在一些所谓潮流的表象之下，他们身上正开始形成一些这个国家的艺术和思想家所固有的品质：明晰、我们引以为尊的规序、理性。"巴黎美术学院的教学活动接续传统以素描为主，以罗马大奖的获得为光荣顶峰。他们的素描中囊括并凝聚了艺术创作的各个方面：美、表现、情感、构图、伦理价值、文学典故、科学知识、对古典及神性的信仰等。在教学技法上强调的是对人体的研究，其实质方面则引自开明自由的学识。学院建立之初的发展目的也恰恰是赋予了绘画、雕塑、建筑以一种借鉴自我们所称的开明七艺——包括语法、辩证术、修辞学、算术、音乐、几何以及天文等——所具有的崇高性。整个19世纪对学院最具影响的是安格尔。在这一时期在巴黎美术学院任教的老师有徐悲鸿的老师弗朗索瓦·弗拉孟、马塞尔·巴谢、本雅明·康斯坦、威廉·布格罗、让·保罗·劳朗斯和他的两个画家儿子皮埃尔·劳朗斯和保罗·阿尔伯特·劳朗斯等（阿尔伯特·劳朗斯也曾是常书鸿的老师），其他任教的还有吕西安·西蒙，以及深具高位的阿尔伯特·贝纳尔等。在这些老师的教导下，画室的学习中除了有20世纪初徐悲鸿、常书鸿这样优秀的东方学子，还有从19世纪开始就培养了泰奥多尔·杰利柯、欧仁·德拉克洛瓦、埃德加尔·德加、奥古斯特·雷诺阿、乔治·修拉、亨利·马蒂斯、阿尔伯特·马尔凯和乔治·鲁奥等，只是他们都因为对个人艺术品位的坚持而与罗马奖分道扬镳，在高等美术学院的正统学习道路也以失败告终，但他们懂得了说不。外国学生的处境则要更特别些，初看会显得有失公正，他们自1812年起就禁止参选罗马奖，到了19世纪末，在其他一些同类竞赛中，也是法国学生得奖后才能获得相关奖金。这样一来，倒也能让他们避免对法国老师过于遵从，无意间给了这些外国学生相当的自由度，他们再无必要去盲目地服从一些可能会让他们感到不快的强制的要求。教授版画的安德烈·德夏华就认可徐悲鸿在法国学到的是一些专业技艺，而不是既定的某一种教条规范："这位年轻的画家从他的师长那里继承了对粗线素描的尊崇、对容貌特征的细致观察、注重图形的风格和主导性、以及色彩变化方面的特色。他绘画的肖像、女人体确实非常优秀，略有些严肃，也是经过深刻研究的（卡米埃·默克莱所著常书鸿画展序，1935年）。作者认为，这位将法国特色的学院派掌握得如此之好的徐悲鸿同时也坚持着在艺术和学识方面的独立性…… 也就是说，不是要让自己欧洲化，而是要增进对自身的了解。

菲利普·杰奎琳在文章中认为，徐悲鸿在巴黎高等美术学院的学习所产生的影响是重要和本质性的。徐悲鸿十分重视“师生关系”，认为这是艺术传承的主要途径。这也让徐悲鸿能够在法国获得他需要带回中国的学识，从而有效地帮助理解徐悲鸿在面对西方艺术时所起到重要作用的一些因素。作者在文章中着重探讨了徐悲鸿和他的四位法国老师的师承关系。1. 徐悲鸿去巴黎学习，入学于弗朗索瓦·弗拉孟（François Flameng，1856—1923年）画室，菲利普查找到了两份徐悲鸿入学资讯。一封是时任教师、画室主任弗拉孟的信，为准许徐悲鸿注册入他的画室，注册时间是1920年11月15日，徐悲鸿的名字以编号651出现在名单中，另有一张是徐悲鸿所填、标注日期为1921年 4 月 4 日的表格，是申请参加巴黎高等美术学院“入学考试”的登记表。此外还有一页录取书，说明徐悲鸿为弗拉孟的学生，1921年 4 月 4 日通过入学试，作为“临时就学”的学生于1921年5月13日被录取。录取信息和他的学号被登记在男性学生的名册中。菲利普的资料查询十分重要，终于搞清楚了徐悲鸿准确入学巴黎高等美术学院的时间。而前一年的注册画室，则是入住弗拉孟兼职任教的私立学校朱立安画院。作者认为，徐悲鸿从朱立安画院就学期间就得以融入弗拉孟的学生圈子。弗拉孟虽然属于徐悲鸿在法期间所面对的、正在陷入衰落的“艺术贵族圈”，但他在一战后仍是一名享有重要声望的画家。与弗拉孟的接触，使得徐悲鸿立即触碰到了法国传统中源承自安格尔的“大艺术”。徐悲鸿提到弗拉孟时称之“弗拉孟先生历史名画家，富于国家思想”。菲利普认为，早在出发赴法之前，弗拉孟的作品就已吸引了徐悲鸿，这位名家的一些作品图片在美术专刊或大众媒体中都有刊登。徐悲鸿到达巴黎时，在战争刚刚结束的背景下，这位“赛德耶画派”（Septeuil）的大师在创作中透露出显著的“军事”色彩。作为军队的官方画家，弗拉孟绘画了一系列摄人心魄的战争中士兵遭受磨难的场面，他的这种图片意象造就了我们今天对当时血战的强烈印象。作者认为，这样一位伟大的国民艺术家典范，在获得了美术体系中的各种成功和荣耀之后，在事业的最末阶段还能“亲力亲为”地以其艺术投入到人类的战争苦难史当中，这无疑让年轻的徐悲鸿为之动容。在教学中，弗拉孟帮助徐悲鸿加强对人物的刻画技巧，以及怎样从素描过渡到油画创作。2. 除了研究弗拉孟与徐悲鸿的师承关系及与同出于弗拉孟画室的师门同学的风格相似（譬如认为徐悲鸿的《奴隶与狮》和他同门埃米尔·博姆的作品有密切关联）之外，菲利普也察觉到了徐悲鸿与他同学的作品中“柯罗蒙风格”的若隐若现（譬如徐悲鸿的《徯我后》就有对柯罗蒙的风格的借鉴）。菲利普注意到了徐悲鸿述及过当时晚年多病的弗拉孟时常会让费尔南德·柯罗蒙（Fernand Cormon，1845—1924年）来为之代课。柯罗蒙极具个人风格的作品在20世纪初的美术学院是被奉为经典的范例之一，徐悲鸿和他的同学都对这位大师的亲善力和宽恕人格钦佩有加。3. 与帕斯卡·达仰·布弗莱（Pascal Dagnan-Bouveret，1852—1929年）的关系是徐悲鸿从朱立安画院到高等美术学院这一正统学习历程的补充和丰富。巴黎美术学院的教学模式是基于大量的完善技艺方面的练习来进行的，并以竞赛形式予以认可，学生和画室指导老师之间势必有距离，与此相比，徐悲鸿在达仰处首先能建立起一种更具亲善人性的师生关系，也不存在学习机制方面的拘束，对这个迫切汲取着的年轻艺术家而言，这种交流就如同新鲜空气一样珍贵。来自老者的各种铮铮循导构成了一种“生命教诲”。而从实践层面看，达仰教导徐悲鸿在习画时先勾勒速摩，随后把画面默背下来，再进一步成画。这一练习是与传统绘画中对技艺的要求相符合的。除此之外，徐悲鸿也随达仰参加过一些自然主义画家前辈的聚会，他们都师从于杰洛姆（Jean-Leon Gerome，1824—1904年）。而徐悲鸿也正是吉恩·唐普特（Jean Dampt）的下午茶会上得以与达仰结识。那是一群画界老友的聚会，其中有达仰的知己居斯塔夫·库图瓦（Gustave Courtois，1853—1923）等一些有着辉煌过去、在巴黎世界博览会中崭头露角的画界名流。说到底，徐悲鸿每周日都会在大师位于讷伊谢希街的居所兼工作室里，身处一种迷人的"往日情怀"中。从达仰身上，徐悲鸿能找到一种自然主义的精髓：内在的坚信，对现实主义表现所具有"灵性力量"的敬仰，及"悲悯"性质的感召和象征性、神秘性的特点。4. 阿尔伯特·贝纳尔（Albert Besnard，1849—1934）和徐悲鸿的实际碰面较晚（1933年10月），但自1922年起，徐悲鸿对贝纳尔就多有关注并深为敬佩，且为之写过评论。菲利普认为，如果达仰相当于"大地"，代表悲剧与死亡等来自"冥界"的力量，那么贝纳尔则像奥林匹亚的一个天神、威严的宙斯那样在天际散发出光芒。徐悲鸿尤其欣赏这位做了十年巴黎高等美术学院院长的老师为巴黎市政厅科学堂完成的中央天顶画《真理引领科学，将光芒撒向人类》。在共和国随着科学的新发现，以及工业化革命的冲击而得到革新的图景中，这幅作品代表了艺术家们在这方面主题创作上的至高典范。而民国时代正努力投入现代化进程的中国也经历着类似的转变，因此，徐悲鸿学院派立场选取的过程，也正是在建立"两个共和国之间的对话"。菲利普认为，从画面影响的角度说，徐悲鸿也从贝纳尔那里获益良多，尤其在肖像和人体画方面。其间的共同之处主要体现在亮色调、融淡笔触以及厚涂色等的运用上。贝纳尔不是一个勤苦而拘泥于真实刻画细节的学院画家，他毕生的创作中都能将非凡杰出的创作技能，结合于极其流畅自然的创作中，时而显示出戏谑诙谐的特点，透露出"生命冲力"，为敏锐的徐悲鸿而感知。徐悲鸿在作品基调上更接近贝纳尔，而非达仰或柯罗蒙的戏剧感和细致性。此外贝纳尔赴印度的旅行和主题创作或许也在一定程度上启发过徐悲鸿。

尚达·波瓦洛(Chantal Beauvalot)的文章没有像菲利普·杰奎琳那样全面铺开来写徐悲鸿的法国老师们，他用不长的篇幅聚焦叙述了阿尔伯特·贝纳尔与中国艺术家徐悲鸿的不期而遇。他采摘了徐悲鸿在1930年6月刊在《良友》杂志上年的一篇文章，述徐悲鸿称贝纳尔是“当今世界最伟大的画家”，并仰慕这位年事已高的法国大师的“朴素”和“气魄”。尚达·波瓦洛在文章中回顾了贝纳尔的家庭出身，让我们知道了贝纳尔的父亲是一名油画家，师从安格尔。母亲师从米尔贝夫人学习细密画。想让贝纳尔学商务的母亲被贝纳尔对绘画的痴迷所打动，送他去附近的一位历史画家让·弗朗索瓦·布雷蒙(也是安格尔的学生)那里学画。布雷蒙教授贝纳尔油画，同时也和贝纳尔分享了对安格尔的严谨线条、德拉克洛瓦的色彩的仰慕。19世纪末贝纳尔的事业达到了顶峰，1887年12月31日，他和罗丹一起被授予荣誉勋章，并于1890年5月7日被提拔为公职官，参与筹建国家美术协会。1924年12月27日，贝纳尔当选为法兰西学院院士。1934年12月4日逝世，得到了全国的哀悼，成为继1760年克洛德·亨利·瓦特勒(Claude Henri Watelet)之后第二位得到国葬的艺术家。作者认为，弗拉孟、柯罗蒙、达仰和贝纳尔，前三位艺术家都是徐悲鸿的导师，贝纳尔严格说来并没有直接带授过徐悲鸿。年轻的中国艺术家更多地受到贝纳尔启发，追随他的创作风格。毫无疑问，徐悲鸿欣赏贝纳尔的是对他“灵动的曲线和富有旋律感的线条”的痴迷，对绘画的挚爱，义无反顾地推崇安格尔的传统。徐悲鸿尤其被贝纳尔作品中所展现的活力、鲜明色调、光感运用所征服，他称贝纳尔画“犹如乐音下凤凰翩翩起舞”。这两位艺术家还不约而同地都钟情于马。马是毅力和速度的象征，是徐悲鸿偏爱的创作主题。贝纳尔也偏爱马和大象，乔治·罗登巴赫对贝纳尔的这一痴爱特别关注，曾写道：“贝纳尔先生偏爱马，特别是微微颤动的线条。他经常画大自然中的野马、海边昂扬的马、神话中的马、梦境中如启示录的马。”作者认为，贝纳尔不放弃在美术学院教授的风格，也从未因为学院派信条而受到束缚，但是他的一生都在声明“若不去思考，艺术不会自然而发，并非如歌中所唱的那样”。

这些法国学者的文字，笔者（也相信是大多数研究者）第一次看到，不仅给国内的徐悲鸿研究增添了宝贵的最新信息，也给中国语境中的西方美术史填补了空白。关于徐悲鸿的法国老师基本是国内外西方美术史的弱项甚至盲点所在，不仅中国语境，即使权威如西方美术史家贡布里希的《艺术的历程》中也未曾提及，不禁促使我们进一步思考。正如前引法国学者们所说，徐悲鸿的这些法国老师代表的正是徐悲鸿留学时期面对的正在陷入衰落的“艺术贵族圈”，即法国学院派的衰落期。这些末路英雄们是印象派画家及现代派画家初期的同时代人，却也是与印象派画家们相左劲敌、执掌官方沙龙排斥他们的一班人。[159]在继承法国及欧洲的文明传统，挽救衰落的曾经崇高辉煌的历史画、肖像画及学院派声誉，他们有其不可磨灭的贡献，他们是一班在列奥·斯特劳斯所说的现代性“第三次浪潮”到来的时候，却坚守“第二次浪潮”的人们，其间的贡献与问题以及与历史进程的相错悖论性的局限都有待进一步探讨，尤其当哈贝马斯说现代性是一项“未完成的设计”时，[160]对现代性复杂进程中的人们的评判就更需要冷静客观，需谨持学理态度理性公允待之。对于徐悲鸿向法国老师们学习（却没有全盘因循），而是立足于本国的优秀文化传统，也追溯西方美术的盛事传统，未选西方现代艺术，而选取了坚实古典的写实主义道路来改良中国画，改造国民性，艺术救国而期望实现国家的文艺复兴，[161]那又是中国现代性之路的必然性使然。情况之复杂，中国现代性进程之艰难，中西现代性之路的差异、区别与错位性背景下的徐悲鸿研究，是尚需我们进一步深入探索的话题。

注释

1 王文娟:《徐悲鸿研究的国内外现状》,《美术研究》，2014年4期。

笔者按:(1)该文录入本书时，笔者做了一定的修改，除增加收入了2015、2016年的新成果外，对前两年的重要成果在2014年文章中未收入的亦有补录。本文综述的主要是近几年来(2010—2016年)徐悲鸿研究的重要成果，但也有2010年前的少量突出成果被收录的，譬如本文在“走下神坛的徐悲鸿”(第二板块)收录了华天雪的《徐悲鸿的中国画改良》(2007年);在“徐悲鸿收藏研究”(第七板块)收录了周积寅2004年的重要成果。在“徐悲鸿作品市场研究”(第八板块)收录了2000年以来的徐悲鸿作品拍卖成交价格情况，随之收录了2005年史树青、吴海滨的市场分析论著和梓封于2007年的市场分析文章;“徐悲鸿作品展览研究”(第十板块)则从2009年收录起;“国外徐悲鸿研究”(第十二板块)收录了哈佛大学王德威教授(David Der-wei Wang)和汪悦进教授(Eugene Y. Wang)2001年的两篇文献，特此说明。(2)本文写作得到了哈佛大学王德威教授(David Der-wei Wang)、汪悦进教授(Eugene Y. Wang)、芝加哥大学苏文惠博士(Stephanie Su)、中国人民大学艺术学院顾问、兼职教授徐芳芳女士(Fangfang Xu)、清华大学陈瑞林教授、收藏家张忠义先生、中国艺术研究院华天雪研究员、上海大学张长虹教授、徐悲鸿纪念馆徐冀、唐培勇先生以及中国人民大学艺术学院张熙、吴慧彤、周天宇、王洋星月等同学的相助，特此鸣谢!

2 李松编著:《徐悲鸿年谱》，北京:人民美术出版社，1985年。

3 徐伯阳、金山(王震)合编:《徐悲鸿年谱》，台北:台北艺术家出版社，1987年。王震编著:《徐悲鸿年谱长编》，上海画报出版社，2006年。

4 陈圣燕、杨惠涵、任川文见王文娟主编:《全球化与民族化:21世纪的徐悲鸿研究及中国美术发展》，北京:中国人民大学出版社，2014年。

5 华天雪文见华天雪:《徐悲鸿论稿》，济南:山东画报出版社，2014年。

6 [新加坡]欧阳兴义:《悲鸿在星洲》，新加坡:艺术工作室出版，1999年。

7 王震编:《徐悲鸿文集》，上海画报出版社，2005年。

8 中华书局编辑部编:《中华书局藏徐悲鸿书札》，北京:中华书局，2012年。

9 傅宁军:《悲鸿生命——徐悲鸿的生前死后》，北京:人民文学出版社，2013年。

10 沈宁:《闲话徐悲鸿》，台北:台北新锐文创，2013年。

11 傅宁军:《悲鸿生命——徐悲鸿的生前死后》，北京:人民文学出版社，2013年，第75页。

12 沈宁:《闲话徐悲鸿》，台北:台北新锐文创，2013年，第20页。

13 沈宁:《闲话徐悲鸿》，台北:台北新锐文创，2013年，第130页。

14 沈宁:《闲话徐悲鸿》，台北:台北新锐文创，2013年，第136页。

15 徐悲鸿:《艺术家齐振杞遭暗杀》，北平《中建》半月刊，1948年6期。沈宁:《闲话徐悲鸿》，台北新锐文创，2013年，第133~135页。

16 徐悲鸿：《专写民疗之赵望云》，北平《华北日报·艺术周刊》(第23期)，1936年2月14日。沈宁：《闲话徐悲鸿》，台北新锐文创，2013年，第141~142页。

17 徐悲鸿：《民以食为天：为全国木展而作》，重庆《时事新报·青光》，1942年10月21日。沈宁：《闲话徐悲鸿》，台北新锐文创，2013年，第154~156页。

18 徐悲鸿手迹件收入栗子编：《杨仲子金石遗稿》，北京：人民美术出版社，1991年。标题为沈宁所拟。沈宁：《闲话徐悲鸿》，台北新锐文创，2013年，第178~179页。

19 当然20世纪50年代初，还有杨竹民质疑徐悲鸿的文章《中国山水画的发展和成就——与徐悲鸿先生讨论中国美术遗产问题》，王震、徐伯阳编：《徐悲鸿艺术文集》，银川：宁夏人民出版社，1994年。

20 梁江：《三十年来徐悲鸿研究述略》，王震编：《徐悲鸿的艺术世界》，上海书画出版社，1994年。

21 华天雪：《徐悲鸿的中国画改良》，上海书画出版社，2007年。

22 华天雪：《徐悲鸿论稿》，济南：山东画报出版社，2014年。

23 杨先让文见《美术》2013年9期。当年华天雪的文章题目是《此行有多远——徐悲鸿最后一次出游南洋考》，《美术》，2013年5期。

24 潘敏钟文见毕宝祥主编：《徐悲鸿奖——新世纪第二届徐悲鸿学术研讨会论文集》，合肥：安徽美术出版社，2013年。

25 李树生、王镛、陈瑞林、刘曦林文见王文娟主编：《全球化与民族化：21世纪的徐悲鸿研究及中国美术发展》，北京：中国人民大学出版社，2014年。

26 宋晓霞观点见“全球化与民族化：21世纪的徐悲鸿研究及中国美术的发展”国际学术研讨会发言纪要，研讨会于2013年8月24—26日召开，由中国人民大学徐悲鸿艺术研究院主办。

27 郑工、甄巍、陈浩文见王文娟主编：《全球化与民族化：21世纪的徐悲鸿研究及中国美术发展》，北京：中国人民大学出版社，2014年。

28 毕宝祥、李昌菊、李宏、李时兵文见毕宝祥主编：《徐悲鸿奖——新世纪第二届徐悲鸿学术研讨会论文集》，合肥：安徽美术出版社，2013年。

29 毕宝祥、屈波、丁方、陈圣燕、陈浩波文见王文娟主编：《中国美术·世界语境：21世纪的徐悲鸿研究及中国美术发展(二)》，北京：现代出版社，2017年。高毅的观点见“2015徐悲鸿学术研讨会”发言纪要，研讨会于2015年12月12—13日3召开，由中国人民大学徐悲鸿艺术研究院主办。

30 曹庆辉、莫艾、王菡薇文见王文娟主编：《全球化与民族化：21世纪的徐悲鸿研究及中国美术发展》，北京：中国人民大学出版社，2014年。

31 陈传席、向彬、李雯文见王文娟主编：《全球化与民族化：21世纪的徐悲鸿研究及中国美术发展》，北京：中国人民大学出版社，2014年。

32 马军、徐海东、王晓光、钟耕民及下述潘敏钟文见毕宝祥主编:《徐悲鸿奖——新世纪第二届徐悲鸿学术研讨会论文集》,合肥:安徽美术出版社,2013年。

33 黄厚明、向彬文见王文娟主编:《中国美术·世界语境:21世纪的徐悲鸿研究及中国美术发展(二)》,北京:现代出版社,2017年。

34 邵大箴文见毕宝祥主编:《徐悲鸿奖——新世纪第二届徐悲鸿学术研讨会论文集》,合肥:安徽美术出版社,2013年。

35 王震、李福顺、王旭晓文见王文娟主编:《全球化与民族化:21世纪的徐悲鸿研究及中国美术发展》,北京:中国人民大学出版社,2014年。

36 公丕普、吕猛文见毕宝祥主编:《徐悲鸿奖——新世纪第二届徐悲鸿学术研讨会论文集》,合肥:安徽美术出版社,2013年。

37 华天雪文见华天雪:《徐悲鸿论稿》,济南:山东画报出版社,2014年。

38 郑工观点见“2015徐悲鸿学术研讨会”发言纪要,研讨会于2015年12月12—13日召开,由中国人民大学徐悲鸿艺术研究院主办。

39 王文娟、王菡薇、吴雪杉文见王文娟主编:《中国美术·世界语境:21世纪的徐悲鸿研究及中国美术发展(二)》,北京:现代出版社,2017年。

40 曹庆晖、裔萼、张楠木文见王文娟主编:《全球化与民族化:21世纪的徐悲鸿研究及中国美术发展》,北京:中国人民大学出版社,2014年。

41 孔繁明、黄厚明、万新华、李宏、尚莲霞文见毕宝祥主编:《徐悲鸿奖——新世纪第二届徐悲鸿学术研讨会论文集》,合肥:安徽美术出版社,2013年。

42 张楠木文见王文娟主编:《中国美术·世界语境:21世纪的徐悲鸿研究及中国美术发展(二)》,北京:现代出版社,2017年。

43 华天雪、菲利普·杰奎琳、王平、莫艾文见王文娟主编:《中国美术·世界语境:21世纪的徐悲鸿研究及中国美术发展(二)》,北京:现代出版社,2017年。

44 尚辉文见范宝文主编:《世纪丰碑——新世纪首届徐悲鸿学术研讨会论文集》,天津人民美术出版社,2004年。

45 孔令伟文见王文娟主编:《全球化与民族化:21世纪的徐悲鸿研究及中国美术发展》,北京:中国人民大学出版社,2014年。

46 杜月、宋舒曼文见毕宝祥主编:《徐悲鸿奖——新世纪第二届徐悲鸿学术研讨会论文集》,合肥:安徽美术出版社,2013年。

47 陈浩、邵晓峰、王洪伟、王文娟文见王文娟主编:《中国美术·世界语境:21世纪的徐悲鸿研究及中国美术发展(二)》,北京:现代出版社,2017年。

48 丁方、邵晓峰文见王文娟主编:《全球化与民族化:21世纪的徐悲鸿研究及中国美术发展》,北京:中国人民大学出版社,2014年。

49 王德彦文见毕宝祥主编:《徐悲鸿奖——新世纪第二届徐悲鸿学术研讨会论文集》,合肥:安徽美术出版社,2013年。

50 张长虹、唐培勇文见王文娟主编:《中国美术·世界语境: 21世纪的徐悲鸿研究及中国美术发展(二)》, 北京: 现代出版社, 2017年。

51 范文道观点见“2015徐悲鸿学术研讨会”发言纪要, 研讨会于2015年12月12—13日召开, 由中国人民大学徐悲鸿艺术研究院主办。

52 华天雪所作年表见华天雪:《徐悲鸿论稿》, 济南: 山东画报出版社, 2014年。

53 华天雪:《徐悲鸿南洋时期年表》, 华天雪:《徐悲鸿论稿》, 济南: 山东画报出版社, 2014年, 第390页。

54 廖静文:《徐悲鸿一生》, 北京: 中国青年出版社, 1982年, 第172页。

55 [新加坡]欧阳兴义:《悲鸿在星洲》, 新加坡: 艺术工作室出版, 1999年, 第226页。

56 [新加坡]欧阳兴义:《悲鸿在星洲》, 新加坡: 艺术工作室出版, 1999年, 第226页。

57 参阅[新加坡]欧阳兴义:《徐悲鸿历史研究的时代机缘》,《徐悲鸿在南洋》, 新加坡美术馆展览图录, 2008年, 第75页。

58 参阅[新加坡]欧阳兴义:《徐悲鸿历史研究的时代机缘》,《徐悲鸿在南洋》, 新加坡美术馆展览图录, 2008年。参阅华天雪:《徐悲鸿论稿》(“徐悲鸿南洋时期年表”), 济南: 山东画报出版社, 2014年。

59 华天雪:《徐悲鸿论稿》(徐悲鸿南洋时期年表), 济南: 山东画报出版社, 2014年, 第400~401页。

60 华天雪:《徐悲鸿论稿》(徐悲鸿南洋时期年表), 济南: 山东画报出版社, 2014年, 第399~400页。

61 [新加坡]欧阳兴义:《徐悲鸿历史研究的时代机缘》,《徐悲鸿在南洋》, 新加坡美术馆展览图录, 2008年, 第74页。

62 从2000年的《木桧下自画像》至2004年的《奔马图》拍卖价参阅http://auction.artron.net/20041025/n12775.html,《徐悲鸿极品——〈九州无事乐耕耘〉》(2004-10~25), 2014年9月2日登访, 其中不是从此网站此文章获得的信息, 分别以单注标出。

63 http://www.people.com.cn/GB/14738/14763/25880/1748024.html, 2014年9月3日登访。

64 http://www.people.com.cn/GB/14738/14763/25880/1748024.html, 2014年9月3日登访。

65 http://www.people.com.cn/GB/14738/14763/25880/1748024.html, 2014年9月3日登访。

66 http://www.people.com.cn/GB/14738/14763/25880/1748024.html, 2014年9月3日登访。

67 吕友者:《徐悲鸿书画作品市场探究》,《收藏》2013年8期。

68 http://culture.people.com.cn/GB/22219/4532970.html, 2014年8月31日登访。

69 http://news.xinhuanet.com/shuhua/2006-11/27/content_5394321.htm, 2014年8月31日登访。2006年11月笔者跟随徐庆平师去台湾开会, 途经香港随徐先生去佳士得, 幸拜见此画。

70 http://news.xinhuanet.com/shuhua/2007-04/09/content_5947558.htm, 2014年8月31日登访。

71 http://xubeihong.orgcc.com/article/v5656.html，2014年8月31日登访。

72 吕友者:《徐悲鸿书画作品市场探究》,《收藏》，2013年8期。

73 http://collection.sina.com.cn/pmzx/20111205/211347697.shtml，2014年8月31日登访。

74 吕友者:《徐悲鸿书画作品市场探究》,《收藏》，2013年8期。

75 http://auction.artron.net/paimai-art5029853236/，2016年8月19日登访。
2013年至2016年徐悲鸿作品的拍卖信息，张熙博士相助收集制表，所获信息较多，并得收藏家张忠义先生指教，特此鸣谢！这里限于篇幅也限于本书主题，只摘录了其中一小部分。张熙制表的全部信息将放入中国人民大学徐悲鸿艺术研究院正在筹备出版的《徐悲鸿研究辑刊》（艺术市场专号），诚请读者诸君届时参阅。

76 http://auction.artron.net/paimai-art5030361342/，2016年8月19日登访。

77 http://auction.artron.net/paimai-art5030510499/，2016年8月19日登访。

78 http://auction.artron.net/paimai-art5032050511/，2016年8月19日登访。

79 http://auction.artron.net/paimai-art5032760681/，2016年8月19日登访。

80 http://auction.artron.net/paimai-art5032800326/，2016年8月19日登访。

81 http://auction.artron.net/paimai-art5033601723/，2016年8月19日登访。

82 http://auction.artron.net/paimai-art5033581604/，2016年8月19日登访。

83 http://auction.artron.net/paimai-art5033601705/，2016年8月19日登访。

84 http://auction.artron.net/paimai-art5033520601/，2016年8月19日登访。

85 http://auction.artron.net/paimai-art5033742666/，2016年8月19日登访。

86 http://auction.artron.net/paimai-art5038990164/，2016年8月20日登访。

87 http://auction.artron.net/paimai-art5040084049/，2016年8月20日登访。

88 http://auction.artron.net/paimai-art0026862476/，2016年8月20日登访。

89 http://auction.artron.net/paimai-art5042051902/，2016年8月20日登访。

90 http://auction.artron.net/paimai-art5042051907/，2016年8月20日登访。

91 http://auction.artron.net/paimai-art5050321120/，2016年8月21日登访。

92 http://auction.artron.net/paimai-art5050381633/，2016年8月21日登访。

93 http://auction.artron.net/paimai-art5050381637/，2016年8月21日登访。

94 http://auction.artron.net/paimai-art0034112286/，2016年8月21日登访。

95 http://auction.artron.net/paimai-art0034092058/，2016年8月21日登访。

96 http://auction.artron.net/paimai-art0034092060/，2016年8月21日登访。

97 http://auction.artron.net/paimai-art5051091731/，2016年8月21日登访。

98 http://auction.artron.net/paimai-art5052332807/，2016年8月21日登访。

99 http://auction.artron.net/paimai-art0035130597/，2016年8月21日登访。

100 http://auction.artron.net/paimai-art0037680887/，2016年8月22日登访。

101 http://auction.artron.net/paimai-art5058381409/，2016年8月22日登访。

102 http://auction.artron.net/paimai-art5058503549/，2016年8月22日登访。

103 http://auction.artron.net/paimai-art5062851733/，2016年8月22日登访。

104 http://auction.artron.net/paimai-art0041871082/，2016年8月22日登访。

105 http://auction.artron.net/paimai-art0041921176/，2016年8月22日登访。

106 http://auction.artron.net/paimai-art5064810548/，2016年8月22日登访。

107 http://auction.artron.net/paimai-art5070420196/，2016年8月22日登访。

108 http://auction.artron.net/paimai-art5070540776/，2016年8月22日登访。

109 http://auction.artron.net/paimai-art0046112038/，2016年8月22日登访。

110 http://auction.artron.net/paimai-art5071820663/，2016年8月22日登访。

111 http://auction.artron.net/paimai-art5071820660/，2016年8月22日登访。

112 http://auction.artron.net/paimai-art0047331784/，2016年8月22日登访。

113 http://auction.artron.net/paimai-art5074712738/，2016年8月22日登访。

114 http://auction.artron.net/paimai-art5074682219/，2016年8月23日登访。

115 http://auction.artron.net/paimai-art0050041485/，2016年8月23日登访。

116 http://auction.artron.net/paimai-art5080531188/，2016年8月23日登访。

117 http://auction.artron.net/paimai-art5079981142/，2016年8月23日登访。

118 http://auction.artron.net/paimai-art5082542191/，2016年8月23日登访。

119 http://auction.artron.net/paimai-art5084396025/，2016年8月23日登访。

120 http://auction.artron.net/paimai-art0054380858/，2016年8月23日登访。

121 http://auction.artron.net/paimai-art5085330351/，2016年8月23日登访。

122 http://auction.artron.net/paimai-art0055081336/，2016年8月23日登访。

123 http://auction.artron.net/paimai-art5088231418/，2016年8月23日登访。

124 http://auction.artron.net/paimai-art5090180418/，2016年8月23日登访。

125 http://auction.artron.net/paimai-art5090322825/，2016年8月23日登访。

126 史树青主编、吴海滨撰文:《现代书画投资：徐悲鸿卷》，北京出版社，2005年。

127 沈宁文见沈宁:《闲话徐悲鸿》，台北：台湾新锐文创，2013年。

128 http://blog.sina.com.cn/s/blog_3fdf29f00100080v.html，2014年9月3日登访。

129 张恬、徐冀、栗壮志文见王文娟主编:《中国美术·世界语境：21世纪的徐悲鸿研究及中国美术发展(二)》，北京：现代出版社，2017年。

130 薛永年、张长虹文见王文娟主编:《全球化与民族化：21世纪的徐悲鸿研究及中国美术发展》，北京：中国人民大学出版社，2014年。

131 刘鹏文见毕宝祥主编:《徐悲鸿奖——新世纪第二届徐悲鸿学术研讨会论文集》，合肥：安徽美术出版社，2013年。

132 苏文惠文见王文娟主编:《中国美术·世界语境：21世纪的徐悲鸿研究及中国美术发展(二)》，北京：现代出版社，2017年。

133 徐悲鸿:《巴黎中国美展开幕前》，原刊载于1933年6月19日上海《民报》。另一文《记巴黎中国美术展览会》刊登于10月10—16日上海《时事新报》及上海《艺风》第1卷第11期。

134 Ju Péon, "Peinture chinoise," La Revue de l' art ancien et moderne(May 1933), pp. 193 ~ 206.

135 关于现代中国绘画史的研究，见郭卉博士论文，Guo Hui, *Writing Chinese Art History in Early Twentieth Century China*(Leiden University, Institute for Area Studies, 2010), 及"Canonization in Early Twentieth Century Chinese Art History," *Journal of Art Historiography*(June 2014).

136 徐悲鸿作品近几年展讯由徐悲鸿纪念馆典藏部主任徐冀先生提供，特此鸣谢!

137 徐芳芳先生惠寄其作《徐悲鸿赴美画展》，2013年4月24日写于美国圣·路易斯，特此鸣谢!

138 徐悲鸿:《学术研究之谈话》，徐悲鸿著、徐庆平选编:《奔腾尺幅间》，天津：百花文艺出版社，2000年，第43页。

139 张熙:《徐悲鸿的美术馆构想探源》，王文娟主编:《中国美术·世界语境：21世纪的徐悲鸿研究及中国美术发展(二)》，北京：现代出版社，2017年。

140 David Der- wei Wang, "In the Name of the Real," in Maxwell K. Hearn and Judith G. Smith ed., *Chinese Art: Modern Expressions*, New York: The Metropolitan Museum of Art, 2001, pp. 28 ~ 59.

141 David Der-wei Wang, *The Lyrical in Epic Time: Chinese Intellectuals and Artists Through the 1949 Crisis*, New York: Columbia University Press, 2014.

142 Eugene Yuejin Wang, "Sketch Conceptualism as Modernist Contingency ," in Maxwell K. Hearn and Judith G. Smith ed., *Chinese Art: Modern Expressions*, New York: The Metropolitan Museum of Art, 2001, pp. 102 ~ 161.

143 2013—2014年，笔者在哈佛大学费正清中国研究中心做访问学者，有幸得指导教师汪悦进教授指点。对徐悲鸿的《天女散花》他未及成文，但观点明确、犀利，受启发。

144 Weihong Du, *Homemade Faces in a Foreign Mirror: "Mimetic Authenticity" in Sino-Western Cultural Interchange of the 1930s*, University of Minnesota, 2010.

145 Hu Lingling, "Penetrating into the Eye of 'Power' - Scientific Discipline and Artistic Revolution in May 4 Period", *Asian Social Science*(Feb 2011), pp. 56 ~ 59.

146 Julia F. Andrew, Kuiyi Shen, *The Art of Modern China*, California: University of California Press, 2012.

147 Fangfang Xu, Ronald Y. Otsuka, *Xu Beihong: Pioneer of Modern Chinese Painting*, Denver: Denver Art Museum, 2012.

148 Jiyuan Wang, "A Hundred-Year History of the Nationalization of Chinese Oil Painting". *Cross - Cultural Communication*, 9. 4(2013), pp. 57 ~ 60.

149 Pedith Chan, "The Institutionalization and Legitimatization of Guohua: Art Societies in Republican Shanghai", *Modern China*, Vol. 39, No. 5 (September 2013), pp. 541~570.

150 参阅巫鸿在"全球化与民族化：21世纪的徐悲鸿研究及中国美术的发展"国际学术研讨会开幕式的演讲，研讨会于2013年8月24—26日在北京召开，由中国人民大学徐悲鸿艺术研究院主办。

151 沈揆一的文章摘要见《"全球化与民族化：21世纪的徐悲鸿研究及中国美术的发展"国际学术研讨会论文集》(会议交流论文集，内部发行，2013年8月印制)，研讨会于2013年8月24—26日召开，由中国人民大学徐悲鸿艺术研究院主办。

152 修华静文见王文娟主编:《全球化与民族化：21世纪的徐悲鸿研究及中国美术发展》，北京：中国人民大学出版社，2014年。

153 姜苦乐文见王文娟主编:《全球化与民族化：21世纪的徐悲鸿研究及中国美术发展》，北京：中国人民大学出版社，2014年。

154 菲利普·杰奎琳文见王文娟主编:《全球化与民族化：21世纪的徐悲鸿研究及中国美术发展》，北京：中国人民大学出版社，2014年。

155 安雅兰、罗纳德·大塚、苏文惠、松谷省三文见王文娟主编:《全球化与民族化：21世纪的徐悲鸿研究及中国美术发展》，北京：中国人民大学出版社，2014年。

156 这是安雅兰1995年的文章，未发表，故在2013年5月6日提交给2013年8月24—26日的徐悲鸿国际学术研讨会。

157 2013年国内研究徐悲鸿在日本的篇章有：华天雪的《徐悲鸿的日本"观光"之旅》、张楠木的《徐悲鸿早期写实美术教育思想中的日本美术嬗变因素》，见王文娟主编:《全球化与民族化：21世纪的徐悲鸿研究及中国美术发展》，北京：中国人民大学出版社，2014年。

158 埃马努埃尔·施瓦茨、菲利普·杰奎琳、尚达·波瓦洛和多米尼克·布瓦耶等文见《大师与大师——徐悲鸿与法国学院大家作品》，徐庆平、埃玛努埃尔·施瓦茨、菲利普·杰奎琳策划的大型画展印制图录，北京·中华世纪坛·世界艺术馆展，2014年5月8日—8月3日，内部发行。除了法国学者的文章外，该图录关于中国、美国学者研究徐悲鸿在法国的篇章有：徐庆平师的《传承与发展——忆先君悲鸿公和他的法国老师》，[美]苏文惠:《徐悲鸿、儒家思想与现代中国》。

159 譬如达仰的老师热洛姆即是莫奈、西斯莱们的死对头。在莫奈他们看来，热洛姆是排斥他们进沙龙的主将。这段美术史的梳理还有待探索。而徐悲鸿对现代派艺术的排斥想必跟这样的学养背景是有关系的。但是达仰却接受了印象派的影响，徐悲鸿亦是。参阅陈英德:《谈徐悲鸿留学法国时的师辈画家》，陈英德:《海外看大陆艺术》，台北：台湾艺术家出版社，1987年，第303、306页。参阅莫艾:《艺术获得现实表达与历史叙述的可能——对徐悲鸿民国前期形式探索的再观看与理解》，《文艺研究》，2013年第1期。

160 [德]尤尔根·哈贝马斯:《现代性的哲学话语》，曹卫东译，南京：译林出版社，2004年，第1页。

161 参阅徐悲鸿:《中国艺术的没落与复兴》《新艺术运动之回顾与前瞻》《〈艺用人体解剖学〉序》、徐悲鸿著、徐庆平选编:《奔腾尺幅间》，天津：百花文艺出版社，2000年，第77、84、158、159页。

附录三　徐悲鸿书法研究[3]

徐悲鸿书法是徐悲鸿艺术思想的重要组成部分。对徐悲鸿绘画研究早已汗牛充栋，但对其书法的研究却始终是学界徐悲鸿研究的弱项。摒弃庸俗社会学，从真正意义的艺术文化学角度，亦从今日全球声势渐响的新艺术史[2]的研究方法来看，徐悲鸿艺术（当然包括书法）正日益凸显着他不可磨灭而愈加辉煌的现当代意义。

一、艺术文化学

从总体文化精神上说，徐悲鸿是"五四"新文化运动的一员。

摧毁旧文化，改造国民性，学习西方文化，追求民主科学，求国家民族富强是新文化运动的要旨，也是中国现代化启蒙的号角。虽然徐悲鸿在"五四"前夕（1919年3月）赴欧留学，历时八年，但他曾被清末明初的维新派思想家康有为收为弟子。"五四"运动就其内在思想史进程来说，是康、梁、谭、严思想的继续。[3]也是在"五四"前夕（1918年3月），徐悲鸿被新文化运动的主将蔡元培聘为北京画法研究会导师。在这所新文化运动的摇篮里，徐悲鸿和众多有志之士一起强烈感受着时代风云，他著名的《中国画改良之方法》就是在北大为画法研究会作的演讲。

从大文化角度看艺术，他认为："艺事不足以御英国，攻日本，但艺事于华人，总较华人造枪炮、组公司、抚民使外等学识，更有根底，其弊不足逐令国亡。"[4] 这是从国家强盛而需要文艺复兴的高度来对待艺术。[5]于是他批判旧传统就不仅仅只是对中国画技法的改造出新，而是国民精神的革命。"今日中国一切衰落之病根，在偷安颓废，挽救之道，应易以精勤与真实，而奋发其精神"。[6]

在此意义上，徐悲鸿猛烈批判科举制度、八股山水、帖学末流，认为科举桎梏千年来无数英雄豪杰，流弊所中造成周遍的乡愿，八股山水荒率枯淡，残山剩水，帖学末流甜靡柔弱，毫无真气血性是国民精神贫弱在美术上的极大体现。[7]

面对此样的疮痍贫弱，"五四"人急欲寻求站起奋起的力量。向西看，徐悲鸿看到了西方文化、西方美术中的"磅礴大气、高迈之才，广博之艺，精深之学"，米开朗基罗的力量，德拉克洛瓦的雄强和罗丹的凝重沉雄之美，还有达·芬奇、拉斐尔、提香、鲁本斯、伦勃朗、吕德、门采尔等画家画作之美[8]…… 徐悲鸿认为这正是改造中国艺术（乃至国民精神）之所需的力量。

徐悲鸿的可贵在于输入引进西学的时候，从来没有全盘西化地忘记或者放空抛弃本国的优良传统，"借助他山，必须自有根基，否则必成为两片破瓦，合之适资人笑柄而已"[9]。于是，在我们的传统中，徐悲鸿看到了绝不逊色于西方文化的雄强力量。譬如，与八股山水相对的是北宗山水的"茂密雄强"，与董、王类相反的是吴道子、范宽、仇英、徐渭、陈老莲、石涛，与帖学末流相对的是上古中古碑版的沉雄浑莽…… 因此在书法上悲鸿极力推崇碑学，追随康有为，当是他有意识的文化选择。

但他和老师康有为不同的是，康有为把书法可取断限在六朝以上，托古改制，徐悲鸿则是在现代性立场上，在他那个时代就可贵地具有世界性的思路上，在国家文艺复兴的启蒙高度上下求索，全面坚定地守护优良传统，不仅崇碑，亦重帖之精华，他对于民族优秀文化传统的热爱不亚于任何一个最顽强固守国粹的人。

这在“五四”新文化运动彻底打烂旧传统的呼声中，似乎相当的“守旧”。这种“守旧”除了如生命般热爱护佑书画，还表现在他几乎终其一生用文言、半文言写作，无论是中西画论研究，还是艺术随笔、评论、书信，他都用美仑美奂如丝竹管弦，亦如铁骑长风，更如金石铿锵的文言写作，今天读来真是久违的美的享受。这里绝不是发思古之幽情，而是关乎今日思想界对“五四”新文化运动负面性作检查反省的大话题。徐悲鸿在自己坚持文言写作的同时还提倡“国语”。1926年，他在《学术研究之谈话》一文中提出“一国之文字，决不能因人民程度之低而自趋卑下”，主张“凡欲在师范学校毕业者，必须精通国语”。认为国语普及与提倡白话并不矛盾，“普及之法只须颁定一新学制，……平时无论上课或自修，限用国语，其学有大成而于国语未尽娴熟者，虽已及格，只可派往北方通行官音之数省任讲席”[10]。此论令我们倍加想起著名建筑学家梁思成先生建设新北京、守护老北京的亲切思路。反思中国传统在20世纪的失落是今日不仅大陆学界、思想界也包括海外汉语文化圈共同检省新文化运动负面效应的浩大工程。[11] 因此在当时对于绘画革新者的徐悲鸿来说有这样的“守旧”坚持毋宁在一片激进中显出了一种“独持偏见”的固执与“国粹”，但他的主张却在今天日益凸显了其卓越远见，我们甚至可以看作是他在民族根底的守护中对新文化运动负面性的些许纠偏尝试。[12]

向西学，必须以强盛的民族文化传统为本，国家的文艺复兴必须是中外融合中以民族性坚持为根。这应该是以改革中国画为一生己任的徐悲鸿格外看重书法的思想史基础。

二、艺术本体论

在民族独立与民主解放为主流的近代，投身革命的运动几乎吸引了人文知识分子最优秀的人物，[13]“革命家成为20世纪人文知识分子的典范”[14]。以此我们可以理解徐悲鸿所说的“艺术家即是革命家”[15]的激进之语。但徐悲鸿绝不是艺术为革命、艺术为政治的机械庸俗的艺术社会学者。“纯正美术，远于功利，对于社会，鲜直接之影响。”[16]作为真正的艺术家，他既把艺术放到国家民族复兴的高度，也把爱艺术爱美到入骨髓血脉心跳的地步。于是艺术家是革命者，但“一定要刻苦地从本分上实干。”[17]

“研究艺术，务须诚笃”。[18]对画如此，书法亦然。

徐悲鸿言：“将碑帖、法书分别照字的部首加以剖析，临摹若干遍记住其特征，即离开原作进行默写，然后再对原作找出不拟之处加以改正，并要悬之壁间自己观摩，谓之‘医字’。如此反复行之数周，自己可以大体掌握其结构和神态。”[19]他不仅自己严格这样做，也这样谆谆教导学生。难以想象这是一代改革中国画的大师面对书法的虔诚、虚心、刻苦与笃实，也难以想象这是在炮火烽烟时代一个四处迁徙的艺术家的宁心静气。恪守艺术规律，守护艺术本体，是悲鸿精神的艺术本体论诉求。对于书法，可以从以下几个方面来看。

（一）碑帖同重

碑学之兴，乘贴学之坏。但当碑学逐渐成熟壮大繁荣之际，也出现或粗糙、或草率或程式化而无生气之倾向。悲鸿先生去两弊而取两优，在碑帖同重中完成践履着他的书法革命。

尊碑，他同其执弟子之礼的康有为同。康言北碑有魄力雄强、气象浑穆、笔法跳跃、点画峻厚、意态奇逸、精神飞动、兴趣酣足、骨法洞达、结构豪放、血肉丰满等十美，[20]徐悲鸿深同此理，同时把眼光也扩大到南朝碑刻，并上溯殷墟甲骨、西周金文、战国石鼓、秦代篆书、汉代分书，以体会先民之浑厚苍茫、高古质朴、金戈铁马之气。

其中《虢季子白盘》《散氏盘》、石鼓文、《爨宝子碑》《爨龙颜》《张猛龙碑》等名碑是他格外钟爱，反复临写多遍的。[21]去世后他的卧室保持原样，床头就放着一本爨宝子。[22]对于碑学书法家他不仅仰慕他的老师康南海，亦深喜邓石如、包世臣、于右任等大师。

对于帖学，徐悲鸿不似康有为那般苛刻，康不喜传世“二王”，对唐代书法也贬斥为“专讲结构，几若算子，截鹤续凫，整齐过甚”，对宋元明清之帖学更是一棍打死，“勿顿学苏米，以陷于偏颇剽佼之恶习，更勿学赵、董，荡为软浮流靡一路”[23]。徐悲鸿突破南海先生之局限，对优美帖学如同碑学一样，情之所钟。他特别喜欢的帖学名胜是钟繇、王羲之、羊欣、王远、李邕、颜真卿、怀素、智永、苏东坡、徐渭、八大、傅山、王觉斯等。[24]

这种碑帖同重，兼容并蓄，海纳百川、博涉多优又但见性情的书法精神，正是中国哲学“一阴一阳之为道”而刚柔相济、气韵兼备的体现。因此，徐悲鸿的书法结体宽博而修长，劲健而洒脱，豪迈而内敛，铿锵浑穆又烂漫天真，古拙雄强又质朴灵动，力透纸背又飘逸飞动，悍野铁骑又顾盼有情，跌宕欹侧又静若秋水，点化放逸又内紧遒丽……

徐悲鸿书体主要以行书为主，并颇参隶意。我想这不是他擅写行书不能写其他书体所致，而是书体的选择体现着他碑帖同重又坚执心性写作之追求。因为行书是隶书的变体，隶书是篆书的快写（即草体）[25]。隶书一方面不断充实，发展为行书，经过整饬，向楷书演变；另一方面进一步快写，发展为章草，再进一步变章草为今草。[26]因此，在笔者的理解里，行书参隶的书体，既可通向碑学钟情的上古金石之文及中古碑版，又可通向帖学名胜看重的各种草体，具有极大的生长空间。换句话说，徐悲鸿的行书、甲骨、金文、真、篆、草、隶意皆通。单字书写，既可从碑，不讲字与字之间的牵丝拉绊，格外讲究中段书写，饱实中峰，敦实厚重；亦可从帖，讲究两端点画，结体自由飘动，空灵隽永。书家可根据书写的内容及心情状态选择不同的写法，所谓“合情调于纸上”。

譬如，徐悲鸿书“一怒定天下，千秋争是非”便是颇为典型的书随情发之例。此书结体平正端穆，留隶之形状，却去隶之波磔（蚕头燕尾），中锋运笔，具碑之厚重沉雄，中间六字很大，上下四字较小，感觉气运心中，怒张开去，但又收束在心，威而不炸，尤其“天”“下”两字，反常态为撇长捺短，横长竖短，厚重之中颇显烂漫天真之气。“太极凝帝宇，中国有圣人”亦是碑感十足的书写。此书纵向取势，结体竖长，但颇为宽博有力有根，行楷笔法，中锋用笔，颇具魏碑之雄浑，唐楷之伟岸。

汉代扬雄曰：“言心声也，书心画也。”[27]宋代郭若虚则把书家的墨迹称为“心印”。[28]意思是说书家可以自己的书写墨迹来尽情言志抒情。徐悲鸿书以言志的代表作是他手书多次的孟子句：“富贵不能淫，贫贱不能移，威武不能屈，此之为大丈夫。”此书颇富气势与节奏，结体自由浑成，笔力曲铁盘金，结构前松后紧，“威武”之后有非常突出的布白，如音乐之声暂歇再起，如骏马纵缰，驰骋飞动，而蓦然停定，收势沉雄。这如音乐般淋漓表达的斑斑墨迹，飞动沉潜的是深厚坦荡而浩浩汤汤的威仪人格。这是中国人弥足珍贵的内圣之德。

徐悲鸿言：“书之美在德，在情。”[29]是说书法的美在于体现艺术家的德行情操、情感跌宕和心灵律动。如果说悲鸿言志作品之最是书孟子之句，那么《八十七神仙卷》的题跋则是其抒情之最。[30]《八十七神仙卷》是中国古代著名的白描人物长卷，传为画圣吴道子所作。其构图场面之宏伟壮丽，人物神情之曼妙多姿，线条勾画之圆润劲健，气之磊落，韵之绵长而飘逸绝伦，被看作中国绘画史上白描人物的鼎冠之作。徐悲鸿喜得不禁刻印“悲鸿生命”予上。美学家杨辛说徐悲鸿先生的长篇题跋与道子画面相得益彰，称这件书作堪与王羲之的《兰亭序》与颜真卿的《祭侄文》相媲美。[31]此作以汉隶入行草，劲健洒落，飘逸沉醉，全文书写犹如徐徐展开的乐章，随着书家情感之发展，字之纵敛，轻重快慢，随心曲，或轻拢慢捻，或快板急弦：跋文开始相对平静，简单记录了自己的收藏经过，以及友人和自己对此作的考证与审美评价。但写到此画的重要性（认为能和希腊巴特农神庙雕刻、达·芬奇素描、拉斐尔绘画可相当）时，书家不禁心襟摇荡，神聚笔端。到华彩乐段，更是神思翻飞，“精骛八极，心游万仞”，如幸福狂想曲，陶醉销魂，心笔合一，物我两忘：“呜呼！张九韶于云中，奋神灵之逸响，醉予心兮，予魂愿化作飞尘直上，跋扈太空，忘形溟漠，至美飚举，盈盈天际，其永不坠耶！”以儒家情怀面世的徐悲鸿在此作的内容和形式上却颇显庄周任性放达之浪漫。庄周那“婴儿哭着要捉月亮似的天真，那神秘的怅惘，圣睿的憧憬，无边际的企慕，无崖岸的艳羡”[32]之“能婴儿”态的体道心与悲鸿艺术赤子之心堪相印！

除此浓墨酣畅书写的大情怀，徐悲鸿亦书小情调，可谓儿女情长不意味着英雄气短。譬如他书写的韵君（孙多慈）女士之诗句便是此类美得揪心之作：“一片残阳柳万照，秋风江上挂帆时，伤心家国无穷恨，红梅青山总不知。”此作结体清秀隽美，心姿飘逸。以帖之灵动摇曳使诗中情感更显忧郁凝定，又忽远忽近。在笔者细细观摩品味中那诗意诗情就仿佛已是愁如海、情如水、爱如醉、痛如饴、清如风的兰花香了。

属格外心性之写作的典范例子还有书家的自题款。自题款如自画像，那是彰显人格精神、审美心灵的镜子。“悲鸿”二字的写法，是独具特色的个性化签名。结体宽博而紧凑，上宽下窄的结构，中锋用笔的浑厚，化小篆的上紧下松为上松下紧，力的安排颇显风神上举之飞腾之势，仿佛在说，心收紧而心放宽，飞龙在天，晓策天马，尽显书家昂扬、飞腾、奔放、骁勇、英俊飒爽之气派。这太容易让人想起徐悲鸿的马了，[33]那些结构内紧外松，无缰奔腾之马，是写生写实而来，却更是“天神”与“豪侠”，是“超绝尘寰的英灵般的向往”[34]，是神驹，代表着徐悲鸿的理想情怀、人格气质、诗意追求。于是马也好，自题款也好，其实都是徐悲鸿“雄奇潇洒”的人格化写照。

（二）内擫与外拓

内擫与外拓是汉字（书法写作）的两种不同结体方式。“内擫”法结体方折，外轮廓线略向内弯曲成腰鼓状，笔致收敛，强调起笔和收笔的裹束。“外拓”法结体圆转，外轮廓线略向外弯曲成铜鼓状者，笔致开张，不很强调起笔和收笔的裹束。内擫的运腕是翻折的，外拓的运腕是圆转的，写法迥异，较难调和，历史上书家各有偏好，人执一法，融合者较少。[35]

行书史上，[36]二王父子分别代表了内擫与外拓两大书风。“大令用笔外拓而开张，故散朗多姿”，“右军用笔内擫而收敛，故森严而有法。”[37]羲之“内擫是骨胜之书”，献之“外拓是筋胜之书。”[38]一般而言，圆转外拓顺，翻转内擫逆，顺则快，逆则慢，外拓写法更为自由，更符合草书流畅奔放的本意。况内擫以方折胜，外拓以曲（圆）胜，圆笔要婀娜华丽得多，因此外拓法比内擫法更受后人青睐。在整个行书史上，外拓的势力大于内擫，献之在后世的影响大于羲之。因此二王以后的行书主流是外拓一路。颜正卿、米芾、赵孟頫、董其昌等影响较大的书坛领袖都是在献之外拓基础上发展起来的。羲之的内擫法则比较落寞，欧阳询、杨维祯、张瑞图等虽亦名家，但影响大不如前。[39]

作为海纳百川的徐悲鸿没有按书法史上的内外两排站队，而是如他对绘画的态度一样，[40]兼容并蓄，从而内擫外拓皆备。在书法史上两种结体兼备的书家基本是碑帖同重的书家。譬如，晚明黄道周，清代沈增植。但作为独树一帜的悲鸿与他们的不同，特别说明徐悲鸿书法的独具匠心。譬如黄、沈横画多用内擫，竖画多用外拓，[41]而徐悲鸿相反，他的行草横画用外拓，竖画（包括撇捺）则喜内擫。横画参隶，但去掉嫣然秀美的蚕头燕尾，近乎于横平而颇显质朴。黄、沈的写法（尤其是沈）在有限的结构里顽强向外拓展，开疆掠地，重心曳下，雄奇角出。而徐悲鸿写法却是中宫收紧，但宽博有放，飞腾上举，却掷地有根，策马于缰，却纵而能敛，沉雄大气但不剑拔弩张。尤其特别的是（在笔者的理解里），徐悲鸿纵向取势，横笔较短，竖笔喜用内擫，给人的感觉（或者是这样的结体效果）仿佛是在内外兼备下更重内擫。想必这样的感觉是符合徐悲鸿意图的吧。外拓流利，笔风易华美甜熟，而徐悲鸿就是要力图避开书法史上的熟路求生拙。因此他的书法风貌总体地就体现为结体修长，外松内紧，下紧上松（如前述），欹侧不稳，却左右上下相携呼应，大小错落，取势归正。譬如，他非常喜爱书写的鲁迅先生名言："横眉冷对千夫指，俯首甘为孺子牛"便是一例，内擫骨梗冷峻，重重的逆笔颇显风骨傲然。再如行书七言对联"劝君更进一杯酒，与尔同消万古愁"，亦是在左右欹侧中，倍感笔势跌宕、神气横溢而又古拙平正。

作品较多，篇幅所限，不一一赘言。

（三）"流美"与"诸野"

前言述，徐悲鸿内擫笔重，不是为学哪家哪派，而是为避免书法史上圆熟而巧一路，求生拙。但如果只是重内擫笔法，并不一定就能出生拙效果。大王（羲之）便是一例，羲之之笔内擫冷逸，但终雅美典丽有余，被后人崇拜，亦被后人诟病，"羲之俗书趁姿媚。"[42]碑学运动批判帖学末流亦把靡软甜媚滥觞之矛头直指"二王"。

徐悲鸿崇碑亦尊帖，爱“二王”，尤爱羲之，但重其骨鲠，去其秀媚是徐悲鸿之所求。悲鸿言：“巧，是研究艺术者之大敌。”[43]董其昌云：“字须熟后生，画须熟外熟。”[44]傅山提倡更是振聋发聩：“宁拙勿巧、宁丑勿媚、宁支离勿轻滑、宁真率勿安排。”[45]徐悲鸿对傅山之句共鸣顶礼，视为箴言。

因此徐悲鸿书法的生拙、天然、率真、稚憨又豪侠之气，即更是上求漫溯“诸野”之风，在浑莽甲骨、金文、石鼓、六朝碑版中得烂漫。康有为赞：“魏碑无不佳者，虽穷乡儿女造像，而骨血峻宕，拙厚中皆有异态……譬如江汉游女之风诗，汉魏儿童之谣谚……”[46]，悲鸿亦赞：“北魏拙工勒石弥见天真。至美之寄往往不必祥加考虑，多方策划，妙造自然，忘其形迹。”[47]徐悲鸿心摹手追，得其英泽，化诸笔端，焕然成章。譬如他写的《行书大理绝句》便是最好的证明：“千年崖石暗销魂，水国干戈列洞门，杜宇声声啼不住，望夫人早化春云。”此作通篇仿佛没有布局安排，率而信手，随意写来，撇捺欹侧，点化放逸，方圆大小不做讲究，野气盎然，驰骋放达。

但要说明的是，徐悲鸿先生求“诸野”生拙但绝不以“丑”为能事，不以怪力乱神。

在西方传统美学（及美术）中“丑”不被列入审美对象，审“丑”是西方近代以来的事情。但中国古代却有一股强盛的“审丑”之风，庄子始，后人继。庄子赞叹“天地有大美而不言”，亦能欣赏奇丑无比之人：“闉跂支离无脤说卫灵公，灵公说之；而视全人，其脰肩肩。瓮盎大瘿说齐桓公，桓公说之，而视全人，其脰肩肩。”如此丑人，然“丈夫与之处者，思而不能去也。妇人见之，请于父母曰：‘与为人妻，宁为夫子妾’者，十数而未止也。”[48]为什么会这样？庄子云：“德有所长而形有所忘。”此审丑之风，在中国书画史上一直声响斐然，如五代贯休石恪画的变形人物，如“扬州八怪”那些以愤世嫉俗之激情所酿的险怪书法、野诞花鸟、人物…… 一如庄子那“谬悠之说、荒唐之言，无端涯之辞”[49]。如果说儒家孔子在中国思想史上代表正题建构的力量，那么道家庄子往往是解构反题，以隐逸而向主流冲击的边缘化力量取胜，在打破人们僵化桎梏的思维、解放异化的人生、突破过于程式化规范化的艺术形式上自有其革命的意义，但也给生猛乖张开了方便大门。

徐悲鸿的艺术践履属于正题建设，他不是隐逸避世而愤世之辈，他是铁肩大义的担当者（“山河百战归民主，铲尽崎岖大道平”），是爱艺术爱美[50]入骨髓血脉的艺术家，因此他不会喜欢反题的生猛乖张。徐悲鸿言：“美必不可离艺而存。”[51] 这和钟繇所说“用笔者天也，流美者地也”[52]同题同理。因此徐悲鸿上求“诸野”求生拙浑莽之民间气外[53]又找寻流美典雅的士之帖学名胜，这里想说的是徐悲鸿的上下求索，如果仅仅落脚于碑帖同重的书法钻研可能已经不够，他那拙朴而不丑怪，悍野而不失文气，沉雄而又优美的书法风格，正是文质兼备、健康伟力的美学集成。这来自中国文化血脉根处的健康力量（如他在画中推崇范宽、徐渭们一样）正是让民族复兴以走向世界的力量。另一方面徐悲鸿认为书画亦是“舒畅郁积，陶冶性灵”的心性之寄托[54]与家园式守护。换句话说，他在“独持偏见，一意孤行”中又奉行着“极高明而道中庸”的哲学，即使追险绝也终能归平正守住中国文化之根本。因此，中国哲学的“中庸”之道，从来不是骑墙运动，而是执矛盾两端（在徐悲鸿书法就是碑学与帖学、外拓与内擫、有法与无法、“流美”与“诸野”）的并举发扬，充分又适度的辩证法，至大至刚。

这对今日的书坛建设，审美建设，对今日书风中存有的生猛丑怪之风不是很好的警醒与启示吗？

三、徐悲鸿书法的当代意义

（一）国家形象与书法文化身份

当代中国是近一百年来时断时续、坎坷多难的中国现代性之继续。自“五四”以来，中国现代化与民族化的矛盾始终体现在启蒙与救亡的双重性上。及至今日中国的现代化转型我们面临的依然是传统与现代、民族化与西化、本土化与全球化的焦虑。虽然我们不再处于半个多世纪乃至一个世纪前被西方帝国主义进行军事、政治侵略的殖民时代，但随着现代化的深入，随着与世界接轨的行进，“全球一体化”似乎成为一种“不可阻挡的趋势”。于是西方中心论者（不是所有的西方人）以他们的经济优势霸权进而对第三世界进行文化心态、价值观念的渗透与控制，这就是我们所面临的后殖民时代，[55]也就是文化帝国主义时代。在这场没有硝烟的殖民中，民族传统文化面临着失语变种和同化殖民的巨大危险。而西方霸权主义却在极力掩盖他们的强权目的，诸如英国汤林森在其《文化帝国主义》一书中就一味突出“全球化”的文化宿命而否定“民族性”，甚至认为“国家民族是想象出来的社群”[56]。因此如何在现代化的进程中，在和世界接轨的路途上既不失去机会又坚持民族文化身份，既借鉴外邦又保有自己的民族精神传统就成为我们在后殖民时代，在全球化和本土化的艰难悖反中的当务之急。

这时候徐悲鸿的意义再次凸显出来。他对于文化建设（文化输入与文化输出）而国家强盛、文艺复兴的思想深刻启迪着今日的我们。在引入西方文化的同时，他拳拳坚持自己的民族文化根底，并以此输出，以世界性的眼光[57]坚持民族文化身份，借以提高中国文化在世界上的地位。半个多世纪前的徐悲鸿已高度自觉地意识到了文化输出一定不能沦于“被看”的耻辱。[58]据此，他在选择介绍西方优秀画家的同时，也在动荡不定的艰难中整理着国故，像生命一样珍惜着自己民族文化的优秀传统。其中书法实践与书法珍藏是其中的重要内容。

那么，今天的我们不仅要继承更要光大此悲鸿精神，不仅要重视“书法文化”，进而要倡导“文化书法”，明确新世纪书法的国际视野、国际地位及其中国文化身份，[59]踏实勤勉地进行书法本体建设，并以健康审美有生气的中国书法（汇同中国绘画以及其他姊妹艺术）光荣输出，这不仅仅是增强文化软实力以提高国家的文化竞争力问题，更是以“天行健”的美好心态和国际世界相交流，倡导真正平等的共同关心人类命运（生存状态）的东西方文化的对话交流。

其实，书法和西方世界的对话早在半个多世纪前的抽象表现主义那里就得到了回应。英国的赫伯特·里德就早说过，费内洛沙（Fenellosa）和其他的东方艺术的研究者就曾经注意到中国书法（以及日本书法的）高度美学价值。[60]“抽象表现主义作为一个艺术运动…… 它与东方的书法艺术有着密切的关联”，东方书法（以中国书法为母体）的影响不仅在康定斯基作品里能看到，还可以在亨利·米寿（Henri Michaux）、马克·托贝（Mark Tobey）、莫里斯格雷夫斯（Morris Graves）、让·福特里埃（Jean Fautrier）和沃尔斯（Alfred Otto Wolfgang Schulze）等抽象表现主义画家那里看到，[61]以及在波洛克（Pollock）、德库宁（De Kooning）、马瑟韦尔（R. Motherwell）、保罗·克利（Klee）、克莱因（Kline）、苏拉日（Soulages）等现代画家那里看到。[62]

符号性、抒情表现性（“心印”）、“安居之所”“栖息地”是东西方抽象性艺术的共通性。黑白两色、线条之舞的中国书法同（中国水墨画）一样是中国文化、中国艺术给世界贡献的极富家园意识的美学生态活力。[63]这是中国艺术不竭不泯的强大生命力，亦是不怪力乱神而任情怡性的徐悲鸿书法本体的生命力之所在。

（二）艺术心性与书法人格建设

徐悲鸿视艺术为生命心跳，亦视艺术为人类公共语言（“天下之公器”），[64] 视艺术家为社会良心与公共精神的建设者。值此文艺复兴的巨大工程，他认为“起码的条件，就是要先有清洁干净的穷人”[65]。

徐悲鸿素朴一生，但傲骨无限。以“江南贫侠”“神州少年”自称的徐悲鸿成年后更以“人不可有傲气，但不可无傲骨”为座右。他希望从事艺术工作的人都攀高峰：“第一就是要立大志，要成为世界上第一等人，作出世界上第一等作品。他的不朽的程度，与中国孔子、司马迁、陶渊明、李白、杜甫，外国的柏拉图、亚里斯多德、但丁、莎士比亚、牛顿这一类人等量齐观的。”[66]但学为精英（乃为至高艺术领袖）的徐悲鸿绝没有贵族的庙堂气，哪怕是精神贵族。因此崇碑，去体会伟大烂漫的民间伟力；从帖，去体会优雅端穆的士之精神。傲骨英气的最高人文知识分子诉求，却也永存着“布衣暖，菜根香，诗书滋味长”的“穷人”（平民性）的绵绵素情。在笔者的理解里，徐悲鸿所说的“穷人”即是有着干净清洁的身体，又有着干净清洁精神的素心人。没有此情此心，那便没有徐悲鸿烂漫优雅、质朴壮丽之书篇。我想这是徐悲鸿对我们最好的书法人格之教育。

注释

1　王文娟：《“流美”与“诸野”——徐悲鸿书法研究》，《中国书法》，2011年5期。该文收录本书，笔者做了一定修改。

2　参阅[法]诺曼·布列逊《法国新艺术史的挑战》，[英]斯蒂·芬巴恩的《新艺术史有多少革命性？》，[英]保罗·奥弗里的《新艺术史与艺术批评》等文，[德]汉斯·贝尔廷等著《艺术史的终结》，常宁生编译，北京：中国人民大学出版社，2004年。

3 参阅李泽厚:《中国现代思想史论》, 合肥: 安徽文艺出版社, 1994年, 第12页。

4 徐悲鸿:《古今中外艺术论》, 徐悲鸿著、徐庆平选编:《奔腾尺幅间》, 天津: 百花文艺出版社, 2000年, 第227页。

5 徐悲鸿:《复兴中国艺术运动》《中国艺术的没落与复兴》《吴作人画展》, 徐悲鸿著、徐庆平选编:《奔腾尺幅间》, 天津: 百花文艺出版社, 2000年, 第52、77、139页。

6 徐悲鸿:《中国今日急需提倡之美术》, 徐悲鸿著、徐庆平选编:《奔腾尺幅间》, 天津: 百花文艺出版社, 2000年, 第58页。

7 徐悲鸿:《复兴中国艺术运动》《新艺术运动之回顾与前瞻》, 徐悲鸿著、徐庆平选编:《奔腾尺幅间》, 天津: 百花文艺出版社, 2000年, 第53、81页。

8 徐悲鸿著、徐庆平选编:《奔腾尺幅间》, 天津: 百花文艺出版社, 2000年, 第93、161、188、269页。

9 徐悲鸿:《我对于敦煌艺术之看法》, 徐悲鸿著、徐庆平选编:《奔腾尺幅间》, 天津: 百花文艺出版社, 2000年, 第114页。

10 徐悲鸿:《学术研究之谈话》, 徐悲鸿著、徐庆平选编:《奔腾尺幅间》, 天津: 百花文艺出版社, 2000年, 第44页。

11 参阅张君劢、牟宗三、徐复观、唐君毅共同发表《为中国文化敬告世界人士宣言》。亦参阅章清:《传统: 由"知识资源"到"学术资源"—— 析20世纪中国文化传统的失落及其成因》,《中国社会科学》, 2000年4期。

12 这当然是笔者对徐悲鸿的今日读解, 或者说是徐先生思想所呈现的当代意义。他的这一尝试在当时应是倡中西融合论的直觉性收获, 而非超时代地赋针对性地对新文化运动进行纠偏, 他是自觉的西学引进与民族文化的倡导者, 也始终是新文化运动的维护者和新文化运动的重要人物, 其中的悖论性思想史探索是需要另文专门探讨的。

13 参阅尤西林:《阐释并守护世界意义的人 —— 人文知识分子的起源与使命》, 郑州: 河南人民出版社, 1996年, 第152页。

14 尤西林:《阐释并守护世界意义的人 —— 人文知识分子的起源与使命》, 郑州: 河南人民出版社, 1996年, 第5页。

15 徐悲鸿:《与王少陵谈艺术》, 王震、徐伯阳编:《徐悲鸿艺术文集》, 银川: 宁夏人民出版社, 1994年, 第306页。

16 徐悲鸿:《中国今日急需提倡之美术》, 徐悲鸿著、徐庆平选编:《奔腾尺幅间》, 天津: 百花文艺出版社, 2000年, 第56页。

17 徐悲鸿:《与王少陵谈艺术》, 王震、徐伯阳编:《徐悲鸿艺术文集》, 银川: 宁夏人民出版社, 1994年, 第306页。

18 徐悲鸿:《研究艺术务须诚笃》, 徐悲鸿著、徐庆平选编:《奔腾尺幅间》, 天津: 百花文艺出版社, 2000年, 第259页。

19 参阅叶喆民:《悲鸿先生谈书法》,《美术研究》, 1982年第4期。

20 （清）康有为：《广艺舟双楫》，北京：中国人民大学出版社，2010年。

21 参阅徐悲鸿：《悲鸿自述》，徐悲鸿著、徐庆平选编：《奔腾尺幅间》，天津：百花文艺出版社，2000年。

22 笔者2004年夏听徐庆平师诉。

23 （清）康有为：《广艺舟双楫》，北京：中国人民大学出版社，2010年。

24 徐悲鸿著、徐庆平选编：《奔腾尺幅间》，天津：百花文艺出版社，第22、112、226、253页。

25 （西晋）卫恒《书势》："隶书者篆之捷。"

26 参阅沃新华《中国书法史》，上海古籍出版社，2001年，第165、194、540、541页。

27 （汉）扬雄：《法言·问神》。

28 （宋）郭若虚：《图画见闻志》。

29 徐悲鸿：《积玉桥字》题跋，徐悲鸿著、徐庆平选编：《奔腾尺幅间》，天津：百花文艺出版社，2000年，第110页。

30 笔者有幸于2006年冬在徐悲鸿纪念馆聆听廖静文先生展卷导读。《八十七神仙卷》上的徐悲鸿题跋。

31 杨辛：《对悲鸿师书法的美学探索》，《美的呼唤——纪念徐悲鸿诞辰100周年》，北京：中国和平出版社，1995年，2002年。

32 闻一多：《古典新义·庄子》，于《闻一多全集》二卷，北京：生活·读书·新知三联书店，1948年，第281页。

33 徐悲鸿书法与绘画颇有相关联性，限于本文篇幅，不展开论述了。关于徐悲鸿之马参阅潇林（王文娟）：《徐悲鸿的神驹——重返传统与寻找新文化》，杨泓等著：《马的中国历史》，香港商务印书馆，2008年。参阅王文娟：《徐悲鸿马的图像学阐释》，王文娟主编：《中国美术·世界语境：21世纪的徐悲鸿研究及中国美术发展（二）》，北京：现代出版社，2017年。

34 杨晋豪：《徐悲鸿绘画印象记》，《浙江青年》第1卷第11期（1935年）。

35 本文关于内擫外拓之说主要参阅沃兴华：《中国书法史》，上海古籍出版社，2001年，第117、331、333、434、544页。

36 不仅行书如此，作为汉字的两种结体方式，在别的书体中也亦呈现。譬如战国石鼓文线条圆浑，结体外拓，而汉代分书则线条方折内敛，结体内擫，成为中国书法艺术风格中两大类型的代表。参阅沃兴华：《中国书法史》，上海古籍出版社，2001年，第117页。

37 （明）何良浚：《四友斋书论》。

38 沈尹默：《二王法书管窥》，上海教育出版社，2003年。

39 参阅沃兴华：《中国书法史》，上海古籍出版社，2001年，第164、333~336、434页。

40 徐悲鸿对待绘画的态度是大家熟悉的中国画改革方针："古法之佳者守之，垂绝者继之，不佳者改之，未足者增之，西方画之可采入者融之。”王震、徐伯阳编:《徐悲鸿艺术文集》，银川：宁夏人民出版社，1994年，第11～12页。

41 参阅沃兴华:《中国书法史》，上海古籍出版社，2001年，第436、544页。

42 （唐）韩愈:《石鼓歌》。

43 徐悲鸿:《研究艺术务须诚笃》，徐悲鸿著、徐庆平选编:《奔腾尺幅间》，天津：百花文艺出版社，2000年，第260页。

44 （明）董其昌:《画禅室随笔·画诀》。

45 （明）傅山:《霜红龛集·作字示儿孙》。

46 （清）康有为:《广艺舟双辑》，北京：中国人民大学出版社，2010年。

47 徐悲鸿:《积玉桥字》跋，徐悲鸿著、徐庆平选编:《奔腾尺幅间》，天津：百花文艺出版社，2000年，第110页。

48 《庄子·德充符》。

49 《庄子·天下》。

50 徐悲鸿言:“顾爱美恶丑，出自天性。昔人研究最初人类之有衣服，其动机盖全出于审美之念。”徐悲鸿:《中国今日急倡之美术》，徐悲鸿著、徐庆平选编:《奔腾尺幅间》，天津：百花文艺出版社，2000年，第55页。

51 徐悲鸿:《美与艺》，徐悲鸿著、徐庆平选编:《奔腾尺幅间》，天津：百花文艺出版社，2000年，第216页。

52 （魏）钟繇:《用笔法》。（清）刘熙载《书概》记云:“笔迹者，界也；流美者，人也。”

53 要说明的是，对于碑版，徐悲鸿也是有相当选择的，放逸浑莽的碑版被他所重，结体匀称，刚中有柔（如南朝《爨龙颜碑》）、沉雄威猛却劲峭秀挺（如北魏《张猛龙碑》）亦是悲鸿挚爱。

54 徐悲鸿:《中国艺术的没落与复兴》，徐悲鸿著、徐庆平选编:《奔腾尺幅间》，天津：百花文艺出版社，2000年，第58、72页。

55 参阅张京媛:《后殖民理论与文化批评》，北京大学出版社，1999年。参阅王文娟:《后殖民时代的徐悲鸿意义》，范保文主编:《世纪丰碑——新世纪首届徐悲鸿学术研讨会论文集》，天津人民出版社，2004年。

56 [英]汤林森:《文化帝国主义》，第三章、第五章、结语，冯建三译，上海人民出版社，1999年。

57 徐悲鸿著、徐庆平选编:《奔腾尺幅间》，天津：百花文艺出版社，2000年，第56、64、73、113、174、199页。

58 徐悲鸿:《中国艺术的贡献及其趋向》，徐悲鸿著、徐庆平选编:《奔腾尺幅间》，天津：百花文艺出版社，2000年，第68页。

59 参阅王岳川编著:《书法身份》，北京大学出版社，2008年。王岳川:《书法文化精神》，北京大学出版社，2008年。

60 参阅[英]赫伯特·里德:《现代绘画简史》(上),刘萍君译,上海人民美术出版社,1979年,第141页。

61 参阅[英]赫伯特·里德:《现代绘画简史》(上),刘萍君译,上海人民美术出版社,1979年,第143~145页。

62 参阅[英]爱德华·路希·史密斯《二十世纪视觉艺术》,彭萍译,北京:中国人民大学出版社,2007年。参阅[美]乔纳森费·恩伯格著《一九四〇年以来的艺术》,王春辰、丁亚雷译,易英审校,北京:中国人民大学出版社,2006年。

63 参阅王文娟:《墨韵色章——中国画色彩的美学探渊》,北京:中央编译出版社,2006年,第284~288、292页。

64 徐悲鸿著、徐庆平选编:《奔腾尺幅间》,天津:百花文艺出版社,2000年,第58、72、105、107页。

65 徐悲鸿:《中国艺术的没落与复兴》,徐悲鸿著、徐庆平选编:《奔腾尺幅间》,天津:百花文艺出版社,2000年,第77页。

66 徐悲鸿:《中国艺术的没落与复兴》,徐悲鸿著、徐庆平选编:《奔腾尺幅间》,天津:百花文艺出版社,2000年,第77页。

参考文献

一、哲学、思想史论著

[德]尤尔根·哈贝马斯:《现代性的哲学话语》，曹卫东译，南京：译林出版社，2011年。

[德]尤尔根·哈贝马斯:《公共领域的结构转型》，上海：学林出版社，1999年。

[德]列奥·斯特劳斯:《现代性的三次浪潮》，丁耘译，于贺照田主编:《西方现代性的曲折和展开》，长春：吉林人民出版社，2002年。

[英]安东尼·吉登斯:《现代性的后果》，田禾译，南京：译林出版社，2000年。

[英]安东尼·吉登斯:《现代性与自我认同》，赵旭东等译，北京：生活·读书·新知三联书店，1998年。

[匈]阿格尼丝·赫勒:《现代性的理论》，李瑞华译，北京：商务印书馆，2005年。

[德]尤尔根·哈贝马斯、[美]马泰·马林内斯库等著，周宪主编:《文化现代性精粹读本》，北京：中国人民大学出版社，2006年。

[美]马泰·卡林内斯库:《现代性的五副面孔——现代主义、先锋派、颓废、媚俗艺术、后现代主义》，顾爱彬、李瑞华译，北京：商务印书馆，2002年。

[德]西美尔:《金钱、性别、现代生活风格》，顾仁明译，上海：学林出版社，2000年。

[德]马克斯·韦伯:《新教伦理与资本主义精神》，于晓、陈维纲等译，北京：生活·读书·新知三联书店，1987年。

[德]马克斯·韦伯:《文明的历史脚步——韦伯文集》，黄宪起等译，上海三联书店，1988年。

[德]马克斯·韦伯:《学术与政治：韦伯的两篇演说》，冯克利译，北京：生活·读书·新知三联书店，1998年。

[德]马克斯·韦伯:《经济与社会》，林荣远译，北京：商务印书馆，1997年。

[法]波德兰尔:《波德莱尔美学论文选》，郭宏安译，北京：人民文学出版社，1987年。

[美]丹尼尔·贝尔:《资本主义文化矛盾》，赵一凡等译，北京：生活·读书·新知三联书店，1989年。

[美]王德威:《被压抑的现代性》,《社会科学论坛》，2006年2期。

[以]S·N·艾森斯塔特:《反思现代性》，旷新年、王爱松译，北京：生活·读书·新知三联书店，2006年。

[美]劳伦斯·E·卡洪:《现代性的困境——哲学、文化和反文化》，王志宏译，北京：商务印书馆，2008年。

[美]查尔斯·拉莫尔:《现代性的教训》，刘擎、应奇译，北京：东方出版社，2010年。

[美]大卫·库尔珀:《纯粹现代性批判——黑格尔、海德格尔及其以后》，藏佩洪译，北京：商务印书馆，2006年。

[法]卢梭:《社会契约论》，何兆武译，北京：商务印书馆，2005年。

[法]卢梭:《论人类不平等的起源和基础》，李常山译，北京：商务印书馆，1979年。

[德]康德:《纯粹理性批判》，邓晓芒译，北京：人民出版社，2004年。

[德]康德:《实践理性批判》，邓晓芒译，北京：人民出版社，2003年。

[德]康德:《历史理性批判文集》，何兆武译，北京：商务印书馆，1990年。

[德]黑格尔:《法哲学原理》，范扬等译，北京：商务印书馆，1991年。

[德]马克思:《论费尔巴哈提纲》，[德]恩格斯:《路德维希·费尔巴哈和德国古典哲学的终结》(附录)，北京：人民出版社，1997年。

[德]马克思:《1844年经济学哲学手稿》,《马克思恩格斯全集》第42卷，北京：人民出版社，1979年。

[德]恩格斯:《家庭私有制和国家的起源》,《马克思恩格斯选集》第4卷，北京：人民出版社，1995年。

[德]斯宾格勒:《西方的没落》，陈晓林译，哈尔滨：黑龙江教育出版社，1998年。

[德]尼采:《偶像的黄昏》，周国平译，长沙：湖南人民出版社，1988年。

[德]胡塞尔:《现象学与哲学的危机》，吕祥译，北京：国际文化出版公司，1988年。

[德]胡塞尔:《现象学的观念》，倪梁康译，上海译文出版社，1986年。

[德]海德格尔:《存在与时间》，陈嘉映、王节庆译，北京：生活·读书·新知三联书店，1987年。

[德]海德格尔:《诗·语言·思》，张月等译，郑州：黄河文艺出版社，1989年。

[法]萨特:《存在与虚无》，陈宣良等译，北京：生活·读书·新知三联书店，1987年。

[德]阿多诺:《启蒙的辩证法》，洪佩郁、蔺月峰译，重庆：重庆出版社，1990年。

[德]阿多诺:《否定的辩证法》，张峰译，重庆：重庆出版社，1990年。

[德]马尔库塞:《单面人》，左晓斯等译，长沙：湖南人民出版社，1988年。

[德]雅斯贝尔斯:《时代的精神状况》，王德峰译，上海译文出版社，1997年。

[德]迦达默尔:《真理与方法——哲学诠释的基本特征》，洪汉鼎译，台北：台北时报文化出版公司，1993年。

[法]罗兰·巴尔特:《符号帝国》，孙乃修译，北京：商务印书馆，1999年。

[法]阿历克西·德·托克维尔:《旧制度与大革命》，范一亭译，南京：译林出版社，2013年。

（俄）尼·亚·别尔嘉耶夫:《俄国共产主义的起源与涵义》，北京：科学出版社，1990年。

[英]以赛亚·柏林:《自由论》，胡传胜译，南京：译林出版社，2003年。

[英]以赛亚·伯林:《自由四论》，陈晓林译，台北：台湾联经出版公司，1986年。

[英]以赛亚·伯林等著，达巍、王琛、宋念申编:《消极自由有什么错》，北京：文化艺术出版社，2001年。

[法]蒙田:《蒙田随笔》，梁宗岱译，长沙：湖南人民出版社，1987年。

[英]汤因比:《历史研究》(上册),索麦尔节本,济南:山东文艺出版社,1988年。

[德]阿尔布莱希特·维尔默:《论现代和后现代的辩证法》,钦文译,北京:商务印书馆,2003年。

[德]福柯:《什么是启蒙?》,汪晖等主编:《文化与公共性》,北京:生活·读书·新知三联书店,1998年。

[英]史蒂文·康纳:《后现代主义文化——当代理论导引》,严忠志译,北京:商务印书馆,2002年。

[法]让·弗朗索瓦·利奥塔:《后现代状况》,岛子译,长沙:湖南美术出版社,1996年。

[英]特里·伊格尔顿:《后现代主义的幻象》,华明译,北京:商务印书馆,2000年。

[美]艾尔伯特·鲍尔格曼:《跨越后现代的分界线》,孟庆时译,北京:商务印书馆,2003年。

[美]爱德华·W·萨义德:《东方学》,王宇根译,北京:生活·读书·新知三联书店,1999年。

[美]爱德华·W·萨义德:《世界·文本·批评家》,李自修译,北京:生活·读书·新知三联书店,2009年。

[美]汤林森:《文化帝国主义》,冯建三译,上海人民出版社,1999年。

[美]塞缪尔·亨廷顿:《文明的冲突与世界秩序的重建》,周琪等译,北京:新华出版社,2010年。

[美]塞缪尔·亨廷顿:《第三波:20世纪后期的民主化浪潮》,欧阳景根译,北京:中国人民大学出版社,2010年。

[美]斯坦利·阿罗诺维茨、希瑟高特内主编:《控诉帝国——21世纪世界秩序中的全球化及其抵抗》,肖维青等译,桂林:广西师范大学

出版社，2004年。

[美]鲁思·本尼迪克特:《菊与刀》，吕万和等译，北京：商务印书馆，1990年。

[日]竹内好:《何为现代——就日本和中国而言》，张京媛主编：《后殖民理论与文化批评》，北京大学出版社，1999年。

[美]杜维明:《东亚价值与多元现代性》，北京：中国社会科学出版社，2001年。

夏光:《东亚现代性与西方现代性——从文化的角度看》，北京：生活·读书·新知三联书店，2005年。

王芸生编著:《六十年来中国与日本》，北京：生活·读书·新知三联书店，1980年。

金耀基:《从传统到现代》，北京：中国人民大学出版社，1999年。

李欧梵:《未完成的现代性》，北京大学出版社，2005年。

李欧梵:《现代性的追求》，北京：人民文学出版社，2010年。

罗荣渠:《现代化新论——世界与中国的现代化进程》，北京：商务印书馆，2004年。

陈嘉明等著:《现代性与后现性》，北京：人民出版社，2001年。

陈嘉明:《现代性与后现代性十五讲》，北京大学出版社，2006年。

许纪霖主编:《现代性的多元反思》，南京：江苏人民出版社，2008年。

童世骏:《中西对话中的现代性问题》，上海：学林出版社，2010年。

贺照田主编:《后发展国家的现代性问题》，长春：吉林人民出版社，2002年。

张京媛主编:《后殖民理论与文化批评》，北京大学出版社，1999年。

王岳川:《后殖民主义与新历史主义文论》，济南：山东教育出版社，1999年。

王岳川:《发现东方》，北京图书馆出版社，2003年。

[美]周策纵:《五四运动史》，陈永明等译，长沙：岳麓书社，1999年。

[美]舒衡哲:《中国启蒙运动——知识分子与五四遗产》，北京：新星出版社，2007年。

丁耘编:《五四运动与现代中国》(《思想史研究》第7辑)，上海人民出版社，2009年。

中国社会科学院近代史研究所编:《纪念五四运动六十周年学术讨论文选》，北京：中国社会科学出版社，1979年。

(清)康有为著，姜义华、张荣华编:《康有为全集》，北京：中国人民大学出版社，2007年。

(清)康有为:《广艺舟双楫》，北京：中国人民大学出版社，2010年。

萧公权:《康有为思想研究》，汪荣祖译，北京：新星出版社，2005年。

(清)梁启超:《饮冰室合集》，北京：中华书局，1989年。

蔡尚思、方行编:《谭嗣同全集》，北京：中华书局，1981年。

顾颉刚主编:《古史辨》，上海古籍出版社，1982年。

鲁迅:《鲁迅全集》，北京：人民出版社，2005年。

陈独秀:《文学革命论》，载《新青年》2卷5号(1917年1月1日)。

陈独秀:《美术革命——答吕澄》，载《新青年》第6卷第1号(1919年1月15日)。

陈独秀:《偶像破坏论》，载《新青年》5卷2号(1918年8月15日)。

胡适:《致陈独秀》，载《新青年》第2号(1916年月10月1日)。

陈平原、夏晓虹:《触摸历史——五四人物与现代中国》，北京大学出版社，2009年。

郭沫若:《洪波曲》，北京：人民文学出版社，1979年。

李零:《鸟儿歌唱: 20世纪猛回头》, 北京大学出版社, 2014年。

钱穆:《中国思想史》, 台北: 台北东大图书公司, 1984年。

余英时:《中国思想传统的现代阐释》, 南京: 江苏人民出版社, 1989年。

葛兆光:《中国思想史》, 上海: 复旦大学出版社, 2001年。

侯外庐:《中国思想通史》, 北京: 人民出版社, 1957年。

李泽厚:《中国现代思想史论》, 北京: 东方出版社, 1987年。

汪晖等主编:《文化与公共性》, 北京: 生活·读书·新知三联书店, 1998年。

章清:《传统: 由"知识资源"到"学术资源"——析20世纪中国文化传统的失落及其成因》,《中国社会科学》, 2000年4期。

尤西林:《人文学科及其现代意义》, 西安: 陕西人民教育出版社, 1996年。

尤西林:《阐释并守护世界意义的人——人文知识分子的起源与使命》, 郑州: 河南人民出版社, 1996年。

尤西林:《关怀公共精神的"积极自由"行动者——鲁迅与现代知识分子》,《学术月刊》, 2000年8期。

余英时:《士与中国文化》上海人民出版社, 1987年。

汤学智、杨匡汉编:《台港暨海外学界论中国知识分子》, 郑州: 河南人民出版社, 1994年。

张岱年等著:《中国知识分子与人文精神》, 郑州: 河南人民出版社, 1994年。

徐复观:《中国知识分子的责任》,《徐复观文集》, 台北: 台湾环宇出版社, 1971年。

[法]让·弗朗索瓦·西里奈利:《20世纪的两位知识分子: 萨特与阿隆》, 陈伟译, 南京: 江苏人民出版社, 2001年。

[法]让·弗朗索瓦·西里奈利:《知识分子与法兰西激情》，刘云虹译，南京：江苏人民出版社，2001年。

[美]布鲁斯·罗宾斯:《知识分子：美学、政治与学术》，王文斌等译，南京：江苏人民出版社，2002年。

[美]保罗·博维:《权力中的知识分子——批判性人文主义的谱系》，萧莎译，南京：江苏人民出版社，2005年。

[美]拉塞尔·雅各比:《最后的知识分子》，洪洁译，南京：江苏人民出版社，2002年。

[美]卡尔·博格斯:《知识分子与现代性的危机》，李俊、蔡海榕译，南京：江苏人民出版社，2002年。

[美]爱德华·W·萨义德:《知识分子论》，单德兴译，北京：生活·读书·新知三联书店，2013年。

钱穆:《论语新解》，北京：生活·读书·新知，2003年。

（魏）何晏注:《论语注疏》，李学勤主编:《十三经注疏》（十），北京大学出版社，1999年。

任继愈:《老子新译》，上海古籍出版社，1985年。

陈鼓应:《庄子今注今译》，北京：中华书局，1983年。

（唐）慧能:《坛经校释》，郭朋校释，北京：中华书局，1983年。

（宋）普济:《五灯会元》，苏渊雷点校，北京：中华书局，1984年。

余冠英选注:《诗经选》，北京：人民文学出版社，1979年。

孙作云:《诗经与周代社会研究》，北京：中华书局，1966年。

[日]青木正儿:《中国文学思想史》，郑樑生、张仁青译，台北：台湾开明书店，1977年。

二、徐悲鸿研究论著[1]

李松编:《徐悲鸿年谱》，北京：人民美术出版社，1985年。

徐伯阳、金山（王震）合编:《徐悲鸿年谱》，台北：台北艺术家出版社，1987年。

王震编著:《徐悲鸿年谱长编》，上海画报出版社，2006年。

王震编:《徐悲鸿评集》，桂林：漓江出版社，1986年。

王震:《徐悲鸿研究》，南京：江苏美术出版社，1991年。

王震、徐伯阳编:《徐悲鸿艺术文集》，银川：宁夏人民出版社，1994年。

王震编:《徐悲鸿的艺术世界》，上海书画出版社，1994年。

王震编:《徐悲鸿文集》，上海画报出版社，2005年。

王震选编:《徐悲鸿艺术随笔》，上海文艺出版社，1995年。

杨作清、王震:《徐悲鸿在南洋》，乌鲁木齐：新疆人民出版社，1992年。

[新加坡]欧阳兴义:《悲鸿在星洲》，新加坡：艺术工作室出版，1999年。

徐悲鸿著、徐庆平选编:《奔腾尺幅间》，天津：百花文艺出版社，2000年。

徐悲鸿著、王震编:《徐悲鸿书信集》，郑州：大象出版社，2010年。

裔萼编著:《徐悲鸿画论》，郑州：河南人民出版社，1999。

中华书局编辑部编:《中华书局藏徐悲鸿书札》，北京：中华书局，2012年。

蒋碧微:《蒋碧微回忆录》，上海：学林出版社，2002年。

1　笔者在此只列了徐悲鸿研究论著，未列浩如烟海的徐悲鸿研究的单篇文章，具体见文中参阅注释。

廖静文:《徐悲鸿的一生》，北京：中国青年出版社，1982年。

任甫孟:《一代画圣——徐悲鸿传》，台北：台湾天工书局印行，1998年。

傅宁军:《悲鸿生命——徐悲鸿的生前死后》，北京：人民文学出版社，2013年。

艾中信:《徐悲鸿研究》，上海人民美术出版社，1981年。

杨先让:《徐悲鸿——艺术历程与情感世界》，济南：齐鲁书社，2010年。

陈传席:《中国名画家全集(近现代部分)：徐悲鸿》，石家庄：河北教育出版社，2004年。

华天雪:《徐悲鸿的中国画改良》，上海书画出版社，2007年。

华天雪:《徐悲鸿论稿》，济南：山东画报出版社，2014年。

庄庸编著:《徐悲鸿》，武汉：湖北美术出版社，2003年。

徐冀:《中国书画名家画语图解·徐悲鸿》，北京：中国人民大学出版社，2005年。

沈宁:《闲话徐悲鸿》，台北：台北新锐文创，2013年。

史树青主编、吴海滨撰文:《现代书画投资：徐悲鸿卷》，北京出版社，2005年。

陈英德:《海外看大陆艺术》，台北：台湾艺术家出版社，1987年。

莫艾:《抵抗与自觉——中国现代美术早期发展的历史考察》，北京大学出版社，2015年。

徐悲鸿纪念馆编:《美的呼唤——纪念徐悲鸿诞辰100周年》，北京：中国和平出版社，1995年。

范保文主编:《世纪丰碑——新世纪首届徐悲鸿学术研讨会论文集》，天津人民出版社，2004年。

毕宝祥主编:《新世纪第二届徐悲鸿学术研讨会论文集·徐悲鸿奖》，

合肥：安徽美术出版社，2013年。

王文娟主编：《全球化与民族化：21世纪的徐悲鸿研究及中国美术发展》，北京：中国人民大学出版社，2014年。

王文娟主编：《中国美术·世界语境：21世纪的徐悲鸿研究及中国美术发展（二）》，北京：现代出版社，2017年。

《悲鸿描集》第一、二集，北京：中华书局，1929年。

《悲鸿描集》第三集，北京：中华书局，1929年。

《悲鸿描集》第四集，北京：中华书局，1931年。

《悲鸿画集》第一、二册，北京：中华书局，1932年。

《悲鸿画集》第三册，北京：中华书局，1936年。

《悲鸿画集》第四册，北京：中华书局，1939年。

《悲鸿墨画选集》，北京：人民美术出版社，1954年。

《悲鸿素描选》，北京：人民美术出版社，1954年。

《悲鸿墨画》，北京：人民美术出版社，1958年。

《徐悲鸿素描》，北京：人民美术出版社，1958年。

《徐悲鸿彩墨画》，北京：人民美术出版社，1959年。

《徐悲鸿油画》，北京：人民美术出版社，1960年。

《悲鸿画马集》，天津美术出版社，1962年。

《徐悲鸿画集》，北京：人民美术出版社，1978年。

《徐悲鸿素描》，北京：人民美术出版社，1980年。

《徐悲鸿画集》，成都：四川人民出版社，1981年。

《徐悲鸿彩墨画》，北京：人民美术出版社，1981年。

《徐悲鸿油画》，北京：人民美术出版社，1983年。

《当代名家中国画全集：徐悲鸿》，苏州：古吴轩出版社，1993年。

《艺术巨匠徐悲鸿》，北京：中国和平出版社，1995年。

《徐悲鸿书法集》，香港：香港瀚墨轩出版有限公司，1997年。

《徐悲鸿作品精选》，天津杨柳青画社，2002年。

《中国名家经典画库：徐悲鸿》，石家庄：河北美术出版社，2003年。

《艺坛巨匠：徐悲鸿画集（素描、画稿、油画部分）》，北京美术摄影出版社，2003年。

《中国艺坛巨匠——徐悲鸿》，北京出版社出版集团，北京美术摄影出版社，2005年。

《徐悲鸿作品集》，北京：文物出版社，2007年。

《大师与大师——徐悲鸿与法国学院大家作品》，徐庆平、埃玛努埃尔·施瓦茨、菲利普·杰奎琳策划的大型画展印制图录，北京·中华世纪坛·世界艺术馆展，2014年5月8日—8月3日，内部发行。

三、中外美术史论著

陈师曾：《中国绘画史》，济南：济南翰墨缘出版，1925年。

俞剑华：《中国绘画史》，南京：东南大学出版社，2009年。

滕固：《中国美术小史·唐宋绘画史》，长春：吉林出版集团有限公司，2010年。

王伯敏：《中国绘画史》，北京：生活·读书·新知三联书店，2000年。

潘天寿：《中国绘画史》，上海人民美术出版社，1983年。

傅抱石：《中国绘画变迁史纲》，上海古籍出版社，1998年。

郑午昌：《中国画学全史》，上海书画出版社，1985年。

薛永年主编，邵彦编著：《中国绘画的历史与审美鉴赏》，北京：中国人民大学出版社，2000年。

李福顺：《中国美术史》，沈阳：辽宁人民出版社，2002年。

阎丽川：《中国美术史略》，北京：人民美术出版社，1980年。

何延喆：《中国绘画史要》，天津人民美术出版社，1998年。

陈传席：《中国山水画史》，南京：江苏美术出版社，1988年。

王文娟:《墨韵色章—— 中国画色彩的美学探渊》，北京：中央编译出版社，2006年。

沃兴华:《中国书法史》，上海古籍出版社，2001年。

朱仁夫:《中国古代书法史》，北京大学出版社，1992年。

王镇远:《中国书法理论史》，合肥：黄山书社，1990年。

张扮之:《毛锥艺痕—— 中国传统书法管窥》，上海：百家出版社，1997年。

沈尹默:《二王书法管窥》，上海教育出版社，2003年。

郎绍君、水中天编:《二十世纪中国美术文选》，上海书画出版社，1999年。

郎绍君:《现代中国美术》，南京：江苏美术出版社，1996。

郎绍君:《现代中国画论集》，桂林：广西美术出版社，1995年。

阮荣春、胡光华:《中华民国美术史：1911—1949》，成都：四川美术出版社，1991年。

邵大箴、李松编著:《20世纪北京绘画史》，北京：人民美术出版社，2012年。

臧杰:《民国美术先锋—— 决澜社艺术家群像》，北京：新星出版社，2011年。

郎绍君:《林风眠》，石家庄：河北教育出版社，2002年。

郑重:《林风眠传》，北京：东方出版中心，1999年。

朱朴编著:《现代美术家画论·作品·生平—— 林风眠》，上海：学林出版社，1988年。

朱朴编:《林风眠艺术随笔》，上海文艺出版社，1995年。

郑朝、金尚义编:《林风眠论》，杭州：浙江美术学院出版社，1990年。

郑朝选编:《林风眠研究文集》，杭州：中国美术学院出版社，

1995年。

林风眠百岁诞辰纪念画册文集编辑委员会编:《林风眠与二十世纪中国美术国际研讨会论文集》,杭州:中国美术学院出版社,1999年。

顾跃:《先锋·颓废——常玉与中国美术现代性研究的另类视角》,石家庄:河北教育出版社,2009年。

庞薰琹:《就是这样走过来的》,北京:生活·读书·新知三联书店,2005年。

林文霞编:《倪贻德美术论集》,杭州:浙江美术学院出版社,1993年。

俞剑华:《中国画论类编》,北京:人民美术出版社,1986年。

沈子丞:《历代画论名著汇编》,北京:文物出版社,1982年。

(南齐)谢赫:《古画品录》。

(宋)黄修复:《益州名画录》。

(宋)沈括:《梦溪笔谈》。

(汉)扬雄:《法言·问神》。

(宋)郭若虚:《图画见闻志》。

(唐)韩愈:《石鼓歌》。

(明)董其昌:《画禅室随笔》。

(明)傅山:《霜红龛集》。

[美]高居翰:《气势撼人——十七世纪中国绘画中的自然与风格》,北京:生活·读书·新知三联书店,2009年。

[美]高居翰:《隔江山色——元代绘画》,北京:生活·读书·新知三联书店,2009年。

[美]高居翰:《江岸送别——明代初期与中期绘画》,北京:生活·读书·新知三联书店,2009年。

[美]高居翰:《山外山——晚明绘画》,北京:生活·读书·新知三

联书店，2009年。

[美]詹姆斯·埃尔金斯:《西方美术史学中的中国山水画》，潘昌耀等译，杭州：中国美术学院出版社，1999年。

[美]杜朴、文以诚:《中国艺术与文化》，张欣译，北京：世纪图书出版公司，2011年。

[日]内藤湖南:《中国绘画史》，栾殿武译，北京：中华书局，2008年。

[苏联]叶·查瓦茨卡娅:《中国古代绘画美学问题》，陈训明译，长沙：湖南美术出版社，1987年。

[美]方闻:《心印——中国书画风格与结构风格研究》，李维琨译，西安：陕西人民美术出版社，2004年。

[英]罗森:《中国古代的艺术与文化》，孙心菲译，北京大学出版社，2002年。

[英]波西尔:《中国美术》(上下册)，戴嶽译，杭州：浙江人民美术出版社，2014年。

[英]迈克尔·苏立文:《东西方美术的交流》，陈瑞林译，南京：江苏美术出版社，1998年。

[英]迈克尔·苏立文:《20世纪中国艺术与艺术家》，陈卫和、钱岗南译，上海人民出版社，2013年。

[美]埃伦·普里斯特:《现代中国画》，大都会艺术博物馆报，新篇第一期(1943年2月)。

邵大箴:《图式与精神——西方美术的历史与审美》，北京：中国人民大学出版社，1999年。

邢莉:《自觉与规范——16世纪至19世纪欧洲美术学院》，北京：中国人民大学出版社，2004年。

董红霞:《西方现代艺术批评的起源——18世纪法国沙龙批评研

究》，北京：光明日报出版社，2012年。

耿幼壮：《破碎的痕迹——重读西方艺术史》，北京：中国人民大学出版社，2004年。

[英]贡布里希：《艺术的故事》，范景中译，北京：生活·读书·新知三联书店，1999年。

[美]约翰·雷华德：《印象派绘画史》，平原、殷鉴、甲丰译，桂林：广西师范大学出版社，2002年。

[美]约翰·雷华德：《后印象派绘画史》，平野、李家璧译，南宁：广西人民出版社，2002年。

[英]赫伯特·里德：《现代绘画简史》，刘萍君译，上海人民美术出版社，1979年。

[法]米歇尔·瑟福：《抽象派绘画史》，王昭人译，桂林：广西师范大学出版社，2002年。

[英]诺曼·布列逊：《语词与图像：旧王朝时期的法国绘画》，王之光译，杭州：浙江摄影出版社，2001年版。

[英]爱德华·路希·史密斯：《二十世纪视觉艺术》，彭萍译，北京：中国人民大学出版社，2007年。

[美]乔纳森费·恩伯格：《一九四〇年以来的艺术》，王春辰、丁亚雷译，易英审校，北京：中国人民大学出版社，2006年。

[俄]康定斯基：《论艺术的精神》，查立译，北京：中国社会科学出版社，1987年。

[民主德国]W·沃林格：《抽象与移情》，王才勇译，沈阳：辽宁人民出版社，1987年。

[德]潘诺夫斯基：《视觉艺术的含义》，傅志强译，沈阳：辽宁人民出版社，1987年。

[德]N·佩夫斯纳：《美术学院的历史》，陈平译，长沙：湖南科学技

术出版社，2003年。

[意]奥奈罗·文杜里:《西方艺术批评史》，迟轲译，南京：江苏教育出版社，2005年。

[法]罗丹述、葛赛尔著:《罗丹艺术论》，傅雷译，天津社会科学出版社，2006年。

[印]克里巴拉尼:《泰戈尔传》，倪培耕译，北京：人民文学出版社，2011年。

刘驰:《生如夏花：泰戈尔传》，南京：江苏凤凰文艺出版社，2015年。

侯传文:《泰戈尔传：寂园飞鸟》，石家庄：河北人民出版社，2012年。

四、外文文献

Leo Strauss, "The Three Waves of Mondernity", in *An Introduction to Political Philosophy: Ten Essays,* by Leo Strauss, ed. Hilai Gildin, 1989.

David Frisby, *Fragments of Modernity*, Polity Press, Cambridge, 1985.

David Der- wei Wang, "In the Name of the Real," in Maxwell K. Hearn and Judith G. Smith ed., *Chinese Art: Modern Expressions*, New York: The Metropolitan Museum of Art, 2001.

David Der-wei Wang, *The Lyrical in Epic Time: Chinese Intellectuals and Artists Through the 1949 Crisis*, New York: Columbia University Press, 2014.

Eugene Yuejin Wang, "Sketch Conceptualism as Modernist Contingency," in Maxwell K. Hearn and Judith G. Smith ed., *Chinese Art: Modern Expressions*, New York: The Metropolitan Museum of Art, 2001.

Weihong Du, *Homemade Faces in a Foreign Mirror: "Mimetic Authenticity" in Sino-Western Cultural Interchange of the 1930s*, University of Minnesota, 2010.

Hu Lingling, "Penetrating into the Eye of 'Power' - Scientific Discipline and Artistic Revolution in May 4 Period", *Asian Social Science* (Feb 2011)

Julia F. Andrew, Kuiyi Shen, *The Art of Modern China*, California: University of California Press, 2012.

Fangfang Xu, Ronald Y. Otsuka, *Xu Beihong: Pioneer of Modern Chinese Painting*, Denver: Denver Art Museum, 2012.

Jiyuan Wang, "A Hundred-Year History of the Nationalization of Chinese Oil Painting" . *Cross - Cultural Communication*, 9 . 4 (2013)

Pedith Chan, "The Institutionalization and Legitimatization of *Guohua*: Art Societies in Republican Shanghai", *Modern China*, Vol. 39, No. 5 (September 2013)

John Rewald, *The History of Impressionism, the Museum of Modern Art*, New York, 4 th, revised edition, 1973.

Jacquelin V. Falkenheim, *Roger Fry and the Beginning of the formalist Art Criticism*, Ann Arber, Michigan: UMI Research Press, 1980.

See Malcolm Gee, ed., *Art Criticism Since 1900*, Manchester: Manchester Univerisity Press, 1993.

Jacquelin V. Falkenheim, *Roger Fry and the Beginning of the formalist Art Criticism*, Ann Arber, Michigan: UMI Research Press, 1980.

A.Bullock and O.Stallybrass (eds) *The Fontana Dictionary of Modern Thought*, London: Fonana, 1977.

A.Dorfman and A.Mattelart, *How to Read Donald Duck:imperialist ideology in the Disney Comic*, NY: Internationa l General Editions. 1975.

Homi k. Bhabha, *The Location of Culture*, London & New York: Routledge, 1994. G.C.Spivak, *In Other World*, New York:Routledge, 1988,

p. 228.

Jameson, F. "Postmodernism and Consumer Society", in Hal Foster ed. *The Anti-Aeshthetiec:Essays on Postmodern Culture*, port Townsedn, Wash: Bay Press, 1983.

Jameson, F. *The Political Unconscious*, Cornell University Press, 1981.

后 记

徐悲鸿研究是当代显学，也是中国现代美术史的难题之一。本书所选的现代性视角的探索更是一个浩瀚不易的巨大工程。

本课题几经沉浮，终于定稿。心中万千感谢帮助鼓励了我的师友和亲人。

首先要感谢的是我的博士导师徐庆平先生。徐先生宽和、平易、优雅、蔼然的长者风范，永远令我如沐春风！他以徐悲鸿哲嗣最难得的宽容来看我的研究，鼓励我客观理性的探索，让我感到老师的素朴、真诚与学术气度！我要感谢的前辈老师还有杨先让、李树声、王震、邵大箴、李福顺、薛永年、刘曦林、陈瑞林、王镛、张忠义、蓝华（H.R.Lan）、徐芳芳（Fangfang Xu）、尤西林、梁江等先生。

老师里我还要感谢的是美国哈佛大学东亚系的王德威先生（David Der-wei Wang）和哈佛大学建筑与艺术史系的汪悦进先生（Eugene Yuejin Wang）。2013年、2014年度我在哈佛大学费正清中国研究中心作访问学者，他们是中心的兼职教授，我选听了他们的课，并认真阅读了他们有关徐悲鸿、林风眠、常玉等的文章，他们跟国内学者不大一样的视角给我以深刻启发。

我还要感谢学界的同仁朋友们，他们是尚辉、华天雪、曹庆晖、张敢、甄巍、张长虹、莫艾、吴雪杉等教授，以及法国学者菲利普·杰奎琳（Philippe Cinquini）先生和美国的苏文惠（Stephanie Su）女士。他们是当代海内外徐悲鸿研究的少壮派力量，他们的研究成果给我以不小的促动。杰奎琳先生还给我提供了国内难以见到的徐悲鸿法国老师们的一些图片，天雪、庆晖、文惠也提供了他们手头的一些资料，十分感动！

也要感谢文博系统的同仁，感谢徐悲鸿纪念馆的徐冀、唐培勇先生，北京翰海拍卖有限公司的冯宇女士给我提供了珍贵的徐悲鸿纪念馆的馆藏图片和徐悲鸿弟子们的作品图片。也要感谢张鹏女士和殷双喜、郑晓华、林坚、雒三桂、吕书庆、孙明道诸先生拨出了版面发表了我其中的阶段性成果！也感谢廖鸿华、徐晓阳先生给我提供的帮助。

还要郑重感谢的是中国人民大学科研处的侯新立老师，他不仅以一个科研管理者的身份严格促动着课题进展，还以一个史学家的严谨和学人眼光最大可能地支持了我几近搁浅的研究，让我倍感学人的亲切，以及学术的责任、尊严和崇高！

还要感谢的是给我支持助力的同学们，张熙、吴慧彤不仅鼎力协助我组织了徐悲鸿国际学术研讨会，也为我课题的推进付出了不少的心血，让我备感暖暖师生情的时候，也看到了学术的薪火传！当她们拿出自己徐悲鸿研究的处女作时，令我惊奇地发现，属于未来时态但已开始启步的新生代的徐悲鸿研究学者正在诞生！我要感谢的其他同学还有赵悦、夏文喆、张李萌、翁雨晴、陆飞、孟书宇、杨泊宁、梁贝宁、于邢子、杨周霖，以及王洋星月、周天宇、曲维洵等，还有英俊何磊给我的莫大友情相助！

感谢责任编辑吕寰女士的认真负责、敏锐慧心的知音感，使本书得以顺利付梓刊行。高蹈睿智、气魄深宏的呼延华兄及细致缜密、颇有见地的王佳碧女士的鼎力支持也让我没齿难忘！他们出版的由中国人民大学徐悲鸿艺术研究院主办、由我主编的2013、2015年度两届徐悲鸿国际学术研讨会的论文集，是本书的姊妹篇章。

还要感谢郑岩先生。

写作艰难，但写作过程终究是快乐的，这当然要最终感谢本书主题的徐悲鸿精神是那样感奋激励着我，不仅仅是他艺术救世、艺术兴国的伟大执著精神鼓舞着我，更有他无限憧憬美好、和平、自由、快乐、宁馨世界的赤子之心感动着我！他说："当我实行我应做的事的时候，我便可得到安慰愉快满足。那时候太阳高高的照着，植物鸟兽儿童真很高兴…… 艺术家应该是纯朴热爱自己所喜的天然的美和生命的韵律，（在）不和世界斗争的自己努力的世界，去生活去工作。"[1]

这难道不是我们已经实现了部分的现在吗？这难道不是我们每个人心中朝暾的理想吗？

谨此与读者诸君共勉！

王文娟

2016年8月10日于北京稻香园

1　徐悲鸿：《中大谈艺录》，王震编：《徐悲鸿文集》，上海画报出版社，2005年，第55页。